国家社会科学基金青年项目"民族体育赛事与国家认同建构研究"（批准号：18CTY004）

全国少数民族传统体育运动会的历史考察

刘利　沈伟◎著

安徽师范大学出版社
ANHUI NORMAL UNIVERSITY PRESS

·芜湖·

图书在版编目(CIP)数据

全国少数民族传统体育运动会的历史考察 / 刘利,

沈伟著. -- 芜湖 : 安徽师范大学出版社, 2024. 6.

ISBN 978-7-5676-6928-4

Ⅰ. G812.20

中国国家版本馆CIP数据核字第2024SJ1597号

全国少数民族传统体育运动会的历史考察　　　　　　　　　　刘利　　沈伟◎著

责任编辑：卫和成　　　　　　　　责任校对：何章艳

装帧设计：王晴晴　冯君君　　　　责任印制：桑国磊

出版发行：安徽师范大学出版社

　　　　　芜湖市北京中路2号安徽师范大学赭山校区

网　　址：http://www.ahnupress.com/

发 行 部：0553-3883578　5910327　5910310(传真)

印　　刷：苏州市古得堡数码印刷有限公司

版　　次：2024年6月第1版

印　　次：2024年6月第1次印刷

规　　格：700 mm × 1000 mm　1/16

印　　张：25.25

字　　数：675千字

书　　号：978-7-5676-6928-4

定　　价：90.00元

凡发现图书有质量问题,请与我社联系(联系电话:0553-5910315)

目　录

绪　论

体育是一种基本的人类表现形式，其作为无可比拟的强大平台和一个独特而有力的工具，能够促进社会的融合、文化间的对话，培育共有的价值观，支持人类社会的可持续发展。

——潘基文、伊琳娜·博科娃①

第一节　研究背景与问题提出

一、研究背景

国家认同（National Identity）作为现代民族国家建设（Nation-building）的核心内容，是多民族构成的现代民族国家社会稳定的"晴雨表"，维系民族共同体的"稳定器"。鉴于国家认同在调和政治、文化诸方面分歧上的强大功能，其也被喻为国家政治权力的"蓄水池"②。中华人民共和国作为一个统一的多民族国家，国家认同建构的重要意义不言而喻。正如当代著名政治哲学家威尔·金里卡（Will Kymlicka）所

---

① 笔者通过整理2014、2016、2017年联合国教科文组织总干事伊琳娜·博科娃、联合国秘书长潘基文在"体育促进发展与和平国际日"公开致辞的内容提炼而成。

② 王绍光.民族主义与民主[J].公共管理评论,2004(1):83-99.

说：对于拥有不同民族群体的多民族国家，只有同时培育一种各民族群体的成员都拥护并且认同的超民族认同（Supranational Identity）①时，它才可能是稳定的②。

体育具有改变世界的力量③，日益成为全球范围的普遍共识。作为"已经发生和正在发生的历史"，体育（尤其是大型体育赛事）蕴含着推动人类社会发展的内在力量④。此外，体育作为当今世界为数极少的能够为穷人和富人、黑人和白人、犹太人和阿拉伯人共同喜爱的事物之一，具有跨性别、跨年龄、跨阶层、跨种族、跨区域、跨文化甚至跨国界的超体育功能；在多种场合成为民族主义的精髓，甚至是团结个人与集体最有效的方式之一。有鉴于体育强大的延伸与衍生功能，对于现代国家来说，其在国家建设、国家认同建构中同样发挥着重要作用：（1）国内层面，可以增强国家共同体的归属感；（2）国际层面，通过国家间的竞争传达国家意识，在界定国家认同和国家归属感上具有独特效果。此外，体育作为御侮救亡、强身强国的手段也曾被运用到民族总动员的实际活动当中，成为激发民族自觉的有力工具⑤。

在全球化持续发展的时代背景下，体育尤其是大型体育赛事的工具理性能够将个体与国家强烈有序地黏合为一体，成为连接国家战略、意识形态以及公民理想的重要纽带。赛事仪式中反复出现的国旗、国徽、国歌、标语、口号以及其他一系列表征爱国主义的符号系统，与体育的竞争特征完美融合，使其成为融涉国家合法性建设（政治意义）、历史文化共同体建构（文化价值），推动社会整合（社会功能）的介质载体，能够有效地提升个体-群体的认同感、归属感和团结感。总而言之，大

---

① 这里的超民族认同即国家认同或者国族认同。

② 金里卡,刘曙辉.多民族国家中的认同政治[J].马克思主义与现实,2010(2):118.

③ 巴赫.当今世界的两大变革力量:奥林匹克运动与全世界青年[J].文明,2018(1):2.

④ 陈林华,刘东锋.国际体育赛事举办与我国城市国际化:历程、经验与展望[J].体育科学,2019,39(11):15-25.

⑤ 张建会.国际和国内双重维度下大型体育赛事与国家认同研究[M].北京:北京体育大学出版社,2020:5.

型体育赛事是全球化时代各国建构国家认同的理性工具，也是体育实践领域推动实现现代民族国家建设和政治生活社会化的重要场域，在国家形象、国家利益和国际关系构建中发挥着越来越重要的作用。

二、问题提出

随着体育，尤其是全球范围的大型体育赛事与国家认同之间的内在关联得到国内外学界的普遍关注，有关国际国内双重维度下大型体育赛事在国家认同建构过程中的作用的研究越来越多地涌现出来。中华人民共和国少数民族传统体育运动会作为我国规格最高、规模最大、影响最为深远的综合性民族体育赛事和国家级体育文化活动，也是新中国成立迄今"最年长"的大型体育赛事[①]。它自1953年诞生迄今共举办了11届（1953—2019），宛如巨大的磁力场，吸引着越来越多的各族同胞。随着赛事治理体系的日趋完善以及赛事文化辐射力的持续增强，该运动会日益成为"社会成员某种程度的共同文化认识、某种共有的交流手段，并深浅不同地由这个社会中大多数成员共同分享"[②]。

中国作为一个多民族构成的现代民族国家，新中国成立迄今国内本土大型民族体育赛事与国家认同存在着什么样的交互关系？不同时期二者之间的因果联系和逻辑结构是如何呈现的？中国特色的大型民族体育赛事仪式和赛事文化符号是如何表征国家认同的？其对国家认同建构的现实意义和内涵价值包括哪些具体内容？以上问题，引起了笔者浓厚的学术兴趣，这也成为本研究所欲讨论的核心问题和研究的逻辑起点。

---

① 新华网.汇聚民族团结进步磅礴力量：新中国"最年长"运动会的文化融合密码［EB/OL］.（2019-09-15）［2021-05-18］.www.xinhuanet.com/politics/2019/09/15c_11249982 44.htm.

② 任勇.公民教育与认同序列重构：以西南地区少数民族的国家认同为研究对象［D］.上海：复旦大学,2011:196.

第二节　文献综述

一、概念界定与相关说明

（一）民族体育赛事范畴界定

在漫长的社会生产劳动实践中，不同民族的生产生活方式、宗教信仰、祖先崇拜、节日习俗等形成了不同民族的体育文化。民族体育运动作为民族体育文化发展、演变的实然载体，对传承民族体育具有不可忽视的重要作用。体育作为一种具有丰富理性内涵和文化特质的行为，在其形态的深层底蕴中，交织着一个民族的生活习俗、生产方式、道德观念、行为规范、文化模式和民族心理结构等诸多因素的影响和制约①。同时民族体育交流是促进民族团结、维护社会和谐稳定和营造良好国内、国际环境的重要途径②。民族体育项目可以为不同民族、国家所共有，例如龙舟竞渡在我国多个民族中普遍存在；新全球化视野下的民族体育俨然具有超越不同民族、国家概念范畴的超体育功能。

本书涉及的民族体育赛事的广义概念与国内本土大型体育赛事的内涵接近，包括中华人民共和国少数民族传统体育运动会、中华龙舟大赛、中华传统武术比赛等大型体育赛事（换而言之就是具备表征"中国"国家象征符号意义的本土大型体育赛事）。狭义概念：所有中华民族（包括汉族以及其他民族）特有的传统项目的相关赛事，此时概念意涵的焦点更加明确。例如：中华人民共和国少数民族传统体育运动会及其衍生赛事（省、市、县级赛事）、中华龙舟大赛及其下位赛事（珍珠

---

① 饶远，赵玲玲，沈阳.民族体育在云南民族文化大省建设中的作用[J].云南民族学院学报(哲学社会科学版)，2000(5):62-65.

② 尹继林，李乃琼.广西与东盟民族体育赛事交流研究[J].广西社会科学，2013(7):40-43.

球、独竹漂等）。二者的区别在于前者更接近于中国本土体育赛事范畴，后者隶属于本土体育赛事范畴并且与中华民族传统体育赛事的概念范畴同义。基于本研究的题旨，经过文献调研和访谈该领域的专家学者，最终确定后者为本书的研究范畴，进一步将研究聚焦在中华人民共和国少数民族传统体育运动会上。

（二）中华人民共和国少数民族传统体育运动会

中华人民共和国少数民族传统体育运动会，每四年举办一次，以时代性、民族性、地域性、群众性、文化性和政治性①为主要特征，参赛

---

① 笔者在整理资料的过程中发现，赛事相关资料中多处表述强调了政治意义。笔者所收集到的文献资料显示，自第四届全国民族运动会开始，赛事组委会的主要负责人在赛事筹办期间反复强调办会目的的政治性。例如：1.1953年的重庆市民族形式体育表演大会学习资料的第一篇即《体育工作者和运动员必须学习政治》。（资料来源：重庆市一九五三年民族形式体育表演大会学习资料）2.1991年第四届全国民族运动会组委会副主任李振潜在1991年8月29日的第三次筹备工作会议上的讲话中明确指出："这届民运会的举办是我国各族人民政治生活中的一件大事……当前，世界风云变幻，许多国家民族矛盾激化，社会动荡不安，敌对势力极力想通过民族问题来推行其'和平演变'阴谋。我国是一个多民族的社会主义国家，在当前严峻的国际形势下，举办这样大规模的全国民运会更具有特殊意义。"（资料来源：第四届全国少数民族传统体育运动会文件汇编，第129页）3.国家民委副主任丹珠昂奔在2007年6月8日举行的第八届全国民族运动会第二次筹备工作会议上的讲话明确指出要充分认识好办好第八届全国民运会的重要意义，其中第四点即"办会目的的政治性。通过举办全国民运会，其重要的政治性在于集中的宣传党和国家的民族政策，展示了我国各民族平等、团结、互助、和谐的社会主义新型民族关系，借以增强了民族凝聚力，促进中华民族大团结。"（资料来源：第八届全国少数民族传统体育运动会文件资料汇编，第51页）4.2019年第十一届全国民族运动会执委会主任、郑州市市长王新伟在2019年5月18日举行的第八次工作会议上的讲话指出："'进一步提高政治站位'，每次会议我们都要讲，也讲这次运动会是党中央、国务院交给河南的一项政治任务，要我们站在民族团结的政治高度，增强责任意识、机遇意识，要充分展示各民族为实现中华民族伟大复兴齐心协力、共同奋斗的美好愿景。"[资料来源：中华人民共和国第十一届少数民族传统体育运动会执委会办公室资料汇编（之四：各类文件下册），第304页。]这些表述直接赋予了赛事政治意义与价值，这也成为本研究深入发掘赛事参与政治认同建构、国家政治合法性建设的内在动力。

主体为少数民族同胞但又不仅限于少数民族同胞①。赛事简称包括"民运会""少数民族运动会""全国民运会""全国民族运动会""全国少数民族传统体育运动会"等，其前身是"一九五三年全国民族形式体育表演及竞赛大会"②。据官方秩序册记载，自2011年第九届大会开始，在赛事官方秩序册上的总规程中明确指出赛事全称为"中华人民共和国第九届少数民族传统体育运动会"，简称为"第九届全国少数民族传统体育运动会"或"第九届民族运动会"（2015年第十届、2019年第十一届大会延续2011年第九届大会的表述）。可见"民族运动会"的简称自2011年第九届大会开始具有了官方依据。此外，考虑到全国绝大部分省级行政单位定期举办民族运动会，故本书涉及表述"中华人民共和国少

---

① 第十届、十一届赛事官方竞赛规程中明确规定汉族运动员可按照一定比例参加竞赛项目中的集体项目以及表演项目(仅限花炮、珍珠球、木球、毽球、龙舟、板鞋竞速、民族健身操和表演项目，其中花炮项目汉族运动员不超过4人，珍珠球项目不超过3人，木球项目不超过2人，毽球项目不超过1人，龙舟项目参加标准龙舟赛不超过7人、小龙舟赛不超过4人，板鞋竞速项目每队汉族男、女运动员各1人，民族健身操项目不超过5人，表演项目不能超过上场队员总数的三分之一)。此外，笔者在查阅历届赛事秩序册的时候发现，2011年第九届赛事虽然要求汉族运动员不能参赛，但在秩序册的参赛名单中，出现了多位汉族运动员，其中秩序册明确注明为汉族的女性运动员多达64名。此外，历届官方秩序册中的各代表团的工作人员，包括团长、副团长、团部工作人员、领队、教练员、编导及项目工作人员中汉族人员比率较高。例如：第十届赛事部分代表团工作人员是汉族的占比达70%，就拿北京代表团来说，工作人员总数为62人，汉族人员达48人。

② 据笔者所掌握的资料，"一九五三年全国民族形式体育表演及竞赛大会"于1984年被认定为首届全国民族运动会。这在笔者收集整理的资料中也得到了佐证：1.1982年第二届全国民族运动会官方秩序册的封面中写的是"全国少数民族传统体育运动会"，并未有"第二届全国民族运动会"的表述，而从1986年开始，则在秩序册封面上明确了届次(第三届)。2.在笔者收集的1982年全国民族运动会胜利闭幕招待会(蒙、汉双语)邀请函上有明确的表述："为祝贺全国少数民族首次传统体育运动会胜利闭幕，定于一九八二年九月八日下午六时在呼和浩特宾馆餐厅举行招待会。"邀请函落款为"中共内蒙古自治区委员会、内蒙古自治区人大常委会、内蒙古自治区人民政府"。3.笔者在文献调研过程中多次发现于1984年认定"一九五三年全国民族形式体育表演及竞赛大会"为首届全国民族运动会的表述。

数民族传统体育运动会"的内容时，为便于与省、市等民族运动会进行区分，均采用"全国民族运动会"的简化表述。

（三）国家认同

国家认同（National Identity）作为现代民族国家建设（Nation-building）的核心内容，主要是指人们对其所属国家的赞同、支持和忠诚的情感、态度与行为。核心内容包括民族认同、文化认同、政治认同、历史认同、宗教认同、地域认同、领土认同等。对于现代民族国家（Nation State）来说，国家认同既是其民族国家的心理基础，也是国家统一、社会稳定以及国际社会认同的重要条件。国家认同包括国内、国际两个维度，不同维度的认同主体不同。"国民"视角下的国家认同的外在表现主要集中在国家归属、国家依赖、国家忠诚等方面，这是现代国家合法性统治的内生动力；"全球"视野下的国家认同主要集中于国际地位、合法性意义、全球事务担当等方面。基于本研究的题旨，围绕着全国民族运动会参与国家认同建构的核心议题，本书所关涉的国家认同建构的内容主要包括政治认同、民族认同、历史认同、文化认同、疆域认同等要素共同参与的国家认同建构，其中政治认同是核心内容。具体到我国的现实情况，包括政治（制度）认同、（多元一体）文化认同、促进民族团结、维护社会稳定、推动社会整合、保障国家安全、国家合法性建设、历史文化共同体构建、中华民族共同体构建以及民族认同与国家认同趋向一致等。需要进一步明确的是，由于国家认同概念内涵的多层次和多面向，决定了其建构内容的庞杂性与建构过程的长期性，上述内容在国家认同建构的进程中并不是以单一的形式出现，而是往往呈现出复合状态。这种复合状态不是齐头并进的，也没有明显的先后之分，只是在具体的建构进程中，与国际局势（世情）、政治境况和社会发展（国情）等客观环境相适应的结果。

二、国家认同的研究现状

（一）国外关于国家认同的研究

国家认同的概念于20世纪70年代出现在西方政治学领域，与"我是谁"的身份认同问题一同成为众多学者共同关注的议题。从不同学科领域出发，按时间线索梳理，国外关于国家认同的研究大体可以归为以下几类。

第一，政治学领域。阿尔蒙德在《比较政治学：体系、过程和政策》中首次将"认同"问题置于国家建设的宏大框架中来讨论，并指出"国家认同意识"是困扰发展中国家政治合法性的棘手问题。塞缪尔·亨廷顿在其引起全球范围广泛关注的代表作《文明的冲突》中从政治学的角度深入探讨民族认同、民族认同危机的结果、文明之间的冲突，揭示了移民问题造成的"跨国身份"和"次国家身份"与国家安全的内在联系。安东尼·吉登斯在《第三条道路：社会民主主义的复兴》中论及现代性条件下的自我认同先对内（国内），而后向外（国际），试图在特定时期超越左与右，进而达到重塑民族国家理念的目标，深刻影响了20世纪末全球政治发展方向。费利克斯·格罗斯在《公民与国家：民族、部族和族属身份》中认为民族国家既可以由单一民族组成，也可以由多元化的民族组成；其中，多民族构成的国家潜藏着与国家认同共存的竞争性认同，例如民族认同或者地域认同。白鲁恂在《政治发展面面观》中将认同危机列为新生国家政治发展进程中的首要问题。

第二，心理学、社会学、文化学领域。在西方，有关文化视角下的"认同"（Identity）研究，最早可追溯至弗洛伊德。其研究虽未涉及国家认同的内容，但为后续有关"认同"的研究从心理文化视角开辟了崭新的领域。心理学家埃里克森认为"自我认同"（Self-Identification）的生成包括四个阶段，是一个不断推进完善自我人格的进程。本尼迪克特·

安德森在其最为知名的著作《想象的共同体：民族主义的起源与散布》中阐述了不同民族属性的、全球各地的"想象的共同体"，认为"想象的共同体"的崛起主要取决于以下因素：宗教信仰的领土化、古典王朝家族的衰微、时间观念的改变、资本主义与印刷术之间的交互作用、国家方言的发展等。查尔斯·泰勒在《自我的追寻》中围绕着主体和身份追寻展开了深入讨论，认为身份问题是社会和道德哲学的中心；从社会的重大变迁和现代文化的道德起源的角度对人类的自我理解及自我实现进行了分析，指出社会承诺与传统价值观和自我实现之间的潜在隐患。斯图亚特·霍尔在《文化身份/认同与族裔散居》中指出，人类社会的文化/身份认同的生产永不止息，其作为集体共有的文化，映射着社会结构中的真正自我，呈现了共同的历史经验与共有的文化符码。安东尼·史密斯在《民族认同》中围绕着现代民族国家的基本特征对民族认同展开了讨论，总结了民族认同建构的复杂性及其重要性。

　　第三，传播学领域。德默茨斯等探讨了全球化时代的民族认同问题，并提出记者选择的方式、媒体组织、现在的国家身份认同和"他人"往往由民族主义偏见主导，媒体被认为代表了大多数人的利益和诉求，并具有吸引国家注意力的独特能力[①]。莫利等在《认同的空间：全球媒介、电子世界景观与文化边界》中将卫星和有线电视主导的后现代地理条件下的电子媒体作为研究对象，探讨媒介技术革命视野下的当代欧洲所面临的文化融合和身份认同问题。道格拉斯·凯尔纳在《媒介奇观》中聚焦媒体文化、媒体政治视角来讨论检视社会身份问题。曼纽尔·卡斯特在其代表作《认同的力量》中，从新的全球社会结构——崛起的网络社会视角探讨认同的力量及其对认同序列重构的重大影响。

　　自20世纪末以来，随着全球化进程的不断提速，一些多民族构成的国家内部在政治、文化、经济等领域的发展出现失衡，民族主义张力持续发酵，有关民族认同、宗教信仰、文化差异以及经济发展等矛盾渐

---

① DEMERTZIS N, PAPATHANASSOPOULOS S, ARMENAKIS A.Media and nationalism: the macedonian question[J].The international journal of press/politics,1999,Vol.4(3): 26–50.

显。这使得全球范围内对国家认同问题的讨论持续升温（例如西班牙加泰罗尼亚独立公投、北爱尔兰脱英公投、加拿大魁北克独立运动等），渐渐成为国内外学术界普遍关注的热点议题。基于笔者目力所及的文献回顾，国外学者关乎（个体）身份认同、文化认同以及民族认同、国家认同等问题的研究，起步要早于我国，理论成果丰硕纷繁。国外学者围绕理论探索、认同实践对现代国家中不同层面的国家认同问题展开讨论，集中涉及政治学、心理学、文化学、社会学以及传播学等诸多领域，产生了一批有重大影响的跨学科力作，为本研究提供了广阔的理论视野和方法借鉴。

（二）国内关于国家认同的研究

我国学术界有关国家认同问题的研究发端于20世纪90年代。进入21世纪，国家认同对于国家建设和维护社会政治秩序所产生的重要影响引起了国内学者的普遍重视（见图0-1），渐渐成为学术热点。

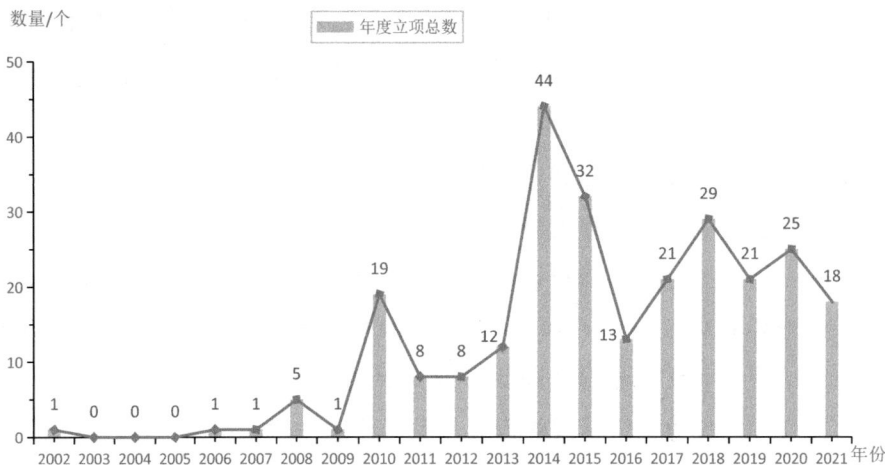

图0-1 2002—2021年以"国家认同"为题名立项的国家社科项目统计[①]

（数据来源：全国哲学社会科学工作办公室官方网站，http://www.nopss.gov.cn/）

纵观国内研究，大体集中于以下几个方面。

[①] 检索时间为2021年12月20日。

第一,有关国家认同的学术思辨。对现代民族国家而言,特定政治秩序的形成和维持,受政治共同体成员和外部强制力量两方面的制约。我国关乎国家认同的相关学术研究焦点主要框定在个人和国家两个层面上;其中主流学界认为学校教育是培养国家认同意识的关键领域①,通过积极反思学校教育剖析国家认同教育目前存在的主要问题②,进而从构建多元互动文化场域、凝练中华民族共同文化符号及其在教育场域中的引导三个方面着手,构建国家认同教育实践体系③。部分学者在关于公民身份和国家认同的学术论辩中提出了政治-法律、文化-心理两种公民身份的归因匹配理论,试图建立公民身份和国家认同二元结构的逻辑匹配关系④。还有部分学者从综合性、历时性的动态视角切入来研究民族问题,探讨民族认同与国家认同变迁的规律、机理及其与公民道德之间的内在联系⑤。

第二,有关国家认同的理论探讨。在借鉴吸收国外研究成果的基础上,国内学者将个体-群体身份问题研究进一步扩展到民族认同的建构和培育,拓展了该研究领域的取向和视域。个体层面的国家认同是个体对所属国家成员身份的认同、确认和接受;全球层面的国家认同则反映了国家在国际关系中的特性。个体的国家认同观通常由政党的政见来凝聚和表达,集中体现为个人的政治主张、政治立场,愿意为维护政治共同体生存和发展作出贡献;对国家而言,它决定着国家的合法性基础,进而决定国家的稳定和繁荣。随着全球化进程的持续深入,国家认同与

① 祁进玉.国家认同与公民身份的生成场域:学校教育的衍生功能[J].民族教育研究,2008,19(6):38-42.

② 欧阳常青,苏德.学校教育视阈中的国家认同教育[J].民族教育研究,2012,23(5):10-14.

③ 孙杰远.少数民族学生国家认同的文化基因与教育场域[J].教育研究,2013,34(12):91-96.

④ 肖滨.两种公民身份与国家认同的双元结构[J].武汉大学学报(哲学社会科学版),2010,63(1):76-83.

⑤ 李兰芬.国家认同视域下的公民道德建设[J].中国社会科学,2014(12):4-21,205.

民族认同之间的矛盾及其善治策略渐渐成为学者关注的热点。再者，全球传播视角下的媒介传播与国家认同建构之间的张力关系也颇受关注。

第三，有关国家认同的实证研究。进入 21 世纪，国内学者围绕着"民族认同/国家认同"的研究主题进行了诸多实证探索。例如：归纳总结境内、跨境民族身份认同中政治身份的排他性与参照性[①]，经济影响的同向性与相对性以及文化意识的共通性与变迁性[②]，强调民族认同与国家认同的一致性[③]。部分学者还探索了中国青少年民族认同的发展趋势[④]，论证了国家认同和民族认同的长期共存、相互促进，以及教育对少数民族国家认同序列建构的积极影响[⑤]。大体上，国内学者对国家认同的研究主要聚焦于概念、特征、影响因素、危机辨析以及民族认同与国家认同内在关系的讨论，对于我国国家认同问题的研究具有积极的参考意义[⑥]。下面表 0-1 中列举了国内外部分学者关于国家认同概念内涵的代表性观点。

表0-1　国内外部分学者关于国家认同概念内涵的代表性观点

学者	代表性观点
尤尔根·哈贝马斯	严格区分"nation"（民族）和"state"（国家）两种形态。民族是血缘传统凝聚的前政治群体，国家则是一种人们为了保障自我利益免受他人侵犯而组成的政治法律共同体
约翰·罗尔斯	共同体的成员在自由意志的选择下，决定是否遵守宪政法律规范、制度程序规则、基本人权保障和公平正义等原则，从而判断其是否对该国家有基本认同

---

① 暨爱民.中国边疆地区少数民族国家认同研究述评[J].西南民族大学学报(人文社会科学版),2014,35(3):17-21.

② 卢鹏.边疆少数民族国家认同的建构[D].昆明:云南大学,2015.

③ 王瑜.政治认同核心素养的高中政治课堂培育研究[D].聊城:聊城大学,2019.

④ 陈静,刘萍."走进"与"走出"的境遇:全球化趋势下的黑衣壮文化保护与开发[J].广西师范大学学报(哲学社会科学版),2004(4):76-79.

⑤ 任勇.公民教育与认同序列重构:以西南地区少数民族的国家认同为研究对象[D].上海:复旦大学,2011.

⑥ 袁娥.民族认同与国家认同研究述评[J].民族研究,2011(5):91-103,110.

学者	代表性观点
菲利克斯·格罗斯	国家认同是个人充实自我认同的途径之一,选择移民或者改变国家认同并不是道德败坏或背叛,而是个人应有的选择权利
本尼迪克特·安德森	作为个体的人位于道德和体制最高点,自然形成对生命延续、血缘历史、神话宗教、生活习俗等民族文化的认同
安东尼·史密斯	民族/国家认同(National Identity)是一个复杂的建构过程,包含以下相互关联的组成部分,如族群、文化、领土、经济以及法律政治等方面。一、历史形成的领土疆域或祖国;二、共同的神话和历史记忆;三、共同的大众文化;四、所有成员所具有的法律权利和义务;四、在领土范围内动员成员参与的共同经济
江宜桦	一个人确认自己属于那个国家,以及这个国家是怎样的一个国家的心灵性活动。一、政治共同体本身的同一性;二、个体对所属政治共同体的选择与期待
周平	国家认同是政治认同的最高形式,既是民族国家的心理基础,也是国家统一和稳定的重要条件,还是将各民族及其成员紧密连接在一起的政治纽带
佐斌	国家认同感是一个包括诸多成分的复杂心理结构系统,是人们对自己国家成员身份的知悉与接受,包括知识观念、情感评价、历史文化与政治制度等方面的内容
贺金瑞	国家认同是公民对自己祖国的历史文化传统、道德价值和理想信念、国家主权等的认同
林尚立	国家认同既是现代国家建构的基础与前提,决定着国家的合法性基础,又是现代国家维系和繁荣的保障,是现代国家的生命所在,失去了国家认同,现代国家也就失去了所有意义

综合上述学者的学术观点以及国内外国家认同建构的历史经验,有关国家认同的概念内涵,笔者认为应当强调以下几个方面:(1)国家认同包括国际、国内两个维度;(2)政治认同是国家认同建构的核心内容;(3)民族、地域、文化、历史、宗教、族群等要素一起参与国家认同建构,国家认同呈现出多维、多层次的复杂结构;(4)国家认同的动态特征,决定了其具有相对稳定性和易变性;(5)国家认同具体建构的

历史进程，在不同时期具有不同的外在特征。基于研究主旨及研究对象，本书所讨论的核心内容聚焦于国内层面的国家认同建构。

三、体育与国家认同的研究概况

21世纪初，国内学者开始将国际体育赛事与国家认同联系起来。例如，通过体育运动展示制度优越性和执政合法性并寻求国际范围的广泛认可[1]；体育运动不再仅仅是有组织的竞技体育比赛，而被赋予超体育的深刻内涵[2]；精英运动员作为"身体国家化"的表征和"国家征用"的理性工具，在国际体育话语权力体系网格内被自觉抑或是不自觉地塑造成表征国家形象的代理人。2008年北京奥运会成功举办，在影响深远的奥运会舞台上充分彰显了中国特色社会主义现代化发展的伟大成就，以及不断增强的国家凝聚力、民族自豪感和文化自信力[3]。

2008年北京奥运会之后，国家认同的议题渐渐成为体育领域的研究热点。媒介、体育和国家认同作为具有交叉性质的研究领域愈发受到学界的关注。部分学者通过新闻报道[4]、纸质媒介分析我国运动员的公开报道与国家认同建构的关系[5]；聚焦于官方媒介的体育传播对民族文化认同的建构意义和作用；从体育政治传播的角度进一步拓展体育与政治交互关系的理论视域与实践边界[6]。进入新时代，主流体育频道中的新闻报道参与国家认同建构亦得到学界关注[7]。

① 李春华，刘红霞.媒介体育与国家认同：国外相关研究综述[J].北京体育大学学报，2007(4)：467-469.

② 朱超巍.近五年我国体育传播研究现状[J].体育成人教育学刊，2008(6)：35-37.

③ 陶倩，梁海飞.体育对塑造民族精神的作用[J].上海体育学院学报，2007(5)：1-5.

④ 庞慧敏.体育新闻报道与国家认同[J].青年记者，2008(32)：7-8.

⑤ 薛文婷.认同建构视野下的《人民日报》女排"五连冠"报道分析[J].北京体育大学学报，2012，35(9)：28-33.

⑥ 黄璐.体育政治传播学研究的历史与当下维度[J].新闻界，2011(2)：11-13.

⑦ 王真真，王相飞，李进，等.人民网体育频道在对里约奥运会报道中的国家认同建构[J].体育学刊，2019，26(2)：21-26.

　　近年来，国内有关体育与国家认同的研究成果增长迅速。研究视角也从关注国际赛事转而涉及更多国内领域，研究的深度与广度均有提升[①]。例如，国内体育电影《一个人的奥林匹克》《夺冠》《破冰》等作为记忆的再现和凝聚，具有重构国家想象，重塑国家精神的积极作用[②]。值得关注的是，随着体育与少数民族国家认同建构的具体内容和推进路径成为学界关注的崭新课题，部分学者围绕傈僳族、德昂族、朝鲜族等个案展开研究[③]，以及更为微观地从文化学、人类学视角探讨各地区传统体育项目实践、表征与文化认同、族群认同甚至是国家认同建构的内在关联[④⑤]。此外，国内大型赛事——全国运动会在不同发展阶段与国家认同建构之间的动态关系也得到了学界关注。体育参与地域性（香港）的国家认同建构等也成为崭新的学科生长点[⑥]。随着建党百年对中国特色体育事业的总结与展望，我国少数民族传统体育事业在铸牢国家统一之基、巩固中华民族团结之本等中华民族共同体意识建构过程中的作用亦得到学界重视[⑦]。

　　由上可知，体育（尤其是影响深远的大型体育赛事及其衍生活动）可以有效促进并强化国家认同建构。其中，国外研究成果大致有以下特点：（1）以政治学、社会学作为切入点的研究成果较多，新闻传播学的

　　① 董进霞.新中国70年国家认同、社会性别与竞技体育互动关系的演变[J].成都体育学院学报，2020，46（6）：7-13.

　　② 唐娟，江世婷.记忆的再现与凝聚：体育电影对国家认同的建构——以三部国产影片为例[J].电影评介，2021（12）：30-34.

　　③ 李成龙，金青云.国家认同视野下朝鲜族传统体育文化价值研究[J].西安体育学院学报，2018，35（5）：577-583.

　　④ 张忠杰，龙宇晓，张宝根.苗拳与族群认同：中国苗拳象征意义的文化符号学研究[J].体育学刊，2017，24（6）：22-28.

　　⑤ 涂传飞.对一项村际传统龙舟赛国家化实践的人类学考察[J].体育科学，2021，41（6）：29-41.

　　⑥ 董海军.体育与香港同胞国家认同的建构[J].体育学刊，2021，28（4）：16-21.

　　⑦ 韦晓康，赵妍.建党百年中国少数民族传统体育事业的成就与使命[J].北京体育大学学报，2021，44（6）：130-140.

视角相对较少；（2）基于欧洲和北美地区的体育新闻文本研究，主要探讨媒介体育与建构国家认同的关系。相较之下，国内的研究大多聚焦于国际赛事层面的讨论，关于国内大型体育赛事与民族体育赛事与国家认同建构的研究议题较为匮乏，尚处于"论而不议"甚至是"存而未论"的境况，有必要进一步加强宏观与微观理论层面的探索。

四、全国民族运动会研究概况

全国民族运动会自诞生迄今，已经走过70余年的历程，围绕其展开的学术研究、理论探讨成果颇丰。笔者以"民运会""民族运动会""全国民族运动会""少数民族运动会"为主题词在中国知网（CNKI）进行检索，截至2021年12月18日共检索到报纸、学术文章、硕士论文、会议论文等中文文献共计3091篇（见图0-2）。按照不同的研究主题，归总为下述几类。

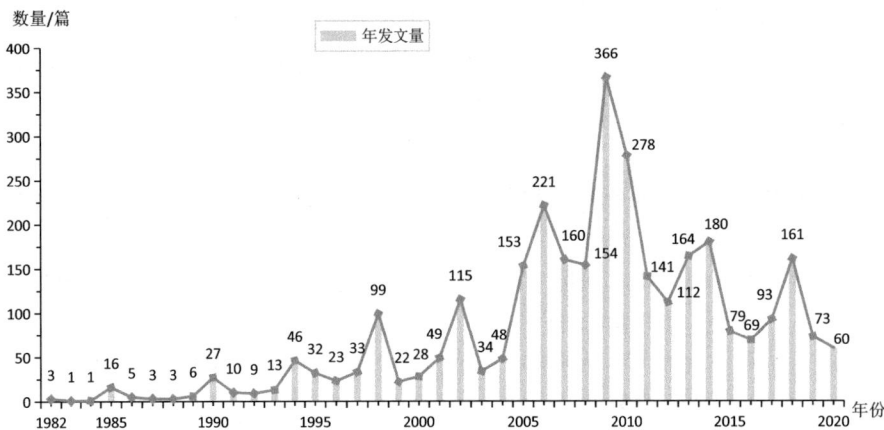

图0-2　1982—2021年以"民运会""民族运动会""少数民族运动会"
"全国民族运动会"为主题词的文献汇总①

---

① 数据来源于中国知网。

（一）关于全国民族运动会发展历程研究

　　从改革开放初期开始，全国民族运动会的历史回顾、办会概况、赛事剪影等线性发展特征受到大众媒介和学界的关注。省域（省/自治区/直辖市）民族运动会也逐渐成为学界的研究议题①。随着传统文化研究的兴起，基于文化学视角探讨全国民族运动会的转型发展成为新的议题②。此外，开闭幕式、民族大联欢、竞赛项目、表演项目、火炬传递等大型活动和赛事主体仪式也成为媒体和学术界关注的焦点③。进入21世纪，随着全国民族运动会的持续演进，其承载和传承民族传统优秀文化④、推进民族传统体育现代化进程的价值和功能逐渐成为学界关注的热点之一⑤。此外，伴随着赛事历史的持续演化，宏观全景视角的发展历程研究成为可能⑥⑦，整体性的回顾与发展趋势、演变特征与发展反思、经验走向与未来展望得到了相应的关注。其中，部分学者较为系统地对不同时期的办赛特征、赛事运行、项目增减、规则演变等进行了深

---

　　① 庞辉.从新疆民运会看我国少数民族传统体育发展模式之构建[J].西安体育学院学报,2008(2):63-66,75.

　　② 卢元镇.希望在于东方体育文化的复兴:兼论从中国少数民族传统运动会向东方运动会转型[J].体育文化导刊,2003(10):16-19.

　　③ 高留红.对全国少数民族运动会室内技巧类表演项目评价体系的探讨[D].北京:北京体育大学,2005.

　　④ 谭广鑫,胡小明.少数民族传统体育的人类学考察:以第8届全国少数民族传统体育运动会为考察对象[J].西安体育学院学报,2009,26(5):513-516.

　　⑤ 马小明.传承民族优秀文化　推进民族传统体育的现代化:从第七届全国少数民族传统体育运动会谈起[J].青海民族研究,2004(4):63-66.

　　⑥ 扈诗兴.全国民运会发展思路探析[J].体育文化导刊,2011(2):78-81.

　　⑦ 黎文坛,胡小明.民族运动会的发展理念初探[J].体育学刊,2012,19(1):39-43.

入探讨①②。

（二）关于全国民族运动会赛事符号与仪式研究

随着全球化进程的持续加速，全国民族运动会渐渐成为向世界展露中华民族体育瑰宝和璀璨风采的平台。进入新时代，赛事场域内的中华民族多元一体的"历史叙事"重构了"集体记忆"，赛事符号（会徽、会旗、会标等）、赛事仪式（赛场身体表征、开闭幕式等）的社会意义成为学界、媒体关注的重心。开幕式上的文体表演，诉说着中国各民族过去、当下与未来的"连续性叙事"，借助于高度标识化的体育文化符号唤起了受众的认同情感③，实现了当下与未来社会的有效建构④。通过赛事仪式的不断创新和文化符号的生产与再生产，进一步促生了个体-群体间的"情感关联""情感表达""情感共鸣"，对于民族认同与国家认同的良性互动具有积极意义，有效地推动了多元民族的文化认同建构。

（三）关于全国民族运动会历史意义与价值内涵研究

作为国内大型民族体育赛事，全国民族运动会独具一格的社会衍生功能，使其肩负着人文价值和政治使命。20世纪末开始，学界以全国民族运动会的赛事文化符号和赛事仪式为核心载体探析全国民族运动会的

---

① 吴润平.全国第1—9届民运会的演进特征与发展反思[J].南京体育学院学报（社会科学版）,2015,29（2）:15-21.

② 彭国强,舒盛芳.我国10届民运会演进的特征、经验及走向[J].武汉体育学院学报,2015,49（12）:5-13.

③ 王兰.铸牢中华民族共同体意识:基于全国民族运动会会徽和吉祥物的研究[J].黑龙江民族丛刊,2020（6）:6-14.

④ 刘迪.我国少数民族传统体育运动会开幕式团体操创编的研究[D].呼和浩特:内蒙古师范大学,2021.

价值、意义和作用[①]。具体内容包括：（1）继承并弘扬优秀民族传统体育文化[②]；（2）推动全民健身，增强人民体质；（3）增进民族团结，共同繁荣发展；（4）展示少数民族传统体育的地位和水平；（5）促进和谐社会建设，凝聚时代精神，构建各民族的精神家园[③]。值得注意的是，为了进一步扩大全国民族运动会的社会整合和国家建构的潜在功能，将全国民族运动会更名为"东方运动会"[④]"中华民族传统体育运动会"的倡议也引起学界的思考和讨论[⑤]。

（四）关于全国民族运动会参与国家认同建构的相关研究

随着赛事的持续演进，内蕴于全国民族运动会赛事领域的价值观也在发生着适应性改变。全国民族运动会赛事仪式、文化符号对于积极汇聚民族正能量，铸牢中华民族共同体意识的重要作用得到学界的关注[⑥]。赛事与民族认同、政治认同以及国家认同的和谐共生及其内涵关系也得到了一定程度的关注[⑦]。尤为可喜的是，微观层面探讨全国民族运动会

---

① 孙渭.试谈少数民族传统体育运动会文体表演的历史背景与时代精神[J].民族艺术研究,1996(1):3-8.

② 马小明.传承民族优秀文化 推进民族传统体育的现代化:从第七届全国少数民族传统体育运动会谈起[J].青海民族研究,2004(4):63-66.

③ 王兰,韩衍金."共建共治共享"理念下全国少数民族传统体育运动会的治理[J].哈尔滨体育学院学报,2020,38(6):13-18.

④ 卢元镇.希望在于东方体育文化的复兴:兼论从中国少数民族传统运动会向东方运动会转型[J].体育文化导刊,2003(10):16-19.

⑤ 郑顺新.论全国少数民族传统体育运动会向"中华民族传统体育运动会"转型[J].体育学刊,2008(6):11-13.

⑥ 张振东,聂世轩,李国立.汇聚民族团结正能量:全国民族运动会社会价值及其传承研究[J].体育学刊,2021,28(4):22-27.

⑦ 张晓义.全国民运会与少数民族政治认同关系的研究[C]//中国体育科学学会(China Sport Science Society).2011第九届全国体育科学大会论文摘要汇编(1).北京:中国体育科学学会,2011:2.

的部分运动项目文化和蕴含其中的文化元素参与文化认同①、族群认同②等的构建，以及中华民族共同体意识的铸牢③的潜在路径和内在机制也成为学术共同体的"问道空间"。

总体来看，有关全国民族运动会的研究处于持续增长的态势，但是理论关怀的深度和广度、内涵和外延与同类别的国家级体育赛事相比尚有不足。其中，关乎国家认同的相关研究凤毛麟角，仅限于几篇会议论文，尚未引起学界足够的重视。

五、文献述评

2017年党的十九大报告指出："全面贯彻党的民族政策，深化民族团结进步教育，铸牢中华民族共同体意识，加强各民族交往交流交融，促进各民族像石榴籽一样紧紧抱在一起，共同团结奋斗、共同繁荣发展。"2021年8月召开的中央民族工作会议上，习近平总书记强调要"铸牢中华民族共同体意识""构筑中华民族共有精神家园"。可见，在我国如何持续培植与巩固各民族团结一致的国家认同、调和民族认同与国家认同的矛盾、促进各民族形成广泛的政治认同和文化认同、着力促进各民族交往交流交融等是当前以及未来亟待解决的历史性和社会性课题。

从社会实践领域来看，国内大型民族体育赛事具有较强的在内向维度构建国家认同的作用，能够有效地提升民族凝聚力和文化聚合力。此外，在媒介工具的参与下，科学运营的全国民族运动会与积极健康的城

---

① 陈振勇，童国军.节庆体育的集体记忆与文化认同:以凉山彝族自治州火把节为例[J].体育学刊,2013,20(4):124-128.

② 张忠杰，龙宇晓，张宝根.苗拳与族群认同:中国苗拳象征意义的文化符号学研究[J].体育学刊,2017,24(6):22-28.

③ 白晋湘，郑健.交往交流交融:苗疆传统体育铸牢中华民族共同体意识的三重路径[J].体育学刊,2022,29(1):1-8.

市形象、地域形象和国家形象密切联系，进而实现宣传与提高我国文化软实力的目标，这是强化国家认同的重要文化战略之一①。

总体而言，相较于同级别的国家级体育赛事，目前关于全国民族运动会等国内大型民族体育赛事的研究相对不足，深入探讨赛事深层意义与价值的文献寥寥无几，缺乏足够的理论关怀与学术关照。更为确切地说，有关我国大型民族体育赛事，尤其是全国民族运动会，与国家认同层面的学术探索和理论关照明显落后于赛事实践。这与全国民族运动会作为中华人民共和国成立以来，影响最为深远的大型民族体育赛事、重要的民族工作以及多元民族文化交往交流交融的国家平台的重要作用和意义不相称。

全国民族运动会日益成为连接个人、民族以及国家的平台载体，与民族团结、社会稳定、认同建构、国家建设等内容密切关联，在建构以及强化国家认同进程中发挥着重要作用。本研究立足于国内外有关国家认同、体育（尤其是大型体育赛事）与国家认同、全国民族运动会相关研究的文献回顾，结合专家访谈以及前期论证，尝试从国家认同视角出发，纳入历史与现实维度，围绕赛事的时空演化探寻中华人民共和国成立迄今最为悠久的本土大型民族体育赛事——全国民族运动会与国家认同建构的交互关系。基于研究题旨以及设定的论域，本研究形成了三个基本问题域：（1）全国民族运动会在不同的发展阶段与国家认同建构之间的动态关系；（2）全国民族运动会赛事运作相关要素增进国家认同的呈现方式和逻辑结构；（3）全国民族运动会增进国家认同的实现路径。本研究通过对上述三个核心问题的理论探索，试图厘清全国民族运动会参与国家认同建构的阶段特征，剖析其参与国家认同建构的逻辑结构，探索其增进国家认同建构的路径机制。充分理解全国民族运动会与国家认同建构的关系，有助于明晰赛事发展应当坚持的核心内容，指明赛事未来可持续发展的方向。

---

① 新华每日电讯."各美其美"民运会，"美美与共"中国梦[EB/OL].(2015-08-10)[2021-04-20].https://www.sohu.com/a/26527803_117503.

第三节　研究目的与意义

一、研究目的

对中华人民共和国少数民族传统体育运动会（简称"全国民族运动会"）进行历史透视与现实审视，有助于理解我国大型民族体育赛事与国家认同建构的动态关系，进一步梳理、开掘并提炼其参与、固基国家认同建构的演化经验和规则脚本。本书基于国家认同建构的视角，深入探讨以全国民族运动会为代表的民族体育赛事与国家认同建构耦合的动态特征与内在机制，进而阐释其作为多民族构成的国家认同建构的有力工具和现实载体的深刻价值内涵，以期在实践（赛事治理）和理论（学术关怀）的二维层面理解其在"贯彻平等、促进团结、尊重多元、包容差异、调适文化、共同发展"中的独特作用，探索其在"协调多元、推动一体"国家认同建构进程中的重要功能。

二、研究意义

国家认同建构无法脱离国际、国内两个大局。要而言之，国际、国内双重视域下的大型综合性体育赛事在参与"国家认同"和"中华民族共同体"构建方面具有同等重要的意义。如果说国际大型综合性体育赛事更多着眼于世界意义和全球方略，那么国内大型综合性体育赛事则致力于聚焦人民幸福安康、民族团结进步、社会繁荣共进等内向维度的国家建构。二者虽然并行不悖，但从国家建构层面来看，国家认同和中华民族共同体的内向建构始终是前提和根底。这也从国家战略部署规划的高度，澄明了新时代大型本土民族体育赛事持续参与国家认同建构动态进程中的清晰目标和具体内容。

（一）理论意义

对全国民族运动会进行历史透视与理论探索，依托社会学理论分析框架，阐释其所蕴含的政治、文化与社会等维度的现实价值，有助于丰富我国民族传统体育赛事与国家认同建构研究的理论体系，一定程度上弥补了对全国民族运动会与国家认同建构的"存而未论"，以及全国民族运动会相关理论研究"论而不议"的局限，进而有利于从理论层面解释如何通过全国民族体育赛事多层次、多角度地发出中国声音，讲述中国故事，树立中华民族命运共同体新形象，有效地固基国家认同，从而进一步明晰赛事传播中承载建构和强化我国国家认同的具体目标。

（二）实践意义

在对全国民族运动会的历史管窥以及社会学阐释中，关注本土民族体育赛事运行过程中的现实问题，厘清国内本土大型民族体育赛事作为仪式庆典之一，是如何促进国家认同建构的，进而从治理实践上升到理论规范，分析与寻找其"普遍性"与"普适性"意义，有利于我国体育部门调整国内本土大型体育赛事与民族体育赛事的发展目标，优化治理模式，更为合理地指导我国本土民族体育赛事形成自主品牌。此外，在国家认同持续建构的语境下，本书在一定意义上阐明了中国特色大型民族体育赛事在未来一段时期内应当坚持什么、发展什么以及如何发展等问题。

第四节　研究理论基础

一、国家认同理论

国家认同与国家相伴而生，其作为国家合法性的重要来源，是国家获得国民普遍性支持的重要基础，是国家进行自我构建的重要内容①。目前学界有关国家认同的理论探索和学术反思大体包括下述几个方面：（1）国家认同包括"国内-国际"两个维度，不同维度的认同其主体不同。从"国内"维度指向来看，认同主体是该国"国民"；"国际"层面的认同主体是"他国"。（2）从认同内涵入手，主要包括历史文化（文化认同）、制度体系（政治认同）和未来发展（价值认同）。（3）"国民"视角下的国家认同的外在表现主要集中在国家归属、国家依赖、国家忠诚等方面，这是现代国家合法性统治的内生动力；"全球"视野下的国际认同主要集中于国际地位、合法性意义、全球事务担当等方面。

对于多民族构成的国家来说，所面临的最大威胁是来自内部的分裂和自我解体②。虽然二战以后和平世界的构建是全人类的普遍追求，但是围绕着民族、宗教、边境等问题的局部争端此起彼伏，其中大多数问题、争端和分歧都或多或少潜藏着民族主义的魅影③。对包括中国在内的多民族国家来说，通过强化国家内部的民族团结、维护国家的领土主权、传承民族的历史传统、培育民族的公共文化、诠释国家的象征符号来构建公民的"归属性国家认同"，以增强"国家/民族的凝聚力和向心

① 邓洪波.我国高校少数民族学生国家认同教育研究[M].北京：人民出版社，2016：1.

② 许纪霖.家国天下：现代中国的个人、国家与世界认同[M].上海：上海人民出版社，2017：32.

③ 威尔·金里卡.少数的权利：民族主义、多元文化主义和公民[M].邓红风，译.上海：上海人民出版社，2005：90.

力"，维护"国家共同体的独立性和统一性"①，进而实现国家层面的政治认同、文化认同等内向维度的建构至关重要②。

中国是幅员辽阔的统一的多民族国家，在不同的地理、文化、人文等因素的共同影响下，不同地域之间有着明显的区别。（1）从地理角度来说，我国包括中心区域和边陲地域；（2）从发展的视角来看，可以区分为经济、文化、权力中心区域和偏远地区③；（3）从民族构成来说，我国拥有56个民族，其中包括30多个跨界民族。我国是陆地边界线最长和邻国最多的国家之一，也是边界情况最复杂的国家之一。其中，边疆民族聚集区由于地理、人文因素的特殊性，既是国防重点，亦是新全球化背景下打击别有用心的境内外敌对势力、民族分裂势力的战斗前沿④。

可见，我国国家认同建构必然是动态的、长期的、复杂的。国家机器势必要借助一系列强有力的措施手段持续有效地构建共同的历史（群体记忆）、文化（符号表征）、地理（乡土情结）的想象共同体。结合文献回顾和调研访谈材料，全国民族运动会作为新中国成立以来的历史最为悠久的国家平台之一，见证了现代中国发展的历史图景；作为国家"发明的传统"，促进了多民族构成的现代中国的国家建构，具有重要的政治意义、文化价值和社会功能，与国家认同建构的相关内容紧密关联并高度耦合。

二、符号互动理论

符号化的思维和行为是人类社会生活最富于代表性的特征之一，从

① 肖滨.两种公民身份与国家认同的双元结构[J].武汉大学学报(哲学社会科学版)，2010,63(1):82.

② 暨爱民.国家认同建构:基于民族视角的考察[M].北京:社会科学文献出版社，2016:126.

③ 许纪霖.家国天下:现代中国的个人、国家与世界认同[M].上海:上海人民出版社，2017:29.

④ 邓洪波.我国高校少数民族学生国家认同教育研究[M].北京:人民出版社，2016:3.

某种意义上看，人类的文明发展史实质上就是一部人类文化符号的建构史。符号具有"所指"和"能指"双重意义，其作为指代物的某些方面的具体物象，是人类社会传达、负载信息的基元，用以表征人、物、概念等复杂的物质形象和价值意义。

文化作为人类社会创造的具有象征意义的符号总和，诸如文字、语言、数字、图片、音乐、表情、姿态，乃至思想、著作、电影、风俗、仪式、节事等都可以纳入人类文明发展进程中的文化符号系统的总集合中。在同一个文化符号意义系统下，符号的转喻性与隐喻性特征，扩展并延伸了文化符号的价值意义。

乔治·米德在《现在的哲学》中认为具备象征意义的符号是人类社会生活的基础，当一种姿势对其发出者和针对者有共同意义时，就成为有意义的姿势，即符号。他进而提出"符号"是指具有象征意义的事物，是个体之间、群体之间甚至民族、国家之间互动的中介，奠定了符号互动论（Symbolic Interactionism）的基础。符号互动论认为事物对个体社会行为的影响，往往不在于事物本身所包含的世俗化的内容与功用，而在于事物本身相对于个体的象征意义，而事物的象征意义源于个体与他人、本群与他群、本国与他国的互动（这种互动包括言语、文化、制度等等），在个体、群体、民族、国家应对所遇到的事物时，总是会通过自身的解释去运用和修改事物对他的意义。

欧文·戈夫曼在《日常生活中的自我呈现》中运用符号互动理论来解读人类社会的互动活动。符号媒介作为人与人之间直接抑或是间接的沟通方式，在完成一系列有目的、有意义的社会行为后，能够实现特定群体、区域的有效建构。现代民族国家的建构基础来源于国民发自内心的认同，这是维系国家统一和连续性的基石。大力挖掘与开发具有典型性、独有性的符号资源，不断强化国民的国家认同感成为世界各国进行国家建构的普遍共识。

大型体育赛事作为"已经发生、正在发生和即将发生的历史"，具备容纳巨大人群的空间场域，成为个体、群体、民族、国家进行符号互动的实践载体。其所蕴含或镶嵌的丰富符号资源包括国旗、国徽、会徽、海报、奖牌、会歌、吉祥物、重要人物致辞、赛事纪念品、赛事景观建筑以及开闭幕式等等。借助于赛事场域内多种符号的全方位呈现，可以向数以万计的受众传递着主办国（举办地）的历史文化和价值观念。如果说国家认同感的持续建构实质上就是一个连续性、动态性的编码符号、解释符号、革新符号、运用符号以及物化符号的进程，那么影响深远的大型体育赛事则为主办国（举办地）提供了建构符号、运用符号的绝佳机会。凭借举办大型体育赛事的契机，掌握一系列文化符号体系传播的分类，充分利用赛事符号资源体系，并进一步运用于民族国家的想象与构建。

从符号互动理论（Symbolic Interactionism）出发，不难理解大型体育赛事作为符号生产、互动的策源地，业已成为现代国家实现国家认同建构的重要载体之一。如果说参加奥运会等国际大型体育赛事是在国际层面全方位展示国家经济、社会、科技等综合实力，用以提升民族自信、展现国家形象、增强全球认同；那么举办国内大型体育赛事则是诉说国家发展进程中不同时期人民生活幸福、民族平等团结、社会稳定发展、国家繁荣昌盛的国家叙事。对于中国这样一个地域辽阔、民族构成复杂的现代国家来说，全国民族运动会赛事过程中同样具备一系列内涵深刻、底蕴丰厚的文化表征符号。可以通过全国民族运动会的国家平台，借助体育赛事推动各民族历史文化和现实生活中的交往交流交融，凸显各民族之间的共性文化因子，潜移默化地影响个体（公民）、群体（民族）的社会行为，反复强化个体-群体对国家的认同感、依赖感、信任感，进而有效地巩固各民族公民的国家认同情感。

三、互动仪式链理论

正如马克思所说，人是一切社会关系的总和。换而言之，社会也是人的社会，是"人们交互活动的产物"①，二者"相互生成、相互建构"②。而社会互动作为持续进行的过程，身处其中的个体不只受到他人的影响，也不断地影响着他人。仪式作为"社会人"各种行为姿势相对定型化的结果，通过个体或群体做出这些姿势，以形成和维持某种特定的社会关系。此外，仪式的具体机制还包括人际互动中形成的相互关注，以及他们在共享的情感节奏中彼此的连带性。

正因为仪式在社会中的重要影响，从古典社会学家涂尔干开始，社会学界就非常重视对仪式的研究。"互动仪式"（Interaction Ritual）一词主要来源于戈夫曼，是一种表达意义性的程序化活动，这类活动对群体生活或团结来说具有重要意义。人类社会中普遍存在的各种各样的互动仪式，映射了个体之间、群体之间的社会关系的具体类型。例如：日常生活中的节庆仪式的大众传播具有"想象的共同体"的建构功能，通过回答、重现"我们是谁"，强调自我身份的认同边界，凸显"我者"与"他者"之间的差异性，并且在差异性的呈现中进一步强化自我群体成员的身份认同。通过大众传媒的持续建构，"想象共同体"的边界被不断固定，使得集体记忆得到重构从而为国家认同提供了合理化的途径③。

兰德尔·柯林斯把互动仪式从微观分析扩展到了宏观层次，从而为社会分层、社会运动与思潮、社会冲突等问题提供了新的理论解释。强调以微观为基础、微观分析与宏观分析相结合的观点，代表了学术界一种新的综合性理论倾向，为许多社会学问题提供了崭新的分析视角。根据柯林斯的互动仪式链理论，全国民族运动会几乎满足了互动仪式链理论的所有结构要素，包括情境、互动、仪式、情感与符号等（见图0-

---

① 中共中央马克思恩格斯列宁斯大林著作编译局.马克思恩格斯选集：第四卷[M].北京：人民出版社，1995：532.

② 王虎学.人的社会与社会的人：马克思哲学的革命变革与现代视域[M].济南：山东人民出版社，2012：3.

③ 金玉萍.媒介中的国家认同建构：以春节联欢晚会为例[J].理论界，2010（1）：159-161.

3），可视为典型的互动仪式。相应的，在满足各要素条件的前提下，作为互动仪式的赛事仪式过程会产生一系列的仪式结果。

（1）全国民族运动会场域内群体团结各种成员身份的感觉。

（2）身处全国民族运动会场域的个体的情感能量（EE）：一种采取行动时自信、兴高采烈、有力量、满腔热忱与主动进取的感觉。

（3）全国民族运动会表征群体的符号：标志或其他的代表物（形象化图标、文字、姿势等），使成员感到自己与集体相关，充满集体团结感的个体—群体格外尊崇符号，这些符号即涂尔干所说的"神圣物"。

（4）道德感：维护群体中的正义感，尊重群体符号。与此相伴随的是由于违背了群体团结及其符号标志所带来的道德罪恶或不得体的感觉。①

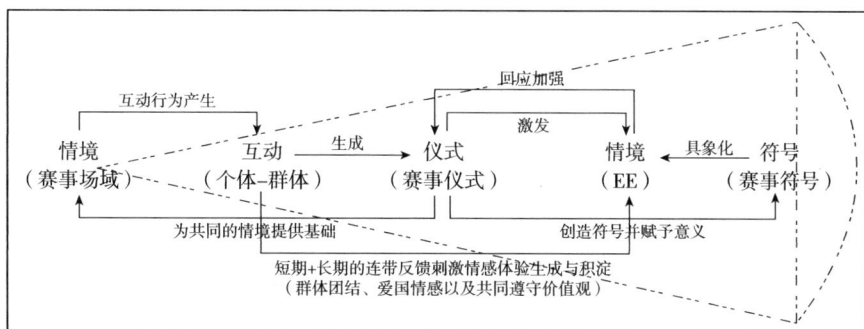

图0-3　全国民族运动会作为"互动仪式"的理论解析

全国民族运动会作为集民族工作、体育赛事、文化盛宴、节日庆典于一体的系统工程，具备互动仪式的所有结构要素。个体—群体在赛事期间的互动，孕育着巨大的情感能量，这些能量通过程序化、科学化、体系化的赛事系统转换成凝聚、表征群体团结的符号标志（高度抽象化的图标、文字、姿势等），使身处其中的个体与群体成员体验共享的集体情感，这些表征群体的符号，即涂尔干所说的"神圣物"。伴随着相

---

① 柯林斯.互动仪式链[M].林聚任,王鹏,宋丽君,译.北京:商务印书馆,2009:68-90.

对固定的办赛模式，符号、仪式成为固定的循环系统，使得群体兴奋或集体欢腾产生的群体团结进一步沉淀，进而产生长期效应，持续巩固群体成员的身份符号。从国家建构层面考量，全国民族运动会通过固定的（四年一届）、体系化的（县、市、省、国家四级办赛体系）办赛程序，将集体兴奋产生的群体团结转化为程序化的长期效应，可以较好地用来解释国家认同视域下全国民族运动会的发展变迁历程以及全国民族运动会与国家认同建构的逻辑关系。

第五节　研究对象、研究方法、研究框架及研究内容

一、研究对象

本研究以中华人民共和国成立以来历史最为久远的本土大型民族体育赛事——全国民族运动会为研究对象。首先，遵循历时性脉络梳理民族传统体育赛事仪式发展、文化符号以及媒介传播的演变规律，以及在全球化背景下赛事仪式、文化符号参与国家认同建构的动态历程。其次，聚焦全国民族运动会赛事运作相关要素，分析其参与国家认同建构的呈现方式与内在逻辑结构，进而诠释全国民族运动会促进国家认同建构的实现路径及其所蕴含的深刻价值意涵。

二、研究方法

（一）文献资料法

利用网络数据库，以"认同""政治认同""民族认同""文化认同""国家认同""媒介""仪式""符号""民族体育""民族传统体育""民

运会""民族运动会""全国民族运动会""少数民族传统体育运动会"
等为篇名或者关键词、主题词进行文献检索；通过国家图书馆、苏州大
学图书馆、奥克兰大学图书馆等官方网站，以及国家民族事务委员会官
方网站、国家体育总局官方网站、地方民族宗教事务委员会官方网站、
民族运动会举办地地方志官方网站和档案馆等机构，收集关于全国民族
运动会的相关文献资料（见图0-4），并进行系统梳理。结合大量有关历
史学、社会学、民族学、民俗学等学科的经典著作，整理与本研究相关
的文献资料笔记。通过史料的收集整理和理论笔记的归总提炼，奠定了
本研究的前期基础。

图0-4 全国民族运动会部分史料（秩序册、宣传材料与节目单）

（二）调查法

（1）参与式观察法。直接参与2019年第十一届全国民族运动会并进行实地观察。主要对赛事期间的竞赛项目和表演项目进行参与式观察。2019年9月9日—9月15日，对在郑州工程技术学院举行的表演项目进行全程观察并拍摄视频、图片留档，课题组成员（在读硕士研究生汪云杰、张永新）分工至不同竞赛项目进行观察、拍摄、记录和访谈。因团队人员有限，部分项目的视频、图片借助赛事直播、回放录制并存档。通过实地观察，切身感受全国民族运动会赛事仪式和文化符号的巨大影响力，深度了解第十一届全国民族运动会办赛的背景环境和社会环境，力求洞悉第十一届全国民族运动会的赛事意义和价值内涵。

（2）专家访谈法。本研究的选题涉及历史学、社会学、传播学、体育史学、体育社会学等学科交叉知识体系，在课题组参加国内外学术会议、学术活动等合适时机向国内外相关领域的专家学者进行汇报、探讨、访谈。专家访谈工作的重点着眼于选题可行性、研究立意、理论运用、逻辑结构、材料获取、拟解决问题、论证设计等课题可操作性层面的问题。在访谈过程中，做好访谈笔记，为课题的顺利开展获取第一手研究资料的同时，也为完成本课题打下坚实的学理基础支撑。外国专家的访谈由张永新协助完成并进行翻译。

（3）半结构式访谈法。以全国民族运动会与国家认同为主要议题对赛事参与者（工作人员、教练员、运动员、裁判员、观众等）进行半结构式访谈（访谈提纲见附录二十二），从而获取不同声音。在赛前准备阶段、赛事进行期间及赛后，对参与赛事的相关人员进行半结构式访谈，记录他们对全国民族运动会与国家认同之间关系的认知和感悟，倾听参与者的真实声音，力求逐步接近客观实体与事实真相。

（三）历史研究法

为深入理解当代社会结构中的动态变化以及社会变迁的内在机制，

就必须洞察她的历史长程发展。因而，研究全国民族运动会，也必须将其置于自身发展的历史时空场域内进行考察，了解其历史变迁背后的时代特征与发展要素，借助于社会学理论与研究范式，深入觉察问题并做进一步分析。自2018年6月开始，笔者着手收集整理历届全国民族运动会的相关材料，深入部分全国民族运动会举办地，调研当地图书馆、档案馆、高等学府、研究机构等，力求获取最接近赛事真实历史的文献史料（总计360件，涉及1953—2019年共十一届赛事）。在占有史料的基础上，通过层层深入的逻辑推衍，分析不同历史时期全国民族运动会如何参与实现国家认同建构的阶段性特征与内在逻辑结构，进而寻觅其在历史时空演化进程中的功能、意义与价值。

（四）文本分析法

"文本"指在特殊的情境中由一定的符号或符码组成的信息流动结构体，这种结构体能够以语言、文字、图片、影像等不同的形式呈现。由于文本是在特定情境下，由特定的人制作而成，所以其语义必然会反映出人的特定立场、观点、价值和利益等意识形态的内容。本研究采用的文本分析法（Textual Analysis）不同于传统的"史料考据"，而是立足于社会情境去解读文本，着眼于从文本的表层深入到文本的深层分析，挖掘文本中隐藏的实质意义。进而言之，关于全国民族运动会的相关文本，理应置于文本形成的时代背景、社会环境中进行解读，通过细致研判解构文本的意象和隐喻、叙述修辞（故事分析），厘清叙事主体的文本结构、符号阐释、仪式象征（能指/所指），判断重要的符号、仪式呈现的隐含意义和结构拘囿，进而通过审视文本表象洞察其背后的深层含意。

三、研究框架

本书的研究框架如下面图0-5所示。

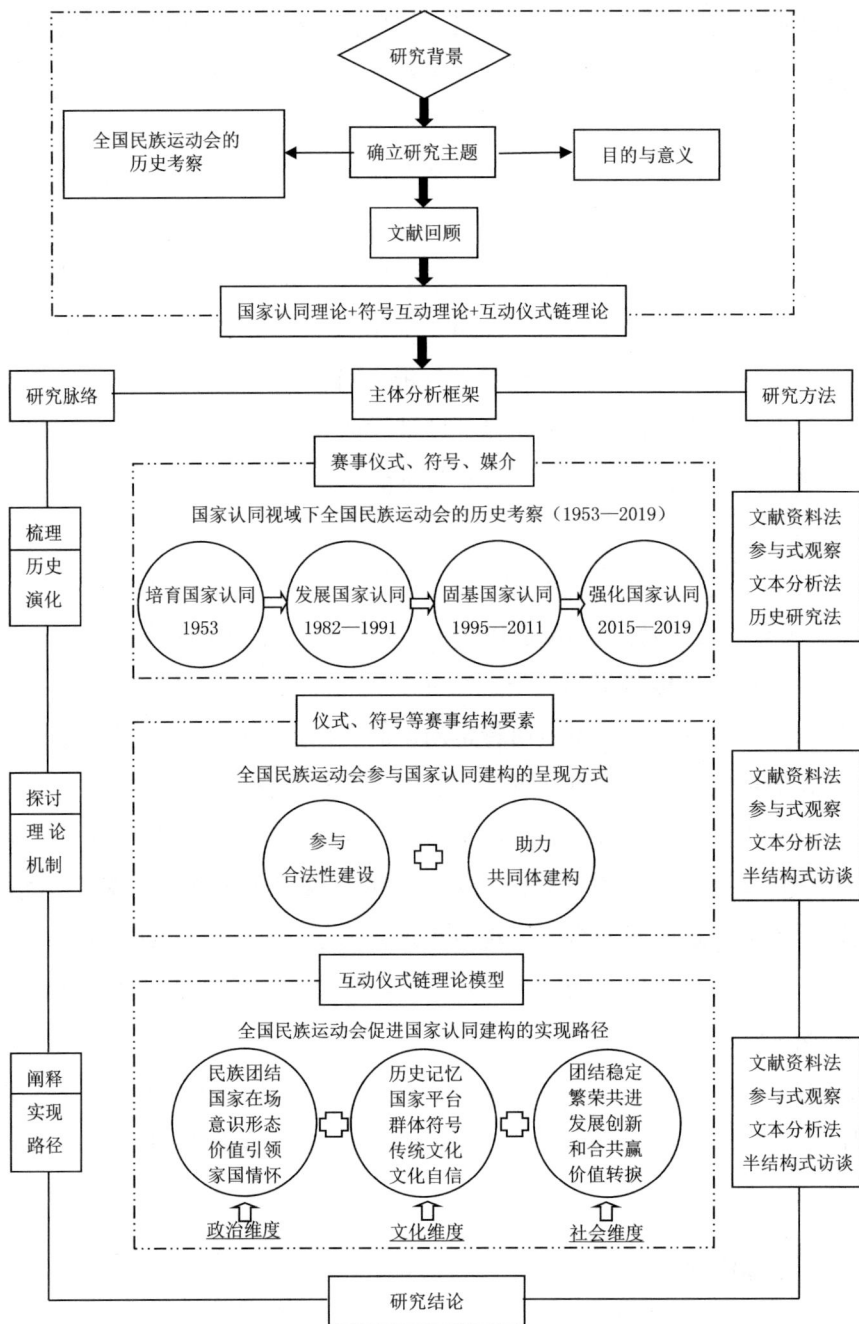

图0-5　研究框架

四、研究内容

（1）绪论。绪论部分首先是研究背景与问题提出，并阐述研究目的及意义。在核心概念界定之后，梳理国内外有关国家认同的研究概况、国内外有关体育与国家认同建构的成果与现状以及全国民族运动会的研究进展。立足于文献回顾的基础之上，归总当前研究的不足和局限。在此基础上，确定本研究的问题域和采用的相关理论。最后介绍研究对象、方法、框架及内容。

（2）第一编。演化与变迁：国家认同视域下全国民族运动会的历史考察（1953—2019）。本编内容主要通过全国民族运动会赛事结构要素（仪式、符号、媒介等）的历史演化脉络，推演出全国民族运动会发展演进的四个阶段。第一章主要介绍全国民族运动会的肇始（1953）；第二章主要介绍全国民族运动会的重建与初兴（1982—1991）；第三章主要介绍全国民族运动会的加速演进与变革（1995—2011）；第四章主要介绍新时代全国民族运动会全面深化改革（2015—2019）。以上四章旨在对全国民族运动会与国家认同的交互关系进行认真的梳理。

（3）第二编。合法性与共同体建设：全国民族运动会参与国家认同建构的呈现方式。本编内容透过全国民族运动会赛事场域的历史时空横切面，使我们得以发现镶嵌其中的仪式、符号被赋予了特殊的意义。在跨越时空的整体叙事框架下，笔者将赛事场域不同时间轴线中的历史内容转换为可以在一套话语中加以表述的现实，从而在复杂交错的赛事时空回望中摆脱单一时空中的线性进化逻辑，辨明嵌入赛事中的政治合法性建构（第五章）和历史文化共同体建设（第六章）的隐性逻辑结构。

（4）第三编。认同建构与社会整合：全国民族运动会促进国家认同的实现路径。本编内容试图在前文历史田野为主的历时性演绎以及共性结构分析的基础之上，借助互动仪式链理论框架，结合国家认同理论和符号互动理论，进一步建构"作为互动仪式的全国民族运动会的理论模型"（第七章），用以阐释归总全国民族运动会参与国家认同建构的三个核心维度，即政治维度（第八章）、文化维度（第九章）、社会维度（第十章），揭示其参与并不断推进国家认同建构的机制路径。换言之，如果说之前内容（第一编、第二编）揭示了全国民族运动会参与国家认同建构的形式与结构，那么本编内容则力图洞悉全国民族运动会的深刻内涵。

（5）余论。结论、建议与展望。作为结尾，本部分对全书进行简要的回顾与总结，并系统阐述本书的核心观点。本研究的理论贡献在于通过对全国民族运动会的系统梳理与归总提炼，丰富了有关中国特色大型民族体育赛事的理论体系，为进一步深入理解我国民族体育赛事（仪式、符号）的政治、历史文化以及社会价值提供了一定的理论参考和现实依据，进而为全国民族运动会等国内大型体育赛事的发展提供了一定的理论借鉴。此外，在国家认同持续建构的语境下，有助于理解中国特色大型民族体育赛事未来发展应当坚持的核心内容，也相应解答了未来一段时间全国民族运动会应当坚持什么、发展什么以及如何发展的问题。

第一编

演化与变迁：国家认同视域下

全国民族运动会的历史考察（1953—2019）

历史分期问题对于涉及历史研究的任何学科分支来说都至关重要，这不仅关乎学术共同体对特定历史发展规律的认知程度，而且某种程度上也折射了该分支学科的研究水平。有关中华人民共和国成立迄今的当代体育史的分期问题，一直是体育学界的热门课题。全国民族运动会作为中华人民共和国成立后的事物，其历史分期理应遵循新中国体育事业发展规律，并置于中华人民共和国体育史的分期逻辑框架下予以划分。

　　据不完全统计，体育学界有关中国当代体育史分期划分，具有代表性意义的成果详见附录一。由此不难发现，政治上层建筑（政策法规、国家战略等）以及社会发展波动成为当代体育史分期的核心分野依据。从中我们大致可以提炼出较为明显并得到学界普遍认可的分期：（1）新中国成立初期；（2）"文革"时期；（3）改革开放初期；（4）新时代时期。具体到全国民族运动会，结合专家访谈材料以及赛事自身演化特征，笔者相应地将其划分四个阶段。第一阶段：全国民族运动会的肇始（1953）。第二阶段：全国民族运动会的重建与初兴（1982—1991）。第三阶段：全国民族运动会的加速演进与变革（1995—2011）。第四阶段：新时代全国民族运动会全面深化改革（2015—2019）。其中，需要说明的是第二阶段与第三阶段之间划分的主要标志性事件分别是：（1）1992年的红山口会议；（2）1992年第一次中央民族工作会议。

第一章　全国民族运动会的肇始（1953）

　　新生主权国家，不得不面对新国家的认同问题。在设法自卫、免于强大反对势力的打击之外，还要发展经济，克服严重的贫穷与落后。最后，更必须设法消弭内部族群之间的分裂甚至是敌对，以营造一个长远的整合社会。

——哈罗德·伊罗生①

第一节　时代背景与政策环境

一、新中国成立初期民族政策与民族体育政策的萌芽

　　1949年10月1日，中华人民共和国成立了。从此中国的社会性质发生了根本变化，人民民主制度得以确立。中华人民共和国成立前遗留下来的各种问题成为国家建设的起点②。中华人民共和国成立前，帝国主

---

①伊罗生.群氓之族:群体认同与政治变迁[M].邓伯宸,译.桂林:广西师范大学出版社,2008:39-40.注:此段内容经作者概括提炼而成。

②张建会.国际和国内双重维度下大型体育赛事与国家认同研究[M].北京:北京体育大学出版社,2020:228.

义的长期压榨、国民党遗留的通货膨胀、长期战乱对生产力和基础设施
的严重破坏以及国际反华势力的经济封锁等，导致新中国成立初期经济
濒临崩溃。经过三年多艰苦卓绝的努力，到1952年底国民经济得以恢
复，国家整体形势基本好转。1953年，土地改革和恢复国民经济的初步
任务基本完成，并开始实施"第一个五年计划"，国家的各项事业发展
逐步进入正轨。

对于中国共产党和成立初期的中华人民共和国来说，"如果旧的权
威和意识形态没有被吸收，那么它们就可能出现在新的政体中，并在以
后成为对抗的政治回忆和信仰"①。中华人民共和国成立后，为了尽快
实现国家整合，稳步推进国家合法性建设，从国家认同建构的意义上将
各民族成员有效整合并有序归置于现代国家政权体系内，成为党和政府
政治建设的核心内容。该时期国家致力于通过整体性的国家治理，借助
包括硬权力和软权力在内的国家权力体系进行整体性的调整，进而实现
新的国家治理体系构建。该时期国家整体性治理战略主要包括两层内
容，其中一层便是以少数民族为治理主体，建立一个拥有完整政治、经
济、社会以及文化权力的国家治理体系②。

鉴于我国多民族构成的复杂性，新中国成立伊始，民族地区治理和
民族工作（包括民族体育工作）备受党和政府的高度重视。1949年9月
29日，由第一届政治协商会议通过的起临时宪法作用的《中国人民政治
协商会议共同纲领》（下文简称《纲领》），明确指出我国"境内各民族

① 拉彼德,克拉托赫维尔.文化和认同:国际关系回归理论[M].金烨,译.杭州:浙江
人民出版社,2003:53.

② 任勇的研究显示,在我国国家整体性治理战略中,无论是古代还是现代,大致包括
两层内容,一层是以汉族为主体所组成的国家治理体系,另一层则是以少数民族为主体
建立的地方国家治理体系。本书此处的表述受到其观点启发,结合笔者现有的学术积累
和逻辑推演,我国在新中国成立初期建立的民族区域自治以及之后的一系列民族政策
（经济、人口、教育等）,表明这种"双轨"治理有利于实现对少数民族社会的有效治理。资
料来源:任勇.公民教育与认同序列重构:以西南地区少数民族的国家认同为研究对象
[D].上海:复旦大学,2011:59-98.

一律平等"。1950年，为进一步疏通民族关系、调解民族矛盾、消除民族隔阂，为全面推行贯彻《纲领》精神创造有利条件，党中央决定向民族地区派遣4个访问团。访问团出行前毛泽东、朱德、周恩来、刘少奇、宋庆龄分别题词给予关怀和鼓励①。其中，毛泽东同志的题词见图1-1所示。

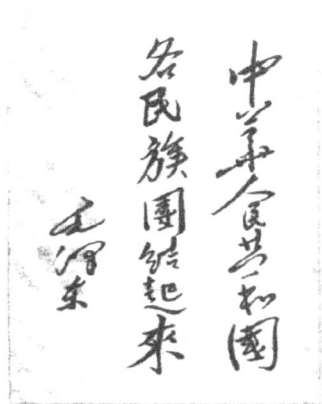

图1-1　1950年毛泽东同志的题词②

新中国成立初期，体育领域作为新生国家微观治理层面的具体实践，同样受到党和国家的高度重视。例如，1949年9月29日通过的《纲领》第48条明确规定"提倡国民体育"。1949年10月26日在北京召开

---

① 降边嘉措.民族大团结从此开始：记毛主席书写"中华人民共和国各民族团结起来"题词的经过[J].民族团结，2000（06）：35-37.注：朱德题词："全国各民族亲密团结起来，为建设独立、民主、和平、统一、繁荣、富强的新中国而奋斗！"刘少奇题词："过去汉族的统治阶级是压迫国内少数民族的，但是中华人民共和国必须帮助各少数民族的人民大众发展其政治、经济、文化、教育的建设事业。"周恩来题词："中华人民共和国境内民族一律平等，团结互助，反对帝国主义和人民公敌，实行少数民族的区域自治和人民自卫，尊重宗教信仰和风俗习惯，发展经济文化，使中华人民共和国成为各民族友爱合作的大家庭。"朱德、刘少奇、周恩来的题词复印件珍藏于北京民族文化宫。据史料记载，当时任国家副主席的宋庆龄也题了词，因年代久远该题词具体内容记不清，笔者调研过程中未见到该题词的明确记载和收藏地；后续研究笔者将会继续关注，希望能够在故纸堆中寻得其踪迹。

② 来源：《宁夏史志》2003年第4期封底页。

全国体育工作者代表大会，朱德出席会议并号召"努力发展体育事业，把我们的国民都锻炼成为身体健康、精神愉快的人……担当起繁重的新中国建设的任务"①。1952年6月20日，中华全国体育总会正式成立，毛泽东作了"发展体育运动，增强人民体质"的重要题词，这一题词也成为我国体育工作的基本指针，奠定了中华人民共和国体育事业的发展方向。

二、新中国成立初期体育治理体系的形成

新中国成立初期体育事业领域克服重重困难，在极短时间内基本建成了权责较为明晰的管理架构，成为国家治理体系的有机组成部分，积极服务于体育领域的国家建设和国家认同建构。该时期体育事业领域治理体系的基本特点是：以团中央为主管领导，中华全国体育总会为具体操作，以教育部、中华全国总工会等部门系统为协同的体育管理模式②。

（一）中国新民主主义青年团

中华人民共和国成立初期，中共中央和中央人民政府委托团（中国新民主主义青年团③）中央组织管理全国体育事业。中国新民主主义青年团的工作纲领中明确规定："发扬青年爱好活动，团结互助和创造的

---

① 佚名.朱德副主席在中华全国体育总会筹备会议上的讲话[J].新体育（创刊号），1950（1）：7.

② 伍绍祖.中华人民共和国体育史（1949—1998）综合卷[M].北京：中国书籍出版社，1999：13.

③ 1957年改名为中国共产主义青年团。中华人民共和国成立后,党中央和中央人民政府委托青年团负责组织和管理体育工作,自1949年10月至1952年6月,青年团书记冯文彬兼任中华全国体育总会主席;1952年6月,体育工作由教育部负责,该时期教育部部长马叙伦兼任中华全国体育总会主席;1952年11月15日成立国家体育管理机构,经过两年的准备,1954年在北京成立了中华人民共和国体育运动委员会,即大家熟知的国家体委。

精神，组织青年的文化娱乐活动，加强体格锻炼，并建立各种文化的、艺术的、娱乐体育等团体。"①团中央履行体育管理工作的使命一直持续到1952年6月②。

（二）中华全国体育总会

1952年6月20日，中华全国体育总会在北京成立，通过了《中华全国体育总会章程》，确定了《新体育》作为中华全国体育总会的机关刊物。中华全国体育总会是国家层面上最早成立、最具影响力的体育管理组织。中华全国体育总会作为体育事业发展的组织机构，在国家和人民群众之间架构起一个新的桥梁，负责监督执行新的体育政策，开展和推广群众性体育活动。

（三）中华人民共和国体育运动委员会

1952年8月14日，时任中华全国体育总会副主席的荣高棠率队赴赫尔辛基参加第十五届奥林匹克运动会后回到北京③，于当年8月21日呈

---

① 伍绍祖.中华人民共和国体育史(1949—1998)综合卷[M].北京:中国书籍出版社,1999:13-14.

② 伍绍祖.中华人民共和国体育史(1949—1998)综合卷[M].北京:中国书籍出版社,1999:15.

③ 2019年9月21—22日,笔者在参加浙江师范大学举办的2019年国际体育历史与文化大会期间,访谈苏州大学罗时铭教授得知:新中国成立初期,在《中苏友好同盟互助条约》(1950年2月)框架下我国与苏联建立了学习互鉴的全面合作关系,实现了政府代表团互访。1952年7月,中国代表团在参加完第十五届赫尔辛基奥运会后,在回国途中较为全面地考察了苏联体育,尤其是通过对苏联体育管理体制的考察发现,苏联权力高度集中的体育管理体制,是他们在赫尔辛基奥运会上一鸣惊人的重要原因。时任中国代表团团长荣高棠回国后,于1952年8月向中央提议,效仿苏联"在政务院下设一个全国体育运动事务委员会"。1952年11月15日,中央人民政府委员会第十九次会议决定成立"中央人民政府体育运动委员会"。从此,一个以苏联为样板的"国家高度重视和有效组织,集中人力、财力、物力,有效配置全国竞技体育资源的体育制度"(伍绍祖,1999),即通常所说的"举国体制",在我国逐渐形成并发挥巨大作用,直至今日仍具有重要影响。

交的《关于参加第十五届奥运会的情况报告》中的第七个部分提出五条对今后体育工作的意见，首条即"应加强我国体育运动的领导工作，必须首先加强这一工作的领导机构。我们建议在政务院下设一个全国体育运动事务委员会"①。荣高棠的五条建议得到了中央的高度重视。当年11月15日，经中央人民政府委员会第十九次会议正式决定，在政务院下增设中央人民政府体育运动委员会（简称中央体委，1954年改称为中华人民共和国体育运动委员会，简称国家体委）。同时任命贺龙为第一任国家体委主任，至此我国体育行政权力体系的基本架构业已成型。

三、民族体育促进民族平等团结的初步实践

国际体育赛事是让世界其他各国了解、熟悉新生国家的机遇。对于成立初期的中华人民共和国而言，体育运动和运动员们肩负着爱国主义和民族主义使命。该时期赋予体育的主要任务和目标包括：对外（国际大型体育赛事）在国际上建立崭新的、健康积极的国家形象，并通过在国际体育赛事上的优异表现，转变中华民族在世界民族之林的形象；对内（国内大型体育赛事）则聚焦于增强人民体质，彰显各民族平等团结，更好地服务于祖国建设和国防事业。

1953年全国民族形式体育表演及竞赛大会（即首届全国民族运动会）作为新中国成立初期全国民族形式体育的大检阅和民族工作的重大活动，不仅是该时期为数不多促进民族大团结的全国性体育盛会，更是彰显新生国家各民族一律平等的民族盛会和各族人民政治生活社会化的体育实践。全国民族运动会消除了地理环境、风俗习惯以及宗教信仰的差异和隔阂，首次实现了在全国赛事层面将汉族与各少数民族传统体育项目一起展示②，对宣扬民族平等团结政策具有积极意义。

① 李玲修,周铭共.体育之子荣高棠[M].北京:新华出版社,2002:52.

② 张振东,聂世轩,李国立,等.汇聚民族团结正能量:全国民族运动会社会价值及其传承研究[J].体育学刊,2021,28(4):22-27.

对于新生国家来说，影响深远的大型体育赛事作为国家治理层面的柔性措施和治理手段，有利于构建起"国家意识、爱国意识乃至与旧政府相对立的共产党是'好政府'的观念，并树立起中国共产党是少数民族翻身解放救星的观念"①。正如 1952 年江苏省宜兴县在 8 月 27 日举行的全县民族形式体育活动选拔大会上，徐舍镇水西乡青狮队的村民们发自内心的朴实话语所说："人民政府领导好。连狮子、龙灯也可以参加比赛了。"②此外，1953 年全国民族形式体育表演及竞赛大会期间，运动员代表也纷纷表示"中国共产党和人民政府，把反动派要各族人民忘掉的东西又提倡起来。这真是民族形式体育的大翻身！"③除却字面上的民族体育形式大翻身，以及狮子、龙灯等参加正式体育比赛相较于过去是新鲜事外，这何尝不是中国共产党领导下的中华人民共和国各民族一律平等、各民族公民一视同仁在体育领域以及文化生活中的真实写照；同时，这也是中国共产党新生政权通过民族赛事向各族民众履行政治承诺的具体实践。

① 杨正文.四川民主改革口述历史论集[M].北京：民族出版社，2008：57.注：据史料调研，新中国成立初期，围绕着"派下去、请上来"的原则，国家层面的柔性手段主要包括两种：(1)国家组织中央访问团进行民族调查，传达党和人民政府的关怀，宣传党的民族政策，赠送毛泽东主席亲笔题词的锦旗、纪念品、盐等慰问品；(2)中央在给云南省委关于边疆工作的意见中明确提出："有计划分批组织参观团到内地参观，是在少数民族中扶植爱国主义的最有效的办法之一。"1950年中华人民共和国成立一周年时，中央政府邀请了159位少数民族代表参加国庆观礼，以后逐年增加。贵州省每年组织少数民族干部到上海、天津、武汉等城市参观学习。据1951年到1954年的统计，仅由中央政府有关部门接待的少数民族代表就达6500人。首届全国民族运动会（即1953年全国民族形式体育表演及竞赛大会）即具有"请上来"的特征。

② 佚名.宜兴农民热烈参加民族形式体育大会[N].文汇报，1952-09-10(08).

③ 中华全国体育总会.一九五三年的五次全国运动会[M].北京：人民体育出版社，1954：31.

第二节　首届全国民族运动会的赛事仪式与符号

新中国成立初期，民族形式体育（民族体育）得到了较快的发展。据不完全统计，1951—1953 年间举行的以民族形式体育运动为主题的运动会，或者其中包含民族形式体育运动项目的以非民族形式体育运动为主题的体育赛事较多（表 1-1），并形成了较为完备的竞赛制度、竞赛规则以及丰富的学习资料、宣传材料等（图 1-2），为举办全国范围的民族体育赛事奠定了良好的基础。

表 1-1　1951—1953 年间民族形式体育运动会一览表①

民族形式体育运动会	举办时间	举办地点
天津市民族形式体育表演比赛大会	1951年	天津
民族形式体育表演比赛大会	1952年	天津
宜兴县民族形式体育活动选拔大会	1952年	江苏省宜兴县
全国铁路田径赛民族形式体育检阅大会	1952年	上海
上海市首届民族形式体育大会	1952年	上海市南汇区
苏北区民族形式体育大会	1952年	扬州
苏南区民族形式体育大会	1952年	江苏省
山东省民族形式体育运动大会	1952年	济南
西北区民族形式体育会	1953年	西安

---

① 表 1-1 是课题组于 2019—2020 年间不完全统计的民族形式体育运动会汇总，是课题组在查阅史料、调研文献过程中记录整理汇总而成，其中部分赛事资料来源于报纸，部分来源于赛事秩序册，还有一部分赛事是笔者在调研期间收集到的赛事纪念徽章、未正式出版的赛事史料等。该时期还有较多市级及以上运动会包含民族形式体育运动的竞赛或者表演，因其主题不是"民族形式"，未纳入该表。在调研期间，绝大多数专家认为该时期"民族形式体育"与"民族体育"概念所表达的意义相近或者就是一回事，仅在特定的历史阶段表述略有差异。

民族形式体育运动会	举办时间	举办地点
中南区田径赛体操自行车测验比赛及民族形式体育运动表演大会	1953年	河南省
东北区民族形式体育表演竞赛大会	1953年	沈阳
上海市民族形式体育表演会	1953年	上海
重庆市民族形式体育表演大会	1953年	重庆
内蒙古首届田径赛和民族形式体育运动大会	1953年	内蒙古
全国民族形式体育表演及竞赛大会	1953年	天津

图1-2 民族形式体育运动会程序册、学习资料、竞赛规则和宣传材料[①]

---

① 图片从左至右、从上至下依次为：（1）1952年全国铁路田径赛民族形式体育检阅大会程序册，2020年10月收集；（2）1953年重庆市民族形式体育表演大会学习资料，2021年3月收集；（3）1953年8月华北体育运动委员会审定的《民族形式体育运动竞赛表演暂行规则》，2020年9月收集；（4）1953年全国民族形式体育表演及竞赛大会宣传材料，2020年9月收集。

一、赛事概况

为了检阅新中国成立后民族形式体育运动在全国各地、各民族间开展的情况，发掘运动精英，以及研究、整理、推广、发扬民族形式体育运动，进一步提高人民群众的身体素质，更好地服务于国防事业，中央人民政府体育运动委员会在1953年7月17日，向中央人民政府政务院文化教育委员会提出了召开全国民族形式体育表演及竞赛大会的请求[1][2]。同年7月28日，中央文化教育委员会复函同意召开全国民族形式体育表演及竞赛大会。在1953年8月22—30日举行的华北人民体育运动大会上，中华全国体育总会向各参赛单位下发了"关于召开1953年全国民族形式体育表演及竞赛大会"的通知[3]。大会原定于11月4—8日在北京召开，因场地及住房困难，后改为在天津召开，除了可以解决场地及住房问题，天津还具备良好的组织大型比赛的基础[4]。经过3个多月的精心筹备，1953年11月8日上午，"全国民族形式体育表演及竞赛大会"在天津市第二人民体育场（民园体育场）隆重开幕，大会概况以及大会主要结构及人员构成见表1-2和表1-3。

---

① 王涛,张三春.团结奋进之歌:回忆1953年全国民族形式体育表演和竞赛大会[J].体育文史,1984(Z1):25-28.

② 佚名."第一届民运会"在天津的成功举办[J].搏击,2012(7):19-23.

③ 杨祥全."第一届民运会"考略[J].搏击(武术科学),2015,12(12):1-5.

④ 1951年天津举办了"天津市民族形式体育表演比赛大会",1952年举办了规模更大的"民族形式体育表演比赛大会",具备较为丰富的办赛经验;天津武术人才群集,1951年成立了武术工作委员会,河北师范学院体育教师张文广任主任,张鸿玉为副主任,委员包括郝家俊、张璧如、樊瑞丰、黄歧山、周树林、张吉吉、宁士俊、高铠庭、李恩贵、韩义祥、张国祥、邓洪藻、刘万福(其中有五人直接参加了1953全国民族形式体育表演及竞赛大会的裁判工作)。

表1-2　1953年全国民族形式表演及竞赛大会概况①

赛事概况	出席领导	竞赛项目(24项) 表演项目(375项)	参赛单位/地区 (9个)
运动员410名； 民族：汉、满、蒙、回、藏、苗、傣、朝鲜、纳西、维吾尔、哈萨克、塔塔尔、塔吉克13个民族	（开幕式） 郭沫若、李德全、钱俊瑞、荣高棠、张轸、马约翰、董守义、黄火青、吴德、周叔弢、李耕涛等	（竞赛项目） 摔跤(5项) 拳击(6项) 举重(7项) 步射(2项) 击剑(1项) 石锁(3项)	中国人民解放军 火车头体协 内蒙古自治区 东北区
参与群体：农民、牧民、工人、拳师、军人、学生、干部、喇嘛、儿童、家庭妇女、商人等。 观众约12万人	（闭幕式） 荣高棠、张轸、董守义、吴德、李耕涛等	（表演项目） 特约表演(10项) 民间体育表演(25项) 马术表演(10项) 武术表演(330项)	西北区 华东区 中南区 西南区(含西藏) 华北区

① 在调研史料的过程中，不同的史料记载数据有出入。比如参赛运动员人数，《一九五三年的五次全国运动会》和《中国少数民族传统体育大全》记载是397名；《中国体育年鉴1949—1962年》记载的是380名；根据天津体育学院杨祥全在《"第一届民运会"考略》中的统计，参赛运动员为410人。关于参赛民族，《一九五三年的五次全国运动会》和《"第一届民运会"考略》记载的是10个，《中国少数民族传统体育大全》《新中国成立70年以来全国少数民族传统体育运动会发展历程的研究》记载的是13个。关于项目，《中国少数民族传统体育大全》记载的是武术(383项)、民间体育(22项)、骑术(9项)，《团结奋进之歌——回忆1953年全国民族形式体育表演和竞赛大会》中记载表演和竞赛项目483项，《一九五三年的五次全国运动会》记载的是进行了332项武术、民间体育和马术表演。其他文献中关于参赛运动员数量、参赛民族数量、武术和表演项目数量也多有不同。但竞赛项目数量和参赛单位数基本形成共识，并无太大出入和争议。笔者通过查阅1953年的大会宣传材料《全国民族形式体育表演及竞赛大会》，对武术和表演项目的具体数量进行多次细致的统计，形成了表中的相关数据；关于参赛运动员数量，笔者认为杨祥全通过1953年全国民族形式体育表演及竞赛大会秩序册进行的统计更为准确，故在本书中使用；关于参赛民族则采信由2017年国家民委组织编撰的《中国少数民族传统体育大全》统计的13个民族，笔者在调研第六届全国少数民族传统体育运动会官方网站(http://www.cctv.com/specials/minyuhui/news/99817/my5.html.)和侯国亮的硕士论文《新中国成立70年以来全国少数民族传统体育运动会发展历程的研究》时，发现二者同样使用的是13个民族，为笔者采信提供了支持。本研究的数据基于史料的原真性进行统计，书中表格呈现的数据均有明确出处。

表1-3 1953年全国民族形式表演及竞赛大会主要机构及人员构成①

工作机构	主要人员构成
大会筹备委员会	主任委员:吴德 副主任委员:马约翰、黄中、吴砚农、李耕涛、张轸、何启君 秘书长:黄中 副秘书长:李士曾、朱德宝、吴江平、苏振起
大会指挥部	总指挥:李士曾 副总指挥:朱德宝、梅彬、纪裝方、吴江平、苏振起
大会竞赛部	部长:朱德宝 副部长:吴江平、张文广、徐致一、李清安
大会裁判员②	表演评判长:徐致一 竞赛裁判长:张文广

历史和现实经验均已证明,要实现不同民族对国家共同价值和政治理念的认同,"需要民族之间的交流与互动。民族之间的交流、协商与互动,是多民族国家现代化和民主化健康成长的基础"③。1953年全国民族形式体育表演及竞赛大会期间,各民族运动员互相学习,交流经验,除了比赛表演之外,在赛事期间也实现了有效的交流与互动。

在西南区和中南区运动员练习的时候,中南区刘玉华就教给西南区贺灿光练习龙行剑;西南区六十二岁老运动员周克钦也把自己练习了几十年的燕青拳教给刘玉华……华东区运动员周永福、周永祥也找西南区表演太极拳很好的李亚轩、周子能学习太极推手。各队的运动员们在每天表演结束后,也都要互相在一起研究,互提优

① 杨祥全."第一届民运会"考略[J].搏击(武术科学),2015,12(12):1-5.

② 从裁判员名单上,可以见到许多在中国近现代体育史、武术史上相当有影响的人物。他们为中国体育事业和武术的发展作出诸多贡献。例如:举重裁判赵竹光曾任中国举重协会副主席;表演评判长徐致一1933年为中央国术馆第二届考试裁判,1953年任轻工业部驻上海办事处主任;竞赛裁判长张文广(回族),武术九段,参与北京体育大学武术系创建,也是我国第一位武术专业方向的研究生导师,为中国武术事业及民族传统体育领域培养了许多栋梁之材。

③ 林尚立.中国共产党与国家建设[M].天津:天津人民出版社,2009:133.

缺点，帮助提高。①

1953年全国民族形式表演及竞赛大会从此拉开了国家层面举办全国民族运动会的帷幕，为各族同胞搭建了多个地域交往、多元文化交流、多民族情感交融的大型平台。

二、赛事仪式和符号

国家作为想象的政治共同体，其存在依赖于国家内部成员对成员之间的共通之处的识别以及对成员之间的利益共享、责任共担的理解。大型体育赛事蕴含的情感互动仪式与符号象征对构建全体成员的"想象共同体"这一过程来说举足轻重。此外，大型体育赛事作为重要仪式和符号表征的集合体，具备类似节日庆典的功能，已被广泛证实能够通过媒介传输释放集体情感，缔造复杂而强有力的民族主义情感，推动国家这一"想象共同体"的有效建构。

（一）开幕式和闭幕式

大型体育赛事场域内的象征性仪式和文化符号表征能够实现社会建构的目标，并影响社会制度变迁与人文精神传承。全国民族形式体育表演及竞赛大会的开幕式和闭幕式在能够容纳成千上万观众的大型运动场地中举行，吸引了来自全国各地的十三个民族的运动员以及来自各行各业、数以万计的热情观众。可以说，这是新中国成立初期体育领域罕见的盛会，是宣传贯彻民族平等政策、彰显中华民族大团结的重要活动和国家平台。

1.开幕式

大型体育赛事开幕式不仅仅是一种表演，其深层的社会功能是通过

---

① 朱泽民.通讯:丰富多彩的武术表演[N].新华社新闻稿(合订本),1953-11.

"仪式"来表征对共同体价值的确认与传播①。正如涂尔干所强调的，仪式不仅仅是表面呈现的"强化信徒与神之间的依附关系"，实际上它所强化的是作为社会成员的个体对其社会的依附关系。

1953年11月8日上午，大会开幕式正式开始，会场四周飘扬着各种鲜艳的旗帜，主席台的中央悬挂着毛主席的巨幅画像和两面鲜艳的五星红旗，两侧镶嵌着我国古代骑士骑射的图案。主席台的对面耸立着毛主席"发展体育运动，增强人民体质"和朱总司令"普及人民体育运动，为生产和国防服务"的巨幅题词②。国家领导人的巨幅画像和题词渲染了赛事的"国家仪式"氛围，传递着新生社会主义国家的政治意识形态，有效建构了赛事仪式中国家意志表达的空间与场域，对重构各族人民的认同序列具有积极作用。

某种意义上，全国民族运动会的开幕仪式展现了新中国成立初期，在中国共产党的领导下，我国民族体育事业的稳步发展（见前表1-1），以及全国各族人民齐心协力、团结奋进的勃勃生机。开幕仪式包括：在军乐声中的运动员入场，国旗方阵，仪仗队伍以及各代表队方阵（见图1-3）。

图1-3　各族运动员、国旗方阵队走过主席台③

大会主席吴德宣布大会正式开幕。他代表大会主席团和天津市人民

---

① 贺幸辉.视觉传播中奥运会开幕式与文化认同[D].北京:北京体育大学,2015:7.

② 杨祥全.津门武术[M].太原:山西科学技术出版社,2013:287.

③ 搜狐网.重温第一届全国少数民族传统体育运动会[EB/OL].(2019-08-14)[2020-10-14].https://www.sohu.com/a/333741440_100016057.

向全体运动员和体育工作者表示热烈欢迎并致辞，明确表达在党和人民政府的关怀重视下，大会得以圆满召开，突出了国家对民族形式体育的高度重视。中央人民政府政务院副总理兼文化教育委员会主任郭沫若[①]在开幕式上讲话：

> 民族形式体育是我国文化遗产的一部分，是我国广大人民在劳动和战斗中创造出来的。它具有浓厚的民族风格，而成为广大劳动人民所喜爱的锻炼身体的方法。其中有好些优秀的项目，有长远的历史，而且目前在广大的农村和城市中也还相当广泛地流传着。但是，在过去的封建社会里面，就和其他的文化遗产都不免或多或少地带上了封建色彩一样，民族形式体育的某些项目，也不免或多或少地染上了保守、落后、神秘、玄虚的色彩。这正像光辉的珍珠上蒙上了一层污泥。因此我们必须遵照毛主席的指示，对于民族形式体育认真地加以整理，发挥其有益于人民健康的部分，别除其不合于科学的部分。[②]

2.闭幕式

大会共进行了五天，举行了武术、骑术等表演项目，和举重、拳击、步射、摔跤、击剑等竞赛项目，观众多达十二万人。大会于1953年11月12日下午闭幕，荣高棠在闭幕式上致辞：

> 这次大会检阅了许多出色的武术、民间体育、骑术等项目。这

---

① 出席开幕式的国家领导和地方领导有中央人民政府政务院副总理兼文化教育委员会主任郭沫若,卫生部部长李德全,文化教育委员会秘书长钱俊瑞,体育运动委员会秘书长荣高棠,委员张轸,中华全国体育总会副主席马约翰,委员董守义。还有中国共产党天津市委员会书记黄火青,天津市人民政府市长吴德,副市长周叔弢,体育运动委员会主任李耕涛及天津市各机关、团体负责人,天津市各界人民共一万多人。此外,苏联驻津总领事馆副领事扎尔柯夫,波兰驻津领事馆代理领事巴列瓦等也应邀出席。

② 佚名.民族形式体育表演及竞赛大会在天津开幕[N].人民日报,1953-11-09(01).

些体育项目的演出，充分说明我国民族形式体育的丰富多彩，并显示出我国各族劳动人民勤劳、勇敢的优良传统和富有创造性的精神。

这次大会是全国民族形式体育界有史以来的第一次大会师，运动员在整个表演和竞赛中，都表现了亲密团结，互相学习，遵守纪律，服从组织的良好的体育道德作风。

这次大会为正确地发展我国民族形式体育打下了良好的基础。但是，从我国整个民族形式体育的状况来说，它受旧的封建统治阶级的影响是很深的，因此，进一步发掘、研究和整理各种民族形式体育项目，还是件十分艰巨的工作。[1]

大型体育赛事开幕式和闭幕式作为重要的仪式结构，在不改变社会结构的同时赋予公众新的责任，进一步强调共同体成员之间的权利和义务。吴德、郭沫若、李德全、荣高棠等政府官员作为"国家在场"的象征，在特定的场合借助一系列具有感染力的"话语构建"，传递着增进各族人民健康、巩固经济和国防建设的国家任务。

（二）赛事文化符号

文化符号作为集体共享记忆的表征和载体，是维系群体情感的桥梁和纽带，能够推动民族自觉的文化反思，有利于民族向心力、凝聚力的生成[2]，对于新生国家构建崭新的国家认同具有积极意义。

1.纪念章

该时期的全国民族运动会处于发展的初期，会徽、会旗、吉祥物等系列赛事文化符号体系尚未形成，纪念章（图1-4）作为该时期为数不多，具有代表性的赛事文化符号，见证并诉说着全国民族运动会的历史起源，具有特殊的纪念意义和文化内涵，为之后历届赛事的历史追溯与

① 佚名.全国民族形式体育大会胜利闭幕[N].福建日报,1953-11-15(04).
② 冯月季,高迎泽.中华民族共同体意识认同的文化符号根基[J].中国民族教育,2021(10):23-25.

赛事文化符号发掘提供了珍贵素材①。例如，1954年沈阳市民族形式体育表演竞赛大会宣传材料沿用了1953年赛事纪念章的主体构图；1982年第二届全国民族运动会会徽的主体构图也是在1953年大会赛事纪念章的基础上进行抽象化的艺术处理而成。

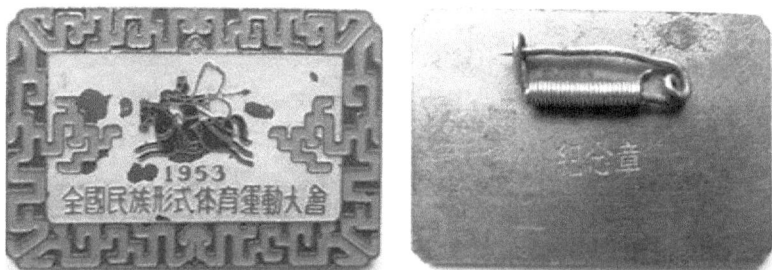

图1-4 1953年全国民族形式体育表演及竞赛大会纪念章②

2.年画

年画作为中华传统文化的一部分，是我国特有的艺术形式，其渊源可上推至秦汉或更早的驱鬼、避邪之类的守护神门画。其作为中华民族特有的、标志性的传统文化符号，在纸媒时代具备传承民族文化基因、召唤民族文化记忆、增进民族文化自信、展示时代文化变迁图景的内在价值，具有重要的历史价值与现实意义③。由上海画片出版社出版的以"民族形式的体育运动"为主题的新春年画（下图1-5），栩栩如生、惟妙惟肖、意境优美，在展示运动之美和传统民族体育文化的同时，还展现出民族体育的崭新气象和文化生活的勃勃生机。在纸媒为绝对主导的历史时期，通过"民族形式的体育运动"系列年画的形式寓意新春祝福，将民族体育文化元素有机融入最为隆重盛大的传统节日——春节之

---

① 1982年第二届全国民族运动会的会徽的主体为蒙古族传统体育项目赛马和射箭，基本上沿袭了1953年首届全国民族运动会的纪念徽章的主要特征和风格。

② 该图是笔者于2019年6月收集整理并拍摄制作而成，该纪念章上的文字为"1953全国民族形式体育运动大会"与官方秩序册上的"1953年全国民族形式体育表演及竞赛大会"稍有出入。

③ 欧阳秋子.年画之传统文化内涵及时代文化价值探析[J].湘潭大学学报（哲学社会科学版）,2020,44(6):173-177.

中，参与建构民族传统文化的家国记忆和家国情怀，无疑是一种巧妙而有效的媒介传播设计和文化认同构思。

图1-5　1954年上海画片出版社出版的民族形式体育年画（左①、右②）

3.其他文化活动

赛事期间，天津市人民政府和主办方举行了一系列活动。例如：特邀印度尼西亚华侨和中华全国体育总会体育训练班乒乓球队为参加大会的运动员进行羽毛球和乒乓球表演③。大会结束后，又挑选90名优秀运动员进京连续表演31场。1953年12月2日，中苏友好协会总会在北京青年宫主办了"1953年全国民族形式表演及竞赛大会优秀运动员表演晚会"；1954年，我国首支国家武术队就是在赴京表演队伍中遴选出来的④。这些文化活动扩展了赛事的人文互动与文化交流，较为充分地发挥了赛事的社会衍生功能。

---

① 该图来自1954年上海画片出版社出版的《民族形式的体育运动》（华西岳作），是笔者在2020年9月进行文献调研时所拍摄的。

② 该图来自1954年上海画片出版社出版的《民族形式的体育运动》（金雪尘作）。

③ 中国少数民族传统体育大全编委会.中国少数民族传统体育大全[M].沈阳:辽宁民族出版社,2017:1225.

④ 佚名."第一届民运会"在天津的成功举办[J].搏击,2012(7):23.

第三节　赛事媒介传播

一、纸质媒介

纸媒时期，报纸等纸质印刷术的兴起加快了民族主义和民族意识的建构与散布过程。正如安德森所言：民族国家这个"想象的共同体"在纸媒时代最主要是通过文字（阅读）来被人们所想象的。印刷术让那些即使素未谋面的人们也能通过阅读相同的主流媒介（报纸、书籍等）实现信息共享，而这些共同行动能够有效地拉近彼此的心理距离，促进情感聚合，实现群体团结[①]。新中国成立初期，全国民族运动会的时空场域主要通过大众媒介（纸媒）向公众传达各民族一律平等、重视各民族文化、促进民族团结的赛事宗旨，进而行之有效地服务于提升国民健康、加快经济建设和巩固国防建设等特定时期的国家发展战略。

二、电影媒介

比尔·尼克尔斯认为："不管意识形态以何种面貌出现……它的作用就是提供故事、影像和神话，用某一套价值观来取代其他的价值观。"[②]纪录片、电影在特定的历史时期、特有的地点构成、既定的叙述框架下成为塑造群体归属感的特殊呈现形式，为群体建立新的信仰和共同遵循的价值观提供具体可感的叙事结构和图像呈现。

---

① ANDERSON B.Imagined communities reflections on the origin and spread of nationalism[M].New York: Verso,2016:19.

② 尼克尔斯.纪录片导论[M].陈犀禾,刘宇清,郑洁,译.北京:中国电影出版社,2007:160.

　　该时期纪录片、电影作为相对完整的影像话语叙事，镜头里的人物热情洋溢、情绪高涨并伴随着富有激情、慷慨激昂的解说词；生动的影像传输和声情并茂的解说阐释，在信息闭塞、文化产品匮乏的年代，仿佛具有魔力一般，激励着广大民众的爱国主义热情①。

　　1953年、1954年，中央新闻纪录电影制片厂拍摄了《全国民族形式体育表演及竞赛》和《民间体育表演》（下图1-6）两部以记录全国民族运动会和民间体育表演为主题的彩色影视纪录片②。该时期的两部民族体育题材纪录片作为记录阐释民族体育的文化语词和影像输出，参与并"塑造着当代人关于他们的生活世界的意义的理解和解释"③。体育领域各项活动反映了特定历史时期的政治、社会、经济、文化等的动态景况，其在实现政治话语传播、意识形态塑造和国家认同建构层面的作用不应被忽视。

图1-6　1954年纪录片《民间体育表演》宣传海报（左④、右⑤）

---

　　① 孟婷,甘险峰.新中国官方体育纪录电影中的政治传播研究[J].现代传播(中国传媒大学学报),2015,37(10):83-87.

　　② 孟婷.中国大陆体育纪录片发展史研究(1949—2016):基于媒介社会学视角的考察[D].济南:山东大学,2017:37.

　　③ 周宪.视觉文化的转向[J].学术研究,2004(2):112.

　　④ 佚名."第一届民运会"在天津的成功举办[J].搏击,2012(07):23.

　　⑤ 该图是笔者在2020年9—10月调研过程中拍摄的。

第四节　阶段特征：培育国家认同

该时期我国体育事业发展处于起步阶段，体育赛事治理体系架构还不完善，民族传统体育（该时期多称"民族形式体育"）赛事体系初具雏形（见前表1-1）。1953年召开的全国民族形式体育表演及竞赛大会作为中华人民共和国体育史上的创举，不仅仅是全国范围内的首次民族形式体育盛会，更是一次体现新生国家各民族平等团结的盛会。

首先，首届全国民族运动会奠定了多元民族体育文化长效交流机制的前期基础，首创了多元民族体育文化互动交往的国家平台。文化是民族国家的灵魂，也是现代民族国家建构的核心要素。多元民族国家的文化认同建构是一项复杂的系统工程，不同民族文化交往交流交融的长效机制则是实现多元文化认同的前提。该时期浓缩于大型民族体育赛事的文化符号、仪式象征对多元民族国家的文化认同的建构意义不应被忽视。1953年，全国民族运动会的赛事仪式作为"传统的发明"，包括开闭幕式、入场仪式、领导致辞、国旗方阵、巨型横幅、运动员身体展演、会后系列展演、年画创作、纪录片录制等一系列赛事文化符号集合和仪式汇总，借助于媒介之手将身处其中的各族代表与社会主义新中国有序地联结在一起，形成了彼此关联的共同经历和利益攸关的集体记忆，进而有利于生成共同归属的、崭新的对"理想家园"的认知和想象。该时期的全国民族运动会赛事及其衍生活动，为身处其中的个体-群体提供了缔造新生社会主义国家认同意识的空间场域和传递政治信号、促进文化交融、实现民族互动的国家平台，以及积极参与建构新生国家的多元民族传统文化的国家记忆和历史心性，从多元民族体育文化互动层面促进了不同民族间的交往交流，一定意义上增强了各民族之间的凝聚力和向心力。

其次，首届全国民族运动会参与构筑新生国家的政治认同。首届全国民族运动会作为新中国成立初期的大型公共赛事，在宣传贯彻各民族一律平等政策、促进民族团结等方面具有积极意义。个体间的信息共享生成群体的共同行动，群聚产生的一致性行动又有利于生成群体共同恪守的道德准则、共同遵守的行为法则、共同拥有的历史心性等在国家政治层面建构意义的具体内容。集聚在全国民族运动会仪式场域内的主体（个体-群体）与国家在场（重要人物、政治话语、意识形态、国家象征等）的直接抑或是间接、有意识抑或是无意识的互动，在积极调动个体积极情感体验的同时有助于生成强烈的集体情感共鸣。

综上，该时期的全国民族运动会作为中国体育史上具有划时代意义和重大影响的国家级赛事，对贯彻各民族一律平等的基本国策，增强各民族团结，推动民族体育事业的发展，具有积极影响并作出了应有贡献。全国民族运动会作为新中国成立初期的大型民族体育赛事，是推动国家认同建构的实践载体和实现国家建构的有效途径。从其参与民族多元构成的新生国家认同建构的层面考量，某种意义上全国民族运动会的赛事首创，即已奠定了贯彻民族平等、增强民族团结的政治意义和超越赛事本身意义的政治认同意涵，这也在全国民族运动会后续发展进程中得到了有力印证。作为新中国成立初期为数不多的国家级体育赛事，从其诞生之日起，就具有类似于"国家仪式"的动员能力，能动地服务于国家认同建构，积极参与培育各族人民对新生社会主义国家的政治归属、心理认同和情感依归。

第二章　全国民族运动会的重建与初兴
（1982—1991）

民族的节日、国旗和国歌、体育比赛等"被发明的传统"与民族及其相连的现象（如民族主义、民族国家、民族的象征和历史等）高度相关。通过象征物、仪式、神话和历史，实现社会动员以及满足现代大众政治生活民主化的需要。

——埃里克·霍布斯鲍姆①

第一节　时代背景与政策环境

前文提及中华人民共和国成立后，党中央和人民政府推行民族团结政策，高度重视民族平等；着手进行社会改革，致力于改善民族关系；积极促进民族地区发展政治、经济、文化和体育事业，保障各族人民当家作主；实行民族区域自治；等等。一系列国家层面的治理措施极大地促进了少数民族同胞民族自觉意识的觉醒。

中华人民共和国诞生初期，除却我国社会历来公认的少数民族之外，诸多少数民族的界定尚不明确，不同规模的族群纷纷公开自己的族

---

① 霍布斯鲍姆,兰格.传统的发明[M].顾杭,庞冠群,译.南京:译林出版社,2004:16-17.注:经笔者概括提炼而成。

群名称，截至1953年，汇总登记的族群名称达400多个①。为更好地保障少数民族的平等权利，进行民族识别工作十分必要。从1953年开始，民族识别工作历经三个阶段，直至1979年确认基诺族为单一民族，此后我国基本形成了法定民族为56个，其中包括55个少数民族的基本国情。

党的十一届三中全会召开以后，从上至下的整体性、系统性拨乱反正，展示了党中央和人民政府自我革新的勇气和胸怀，初步彰显了中国特色社会主义自我反思、自我完善的制度优势。在党中央和人民政府的大力关怀与支持下，各族人民群众投身于建设社会主义事业，早日实现四个现代化的积极性、主动性和创造性得以激发。民族体育领域特别是全国性民族体育盛会以及其他民族体育文化活动的曲折重生，使得各民族传统体育拨云见日，各民族传统体育文化得以重获新生并茁壮成长。

随着改革开放的帷幕徐徐拉开，国家的现代性治理也进入了崭新的阶段。发展民族传统体育事业不仅是民族工作、体育工作的一部分，也是民族地区社会主义精神文明建设的一项重要内容，得到了党和国家的关怀和重视。正如1982年贵州首届民族运动会召开之际，《贵州日报》刊载的《让民族体育之花开得更加绚丽多彩——祝贺全省第一届少数民族传统体育运动会开幕》一文中的描述，直观印证了该时期贵州省少数民族传统体育文化活动良好的发展态势：

> 对民族传统体育活动，一定要认真贯彻国家体委和国家民委提出的"积极提倡，加强领导，改革提高，稳步发展"的方针，深入调查研究，在充分挖掘和整理的基础上，逐步加以改革和提高，使其走上更加丰富多彩、高尚文明的轨道。要让祖国百花园中的这朵鲜花，开放得更加灿烂。②

---

① 林耀华.民族学通论[M].北京:中央民族大学出版社,1997:185.

② 佚名.让民族体育之花开得更加绚丽多彩:祝贺全省第一届少数民族传统体育运动会开幕[N].贵州日报,1982-05-17(01).

　　伴随着对外开放、对内改革的持续深入，该时期体育领域迅速从"抓政治运动"向"抓体育业务"转变。1981年9月，国家体委、国家民委共同召开全国少数民族体育工作座谈会，来自21个省份的29个民族代表，以及中央和北京有关单位、新闻界共180多人参加了这次会议。国家体委主任李梦华作了有关民族传统体育和民族工作的专题报告。这是中华人民共和国成立以来第一次专门召开研究少数民族体育工作的全国性会议，同时也是改革开放以来增强民族团结、促进民族传统体育发展具有里程碑式意义的会议。会议肯定了民族传统体育的地位、作用和意义，研究制定了民族传统体育工作的方针、任务，明确了"贯彻落实党的民族政策，积极开展民族传统体育和近代体育活动，提高少数民族健康水平和体育运动技术水平，建设社会主义精神文明，活跃群众文化生活，促进民族团结，为社会主义现代化服务"[1]的政策导向，形成了"积极提倡，加强领导，改革提高，稳步发展"的指导方针。

　　该时期世界风云变幻，东欧剧变，苏联解体，以苏联、美国为代表的"两强争霸"的国际局势演化为"一超多强"的国际局面。

　　相较之下，中国作为一个多民族的社会主义国家，在当时严峻的国际形势下，于1991年11月成功举办规模宏大、影响深远的第四届全国民族运动会具有特殊的意义。本次运动会向世界展现了56个民族团结和睦、社会环境安定、经济发展平稳、民族文化繁荣的精神风貌，彰显了中国特色社会主义的制度和道路优势。这可以说是有力地回应了福山1989年基于东欧剧变、苏联解体提出的"历史终结论"，驳斥了西方自由民主制度是"人类意识形态发展的终点"和"人类最后一种统治形式"的狭隘观点[2]。正如时任国家体委副主任何振梁在第四届全国民族运动会筹备会上的讲话中明确指出：

　　帝国主义亡我之心不死，从未间断过对我国的渗透颠覆、和平

---

　　[1] 崔乐泉.中国民族传统体育学[M].北京:科学出版社,2018:268.

　　[2] 徐觉哉.中国模式质问"历史终结论"[N].社会科学报,2009-11-26(03).

演变活动，其手段之一就是破坏我国的民族团结，煽动民族分裂，而有些社会主义国家（苏联）由于政策上的失误和其他原因民族矛盾相当尖锐。在这样的形势下，办好民运会，以显示我们党民族政策的正确性，显示我国各民族的坚强团结，其深刻意义，不言自明，我们所有的同志应从这个大局出发，自觉地、主动地贯彻四届民族运动会的指导思想，顾全大局，相互尊重，相互体谅，齐心协力，把民族运动会办成一个民族大团结的盛会，促进民族经济文化体育全面发展的盛会。①

以"平等、团结、进步、繁荣"为宗旨的第四届全国民族运动会，集中展现了我国各族人民的团结进步，以无可辩驳的事实向世界呈现了社会主义中国的稳定态势。

一、全球化加速体育文化的全球传播

20世纪80年代后，尤其是冷战结束后，以奥运会为首的西方体育文化的全球化传播更为迅速，国际体育交流日益频繁。在体育全球化的深刻影响下，国内大型体育赛事的治理体系逐步走向规范化与制度化。例如，以全国运动会与全国民族运动会为首的全国性体育赛事在不同历史阶段，其体育文化的形态和意义均表现出不同特征，这既是体育自身发展演变之因，亦是社会整体建构变化之故。正如在现代工业文明的大背景下，伴随城市化进程不断深化，传统体育继承、发展过程中的诸多问题并非直接来源于体育文化本身，而是由整体现代性演化导致的。

"现代性则是现代化的深层趋势和持久进程，它使得各个本土的、地方的、分散的生活场景逐渐融入了世界性、全球性的社会实践过程，

---

① 第四届全国少数民族传统体育运动会组委会办公室.第四届全国少数民族传统体育运动会文件汇编[M].南宁:广西民族出版社,1992:109.

成为了其中一系列充满意义的、多种多样的环节和部分。"①特别是在全球化进程中，信息技术飞速发展使整个世界被纳入同一场域成为可能，"他村"逐渐成为"世界村"。体育全球化发展也是一种必然趋势，体育作为承载储存文化的"具象化"实体，其特有的社会衍生功能和文化象征意义，在全球化发展进程中发挥着独具一格的特殊功用。一百多年前奥林匹克复兴，随之在世界范围内广泛传播，使得体育文化最早成为全球文化中最具有普遍性意义的文化样态。体育文化以其独特的属性和功能，成为全球化意义上最为显著的文化形态之一。不论东方还是西方，无论亚洲还是欧洲、美洲、非洲，体育文化在跨文化、跨民族、跨国家的全球范围内的交往交流交融业已成为现实②。该时期全国民族运动会的现代性进程同样深受全球化浪潮的洗礼和影响。为力争早日与国际接轨，全国民族运动会通过体育领域的国际交流，促进国家对外交往的正常化、常态化，其赛事治理体系逐步完善，进而生成了表征全国民族运动会独有特征的系列文化符号（会徽、会旗、吉祥物、会歌等）以及程式化、现代化的赛事仪式流程。

二、改革开放推进我国体育赛事改革

随着改革开放新政策的深入实施，中国开始在世界舞台上展示国家力量和崭新的国家形象。该时期在国际重大赛事上获得优异成绩被看作国家软实力不断提升的标志，象征着不断提高的国际声望、全球地位和国家政权统治的合法合理性。正如徐国琦所说，中国对现代体育的兴趣，并积极参与其中的态度，很大程度上是出于民族主义角度考虑。该时期我国积极模仿并吸收西方现代体育的治理体系和管理机制，积极参加国际比赛，同时通过体育运动来传达执政理念，提升国际地位。国际、国内层面的大型体育赛事成为该时期中国展现国家经济和政治成就

---

① 郑杭生.论"传统"的现代性变迁：一种社会学视野[J].学习与实践,2012(1):7.

② 王岗.民族传统体育与文化自尊[M].北京:北京体育大学出版社,2007:40.

的大型平台。

党的十一届三中全会以后，随着党的民族政策的落实，民族传统体育事业得以新生并快速发展。作为各民族传统体育文化的鲜活载体，该时期全国民族运动会在全球化持续深入背景下相继设计了会徽（1982年），发行了邮品（1986年）、体育奖券（1991年），第四届大会组委会还专设了涉外部，用以接待外国来宾和港澳台观摩团。据史料记载，第四届大会接待了来自美国、英国、法国、日本、波兰、越南、泰国、马来西亚等17个国家的朋友和港澳台同胞、海外侨胞共1111人；此外，赛事期间举办了盛大的商品交易会，国内外客商多达5000多人参加。历时9天的商品交易会，成交总额达31.8亿元①。通过全国民族运动会平台，我国开创了"文体搭台、经济唱戏"的赛事运营方式，首创了经济、文化艺术和民族传统体育相结合的市场化办赛模式，取得了较好的经济、社会效益，有助于将全国民族运动会及其衍生活动焕发起来的激昂的民族精神转移到发展社会生产力的轨道上来。

三、我国民族政策和民族体育政策的规范与落实

（一）民族政策

自中华人民共和国成立后，党中央和人民政府一贯强调民族平等和民族团结是处理民族问题的根本原则和基本政策。该时期上至国家层面的根本大法《中华人民共和国宪法》，下至自治区域的地方性立法和单行条例，基本形成了地方、自治区（省、直辖市）、国家层面的民族政策体系框架。

---

① 第四届全国少数民族传统体育运动会组织委员会办公室.第四届全国少数民族传统体育运动会文件汇编[M].南宁:广西民族出版社,1992:183-184.

（二）民族体育政策

改革开放以来，少数民族体育事业发展的政策法规、重要会议精神作为我国民族政策治理体系中的重要组成部分，是党和政府促进民族平等、实现民族团结、推进民族共同发展繁荣的重要举措和关键指引（见表2-1）。坚定把发展少数民族体育事业、增进各民族人民的体质健康、弘扬各民族优秀传统体育文化作为民族体育发展的总体方针，奠定了少数民族体育事业良性发展的坚实制度基础。

表2-1　1979—1986年有关少数民族体育的重大会议、条文法规

时间	国家机关或机构	会议、条文法规名称
1979年	国家体委	《关于加强群体工作的意见》
1981年	国家民委、国家体委	全国少数民族传统体育工作座谈会
1984年	中共中央、国务院	《关于进一步发展体育运动的通知》
1984年	全国人民代表大会	《中华人民共和国民族区域自治法》
1986年	国家体委	《关于体育体制改革的决定（草案）》

1979年3月国家体委下发的《关于加强群体工作的意见》明确提出："各地开始提倡有益于身心健康的民间体育活动"①。这为各民族开展有益于身心健康、形式多样的体育活动释放了明确的政策信号。1981年9月21—28日，在国家民委、国家体委牵头联合组织的全国少数民族传统体育工作座谈会上，国家体委主任李梦华围绕民族传统体育和民族工作做了报告，指出："贯彻落实党的民族政策，积极开展民族传统体育和近代体育活动，提高少数民族健康水平。"②

1982年12月4日第五届全国人民代表大会第五次会议通过的《中华人民共和国宪法》第一百一十九条规定"民族自治地方的自治机关自主地管理本地方的教育、科学、文化、卫生、体育事业"，从国家根本大

---

① 伍绍祖.中华人民共和国体育史（1949—1998）综合卷[M].北京:中国书籍出版社，1999:281.注:其所指的民间体育活动包括少数民族传统体育活动。

② 崔乐泉.中国民族传统体育学[M].北京:科学出版社，2018:268.

法层面阐明了保障民族地区、发展民族体育事业的法理依据。1984年10月1日开始施行的《中华人民共和国民族区域自治法》（下文简称《民族区域自治法》）第四十二条规定："民族自治地方的自治机关积极开展和其他地方的教育、科学技术、文化艺术、卫生、体育等方面的交流和协作。自治区、自治州的自治机关依照国家规定，可以和国外进行教育、科学技术、文化艺术、卫生、体育等方面的交流。"《民族区域自治法》的正式颁布，从法理层面明确了民族区域自治是国家的一项基本政治制度。同年10月5日中共中央发布了《关于进一步发展体育运动的通知》①（下文简称《通知》），该《通知》在总结改革开放以来我国体育工作基本经验的基础上提出了加快体育事业发展的指导思想、主要任务和具体措施，并明确指出体育是全民族的体育活动，要求全党全社会都要重视加强体育工作，进一步发展全民族的体育运动。随着体育领域深化改革的持续推进，1986年4月15日国家体委颁布《关于体育体制改革的决定（草案）》，制定了10个方面53条改革措施，进一步明确了民族传统体育的现代性治理具体措施，即"大力繁荣民族传统体育，逐步实现科学化、规范化"②。

可见，该时期党中央和各级行政部门出台的系列民族政策和民族体育政策包含大量关于保护、支持、发展少数民族体育的明确表述，为保障民族地区、少数民族群众的体育权益构筑了坚实的制度环境和政策基础。

---

①《通知》是1984年10月5日发布的。1984年7月28日—8月12日，我国时隔二十多年重回国际体育舞台，在当年举办的第23届奥运会上取得了金牌榜第四名的好成绩，令世界震惊，重塑了中国的国际形象，极大地振奋了民族精神。《通知》明确提出了体育强国建设的宏伟目标，考虑《通知》发布的时间背景，大力发展各族体育项目成为体育强国建设的重要组成，而不断增强各民族群众体质理应成为体育强国建设议题中的应有之义。

②伍绍祖.中华人民共和国体育史(1949—1998)综合卷[M].北京:中国书籍出版社,1999:293.

第二节 全国民族运动会治理体系与运行机制

一、赛事治理体系

现代民族国家的理性建构包括政治制度层面的治理体系与运行机制。现代国家治理体系具有顶层设计的重要意义，对规范权力运行、调整行政部门之间的关系，进而实现治理目标具有决定性作用。国家治理结构和管理体系与国家认同互相塑造，现代国家认同的建构离不开国家制度及其所决定的国家结构体系的建构、优化与巩固，国家内部体系的合理性与国家在全球体系中的独特性与先进性，必然日益成为决定其国家认同取向的重要因素①。

由上文可知，国家认同需要通过内在的传导机制发挥应有作用。治理机制和路径则主导了类似于大型体育赛事等国家层面的重大活动在参与、固基、强化国家认同建构方面的具体方式和实际效力。全国民族运动会的治理体系作为国家治理体系中的有机组成部分，是国家层面保障赛事良性运行的制度设计和组织结构。1979年初，国家民委和体育组织管理体系逐渐恢复，开始正常运转。国家民委和国家体委作为该时期全国民族运动会的主办单位，直接负责全国民族运动会的筹办、组织和管理等具体工作。

（一）中华人民共和国国家民族事务委员会

中华人民共和国国家民族事务委员会（简称国家民委），是中华人民共和国最早成立的中央部委之一。1949年10月22日，在中华人民共

---

① 林尚立.现代国家认同建构的政治逻辑[J].中国社会科学，2013(8)：22-46，204-205.

和国成立不到一个月的时间，中央人民政府民族事务委员会成立（简称中央民委）。1954年一届全国人大一次会议上，中央人民政府民族事务委员会改称中华人民共和国民族事务委员会。1970年6月22日，中华人民共和国民族事务委员会被撤销。1978年，五届全国人大一次会议决定恢复国家民族事务委员会，此后一直作为国务院组成部门。国家民委的主要工作包括贯彻、执行党中央和国务院关于民族工作的方针政策，具体部署省级部门民委工作，牵头主办、组织大型民族活动，等等，其中四年一届的全国民族运动会被列为国家民委的重要专题活动之一。

（二）中华人民共和国国家体育运动委员会

自1982年内蒙古自治区举办的第二届全国民族运动会开始，国家体委和国家民委共同筹办、组织、管理历届全国民族运动会[1]。这一时期的全国民族运动会由国务院直属的国家民委、国家体委共同管理；国家在财政上给予一定程度的保障[2]。每届大会由国家体委、国家民委委托当届举办地地方政府进行组织管理。为了更好地完成大会的组织工作，在大会开幕之前要成立竞赛委员会、仲裁委员会和临时党委（即组织委员会，简称组委会），其中包括高级组委会（亦称主席团）。这些机构负责全盘计划、组织实施正式比赛开始前的准备工作。大会组委会负责整

---

① 国家级体育赛事的主办机构绝大多数是国家体育总局。由于全国民族运动会的特殊性，既是大型体育赛事又是重要民族工作，所以从1982年开始会由国家民委、国家体委(体育总局)联合主办。

② 据第二届全国民族运动会组委会秘书长奇文祥回忆："按最初的计划，第二届全国民族运动会的举办经费总共为60万元，由国家民委、国家体委和内蒙古自治区各出20万元。但是当时内蒙古自治区财政还相当困难，拿出20万元很吃力。于是，自治区党委向国务院报告，希望能再得到国家的支持。"奇文祥带着报告，找到了时任国务院副总理杨静仁同志，汇报了内蒙古自治区的经济状况和举办大会的困难。最终，国家民委和国家体委各出资40万元，内蒙古自治区用这80万元举办了第二届全国民族运动会。李睿劼、吴文斌.全国民族运动会每届都有创新[Z].内部资料,中华人民共和国第八届少数民族传统体育运动会会刊,2007-11-13.

个体育赛事的具体管理和操作实施过程。组委会通常包括若干二级机构，比如宣传组、仲裁委员会、保障组等（见表2-2）。组委会的执行机构委员会成员包括：国务院体育主管部门领导、国家体委领导、国家民委领导、主办地高级官员、省市地方体委官员、政府当局代表和其他组织官员、代表等。

表2-2　1986—1991年全国民族运动会组委会下设机构①

时间	届次	下设机构
1986年	第三届	高级组委会(大会主席团)下设大会办事机构包括:秘书组、竞赛表演组、场地器材组、新闻组、财务组、生活接待组、安全保卫组、交通组、大型活动和观众组织组等9个小组。 竞赛委员会包括:三甬碑赛区竞委会、南门体育场(馆)赛区竞委会和乌鲁木齐体育馆赛区竞委会。 仲裁委员会包括:(1)速度赛马、叼羊仲裁委员会;(2)射弩、射箭仲裁委员会;(3)抢花炮、秋千仲裁委员会;(4)摔跤仲裁委员会②
1991年	第四届	大会办事机构包括:办公室(秘书处、行政处、材料处、会务一处、会务二处、文艺演出处、奖品纪念品处、礼宾处),宣传部(新闻报道处、宣传处、展览处),集资部(社会赞助处、奖券发行处、义演义卖处、广告处、财务处、专利处),大型活动部(表演一处、表演二处、表演三处),财务部(会计处、预算处、审计处),竞赛表演部(竞赛处、表演处、场地器材处、自治区体育场竞赛委员会、自治区体育馆竞赛委员会、南宁市体育场馆竞赛委员会、南湖龙舟竞赛委员会),接待部(接待一处、接待二处、交通处、票务处、外联处、副食品供应处、医务处、财务处),第二接待部,涉外部(综合处、外事处、旅游处),保卫部(下设九个保卫处)③

该时期，万里、李铁映分别担任第三届、第四届全国民族运动会的主席团主席；铁木尔·达瓦买提、李铁映分别担任第三届、第四届全国民族运动会组委会主任。组委会委员大部分是来自国家民委、国家体委

---

① 笔者收集的第二届全国少数民族传统体育运动会秩序册，并未呈现组委会以及下设机构，故在表格中没有呈现。

② 资料来源于课题组于2020年9月收集整理的1986年第三届全国少数民族传统体育运动会秩序册。

③ 资料来源于课题组于2020年9月收集整理的1991年第四届全国少数民族传统体育运动会秩序册。

和赛事承办地的高级官员和体育专家，组委会成员构成的强大阵容直接映射了国家在组织支撑、人力资源调配和财务支持等方面对举办全国民族运动会的全方位保障。

二、赛事概况

据笔者收集整理的调研资料，自1953年的全国民族形式体育表演及竞赛大会到1982年第二届全国民族运动会的举办，其间虽然没有国家级的少数民族传统体育的主题赛事，但在1959年的第一届全国运动会（简称全运会）和1975年的第三届全国运动会中仍然保留着部分少数民族传统体育项目，其中障碍赛马、马球、摔跤被列为1959年全运会的正式比赛项目，马术、秋千、跳板、民族摔跤被列为1975年全运会的表演项目①。同时，该时期个别省份仍然举行了以少数民族运动员为主要参与群体的省级赛事（见表2-3）。在特定的历史阶段，这些赛事为保障少数民族传统体育的发展、调动少数民族群众参与体育活动的积极性以及维护少数民族群众的体育权益作出了贡献。

表2-3　1955—1980年举行的省级民族运动会②

时间	省级民族运动会
1955	云南滇西各族人民体育表演大会
1965	四川省第一届少数民族体育运动会
1972	四川省第二届少数民族体育运动会
1975	四川省第三届少数民族体育运动会
1977	四川省第四届少数民族体育运动会

1982年第二届全国民族运动会举办前夕，各省、自治区、直辖市也相

① 荣高棠.衷心的祝贺[J].中国民族,1982(8):3.
② 中国少数民族传统体育大全编委会.中国少数民族传统体育大全[M].沈阳:辽宁民族出版社,2017:1265-1395.注:云南滇西各族人民体育表演大会被云南省民宗委认定为云南省首届少数民族传统体育运动会。

应定期举办省级民族体育运动会，选拔优秀运动员参加全国性赛事①。"据十四个省、市、自治区的统计，参加选拔的运动员有二千八百多人，分别比赛和表演了五百多场次，观众达一百二十多万人。"②此外，20世纪80年代共有17个省、自治区、直辖市举办了首届民族运动会（表2-4）。

表2-4　20世纪80年代省级行政单位举办首届民族运动会的时间、项目汇总③

省、自治区、直辖市	时间	项目
广西壮族自治区	1982年4月	打扁担等39个表演项目
贵州省	1982年5月	龙舟、赛马、射弩、摔跤、抢花炮等
河南省	1982年5月	武术、中国式摔跤、表演项目等
河北省	1982年5月	摔跤、转悠悠、秋千、跳板、风筝等
黑龙江省	1982年8月	秋千、跳板、射击、摔跤、表演项目等
甘肃省	1985年7月	4项比赛项目、20项表演项目
西藏自治区	1985年7月	2项比赛项目、2项表演项目
内蒙古自治区	1985年8月	7项比赛项目、7项表演项目
北京市	1985年9月	7项比赛项目、30项表演项目
新疆维吾尔自治区	1985年9月	5项比赛项目、10项表演项目
辽宁省	1985年10月	6项比赛项目、3项表演项目
浙江省	1986年4月	40多项表演项目
湖北省	1986年4月	140多项表演项目
宁夏回族自治区	1986年5月	6项比赛项目

① 伍绍祖.中华人民共和国体育史(1949—1998)综合卷[M].北京:中国书籍出版社,1999:331.

② 新华社.国家体委主任李梦华说,全国少数民族传统体育运动会将是增强各民族大团结,繁荣民族文化的一次体育盛会[N].新华社新闻稿(合订本),1982-08-24.

③ 据《中国少数民族传统体育大全》记载,江西、上海、重庆、山西未举办省级层面的少数民族传统体育运动会。该书出版于2017年。但笔者通过江西省民宗委官网了解到,江西省于2018年举办了第二届少数民族传统体育运动会,这是该省27年后重新拉开了全省少数民族传统体育运动会的帷幕,即江西省于1991年举办了首届少数民族传统体育运动会。在调研过程中未发现上海、重庆、山西举办省级少数民族传统体育运动会,但在参加全国比赛前都会相应地举行选拔性比赛。

省、自治区、直辖市	时间	项目
湖南省	1986年5月	6项比赛项目、5项表演项目
福建省	1986年5月	7项表演项目
安徽省	1989年10月	3项比赛项目

三、赛事运行机制

运行机制是指各要素之间的结构关系和运行方式，包括有机体的构造、功能及其相互关系。在国家整体现代化进程不断加速的大背景下，体育领域的运行机制和治理体系的现代化也随之提速。该时期全国民族运动会业已形成相对完整的运行机制，除了作为体育竞赛本身的感染力、号召力以及影响力之外，纳入赛事场域中的文化符号和仪式过程、开幕式和闭幕式（见表2-5）、代表团游行、团体操表演等，也能够有效地增强参与群体的国家认同情感。

表2-5　1982年全国民族运动会开、闭幕式程序①

开幕式程序	闭幕式程序
一、1982年全国少数民族体育运动会开幕式开始	一、1982年全国少数民族传统体育运动会闭幕式开始
二、运动员、裁判员入场	二、领奖运动员入场
三、升国旗、奏国歌	三、总裁判长宣布竞赛成绩
四、致开幕词	四、发奖
五、致欢迎词	五、致闭幕词
六、运动员代表讲话	六、运动员退场
七、运动员、裁判员退场	七、表演开始
八、团体操表演	八、1982年全国少数民族传统体育运动会胜利闭幕
九、开幕式结束	九、闭幕式结束

① 表2-5的材料来源于笔者2020年10月收集整理的1982年第二届全国少数民族传统体育运动会秩序册。

随着国家层面办赛经验的积累，该时期全国民族运动会赛事仪式日趋成熟。通过对赛事开、闭幕式程序的分析，可以看到赛事仪式结构基本涵盖了现代大型体育赛事的核心仪式结构。此外，1986年第三届全国民族运动会在开幕式上增加了国际奥委会向大会赠送纪念品和国家民委、国家体委向大会赠送纪念品环节。1991年第四届全国民族运动会在原有的开幕式基础上增加了国家民委、国家体委向大会赠送纪念品，内蒙古自治区向广西壮族自治区赠送骆驼的环节。闭幕式上两届大会都增加了移交会旗环节，其中第四届全国民族运动会还增加了大会组委会向各代表团赠送纪念品环节。通过赛事仪式的衍生活动，进一步促进了各民族之间的团结。

第三节　赛事文化符号

文化符号，比如国旗、国徽、国歌、标识、口号、民族英雄、国家货币、历史叙事、重大事件、典型建筑等，对构建国家形象与认同来说至关重要。这些象征性文化符号体系在群体中形成了利益攸关的集体记忆。在重建与初兴时期，全国民族运动会的赛事文化符号象征意义主要由会徽、会旗、会歌、海报、宣传手册、火炬、纪念邮票、奖牌、奖杯、纪录片、领导人题词、奖券和纪念封等一系列文化符号构成。

一、会徽、吉祥物

（一）会徽

会徽是人类进行社会活动的媒介和手段，是一种独特的、形色融于一体的视觉艺术表达，是人类社会通用的形象语言。其作为集体育、文化和艺术于一体，具有审美形式和象征意义的图形，通过抽象的形式、极致的语词表征着内涵丰富的社会和文化意义，其象征意义在特定的语境下甚至可以等同于道德真理、至理名言。表2-6中列举了1982—1991年全国民族运动会会徽、会旗、吉祥物、会歌。

表2-6　1982—1991年全国民族运动会会徽、会旗、吉祥物、会歌[①]

届次	会徽	会旗	吉祥物	会歌
第二届（1982）		无	无	无
第三届（1986）			无	无
第四届（1991）				《爱我中华》

1982年第二届全国民族运动会首次设计了会徽，真正意义上开启了全国民族运动会的文化符号建构的先河。会徽整体底色为草原绿，"Q""S""T"分别是"全国""少数民族""体育运动会"的汉语拼音首字母，中间图案汇聚了蒙古族传统体育项目赛马和射箭，展现了少数民族同胞奋发向上的进取精神。射箭和骑马作为各民族历史进程中的共有元素和文化生活的普遍素材，在凸显赛事承办地内蒙古自治区典型地方代表性文化的同时，也涵盖了多民族共通共享的历史记忆、文化心理和审美情趣。

1986年第三届全国民族运动会的会徽是由"全国""少数民族""运动会"三个词组的汉语拼音首字母"Q""S""Y"组成，上方是"全国少数民族传统体育运动会"，下方是数字"3"，代表第三届全国民族运动会。"Q""S"相互扣结成环状，象征着各族体育健儿紧密团结，"Y"绘成一只展翅飞翔的雄鹰，鹰作为新疆维吾尔自治区诸多少数民族的民

① 中国少数民族传统体育大全编委会.中国少数民族传统体育大全[M].沈阳:辽宁民族出版社,2017:1-2.

族图腾，象征着少数民族体育健儿不畏艰难、坚韧不拔的性格，同时，飞翔的雄鹰还象征着民族体育运动的蓬勃发展。鹰翅由四条线组成，象征跑道，该时期会徽中的跑道是体育全球化在全国民族运动会上的直观投射。

1991年第四届全国民族运动会会徽是一个形象化的绣球，由"全国""少数民族""广西"的汉语拼音首字母"Q""S""G"构成（其中两只凤凰组成"S"，寓意吉祥如意，外圈是字母"G"，图案右下是绣球飘带，包括四条彩带和数字"91"，分别代表跑道和1991年）。第三届、第四届大会的会徽主色调都为红黄搭配，运用较多圆形符号以及以鹰和凤凰为代表的"鸟"图腾崇拜，通过采撷凝练各民族传统文化中象征吉祥寓意的精髓，经由文化符号的"具象化"呈现来表述各族人民追求美好生活的共同心愿。

（二）吉祥物

器物作为具有沟通意义的文化符号，一直被赋予特定的功能，同时也包含各种符号性意义。吉祥图形作为人类历史上最古老、最奇特的文化现象，承载着人类早期图腾崇拜与崇敬自然的印痕，蕴含趋吉辟邪、祈求平安、寓意祥福，是人类最早的社会组织标志与文化象征[①]。

1991年第四届全国民族运动会首次推出了吉祥物（见表2-6）。吉祥物"宁宁"是一只高举火炬、欢快奔跑的拟人化小象，其作为文化符号的寓意包括：（1）象征着威武雄壮，和蔼温顺，是力量和品德的化身；（2）第四届全国民族运动会的举办地南宁市自古就有"五象城"之称，"宁宁"象征着以南宁市为自治区首府的广西各族人民热烈祝贺第四届全国民族运动会的胜利举行，彰显举办城市地域特色的同时突出了"象"作为南宁传统文化符号的社会建构意义，强化了群体的历史文化记忆；（3）从修辞学视角解读，"宁宁"则代表着安宁和睦，吉祥幸福。

---

① 张建会.全运会制度变迁中的秩序、认同与利益[M].北京:北京体育大学出版社，2011:109

憨态可掬的吉祥物通过极度凝练的语词"宁宁"和文化内涵丰富的物——"象"的完美组合，有机契合了该时期国家建设层面追求"和平与发展"的时代主题，在国际形势动荡的背景下彰显了中华民族自古以来一以贯之的生活哲学和对和睦和谐、和合共赢的理想追求。

二、海报、纪念封、会歌

（一）海报

为了更好地宣传少数民族传统体育文化，不断扩大全国民族体育赛事的影响力，从第二届大会开始，组委会均会发布主题海报。海报围绕着宣传少数民族传统体育项目、促进民族团结的主题展开（图2-1、2-2、2-3），具体内容包括比赛场景、人物素描、拟人化吉祥物展示竞赛项目（图2-4）等。该时期除了海报之外，全国民族运动会组委会还精心准备了一系列文化活动、文化纪念品等，进一步扩大了赛事的影响力。例如，第三届全国民族运动会期间国家民委、国家体委编印了全国少数民族传统体育运动会宣传画、《中国少数民族简介》，出版了中华人民共和国成立以来的首部少数民族体育图书《民族体育集锦》，赛事举办地乌鲁木齐市举办了"全国少数民族传统体育摄影展览"，扩大了赛事的文化辐射力。

图2-1 第二届全国民族运动会
宣传海报①

图2-2 第三届全国民族运动会
宣传海报

① 图2-1、2-2是笔者在2020年10月调研期间拍摄的。

图2-3　第四届全国民族运动会
宣传海报①

图2-4　第四届全国民族运动会
竞赛项目宣传海报②

（二）纪念封

费尔迪南·德·索绪尔于1894年提出"符号学"的概念，指出符号是由能指和所指相联结而产生的整体。罗兰·巴特认为能指和所指包含两个层次，即"说什么"（内容）和"怎么说"（形式）。能指（内容）和所指（形式）的结合具有任意性，这种任意性的结合以约定俗成为基础，在一定的社会规则基础上去实现。纪念封是印有与某一可资纪念的重大事件、重要节日或人物有关的纪念图文的信封，由图案、文字、纪念邮戳三大要素构成。从符号学理论角度解读，构成纪念封的"三大要素"都具有内容和形式两个结构：（1）纪念封中的文字内容为传达纪念封的主题思想，形式则由不同样式的字体或图形化的文字组合；（2）纪念封中图案的能指是所有在纪念封上呈现出来的视觉符号，所指则是图像所表达的具象化事物③。

纪念封作为一种方寸形式的纸质媒介，以图文相结合的形式简洁明了地呈现事件的时间、地点、参与者、具体内容等，具有主题鲜明、时效性强、事件特征突出等特点。同时具有主题突出、图文叙事、表征性

---

① 第四届全国少数民族传统体育运动会组委会宣传部.民族体育之光:第四届全国少数民族传统体育运动会[Z].内部资料,1992:46.

② 第四届全国少数民族传统体育运动会组织委员会办公室.第四届全国少数民族传统体育运动会文件汇编[M].南宁:广西民族出版社,1992:前言1.

③ 郭美娟.纪念封:迷你报纸——基于符号学角度探析纪念封双重媒介的身份特征[J].新闻研究导刊,2017,8(19):122.

强的媒介特征。此外，纪念封具有以时间为经、以事件为纬的编年体特征，通过考察纪念封表达的主题随时间的变化而产生的变化，可以在历史的纵轴线上研究考察事件的变迁和演化。

第三届全国民族运动会期间，新疆维吾尔自治区邮票公司特发行纪念封一个（图2-5），开启了全国民族运动会发行纪念封的先河，进一步丰富了全国民族运动会赛事文化符号体系。此后历届全国民族运动会均由组委会发行主题纪念封等系列邮资品。图2-6为第四届全国民族运动会纪念封。

图2-5 第三届全国民族运动会
纪念封①

图2-6 第四届全国民族运动会
纪念封

（三）会歌

从第四届全国民族运动会开始，大会组委会联合承办单位开展运动会歌曲征集活动。由乔羽作词、徐沛东作曲、青年歌手韦唯（壮族）演唱的《爱我中华》最终被遴选为第四届全国民族运动会会歌。歌曲在把五十六个民族比喻为"鲜花"的基础上，又把五十六个民族比作"兄弟姐妹"，热情欢快地唤出五十六个民族的共同心声"爱我中华"。歌曲通过朴实的语言与简洁明快的节奏，达到广泛传唱的目的，歌词内容突出反映了我国各民族亲密团结和爱国爱家的深厚情感，能够广泛激发我国各民族人民的爱国主义热情和国家认同情感。正如参加全国民族运动会的安徽省代表队民族健身操教练NRF老师所说：

当那情绪激昂、充满活力的旋律响彻赛场时，（我们）眼前就会出

---

① 图2-5、2-6是笔者在2020年11月调研期间拍摄的。

现五十六个民族、五十六个星座、五十六枝花，各民族同胞语言虽然不同，但异口同声高唱"爱我中华"的和谐场景。此外，我们眼前还会出现各民族体育健儿在国际赛场上为民族为祖国摘金夺银，顽强拼搏的动人情景；出现战斗在第一线的各行各业的劳动人民为建设美好的家园而忘我工作，他们团结协作，为建设祖国添砖加瓦；出现五十六个民族的中华儿女手拉手，信心百倍、昂首阔步共同推动伟大祖国进入崭新的时代。（倪*芳，第十一届全国民族运动会教练员，20190911）①

《爱我中华》作为全国民族运动会会歌首次出现在大众面前，会后由多位歌手演绎的不同版本在春晚、国庆晚会等舞台上的艺术呈现，赋予了歌曲更强的流行性。其歌词中反复出现的"五十六族兄弟姐妹是一家""爱我中华"等语句，完美传达了我国是一个统一的多民族国家的群体心声，通过"爱我中华"的共同情感投射，有效地激发了各族人民的集体主义和爱国主义精神。

三、纪录片

纪录片作为真实生活的客观呈现，是通过视觉符号和影像传播实现文化身份和文化认同构建的重要手段②。该时期，少数民族传统体育纪录片不仅是对少数民族传统体育活动的客观记录，也是诠释多元民族文化身份、建构价值认同的重要载体。创作少数民族传统体育纪录片，能够更好地发挥少数民族传统体育的社会传播力和文化影响力，增进少数民族传统体育的社会认同，有利于形成更为立体的中华民族文化认同格局。

---

① 资料来源：访谈材料。访谈对象：倪*芳，安徽师范大学教师，2019年第十一届全国民族运动会安徽省代表队民族健身操教练。访谈时间：2019年9月11日。访谈地点：河南省郑州市银河来旺达酒店（安徽省代表团入住酒店）。

② 沈悦，孙宝国."一带一路"视阈下中国梦的多维建构与全球想象：以纪录片跨文化传播为视角[J].云南社会科学，2019（2）：174-181，187，189.

1982年12月，由中央新闻纪录电影制片厂拍摄的纪录片《民族体育盛会》记录了1982年在呼和浩特举行的第二届全国少数民族传统体育运动会的盛况，具体内容为55个少数民族参加的比赛和表演项目，包括藏族小伙子表演的碧秀（又名响箭），维吾尔族姑娘表演的"沙哈尔地"，朝鲜族姑娘表演的荡秋千，高山族小伙子表演的竿球以及骆驼赛跑等项目。该片荣获1984年突尼斯国际体育电影节奖牌，1985年匈牙利国际体育电影节民族传统体育最佳影片奖及电影节组委会奖。图2-7、2-8、2-9、2-10为部分比赛和表演项目。

图2-7　押加（大象拔河）①　　　　图2-8　沙哈尔地（维吾尔族）②

图2-9　秋千（朝鲜族）③　　　　图2-10　竿球（高山族）④

---

①中华全国体育总会宣传部,中国体育图片社.中国少数民族传统体育运动[Z].内部资料,1983:95.

②中华全国体育总会宣传部,中国体育图片社.中国少数民族传统体育运动[Z].内部资料,1983:23.

③中华全国体育总会宣传部,中国体育图片社.中国少数民族传统体育运动[Z].内部资料,1983:48.

④中华全国体育总会宣传部,中国体育图片社.中国少数民族传统体育运动[Z].内部资料,1983:108.

1986年11月，由中央新闻纪录电影制片厂拍摄的《民族体育之花》记录了第三届全国少数民族传统体育运动会的比赛和表演项目，包括新疆的赛马和叼羊，广西和贵州的抢花炮，云南怒族的射弩，满族的雪地走，苗族的木鼓表演，达斡尔族的火球表演和朝鲜姑娘的顶罐走等。纪录片通过镜像视角将既有鲜明民族特点又有浓烈民族情趣的民族体育和音乐舞蹈融于一体，具有很强的观赏性、娱乐性和艺术性。值得一提的是，《民族体育之花》纪录片荣获1987年突尼斯首届国际奥林匹克电影节国际影联大奖。图2-11为《民族体育盛会》《民族体育之花》纪录片台本。

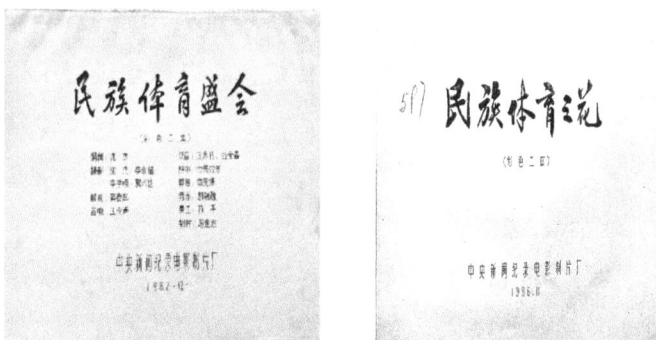

图2-11　《民族体育盛会》《民族体育之花》纪录片台本[①]

这两部体育纪录片作为"文化大革命"之后对少数民族体育文化的抢救性记录，以及对少数民族璀璨传统文化的生动记录，成为研究少数民族传统体育和全国民族运动会发展史的重要影像史料，为发掘、传承、保护传统体育文化作出了积极贡献，具有重要的文化学、历史学和社会学意义[②]。此外，纪录片的传播特点使其受众不再局限于现场观众，对于民族国家而言具有巨大的政治价值[③]。此外，这两部以少数民族传统体育为主题的纪录片，通过参加国际电影节，塑造了崭新的国家形

[①] 图2-11是笔者于2021年4月调研期间拍摄的。

[②] 孟婷.中国大陆体育纪录片发展史研究(1949—2016)：基于媒介社会学视角的考察[D].济南：山东大学,2017:82.

[③] 贺幸辉,陈晓霖.高山探险纪录片与文化身份建构[J].中国电视,2021(01):83-87.

象，传播了国家文化，有助于让国际社会对中国形成客观真实的印象。

四、学术研讨会

随着我国人文社会科学研究的勃兴，以及全国民族运动会的不断发展并日益完善，从科学研究角度对其进行深入探讨成为可能。第三届全国民族运动会召开期间，由国家体委、国家民委联合牵头组织，于1986年8月20—23日在乌鲁木齐召开了全国首届少数民族传统体育学术研讨会，全国民族运动会理论研讨滥觞于此。来自25个省、自治区、直辖市体委和部分体育学院的59名代表参加了会议，大家就30余篇论文在会上进行交流，并首次就"少数民族传统体育"概念进行了研讨，开创了从理论视角研讨民族体育发展的先河。会上对少数民族体育的定义进行了有益的探讨，提出四种定义：

1.少数民族传统体育是各民族世代相传，具有民族传统特点的各种体育活动的总称。

2.少数民族传统体育是指近代体育传入以前我国各民族就已经有的那些体育活动内容。

3.凡是目前在一些民族地区仍有流传的具有民族特色的体育活动（包括自娱活动）内容都应属于民族传统体育的范围。

4.少数民族传统体育是具有民族性、传统性、体育性的活动项目。[①]

此次研讨会对促进少数民族体育理论研究以及民族传统体育的发展具有重要意义：（1）基本厘清了少数民族体育的类别、属性和功能；（2）加快推进了少数民族体育相关研究的有效开展；（3）促进少数民

---

① 民族文化宫展览馆.民族学博物馆学散论[M].北京:中央民族大学出版社，1994:209.

体育项目的开发与保护。此次研讨会积极推动了少数民族体育领域理论研讨的常态化机制构建，为全国民族运动会和民族传统体育学科的规范化、现代化和可持续发展奠定了一定的理论基础。

五、体育奖券

在市场化经济大潮的推动下，体育领域的市场化行为日益频繁。例如，1991年第四届全国民族运动会为了动员社会各界力量共同办好民族运动会，广泛深入开展"民运会为广西添光彩，我为民运会作贡献"活动，各单位、各部门、广大干部群众纷纷为大会捐款，个人捐款人数达34万余人，单位捐款超10万元的达15个。此外，为了更好地解决全国民族运动会经费问题，第四届全国民族运动会首次发行体育奖券（见图2-12），开通社会赞助，通过出售全国民族运动会名称、会徽、吉祥物标志使用权，组织义演义卖，征集广告等办法进行集资，集资总额达1600万多元。其中认购体育奖券的人数就多达几百万人[1]。

图2-12 1991年第四届全国民族运动会发行的体育奖券[2]

---

① 第四届全国少数民族传统体育运动会组织委员会办公室.第四届全国少数民族传统体育运动会文件汇编[M].南宁：广西民族出版社,1992:212.

② 图2-12是笔者于2020年10月调研期间拍摄的。

六、诗词

据史料记载，第二届全国民族运动会即将召开的喜讯传遍全国，各族人民无不欢欣鼓舞，各省份高度重视①。广西壮族自治区、河北省、河南省、贵州省、黑龙江省分别于1982年4—5月举办了第一届省级少数民族运动会。其中1982年贵州省首届民族运动会期间，来自仡佬族的田金海有感而发，赋诗歌颂党和国家的民族政策：

民族传统体育放异彩

遵义地区代表团　田金海（仡佬族）

政策落实心放宽，山欢水欢人更欢；

传统体育增异彩，造福子孙好开端。

造福子孙好开端，锤炼体质勤登攀；

铸就钢躯献四化，振兴中华铁肩担。②

1982年第二届全国民族运动会开始之际，社会各界反响热烈，各界人士通过创作以民族体育为主题的诗歌由衷地称赞社会主义制度，坚信在党的正确领导下一定能实现国家和各民族的繁荣兴旺。如黄善瑞发表题名为《愿民族体育之花开得更艳丽》的诗句：

愿民族体育之花开得更艳丽

黄善瑞

春天普度雁门关，黑暗历来永不还。

民族团结红旗在，姐妹赛马聚阴山。

秋雨加深青山色，满月雕弓射天狼。

---

① 佚名.全国少数民族传统体育运动会开幕之前[J].中国民族,1982(8):7.

② 佚名.民族传统体育放异彩[N].贵州日报,1982-05-17(03).

五十五族英雄会，你跳芦笙我习羊。①

1991年第四届全国民族运动会期间，广西壮族自治区党委宣传部部长杜晶一赋诗抒怀："巨龙在腾飞，金牌放光辉；民族体育盛，团结比金贵。"②表达了对民族团结、国家欣欣向荣的美好祝愿。同时为庆祝第四届大会的圆满召开，广西民族出版社于1993年出版《民运会诗词选》，收录了第四届全国民族运动会期间各界人士吟咏的诗词320多首，其中"团结""一体""祖国""中华"等彰显民族自豪感与身份认同的词语成为《民运会诗词选》的高频词语。由于篇幅和行文所限，笔者选摘一首予以佐证：

红旗闪闪耀群星

周贤鉴

红旗闪闪耀群星，万里苍穹拱日明。

民族花开抒壮志，英雄气概奋豪情。

健儿共展神龙技，祖国同怀鹏搏程。

长白珠峰联一体，中华裔胄尽奇英。③

第四节　赛事仪式流程

一、运动员选拔和项目设置

表2-7介绍了1982—1991年举办的三届全国民族运动会的赛事概

---

① 黄善端.愿民族体育之花开得更艳丽[J].中国民族,1982(10):44.

② 佚名.团结的盛会　奋进的凯歌[J].第四届全国少数民族传统体育运动会专刊,1992(1):1.

③ 钟家佐.民运会诗词选[M].南宁:广西人民出版社,1993:26-27.

况，包括举办地、参赛民族、参赛单位和项目设置。从表中可知，该时期全国民族运动会的比赛项目与表演项目逐届增多，参与人数屡创新高。随着赛事影响力的持续增强，诸多省、自治区、直辖市开始在全国民族运动会举行前组织预选赛，选拔具有潜力的少数民族运动员参加全国民族运动会。例如，1982年全国民族运动会召开之前，内蒙古自治区、新疆维吾尔自治区、西藏自治区、宁夏回族自治区、广东、浙江、福建、安徽、四川、山西、山东、陕西、甘肃、辽宁、吉林、湖北、湖南、青海、云南、上海、天津等省（自治区、直辖市）先后进行了选拔赛。其中涌现了诸多各族同胞克服重重困难踊跃参加比赛的感人事迹。

表2-7 第二届至第四届全国民族运动会项目设置简况

届次	举办地	参赛民族	参赛单位	竞赛项目/表演项目[1]
第二届 （1982）	呼和浩特	56	29	射箭、中国式摔跤(2项)；表演项目(68项)
第三届 （1986）	乌鲁木齐	55	29	摔跤、射箭、秋千、抢花炮、叼羊、赛马、射弩(7项)；表演项目(115项)
第四届 （1991）	南宁	55	30	摔跤、射弩、秋千、抢花炮、珍珠球、赛马、木球、龙舟、武术(9项)；表演项目(121项)

53岁的维吾尔族达瓦孜表演者奴拉洪·阿西木为了参加1982年全国民族运动会的表演，自费定做了一根80米长的绳索；山西省77岁回族老人贺振全带领武术队训练时正逢伊斯兰开斋节，为了取得好成绩，在把斋（戒斋）的情况下，加紧训练；福建省华安县高山族社员范金华，不辞辛苦，翻山越岭连夜带着自制竿球赶到陇西地区，参加选拔赛；浙江省78岁满族老人爱新觉罗·溥寰表演的"太乙五行擒扑"姿态优美，当得知自己被邀请参加全国少数民族传统体育运动会表演时，他激动地说："党和政府这样关心少数民族人民的体育运动，在旧中国是无法想象的。我能有机会参加这次运动会，感到非常荣幸，感谢党和

---

[1]注：竞赛项目小项和表演项目具体名称分别详见附录。

政府对我的关心和信任。"①在笔者的访谈过程中，花*涛教授的观点颇
具有启发意义：

> 爱新觉罗·溥寰是清末皇帝爱新觉罗·溥仪同父异母的弟弟。
> 经过党和人民政府的改造，原清王朝后裔能够参加全国性比赛，并
> 通过由衷的话语和发自内心的情感表达对中国政治制度、中国共产
> 党和人民政府的认可，以及坚决拥护党的领导，直观体现了中国特
> 色社会主义的制度优势受到普遍认可和认同，以及国家公民不论出
> 身如何、隶属于哪个民族、生活在何处，党和政府都将坚决维护其
> 作为合法公民的一切权利，参加全国民族运动会就是各族人民的基
> 本权利之一。当然，从另一个角度解读，这也是国家建构进程中凸
> 显国家政权合理性、治理合法性的常用手段之一。借助于纸质媒介
> 的书写，通过全国民族运动会的赛事一定程度上扩大了"想象的共
> 同体"的边界，有利于构建各族同胞对现代民族国家的积极的、正
> 向性的"想象"空间，在我看来这无疑是一种国家认同建构的积极
> 努力。（花*涛，民族传统体育领域专家，20190908）②

该时期全国民族运动会处于曲折重生后的探索阶段。竞赛项目从
1982年的2大项（16小项），增加到1991年的9项（34小项，见附录
四）。表演项目由1982年的68项增加至1991年的120项，其中很多是新
挖掘的极具民族特色的表演项目（见附录五）。例如，1986年的表演项
目中有30多项是新挖掘的项目，佐证了以全国民族运动会为龙头的民
族赛事体系在民族传统体育发掘、保护与传承等方面的重要作用。

表2-8列出了第二届至第四届全国民族运动会奖牌分布情况。由表
中数据可知，第二届到第四届全国民族运动会获奖代表团比例逐渐增

---

① 全国少数民族传统体育运动会开幕之前[J].中国民族,1982(8):7.

② 资料来源:访谈材料。访谈对象:花*涛,安徽师范大学教授。访谈时间:2018年9
月。访谈地点:安徽省芜湖市,安徽师范大学(花津校区)体育学院行政楼。

高，奖牌分布的覆盖面持续扩大。例如，第四届全国民族运动会有30个代表团参赛，其中28个代表团获得名次，占参赛代表团的93.3%；22个代表团获得前三名，占比达73.3%；13个代表团的选手获得金牌，占比达43.3%。该时期随着赛事组织、成绩判定程序的日趋完善，奖牌分布范围日益扩大；赛事的章程制定、组织策划、项目遴选、参赛人数、奖项设置、结果评定以及赛事仪式设置、文化符号表征、媒介宣传方式等逐步走向系统化、程序化和科学化。

表2-8　第二届至第四届全国民族运动会奖牌分布

届次（年）	代表团	金牌分布/占比	前三名分布/占比	前八名分布/占比	表演项目
第二届（1982年）	29	3/10.3%	8/27.6%	13/44.8%	未设奖项
第三届（1986年）	29	9/31.0%	16/55.2%	21/72.4%	未设奖项
第四届（1991年）	30	13/43.3%	22/73.3%	28/93.3%	114

此外，该时期全国民族运动会愈发稳定的办赛模式，有效促进了其他级别少数民族体育赛事的蓬勃发展。1982—1991年，广西壮族自治区、贵州省、河南省、河北省、黑龙江省、甘肃省、西藏自治区、内蒙古自治区、北京市、新疆维吾尔自治区、辽宁省、浙江省、湖北省、宁夏回族自治区、湖南省、福建省、安徽省分别举办了首届省级民族运动会（见前表2-4），初步形成了市、省、国家三级少数民族传统体育赛事的办赛雏形，为挖掘、发展、继承、创新散落于民间的民族传统体育活动提供了较为完备的赛事平台体系。

二、开、闭幕式仪式与赛事文化活动

（一）现场观众

该时期全国民族运动会盛大的仪式和激动人心的竞赛和表演项目吸引了全国各界成千上万人的目光。来自不同代表团的运动员和来自全国各地的观众相聚于全国民族运动会赛场上，参与群体包括：党和国家领导同志、国家体委及各级省市体委官员、运动员、教练、外国来宾，以及成千上万来自各行各业的观众。

据史料记载，第二届至第四届全国民族运动会现场观看开幕式的观众分别有25000余人、25000余人和30000余人（见表2-9）。第四届全国民族运动会组委会共接待四方宾客13000多人，其中包括来自美国、英国、法国、日本、波兰、越南、泰国、马来西亚等17个国家的朋友和港澳台同胞、海外侨胞共1111人①。外国友人和港澳台同胞、海外侨胞纷纷称赞此次全国民族运动会。

表2-9　第二届至第四届全国民族运动会开幕式概况

届次	日期	举办地	竞赛/表演项目数量	运动员人数	代表团人数	开幕式观众
第二届	1982年9月2—8日	呼和浩特	2/68	593	863	25000余人②
第三届	1986年8月10—17日	乌鲁木齐	7/115	777	1097	25000余人③
第四届	1991年11月10—17日	南宁	9/120	1530	2394	30000余人④

苏联建筑材料科学研究中心副经理马克西莫夫说："国际风云变幻莫测，中国举办民运会显示民族团结、国家安宁，我羡慕你们。"美国的琼·约翰太太说："我简直不敢相信，中国的少数民族有这么壮观的大聚会，他们真是幸福。"法国国际民间艺术节组织主席詹洛克说："这次我看到了中国不同民族不同的体育项目和传统文

---

① 第四届全国少数民族传统体育运动会组织委员会办公室.第四届全国少数民族传统体育运动会文件汇编[M].南宁:广西民族出版社,1992:183.

② 中国少数民族传统体育大全编委会.中国少数民族传统体育大全[M].沈阳:辽宁民族出版社,2017:1225.

③ 中国少数民族传统体育大全编委会.中国少数民族传统体育大全[M].沈阳:辽宁民族出版社,2017:1229.

④ 第四届全国少数民族传统体育运动会组织委员会办公室.第四届全国少数民族传统体育运动会文件汇编[M].南宁:广西民族出版社,1992:183.

化，中国民族传统体育运动会是独一无二的。"①

　　马来西亚驻华使馆参赞哈密特先生对本届民运会体现各民族团结、国家繁荣昌盛的景象"表示钦佩"。台湾少数民族传统歌舞艺术团团长华加志说："海峡两岸同胞能在这里尽情诉说骨肉情、离别情，确是不易之事，令人难以忘怀。在美丽的南宁，广西乡亲给我们留下了美好的印象。我们和大陆人民一样盼望着中华民族成为世界上繁荣、进步的民族。"②

　　在国际社会风云变幻，全球权力体系发生重大改变的敏感时期，在国际友人和国内民众的共同见证下，成功举行大型民族体育赛事，有力地展示了承办城市的历史文化、城市发展以及我国社会主义物质文明与精神文明建设所取得的非凡成就，在特定的历史时期有利于凝聚集体力量，稳固社会秩序。

（二）领导在场

　　布迪厄场域理论（Field Theory）中的"身体在场"是主体间的交往互动，是生成实在关系的要素之一。国家领导作为国家形象的代理人，在大型体育赛事仪式上的"身体在场"，能有效提高赛事传播效应，扩大赛事的影响力③。这一时期有多位国家领导同志出席了全国民族运动会的开幕式及闭幕式（表2-10），凸显了全国民族运动会仪式在强化意识形态、表述国家理想、传递价值导向、构建政治认同等方面的功用。

---

　　① 第四届全国少数民族传统体育运动会组织委员会办公室.第四届全国少数民族传统体育运动会文件汇编[M].南宁:广西民族出版社,1992:185.

　　② 第四届全国少数民族传统体育运动会组织委员会办公室.第四届全国少数民族传统体育运动会文件汇编[M].南宁:广西民族出版社,1992:194-195.

　　③ 赵建国.身体在场与不在场的传播意义[J].现代传播（中国传媒大学学报）,2015,37(8):58-62.

表2-10　出席第二届至第四届出席全国民族运动会开、闭幕式的领导①

届次	开幕式	闭幕式
第二届 （1982）	乌兰夫、万里、阿沛·阿旺晋美、杨静仁、李梦华等	李梦华等
第三届 （1986）	万里、刘澜涛、江华、杨静仁、包尔汉、王恩茂等	江华、杨静仁、包尔汉、司马义·艾买提、王恩茂等
第四届 （1991）	万里、李铁映、李德生、阿沛·阿旺晋美、赛福鼎·艾则孜、陈俊生、杨静仁、程思远等	李德生、阿沛·阿旺晋美、杨静仁等

（三）领导致辞

大型体育赛事的开幕式向来都是主办国或主办城市传播政治声音和国家意识形态的最佳场域之一。全国民族运动会开、闭幕式上，国家领导同志的致辞传递着贯彻民族政策、展示民族团结、促进各民族共同繁荣发展的国家话语。例如，1982年9月2—8日第二届全国民族运动会在内蒙古自治区呼和浩特市人民体育场隆重举行，中共中央政治局委员、全国人大常委会副委员长乌兰夫，中共中央书记处书记、国务院副总理万里，全国人大常委会副委员长阿沛·阿旺晋美，中共中央统战部部长、国家民委主任杨静仁和国家体委主任李梦华等出席了开幕式，内蒙古自治区人民政府副主席郝秀山宣布开幕，中共中央统战部部长兼国家民委主任杨静仁致开幕词：

> 这样的民族体育盛会是解放后第一次，它充分体现了民族体育事业的欣欣向荣。希望这次运动会能够开成一次实现民族团结、互相学习、互相帮助和实践精神文明的盛会。②

第三届全国民族运动会于1986年8月10—17日在新疆维吾尔自治区

---

① 中国少数民族传统体育大全编委会.中国少数民族传统体育大全[M].沈阳:辽宁民族出版社,2017:1226-1235.

② 夏浩然,陆永龙,楼沪光.全国少数民族传统体育运动会在呼和浩特隆重开幕[N].光明日报,1982-09-02(01).

乌鲁木齐市南门体育场隆重举行，党和国家领导万里、刘澜涛、江华、杨静仁、包尔汉、王恩茂，国家部门和地方领导同志司马义·艾买提、李梦华、宋汉良、铁木尔·达瓦买提、荣高棠、陈国栋、乔晓光、刘建章、胡立教、黑伯理、杨超、武连元、何振梁、徐才、钟师统、伊敏诺夫·哈米提、吴向必、贾那布尔等出席了开幕式。8月17日晚，第三届全国少数民族传统体育运动会闭幕式在乌鲁木齐人民大会堂举行，国家民委主任司马义·艾买提致闭幕词。他指出：

> 通过这次聚会，振奋了民族精神，激发了爱国热忱，各民族之间平等、团结、互助的社会主义新型民族关系得到进一步巩固和发展，党的民族政策得到生动体现。

同时，他号召大家：

> 在党中央、国务院的领导下，携起手来，致力改革，勇于拼搏，开拓前进，为民族地区体育事业的发展和经济文化事业的全面发展，为提高中华民族的素质，为各民族的团结、进步和共同繁荣努力多作贡献。①

第四届全国民族运动会分别于1991年8月4—7日在内蒙古自治区呼和浩特市，1991年11月10日—17日在广西壮族自治区南宁市隆重举行（这是全国民族运动会历史上首次设立分赛区），出席开幕式的有党和国家领导同志万里、李铁映、李德生、阿沛·阿旺晋美、赛福鼎·艾则孜、陈俊生、杨静仁、程思远，国家民委负责人伍精华、江家福、文精，国家体委负责人何振梁、徐寅生、刘吉等，以及中央及各部门负责人，自治区党政军负责人，各省、自治区、直辖市体育代表团、观摩团团长

---

① 佚名.胜利闭幕　开拓前进[J].民族画报，1986(12)：22.

等①。中共中央政治局委员、国务委员、组委会名誉主任李铁映致开幕词：

> 　　我国是一个统一的多民族社会主义国家。少数民族传统体育是少数民族古往今来集锻炼和娱乐于一体的民间体育活动，不仅能强身健体，而且凝聚着历代劳动人民的丰富智慧。与我国少数民族分布广泛、生活习俗多彩多姿的特点相适应，少数民族传统体育项目异彩纷呈，风格迥异。少数民族传统体育是各族人民长期劳动生活的生动反映，是中华民族文化宝库中的一颗璀璨明珠。
>
> 　　我们高兴地看到：本届运动会，不仅有港澳同胞、海外侨胞和外国朋友前来观光，台湾同胞也第一次参加比赛。我们希望，参加比赛和表演的全体运动员、教练员、裁判员发扬"团结、拼搏、奋进"的精神，公平竞赛，赛出水平，赛出风格，尽情表演，把本届运动会办成一次全国各民族大团结的盛会，为民族平等团结进步和各民族共同繁荣的伟大事业做出贡献！②

（四）领导题词

　　除了开、闭幕式上的国家领导同志致辞外，部分国家领导同志还通过公开题词表达对全国民族运动会的支持与祝福。例如，1982年第二届全国民族运动会，中共中央政治局委员、全国人大常委会副委员长乌兰夫的题词是："努力发展少数民族传统体育，增进民族团结。"中共中央书记处书记、国务院副总理万里的题词是："开展民族传统体育活动，建设社会主义精神文明，开创民族体育的新局面。"1991年第四届全国民族运动会，有多位国家和地方领导同志题词（见表2-11、图2-13）。

---

　　① 第四届全国少数民族传统体育运动会组织委员会办公室.第四届全国少数民族传统体育运动会文件汇编[M].南宁：广西民族出版社,1992:183.

　　② 第四届全国少数民族传统体育运动会组织委员会办公室.第四届全国少数民族传统体育运动会文件汇编[M].南宁：广西民族出版社,1992:93.

表2-11　1991年第四届全国民族运动会国家及地方领导同志的题词①

领导同志	题词
李鹏	加强民族团结,发展民族体育运动
司马义·艾买提	发展民族体育 振奋民族精神 促进民族进步
李铁映	发展民族体育 弘扬民族文化
程思远	团结奋进,建设广西
李德生	加强民族团结,弘扬民族文化
杨静仁	民族团结,民富国强
伍绍祖	民族体育永放光辉
赵富林	增强团结 交流技艺 繁荣文化 发展经济
丁廷模	发扬民族优良文化传统,屹立于世界之林

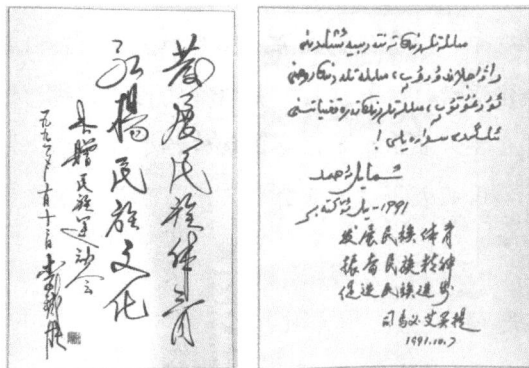

图2-13　1991年第四届全国民族运动会部分国家领导同志的题词②

该时期诸多领导同志的题词，不仅是祝福全国民族运动会的胜利召开，更是寓意我国各民族大团结的美好期望。从中隐约可见全国民族运动会不单单是民族体育比赛与表演、民族体育文化的传承，更是表征国家统一和民族

———————

① 资料来源:(1)第四届全国民运会组织委员会宣传部.民族之光[M].南宁:广西民族出版社,1992:前言1-7.(2)钟家佐.民运会诗词选[M].南宁:广西人民出版社,1993:前言5-10.(3)第四届全国少数民族传统体育运动会组委会宣传部.民族体育之光:第四届全国少数民族传统体育运动会[Z].内部资料,1992:前言2-3.

② 中国少数民族传统体育大全编委会.中国少数民族传统体育大全[M].沈阳:辽宁民族出版社,2017:下卷前言3,9,11.(左图为国务院总理李鹏题词"发展民族体育 促进全民健身",中间图为国务委员李铁映题词"发展民族体育 弘扬民族文化",右图为政协副主席司马义·艾买提题词"发展民族体育 振奋民族精神 促进民族进步")。

团结的复合场域，其政治意义大于赛事意义的价值内涵日益凸显。

（五）代表团游行、团体操和大型活动

米歇尔·福柯阐释体育赛事开幕仪式的象征意义是"微观权利"的体现，是现代国家的普遍征候[①]。这些仪式包括国旗进场、会旗进场、红旗方队、不同代表团运动员游行进场、升国旗奏国歌、团体操表演等等。该时期全国民族运动会作为国家大型体育赛事，同样通过一系列强有力的仪式和符号寓意表征爱国主义、国家统一、民族团结、建设四化等明确的国家建构努力。

1.代表团游行

全国民族运动会各个代表团的进场游行在开幕式之后进行，紧跟着国旗仪仗队之后。经过精心选拔的国旗队员方阵，伴随着运动员进行曲进入大会主体育场。紧随其后的是各个身穿制服的代表队，在代表团旗手带领下依次进场（图2-14、2-15、2-16）。大会组委会精心设计的入场程序，向观众展现了来自我国不同地域、不同民族的运动员的风采，彰显了改革开放以来我国民族体育事业的发展和成就。

图2-14　第二届全国民族运动会
国旗方阵[②]

图2-15　第三届全国民族运动会
国旗方阵[③]

---

① FOUCAULT M. Discipline and punish: the birth of prison[M]. London:Penguin,1979: 135-141.

② 中华全国体育总会宣传部,中国体育图片社.中国少数民族传统体育运动[Z].内部资料,1983:6.

③ 春事增,刘鸿孝,吉雅,等.天山盛会:第三届全国少数民族传统体育运动会[J].民族画报,1986(12):1.

图2-16　第四届全国民族运动会国旗方阵[①]

2.团体操表演

团体操是体育、舞蹈、艺术高度结合的集体表演项目。大型团体操表演由几十、几百甚至成千上万名青少年在不同的场地上，随着音乐做各种体操动作，变换各种队形，组成多样的图案，同时配以不同的服装、道具和看台背景，以反映一定的主题思想。表演者通过团体操的操练可以增强体质，陶冶性情，受到集体主义教育和纪律性教育。

团体操的演出形式是以苏联为首的社会主义国家表达集体主义的独有仪式，第二次世界大战以来的西方社会是看不到的。与同期我国大型体育赛事开幕式一样，大型团体操表演也成为该时期全国民族运动会开幕式的重要组成部分。团体操中多元民族歌舞、艺术、文化元素的巧妙结合，旨在展现中国共产党领导下中华民族团结一心、国家繁荣昌盛的光辉图景（见表2-12）。

表2-12　第二届—第四届全国民族运动会团体操/民族歌舞概况

届次	团体操/民族歌舞主题	团体操/民族歌舞篇章	参演人数
第二届 （1982）	《民族盛会》	第一章《欢迎》 第二章《喜庆》 第三章《振兴中华》	5000余人[②]

---

① 佚名.团结的盛会 奋进的凯歌[J].第四届全国少数民族传统体育运动会专刊，1992(1):3.

② 中国少数民族传统体育大全编委会.中国少数民族传统体育大全[M].沈阳:辽宁民族出版社,2017:1227.

续　表

届次	团体操/民族歌舞主题	团体操/民族歌舞篇章	参演人数
第三届 （1986）	《天山盛会》	第一章《欢庆》 第二章《拼搏》 第三章《团结》	5000余人①
第四届 （1991）	《民族之光》	第一章《骆越武风》 第二章《富饶海疆》 第三章《民族花开》	12000余人②

1982年第二届全国民族运动会开幕式上，呼和浩特市20多所中小学的5000多名青少年和儿童表演了大型团体操《民族盛会》（见图2-12）。《民族盛会》由《欢迎》《喜庆》《振兴中华》三场七部分组成，表达了内蒙古各族人民对大会的热烈祝贺，以及对来自祖国各地的不同民族代表的热情欢迎，反映了各族人民在党的民族政策的光辉照耀下，为振兴中华、建设社会主义现代化强国而奋斗的精神风貌③。

1986年第三届全国民族运动会大型团体操《天山盛会》分为三场。第一场《欢庆》用艺术体操形式呈现。在明快流畅、活泼优美的乐曲中依次表演《散点操》《五人操》《折线操》《双方操》《菱形操》《裙舞操》《卷龙操》《圆形操》，最后变化成十三个大花瓣图案，表达了新疆十三个主体民族（世居民族）④热烈欢庆第三届全国民族运动会胜利召开。第二场《拼搏》以舒展、粗犷、坚毅、诙谐的动作表达了各民族传统体育事业蓬勃发展和各族人民坚韧不拔的拼搏精神。第三场《团结》用歌

① 黄谷冰.天山盛会：第三届全国少数民族传统体育运动会[J].人民画报,1986（11）:15.

② 第四届全国少数民族传统体育运动会组织委员会办公室.第四届全国少数民族传统体育运动会文件汇编[M].南宁:广西民族出版社,1992:211.注:内部资料《第四届全国少数民族传统体育运动会专刊》中记载是40000多人参演。

③ 中国少数民族传统体育大全编委会.中国少数民族传统体育大全[M].沈阳:辽宁民族出版社,2017:1227.

④ 新疆维吾尔自治区共生活着47个民族,其中包括13个主体民族(即世居民族),分别是维吾尔族、汉族、哈萨克族、回族、柯尔克孜族、蒙古族、塔吉克族、锡伯族、满族、乌孜别克族、俄罗斯族、达斡尔族、塔塔尔族。

舞的形式呈现出一幅中华各民族大团结的盛况①。

1991年第四届全国民族运动会大型民族歌舞《民族之光》共有12000多人参演。表演包括序幕《壮乡风采》和三场大型歌舞。第一场《骆越武风》由《金鼓齐鸣》《图腾旗阵》《矮马童军》《瓦氏阵法》组成，由壮族女青年扮演的明朝抗倭女英雄瓦氏夫人巧布阵法，擂响巨鼓，再现了壮族人民同仇敌忾、兵法高强的武风。第二场《富饶海疆》由《蓝色海湾》《南海明珠》《京岛渔歌》组成，展现出祖国北部湾的富饶美丽，反映了各民族团结一心、改革开放、开拓前进、建设繁荣国家的共同向往和一致追求。第三场《民族花开》由《板鞋竞速》《三姐献歌》《芦笙踩堂》《瑶鼓风韵》《团结胜利》组成，与背景台鲜红的木棉花簇拥着伟大祖国的绿色版图珠璧交辉，呈现出一幅锦绣辉煌、万民同庆的民族大团结盛景。尾声唱响歌曲《团结颂》，表达了各民族团结一心，共同建设伟大祖国的心声。

《团结颂》

民族之花花盛开，民族之花花盛开，芦笙齐鸣天摇地动，天地间响彻团结颂，五十六个民族五十六朵花，我们是同胞亲弟兄。你中有我，我中有你，心心相连手足情浓。开拓前进，开拓前进，民族团结建设祖国更繁荣。芦笙齐鸣天摇地动，天地间响彻团结颂。五十六个民族五十六朵花，我们是同胞亲弟兄。你中有我，我中有你，我们心心相连，我们手足情浓。开拓前进，开拓前进，民族团结建设祖国更繁荣。山欢水笑万众欢腾，心窝里飞出团结颂。五十六个民族五十六朵花，我们互相辉映并蒂红，你中有我，我中有你，我们风雨兼程，我们甘苦与共。开拓前进，开拓前进，民族团结建设祖国更繁荣。②

---

① 材料来源于笔者2020年11月收集的第三届全国民族运动会开幕式简介。

② 第四届全国少数民族传统体育运动会组织委员会办公室.第四届全国少数民族传统体育运动会文件汇编[M].南宁:广西民族出版社,1992:167-168.

20世纪70年代开始，大型团体操作为体育领域进行国际交往的媒介，成为我国对外交往的重要途径之一。智利、叙利亚和苏丹等国的团体操代表团多次对中国进行友好访问并进行交流学习。此外，阿尔及利亚、摩洛哥、多哥、阿尔巴尼亚、尼日利亚、尼泊尔、马达加斯加等国邀请中国团体操专家为其训练培养大型团体操舞蹈编导。尼日利亚总统还亲自为中国体育专家颁发荣誉证书和骑士勋章，以感谢他们的帮助。可见，大型团体操的访问交流活动在特定时期对改善中国与其他国家的外交关系作出了积极贡献。该时期全国民族运动会团体操展演和民族歌舞艺术会演，始终洋溢着团结、友谊、文明、祥和的气氛，充分展示了在社会主义祖国大家庭里，各民族平等、团结、进步、繁荣的崭新风貌和中华民族的巨大凝聚力，象征着中国各族人民对推进民族团结、实现国家统一的必胜信念和对建设富强、民主、文明、和谐的社会主义现代化国家新目标充满了希望。

3.台湾代表团

台湾问题事关中国国家利益，是涉及中华民族情感、国家主权、领土完整、民族团结的重大问题。亨利·基辛格曾明确指出，无论付出多大的代价，中国绝不会放弃她的固有领土。新中国成立初期，党和政府制定了一系列有利于国家统一的方针政策，其中"一定要解放台湾"被认为是中国实现国家统一、维护领土完整的重要组成部分，也是中国主张一个中国原则的重要一环。

1991年第四届全国民族运动会上，从宝岛台湾来的高山族同胞第一次参加全国民族运动会龙舟赛角逐，在民族体育赛事领域实现了海峡两岸的民族大团圆。当台湾代表队游行进入体育场时，场内的观众响起了热烈掌声。无论赛场内外，两岸运动员共同徜徉在民族情感统一的欢乐海洋里。在赛事期间还举办了"海峡两岸台湾同胞联欢会"。此外，台湾少数民族传统歌舞艺术团还带来了别具风情的民族歌舞。

1991年11月10日上午，全国人大常委会委员长万里会见了率队参加第四届全国民族运动会和应邀前来观摩的台湾知名人士张丰绪夫妇、华加志、蔡中涵夫妇、张晓春等。万里对来自台湾的各位同胞表示欢迎，他说：

> 这是一次民族体育的盛会，民族团结的盛会，你们来参加，我们很高兴。我们中华民族是一家人。我们这个大家庭里有50多个兄弟民族，各兄弟民族无论人口多少，都是平等的。"平等、团结、进步、繁荣"是本届民族运动会的宗旨，我看这8个字很好……"和平统一，一国两制"是我们的既定方针，这个方针是一贯的，明确的。全国各族人民也都希望早日实现国家的统一，实现民族的大团结，共同振兴中华。维护国家领土和主权的完整，是全国各族人民共同的历史责任。台湾极少数人进行分裂国家、分裂民族的活动，违背了包括台湾同胞在内的全国各族人民的根本利益，海峡两岸人民都绝不允许的……希望各族人民继续努力，促进两岸关系的进一步发展，促进祖国和平统一早日实现。[1]

第四届全国民族运动会上台湾代表团克服重重困难，通过全国民族运动会的舞台实现了两岸民族体育文化的互动交流，凸显了两岸文化的同根同源性以及两岸同胞一家亲的客观事实。同时，全国民族运动会作为大型媒介事件，将一个中国原则的国家认同顶层设计直接曝光在全球聚光灯下，彰显了我国捍卫领土主权完整的国家意志。通过大力宣传台湾代表团参加国家级体育赛事，态度鲜明地表达了国家政治立场，向全世界宣示了中国政府维护国家统一、主权完整的强烈决心，以及早日实现两岸和平统一的历史夙愿。

4.庆祝活动（篝火晚会/民族大联欢）

全国民族运动会期间举办的各类庆祝活动，进一步推动了各民族运动员之间的交往与互动。其中最具代表性的是篝火晚会与民族大联欢。例如，1982年第二届全国民族运动会期间在呼和浩特市大马路体育场举

---

[1] 资料来源于笔者收集的第四届全国少数民族体育运动会简报.

行了盛大篝火晚会（图2-17），各民族运动员、参观团代表、全国少数民族传统体育运动会的工作人员、参加开幕式和参演团体操的师生、中外记者共12000余人参加了联欢活动。此外，党和国家领导同志乌兰夫、万里、阿沛·阿旺晋美，国家体委主任李梦华，内蒙古自治区、呼和浩特市党政军领导同志及各省区市代表团的负责同志也参加了此次联欢活动①。

第三届全国民族运动会期间恰逢伊斯兰重要节日——古尔邦节。参加民族运动会的各族健儿在乌鲁木齐市南60公里的风景区——南山白杨沟举行了盛大的民族大联欢（图2-18）②。党和国家领导同志万里、江华、杨静仁、王恩茂，以及司马义·艾买提、李梦华、铁木尔·达瓦买提、宋汉良等与各民族体育健儿参加了联欢活动③。

参加第四届全国民族运动会的各族代表在南宁市郊的青秀山举行民族大联欢（图2-19）。来自全国30个省、自治区、直辖市的55个少数民族的运动员，包括汉族在内的教练员、裁判员、工作人员、观摩人员、全国民族体育工作先进集体和先进个人的代表以及中央和地方的新闻记者约5000余人，与壮乡人民一道载歌载舞，共叙民族友情，共庆民族团圆。党和国家领导同志李德生、杨静仁等参加了大联欢活动④。

该时期，赛事期间的大型庆祝活动作为全国民族运动会的重要文化活动，奏响了各族人民在运动场之外共庆节日、共叙情谊、共享欢乐、共赞祖国的民族欢歌，绘就了五十六个民族兄弟姐妹齐聚一地、和合共进、齐颂盛世的昌盛图景。

---

① 中国少数民族传统体育大全编委会.中国少数民族传统体育大全[M].沈阳:辽宁民族出版社,2017:1227.

② 佚名.南山联欢　民族情深[J].民族画报,1986(12):20-21.

③ 中国少数民族传统体育大全编委会.中国少数民族传统体育大全[M].沈阳:辽宁民族出版社,2017:1229.

④ 中国少数民族传统体育大全编委会.中国少数民族传统体育大全[M].沈阳:辽宁民族出版社,2017:1234.

图2-17　第二届全国民族运动会
篝火晚会①

图2-18　第三届全国民族运动会
南山民族大联欢

图2-19　第四届全国民族运动会青秀山民族大联欢②

5.商品交易会

　　1991年第四届全国民族运动会期间举办的商品交易会，促进了商品流通，繁荣了消费市场。此次商品交易会历时9天，国内外客商共计5000多人参加。在展览馆展厅有30万多人次参观和洽谈商务，商品交易会成交总额达31.8亿元。广西有2349家工商企业，拿出了2万多种，价值50亿元的产品参展。本地名特优产品备受欢迎，南宁市无线电三厂带来了80多台各种型号的电视机参展，第一天上午就成交了2500台彩色和黑白电视机，金额达330万多元。桐油、桂皮、木薯干片等大宗商品出口成交额达2000万美元；水泥156万吨；食糖40万吨；罐头1063万箱；汽车4800多辆；电扇24万台。对越贸易有了新的突破，成

---

　　① 张赫嵩摄。笔者于2019年9月调研期间收集。

　　② 第四届全国少数民族传统体育运动会组委会宣传部.民族体育之光:第四届全国少数民族传统体育运动会[Z].内部资料,1992:25-26.

交额达3400万美元。零售商品一条街购销活动也异常活跃，"北流铁锅"摊点，每天2000只铁锅也供不应求。全国民族运动会期间，零售商品一条街销售总额达380万多元，民族风味小吃一条街销售总额达300万多元。第四届全国民族运动会首创了"文体搭台，经济唱戏"的模式，实现了用文化促进经济发展，经济发展进一步带动文化繁荣，为各民族的团结进步、共同繁荣作出了应有贡献①。

第五节 赛事媒介传播

该时期媒介报道宣传的重任仍然由传统纸媒承担。例如，第二届、第三届全国民族运动会参与宣传、报道的媒介机构主要包括《中国民族》《光明日报》《新疆日报》等央媒，省、区、市地方以及主办城市当地的媒体机构（见表2-13）。

表2-13 第二届、第三届全国民族运动会纸质媒介选摘

纸媒	题名	发表、发行日期
中国民族	发展民族体育 增进民族团结	1982年8月29日
中国民族	全国少数民族传统体育运动会开幕之前	1982年8月29日
中国民族	少数民族传统体育具有极强的生命力	1982年8月29日
中国民族	为祖国和为民族争光的健儿	1982年8月29日
中国民族	衷心的祝福	1982年8月29日
中国民族	愿民族体育之花开得更艳丽	1982年10月28日
新疆日报	全国少数民族体育运动会开幕	1982年9月2日
西藏日报	全国少数民族体育运动会隆重开幕	1982年9月2日
光明日报	全国少数民族传统体育运动会胜利闭幕	1982年9月9日
南方日报	全国少数民族体育运动会胜利闭幕	1982年9月9日
光明日报	全国少数民族传统体育运动会剪影	1982年9月10日

① 第四届全国少数民族传统体育运动会组委会办公室.第四届全国少数民族传统体育运动会文件汇编[M].南宁：广西民族出版社,1992:192-193.

纸媒	题名	发表、发行日期
湖北日报	第三届少数民族运动会在乌鲁木齐开幕	1986年8月11日
解放军报	第三届全国少数民族运动会开幕	1986年8月11日
今晚报	第三届全国少数民族传统运动会上午开幕	1986年8月11日
文汇报	第三届少数民族传统体育运动会在乌市开幕	1986年8月11日
天津日报	全国少数民族运动会昨闭幕	1986年8月18日
文汇报	第三届全国少数民族传统体育运动会闭幕	1986年8月18日
工人日报	第三届全国少数民族运动会圆满结束	1986年8月19日

　　媒介的话语传达了党中央和政府对全国民族运动会的期望。全国民族运动会的口号多次被大众媒体引用，其中的经典口号有"发展民族体育""促进民族团结""建设伟大祖国"。纸质媒介报道的关键词统一都是对全国民族运动会的褒奖和鼓励，点缀其间的文字多是团结、友爱、大联欢、振奋、激发、热情、爱国、繁荣、伟大的成就、党的亲切关怀。

　　例如，1991年第四届全国民族运动会组委会高度重视媒介宣传，采取多形式、多渠道、多角度、多方位的措施，广泛宣传全国民族运动会的意义、宗旨及有关情况。为了做好第四届全国民族运动会的宣传工作，国务院《关于研究第四届全国少数民族传统体育运动会有关问题的会议纪要》（以下简称《纪要》）指出：新华社、《人民日报》、中央电视台等新闻单位要把此次运动会的宣传工作放到重要位置，报道水平要超过今年初已开过的全国冬运会。在宣传内容上，不但要报道运动成绩和运动会的盛况，还要下大力宣传党的民族政策、我国各民族的团结进步、各民族的优秀传统文化。通过宣传达到弘扬民族文化、振奋民族精神、加强民族团结的目的。并提出三点意见：（一）宣传报道围绕着本届大会的宗旨"平等、团结、进步、繁荣"。（二）新闻报道分为会前宣传和会间报道两个阶段。会前阶段主题：少数民族传统体育在发展社会主义体育事业中的地位和作用；会间阶段主题：体现改革开放以来，各民族在社会主义建设中的团结、进步、繁荣的新风貌。围绕着不同主题形成宣传报道的高潮。（三）突出承办地的宣传工作。

根据《纪要》精神，新华社、人民日报社、中央电视台等新闻单位的报道不仅专注于体育精神层面和体育事业成就上，同时还把报道重点放在宣传社会主义制度的优越性上。例如，《人民日报》上一篇题为《发展民族传统体育　促进民族团结进步——热烈祝贺第四届全国少数民族传统体育运动会开幕》的文章描述了本次运动会成功举行的重要意义：

　　我国各少数民族地区社会稳定，各族人民意气风发，各民族之间和谐融洽，这是我国社会主义民族大家庭温馨幸福的生动写照，是我国优越的社会主义制度和我们党光辉的民族政策的充分体现。①

《中国体育报》上一篇题为《民族体育大放异彩》的文章阐述了国家制度是民族兴旺发达的根基，党的政策是各民族的幸福之源。民族政策的宣传也是媒介报道的重点，《人民日报》（海外版）题为《当好东道主　热情迎宾朋》的文章中指出：

　　去年亚运圣火，使11亿中国人吐气扬眉；今年"民族之光"必将有利于激励4200万广西各族人民，也有利于激励全国民族大家庭的进一步团结、奋发与进取……世界上多民族的国家不少，只有我国如此隆重举办少数民族传统体育运动会。这充分体现出党和国家对少数民族的关心、爱护和尊重，体现出我国各民族的平等与和睦，意义不同寻常。②

---

① 佚名.发展民族传统体育　促进民族团结进步：热烈祝贺第四届全国少数民族传统体育运动会开幕[N].人民日报,1991-11-10(01).

② 第四届全国少数民族传统体育运动会组委会办公室.第四届全国少数民族传统体育运动会文件汇编[M].南宁：广西民族出版社,1992：205.

1991年台湾代表团首次参加全国民族运动会的报道展示了党和国家鲜明的政治诉求和维护领土完整的国家意志。《广西日报》的社论《让民族之光更放异彩——热烈祝贺第四届全国少数民族传统体育运动会胜利闭幕》一文中指出：

> 台湾少数民族龙舟队和台湾少数民族传统歌舞艺术团，第一次参加了全国民运会，更从广度和深度上体现了中华民族的大团结以及爱我中华的凝聚力。他们动情地唱出了"我们过去是一家人，现在也是一家人，团结起来相亲相爱……"的歌，抒发了民族团结的心声，表达了祖国统一的愿望。这也是全国各族人民的心声和愿望。"国家的统一，人民的团结，国内各民族的团结，这是我们的事业必定要胜利的基本保证。"①

该文阐明了台湾是中国不可分割的一部分，强烈表达了党和政府在台湾问题上坚定鲜明的政治立场。《人民日报》发表的长篇通讯《八桂展现新风采——透过承办全国第四届民运会看广西变化》中写道：

> 这个有4200万人口的自治区，800万农民刚刚解决温饱，300万人还未摆脱贫困，就是这片热土上的人民，为民运会集资1000多万元。这件事的意义，远不止于款额本身……第四届民运会，既是广西壮乡各族人民民族气概的显示，又是各兄弟民族汇成的中华民族精神的显示！②

上述报道突出了承办地干群的奉献精神，这种甘于奉献的精神财

---

① 第四届全国少数民族传统体育运动会组委会办公室.第四届全国少数民族传统体育运动会文件汇编[M].南宁:广西民族出版社,1992:178.
② 李仁臣,蒋耀强.八桂展现新风采:透过承办全国第四届民运会看广西变化[N].人民日报,1991-11-16(03).

富，必将转化为广西壮乡各族人民建设广西的不竭动力。虽然该时期纸质媒介更多地呈现了片段化的信息，但不可否认，通过它们向受众传递共享的价值观，一定程度上激发了受众生成以国家为中心的奉献精神和集体意识。由上可知，该时期作为大型体育赛事和媒介事件的全国民族运动会，通过官方媒介的渲染渐渐成为国家认同建构的代表性元素和有效建材之一，呈现出明确的具有意识形态话语体系的国家导向。

第六节　阶段特征：发展国家认同

1978年党的十一届三中全会后，中国社会发展的时代主题由"战争与革命"转变为"和平与发展"。体育领域开始寻求多元化的发展战略。该时期在中国与大型体育赛事（国际/国内）的互动演进过程中，国家认同渐渐呈现由内而外和从外向内的双向建构的特征。一方面，通过国际大型体育赛事（1984年奥运会、1990年亚运会等）积极培植国际社会的普遍认同；另一方面，通过举办国内大型赛事聚焦国内层面的国家建构。该时期成功举办三届全国民族运动会具有稳定社会秩序、推动发展国家认同的积极意义。具体如下：

第一，在特定的国际、国内背景下，该时期全国民族运动会具有建构政治认同、制度认同的积极意义。20世纪80—90年代，全球许多区域的民族主义浪潮导致的政体剧变给我国民族工作带来了一定的影响和冲击。在错综复杂的国际、国内形势下，成功举办全国民族运动会这样的大型民族体育赛事，对处于改革开放初期的国家建构具有重要意义。一方面，对外展示了社会稳定、各民族勠力同心、共同发展进步的和谐景象；另一方面，对内则凸显了坚定贯彻落实党的民族政策，增强各民族团结，发展各民族体育事业，共同建设社会主义物质文明和精神文明的目标指向。

第二，持续构建并完善各民族共享的赛事文化符号体系，建设多元民族文化交往交流交融的国家平台。该时期随着赛事文化符号体系的进一步完善，形成了较为完备的赛事文化符号体系（国徽、国旗、国歌、会徽、会旗、吉祥物、海报、宣传画、纪念封、体育奖券、纪录片、诗词、领导题词、学术研讨会、体育摄影展、体育美术展等）和赛事仪式流程（开幕式、闭幕式、入场仪式、领导致辞、国旗方阵、红旗方阵、运动员方阵、大型团体操、民族歌舞会演、篝火晚会、民族大联欢、民族地区体育先进表彰会、会旗交接、商品交易会等），参与人数屡创新高，赛事影响力、文化辐射力均有明显提升。

第三，具有维护社会稳定、巩固社会秩序、提升各民族国家认同一致性的积极意义。该时期通过全国民族运动会平台举办的各项活动等，向国际社会和国内民众昭示了党和国家贯彻民族平等、团结、共同繁荣政策方针的坚定决心，同时也展示了改革开放以来我国民族地区在经济、文化等方面所取得的成绩。纵向观之，改革开放以来全国民族运动会赛事能够将各族人民有序地团结在一起，在国家层面集中展示了我国民族地区社会、经济、文化各个层面的发展与成就。这种具体可感的民族平等、共同发展的国家叙事，与同期世界其他多民族国家的社会秩序状态横向比较来看（尤其是东欧剧变前后），进一步凸显了我国民族地区稳定有序、总体向好的发展态势，有益于提升民族共同体的国家认同情感。

综上，该时期在对内推进改革持续深入、对外防范全球化浪潮带来的极端民族主义潜在侵袭的双重背景下，成功举办三届全国民族运动会，向世界展示了我国少数民族在改革开放中的精神面貌，较为全面地呈现了我国政治稳定、社会有序、经济向好、民族团结的良性运行态势。通过全国民族运动会构建的符号互动场域、文化交流空间、国家仪式平台，使各民族群众团结有序地凝聚在一起，推动并激发了各族人民对中国特色社会主义制度、中华民族以及中华优秀传统文化的认同情感。

第三章 全国民族运动会的加速演进与变革
（1995—2011）

在全球时代，要弄清自己的身份认同并非一件易事。我们越是卷入全球化的结构中，我们就越是被迫知道自己的积极定位，这是一个连续不断的过程。

——安东尼·吉登斯①

第一节 时代背景与政策环境

1983年哈佛大学希尔多·列维提出了"全球化"概念，指出全球国家、地区之间，相互依赖和彼此关联的程度日益增强②。该时期随着全球化进程的逐步加快，国与国之间互动日益频繁，科技信息全球化、贸易往来自由化、人际互动普遍化等全球一体化属性重构了全球秩序。同时，全球化带来的"国际主义""世界主义"加速生成了诸多不利于国家认同建构的消极因素，导致诸多国家原本相对稳定的秩序与状态受到强烈冲击，国际国内双重层面上的国家认同危机日益凸显。因此，如何在全球化语境下持续建构稳固的国家民族身份以及建构更为稳定的国家

---

① 吉登斯,郭忠华,何莉君.全球时代的民族国家[J].中山大学学报(社会科学版),2008,48(1):5.

② LEVITT . The globalization of markets[J]. Harvard Business Review, 1983, 61:92-102.

认同心理对于现代民族国家来说显得尤为重要。

聚焦于体育领域，随着全球性体育组织的建立与完善，国家间体育竞赛的日益频繁以及多元体育文化国际化传播的日益增长，进一步揭示了体育领域全球化的持续升温。作为大型事件的体育赛事所体现出的人类社会共通的理想主义和普遍主义原则，将身处其中的个体-群体与国家更为强烈地融合在一起。步入全球化时代，体育和社会以及政治维度的相互关系不容忽视，并且体育作为阐释当代社会演化与国家认同建构最具代表性的领域之一，为个体-群体提供了政治信息交互和文化互动融合的大型平台。体育促生表征爱国主义的国家符号，其与大型体育赛事的竞技性、表演性、仪式性完美融合，这时的体育成为连接国家形象、国家意识和国家认同的实体桥梁纽带，能够有效推动"个体-国家"间的"你中有我、我中有你"的一体化建构。

20世纪90年代中期到2008年北京奥运会前后，我国积极参与国际体育赛事，申办国际体育赛事，全面实施奥运战略，着眼于通过大型体育赛事参与国际交流、促进国家互动、展示国家成就。一方面，该时期全国运动会作为奥运战略的排头兵，更多地为中国奥运军团备战服务；另一方面，基于"全球化持续深入背景下我国多元民族构成的基本国情，全国民族运动会继续发挥其对内的政治、文化以及社会整合价值。此外，该阶段全国民族运动会逐渐演变为兼具民族节日庆典、民族文化盛宴的重大民族体育赛事，对内聚焦各民族的健康、文化以及娱乐休闲等需求，其社会意义、文化意义、政治意义不亚于全国运动会，甚至在维持稳定、赓续传统、促进团结、均衡发展等方面的意义更具有基础性、战略性和前瞻性"（罗*铭，体育史专家，20210427）[1]。

---

① 资料来源：访谈材料。访谈对象：苏州大学罗*铭教授。访谈时间：2021年4月。访谈地点：暨南大学体育学院。

一、全球化进程推动民族体育的深化改革

从国内层面看，该时期我国少数民族群众跨区域流动持续增多，各民族社会交往日趋频繁，民族关系日益成为全社会范围内的普遍关系。随着现代通信技术迅速发展，个别事件、孤立事件很容易被别有用心的分裂势力和敌对势力利用，造成局部问题扩大化、简单问题复杂化、一般问题政治化、国内问题国际化；同时，民族地区经济社会发展总体滞后的状况没有根本改变，与国内发达地区的差距甚至有持续扩大的趋势，导致影响民族团结和社会稳定的因素趋于增多。

从国际层面观之，全球化时代带来诸多便利的同时，潜藏着消解多民族构成的国家建设和国家认同的力量。许多发展中国家的政治系统尚未成熟、健全，在全球化带来的"多元文化主义""世界主义"等全球性话语的影响与冲击下，出现民族认同与国家认同的疏离、国家认同的"纵向和水平的分散"①，国民的身份归属和公民意识淡化、发散甚至转向，导致人们对国家的政治认同发生消减，原本一致性的国家认同具有演化为"非稳定性"的可能。尽管全球化进程可能导致的认同危机对多民族构成的发展中国家的国家认同造成冲击；但是相较之下，多民族国家内部建构的主要次生结构，即国家内部的政治、民族、地域、宗教、经济、文化等决定国家建设的相关合法性因素，无疑才是最终决定国家认同发展走向的关键因素。

该时期在推进改革持续深入的背景下，我国体育体制也相应地进行了自我革新。1995年《中华人民共和国体育法》颁布，标志着中国体育事业进入依法行政、以法治体的发展新阶段。2000年国家体育总局印发的《2001—2010年体育改革与发展纲要》以及2002年中共中央、国务院下发的《关于进一步加强和改进新时期体育工作的意见》，明确提出要扶持中西部地区和民族地区发展体育事业，努力促进并实现共同发

①俞可平.全球化与国家主权[M].北京：社会科学文献出版社,2004:95-100.

展。该时期全国民族运动会的竞赛项目和表演项目快速发展，项目设置愈发规范，参与人数逐渐增长，赛事影响力与日俱增。成功举办全国民族运动会过程中积累的成果与经验被积极转化为推动社会尤其是民族地区加速发展的动力，赛事体系蕴藏的精神财富则有效转化为各民族创新发展、善治转轨、良治转型、深化改革的强大内驱力。

二、统筹兼顾民族体育的发展是构建和谐社会的内在要求

党的十六大以后，我国迈入了贯彻科学发展观，全面建设小康社会、构建社会主义和谐社会的新阶段。实现社会和谐、建设美好社会，是中国共产党不懈追求的远大目标。民族地区和少数民族聚居的边疆地区因历史原因、现实状况，存在着发展滞后的客观事实。该时期国家层面总体发展规划围绕着消除阻碍社会平等与公正的因素、弥合区域发展差异、促进各民族共同发展的主线全面铺展。例如：援藏援疆计划（1990年）①、沿边开放战略（1992年）、兴边富民行动（1999年）、西部大开发战略（2000年）、构建社会主义和谐社会（2004年）。

该时期四年一届的全国民族运动会作为我国民族工作的有机组成以及各民族体育事业发展的集中展示，始终紧紧围绕"各民族共同团结奋斗、共同繁荣发展"②的民族工作主题，坚持"平等、团结、互助、和

---

① 援藏援疆计划是国家层面的战略部署,国家通过宏观调控进行经济、文化、教育等要素的再分配和统筹,科学调动各方面资源有序支持西藏、新疆的发展,对于促进各民族共同发展具有重要意义。(1)有利于西藏、新疆跨越式发展;(2)有利于维护公平、稳定;(3)有利于民族团结和民族地域的长治久安;(4)有利于构建和谐社会;(5)有利于实现共同富裕。20世纪90年代之后援藏援疆计划进入了全面铺展的发展阶段。此处列举的兴边富民行动、西部大开发战略以及构建社会主义和谐社会作为国家层面的发展规划和战略部署,反映了国家治理层面的持续用功和不懈努力。

② 回良玉.坚持各民族共同团结奋斗 促进各民族共同繁荣发展:在全国民委主任会议代表座谈会上的讲话[J].中国民族,2004(2):5.

谐"①的社会主义民族关系，遵循"发展、增强、促进、振奋"②的核心办赛理念，通过民族体育赛事的平台展示民族团结、各民族文化交流互鉴、民族地区发展成就以及各民族共同营建和谐社会的成功实践，内在呼应了构建"民主法治、公平正义、诚信友爱、充满活力、安定有序、人与自然和谐相处"和谐社会的时代要求。

三、我国民族体育政策的调整与细化

1992年1月14—18日，党中央召开了第一次中央民族工作会议，在关键时刻从战略全局对民族工作进行了部署，开创了以"中央民族工作会议"的方式来确立改革开放不同阶段民族工作的指导原则与战略主张，启动了"沿边开放战略"，陆续批准设立14个"国家级边境经济合作区"，奠定了民族地区繁荣稳定的坚实基础，对我国民族工作的开展起到了重大的推动作用。

1995年6月20日国务院颁布的《全民健身计划纲要》指出："积极发展少数民族体育。"同年8月29日第八届全国人民代表大会常务委员会第十五次会议通过的《中华人民共和国体育法》填补了国家体育领域立法的空白，标志着中国体育工作开始进入依法行政、以法治体的新阶段。其中第六条明确规定："国家扶持少数民族地区发展体育事业，培养少数民族体育人才。"连续性的国家决策和法规，从政治认同层面阐明了尊重少数民族传统体育文化的重要性，从法理层面奠定了各少数民族公民热爱国家、遵纪守法、保卫祖国的大众文化政治化基础。

2000年12月15日国家体育总局下发了关于印发《2001—2010年体育改革与发展纲要》的通知，其中第6条发展体育事业的基本战略中提

---

① 平等 团结 互助 和谐：《少数民族事业"十一五"规划》解读[J].今日新疆,2007(6):46-47.

② 丁玲辉,李杰.浅谈西藏民族体育与两个文明建设[J].西藏研究,1997(4)：103-107.

出："抓住西部大开发的有利时机，积极扶持中西部地区和民族地区发展体育。"在持续重视传统文化的国家战略框架下，释放了大力发展民族地区体育事业和民族体育文化的积极政策信号，铺筑了体育领域增强中华民族文化认同的政策基石。2001年国家民委、国家体育总局印发了《全国少数民族传统体育运动会竞赛项目立项暂行规定》。2002年7月22日中共中央、国务院发布《关于进一步加强和改进新时期体育工作的意见》，指出："平衡区域体育发展格局……努力促进区域体育的共同发展。"

2004年国家民委、国家体育总局对2001年印发的《全国少数民族传统体育运动会竞赛项目立项暂行规定》进行修订，发布了《关于印发〈全国少数民族传统体育运动会竞赛项目立项暂行规定〉的通知》。2005年1月17日，《国家民委 国家体育总局关于印发〈中华人民共和国少数民族传统体育运动会申办办法〉（试行）的通知》明确了申请承办全国民族运动会的具体流程，申办单位应具有的基本条件，以及承办单位的权利、责任和义务；明确了全国民族运动会竞赛项目的立项申报材料、审定程序和申办全国民族运动会的具体要求，进一步奠定了全国民族运动会规范化、科学化发展的善治基础。2005年5月11日，国务院第89次常务会议通过了《国务院实施〈中华人民共和国民族区域自治法〉若干规定》，其中第二十四条规定，国家"定期举办少数民族传统体育运动会"。

2006年1月16日，国家民委、国家体育总局印发的《关于加强少数民族传统体育工作的意见》中指出："鼓励和支持各类学校……培养民族体育人才。"2010年3月19日，国务院办公厅下发的《关于加快发展体育产业的指导意见》中指出："加强对民族民间传统体育项目的市场开发、推广。"2010年12月23日，《国家民委 国家体育总局关于印发〈全国少数民族传统体育运动会运动员注册与交流管理办法（试行）〉的通知》明确了全国民族运动会运动员交流与管理措施，奠定了全国民族运动会运动员流动交流的政策基础，进一步规范了全国民族运动会的办赛程序。

表3-1中列举了1995—2010年有关民族体育政策的意见、条例、法规。

表3-1　1995—2010年有关民族体育政策的意见、条例、法规

时间	颁发、通过部门	意见、条例、法规
1995年	国务院	《全民健身计划纲要》
1995年	全国人大常委会	《中华人民共和国体育法》
2000年	体育总局	《2001—2010年体育改革与发展纲要》
2001年	国家民委、体育总局	《全国少数民族传统体育运动会竞赛项目立项暂行规定》
2002年	中共中央、国务院	《关于进一步加强和改进新时期体育工作的意见》
2005年	国家民委、体育总局	《中华人民共和国少数民族传统体育运动会申办办法》
2005年	全国人民代表大会	《国务院实施〈中华人民共和国民族区域自治法〉若干规定》
2006年	国家民委、体育总局	《关于加强少数民族传统体育工作的意见》
2010年	国务院办公厅	《关于加快发展体育产业的指导意见》
2010年	国家民委、体育总局	《全国少数民族传统体育运动会运动员注册与交流管理办法(试行)》

综上，基于我国民族区域治理复杂性和民族文化多元性的客观事实，从国家层面到部委层面制定了系列政策工具，从普遍性指导到针对性实施细则，形成了尊重、保护民族体育文化及促进民族体育文化发展的政策体系。在充分尊重的基础上，采取有力措施，切实保护各民族文化发展，使各族人民真切感受到国家、政府对其民族文化的重视与尊重；各族人民积极回应国家治理的诸多努力，赞同、支持国家的民族治理政策，不断增强对国家的向心力。下文沿着研究的主题，聚焦全国民族运动会（1995—2011）作为各民族共享的"文化盛宴"、共同的"仪式庆典"、共有的"历史记忆"这一国家治理层面意义上的"传统发明"展开讨论，阐释该时期全国民族运动会巩固国家认同，积极参与国家建设的价值内涵。

第二节　赛事文化符号

一、会徽、吉祥物、会歌（主题曲）

（一）会徽、吉祥物

该时期会徽业已成为全国民族运动会的代表性文化符号之一。1991年后的全国民族运动会会徽符号的象征意义包含更多的民族体育元素以及举办省市当地的传统文化元素，更加注重文化符号在地化的表达意义。设计精妙的会徽、吉祥物不仅包含了举办省市的地方特征元素，同时充分展现了举办城市的历史积淀、文化观念、意识形态和社会背景等，突出了本土化、在地化转变的演变特征[①]。表3-2中列出了第五届至第九届全国民族运动会会徽、吉祥物、会歌、主题曲。

表3-2　第五届至第九届全国民族运动会会徽、吉祥物、会歌、主题曲[②]

届次	会徽	吉祥物	会歌/主题曲
第五届（1995）			《大团结的太阳》
第六届（1999）			《爱我中华》/《吉祥颂》

---

① 张建会.全运会制度变迁中的秩序、认同与利益[M].北京:北京体育大学出版社，2011:110.

② 中国少数民族传统体育大全编委会.中国少数民族传统体育大全[M].沈阳:辽宁民族出版社,2017:前言3-4.

届次	会徽	吉祥物	会歌/主题曲
第七届 （2003）	 2003·宁夏		《爱我中华》
第八届 （2007）	 2007·广州 GUANG ZHOU		《矫健大中华》
第九届 （2011）			《爱我中华》/ 《手牵着心连着》

1995年第五届全国民族运动会会徽由数字"5"和"民"字的汉语拼音首字母"M"的变体组合而成。富有动感的"5"构成运动员冲刺的形象，体现奋发向上、顽强拼搏的体育精神。吉祥物小象"明明"体态丰腴、聪明可爱，其身上具有中华民族民间特色的肚兜上标明"1995""昆明"的字样[①]。大象作为云南各民族共同的集体记忆，与云南民众的日常生活息息相关，具有典型地域文化符号的象征意义。例如，司马迁在《史记·大宛列传》中曾记载"有乘象国，名曰滇越"；另有《滇海虞衡志》记载"象出云南诸土司"。

1999年第六届全国民族运动会会徽整体为圆形，寓意本届全国民族运动会圆满成功。图案内部分为上下两部分：上部分为三只凤凰构成的火炬，象征着民族团结、共同进步和繁荣，凤凰造型为阿拉伯数字"6"，点明了"第六届全国民族运动会"；下部分图案由天坛和布达拉宫主建筑组成，分别代表本届全国民族运动会举办城市，布达拉宫城墙形为"M"，是民族运动会的汉语拼音字头。上下两部分共同构成本届大会的民族体育圣火图案。整个图形的外围由本届运动会的全称和"北

---

① 注：材料来源笔者2020年9月调研期间所收集的中华人民共和国第五届少数民族传统体育运动会总秩序册。

京""1999""拉萨"字样构成圆形，象征本届运动会的圆满成功。主赛区北京吉祥物名为"燕燕"①，其原型取自"北京雨燕"，是一只拟人化的北京雨燕，她笑容可掬地手捧六朵鲜花象征"第六届全国民族运动会"。拉萨分会场的吉祥物为雪域高原之宝——牦牛。卡通式拟人化的牦牛身着藏装，手捧哈达，跳起锅庄，表现了藏族典型文化认同元素和西藏人民热情、好客、健康、幽默的性格。吉祥物名为"扎西"，意为"吉祥"，表达了对56个民族的兄弟姐妹们欢聚拉萨，共襄世纪之交中华民族团结、友谊盛会的喜悦、欢迎、祝福之情②。

2003年第七届全国民族运动会会徽、吉祥物是在全国20多个省份近500多件设计图案中评选出来的。会徽是由一个绿色的圆和一个变形的字母"n"及一个数字"7"组成，其中"n"是"宁"字汉语拼音的首字母，红色的"7"象征第七届。整体造型是一个抽象的、奋力向前奔跑的运动员。吉祥物是名为"慧慧"的可爱小羊，羊在中国传统文化中是吉祥的象征，《说文解字》谓"羊"通"祥"。此外，羊又和宁夏回汉各族人民的经济生活和日常生活密切相关，"慧慧"不仅是吉祥的象征，而且寓意着智慧和创新，其造型活泼可爱、动感极强，具有鲜明的地方特征和民族特色③。

2007年，为体现第八届全国民族运动会是"中华各民族的运动会"之理念，会徽设计构思以"5"和"6"巧妙组合成数字"8"，充分完整地体现了第八届全国民族运动会是中华56个民族的大盛会。龙是中华

---

① 注：据笔者查证，北京雨燕在20世纪末受人类活动影响种群数量急剧减少，同时它也是2008年北京奥运会吉祥物"妮妮"的原型。将北京雨燕作为文化符号来宣介，是希望能够引起人们对其的相关保护。这样的精心设计体现了赛事组委会的良苦用心，同时这也与该时期"人与自然和谐相处"的主题相呼应。而"人与自然和谐相处"则是"和谐社会"构建的重要内涵。

② 中华人民共和国第六届少数民族传统体育运动会组织委员会.中华人民共和国第六届少数民族传统体育运动会总结报告[Z].内部资料,1999:16-17.

③ 参见中华人民共和国第七届少数民族传统体育运动会总秩序册.注：会徽设计者为民族画报社助理编辑刘晖,吉祥物设计者不详.

民族"尊贵、权威、力量"的象征，会徽中龙图腾的影像与飞舞的民族红绸缎造型刚柔相济，象征中华民族体育健儿奋力拼搏、为国争光的体育精神，体现了各民族欢庆、喜悦的精神风貌。整个会徽以"广"字结构造型，预示了第八届大会将在广州举办，形似翩翩起舞的民族舞蹈剪影，又似体育竞技运动形态，又或似飞天少女，充满了青春活力。颜色以中华民族尊崇的红色为主色，红、黄、蓝、绿等渐变色彩的点缀应用，生动体现了我国民族多元的特征。吉祥物"悦悦"，以拟人、夸张、变形的艺术手法，把体现岭南特色的"华南虎"①化身成一个矫健、活泼、可爱的少数民族运动员的形象。作品糅合了现代表现手法和传统的、民族的表现元素，色彩鲜明，视觉信息传递直接、明确。取名"悦悦"，既有吉祥喜庆的意思，又谐音寓意举办地"南粤"。

2011年第九届全国民族运动会会徽以牛角为基本元素，象征着集结、团结和胜利；热情而真挚的牛角酒，则代表好客的贵州人民对远方客人的热烈欢迎。会徽主体由五个牛角组成，五个牛角相互融合，寓意平等、和谐；图案上不同的色彩，代表来自五湖四海的不同民族各自的特色；同时又形成相互追逐的运动之感，代表体育运动拼搏与角逐的竞技精神。五个不同颜色的牛角紧密融合，形成盘龙的图腾纹样，象征着56个民族是一家，寓意和谐中华；五个牛角形成了"贵"字的汉语拼音首写字母"G"和数字"9"，表示第九届全国民族运动会在贵州举办。吉祥物"圆圆"，以贵州独有的"贵州龙"化石为造型基础，由贵州少

---

① 据笔者查证，华南虎是中国特有的虎亚种，仅在中国分布，生活在中国中南部，亦称"中国虎"。新中国成立初期野生华南虎的数量还有4000多头，之后由于各种原因华南虎的数量急剧下降。1979年农业部将华南虎列为一级保护动物；1989年施行的《中华人民共和国野生动物保护法》将华南虎列为国家一级保护动物名单；1996年联合国国际自然与自然资源保护联盟的《濒危野生动植物国际公约》将华南虎列入第一号濒危物种，位列极度濒危的十大物种之首；2004年为宣传保护华南虎，国家邮政局发行了"华南虎"特种邮票一套两枚。2007年，第八届全国民族运动会组委会在众多参赛作品中选中华南虎作为吉祥物，突出了地域特征的同时，也通过赛事文化符号的宣介，增强了人们对华南虎等野生动物和自然环境的保护意识。

数民族服饰的"旋洛纹"图饰结合时尚化、拟人化的卡通形象设计而成，糅合了现代手法和传统的表现元素。"圆圆"的命名，寓意各族人民的大团结、大联欢、大发展。绿色的运用意在强调贵州青山绿水的自然环境①。

全国民族运动会作为文化符号的生产与聚合的集合体，是约定俗成的习惯和类比联想的思维方式共同表达的复杂文化事象②。该时期会徽和吉祥物基于共同记忆、共同认知心理的符号表达，通过色彩（红、黄两色的共同心理）、形状（圆的崇拜）、图样（图腾崇拜以及吉祥物的文化意义）、语词（吉祥物的名字）的巧妙组合，强调各民族的共性文化要素，通过符号运用、色彩搭配、图样选择、吉祥物遴选与命名等方式凸显各民族共有记忆和文化共性，诉说着"你中有我、我中有你"③的历史记忆、审美情趣、认知心理和价值理念。

（二）会歌（主题曲）

体育歌曲如同体育运动一样，参与社会、文化建构，通过广泛传唱达到影响社会大众的作用，从而参与塑造群体价值观，同时在特定时期具有一定的历史文化意义④。例如，最早由徐沛东谱曲的1991年第四届全国民族运动会会歌《爱我中华》最具有代表性。该歌曲采用广西、云南等地少数民族的音调，节奏欢快不失大气，有张有弛，一气呵成，表达了强烈的民族自豪感。此后，该歌曲在我国传唱度越来越高，在2001年第六届"康佳杯"中国音乐电视大赛上荣获最受观众喜爱的音乐电视

① 中华人民共和国第九届少数民族传统体育运动会组委会办公室.中华人民共和国第九届少数民族传统体育运动会文件资料汇编[Z].内部资料,2012:前言1-3.

② 王兰.铸牢中华民族共同体意识:基于全国民族运动会会徽和吉祥物的研究[J].黑龙江民族丛刊,2020(6):6-14.

③ 王泽应.命运共同体的伦理精义和价值特质论[J].北京大学学报(哲学社会科学版),2016,53(5):5.

④ 戚玉楼,左新荣,陈希.音乐的意义建构:以近现代体育歌曲为分析案例[J].体育与科学,2016,37(3):100.

歌曲奖，多次被搬上中央电视台的春晚舞台①，还被编入初中生音乐教材，并名列31首被"嫦娥一号"搭载的歌曲之中②。2011年入选了中宣部推荐的100首爱国歌曲，该歌曲歌词寓意深刻，充满了爱国主义情怀，深受全球华人所喜爱。

第五届全国民族运动会由大会筹委会进行大会歌曲征集，在1000多首歌曲中选出会歌《大团结的太阳》和10首民族运动会歌曲《中华是母亲》《在一起，不分离》《在一起，我们在一起》《欢迎您，小象》《春城迎宾曲》《我是祖国花一朵》《一条常青藤，五十六朵花》《五十六个民族一个圆》《把爱心献给锦绣中华》《团结的民族幸福的歌》③。第六届、第七届全国民族运动会延续了第四届会歌《爱我中华》，第六届大会创作了拉萨分赛场主题歌《吉祥颂》和民族大联欢主题歌《欢聚拉萨》。第八届大会从121首应征作品中遴选出会歌《矫健大中华》。第九届大会确定《爱我中华》为全国民族运动会永久会歌。第九届大会主题曲《手牵着心连着》，融入了世界非物质文化遗产侗族大歌的音乐素材，进一步突出了全国民族运动会的宗旨和主题，再现了各族人民在贵州高原上载歌载舞的热闹场面。

该时期全国民族运动会会歌和主题曲作为赛事标志性之一的文化符号，围绕着赛事宗旨和主题，凸显中华各民族独特的文化底蕴和人文精神，具有民族团结特征和高水平的艺术表现力与感染力，创作内涵健康向上，传递出新颖的艺术形式和青春活跃的氛围，有力地表征着民族团结意识和爱国主义精神的深层价值。

---

① 文丽丽.宋祖英音乐作品的审美分析[D].长沙:湖南师范大学,2007.

② 牛志男.全国民运会:从阿迪力一家到《爱我中华》[J].中国民族,2009(Z1):80-81.

③ 大型活动部.中华人民共和国第五届少数民族传统体育运动会大型活动文集[Z].内部资料,1997:158.

二、办会宗旨

从1991年的第四届全国民族运动会开始，历届大会都有了明确的办会宗旨。总体来说，全国民族运动会的办会宗旨受国家政治、社会、经济发展影响，与特定时期的国家战略息息相关，与促进民族团结、加快社会建设的国家利益有机统一。虽然不同时期的办会宗旨和侧重点略有不同，但其核心主旨要义始终围绕着民族"平等""团结""发展""共同"（共同团结奋斗、共同繁荣发展）等关键词展开（见表3-3）[①]。

表3-3　第五届至第九届全国民族运动会办会宗旨

届次	办会宗旨
第五届	发展民族体育,增强民族体质,加强民族团结,振奋民族精神,为社会主义物质文明和精神文明建设服务
第六届	发展民族体育,增强民族体质,加强民族团结,振奋民族精神
第七届	弘扬民族传统体育文化,促进民族团结进步繁荣
第八届	团结、强健、奔小康
第九届	平等、团结、拼搏、奋进

三、标语、口号

大型体育赛事宣传口号、横幅标语作为一种视听语言符号，同样蕴含着丰富的文化意义、人文精神以及价值内涵[②]。从第六届大会开始，历届全国民族运动会以言简意赅、高度凝练的语词，以标语、口号的形式将赛事主旨向公众传递开来，潜移默化地促进公众对民族体育文化的认知与理解，成为赛事场域内宣传国家意志、动员国家意识的重要语言符号（见表3-4）。虽然这些标语、口号在不同时期的表述不尽相同，但

① 彭国强,舒盛芳.我国10届民运会演进的特征、经验及走向[J].武汉体育学院学报,2015,49(12):6.

② 孙继龙,石岩.赛场看台体育标语研究[J].中国体育科技,2010,46(6):90-97.

是自始至终都呈现出民族团结、社会和谐、国家昌盛的美好寓意。

表3-4　第六届至第九届全国民族运动会标语、口号

届次	标语、口号
第六届	迎接第六届全国少数民族传统体育运动会隆重召开； 发展民族体育，增强民族体质，加强民族团结，振奋民族精神； 平等、团结、进步、繁荣； 欢迎你——各民族的兄弟姐妹； 积极参与，多做贡献，为第六届全国民族运动会增光添彩； 深入推行全民健身计划，大力增强各族人民体质； 努力当好东道主，办好民族运动会； 以优美环境、优良秩序、优质服务迎接民族运动会； 争取运动成绩和精神文明双丰收； 全国各族人民的团结和友谊万岁； 高举民族大团结旗帜，共同迈向21世纪①
第七届	迎接第七届全国民族运动会在宁夏隆重举行； 平等、团结、进步、繁荣； 欢迎你——各民族的兄弟姐妹； 积极参与、多做贡献，为第七届全国民族运动会增光添彩； 当好东道主，办好民族运动会； 以优美环境，优良秩序，优质服务迎接全国民族运动会； 举全区之力，把第七届全国民族运动会办成民族大团结的盛会； 各族人民大团结万岁； 弘扬中华民族文明，展示各民族儿女风采； 弘扬民族传统体育文化，促进民族团结进步繁荣； 高举民族大团结旗帜，共创21世纪辉煌； 办世纪体育盛会，谱民族团结新篇②

① 中华人民共和国第六届少数民族传统体育运动会组织委员会.中华人民共和国第六届少数民族传统体育运动会总结报告[Z].内部资料,1999:65.

② 中华人民共和国第七届少数民族传统体育运动会组织委员会.中华人民共和国第七届少数民族传统体育运动会总结文集[Z].内部资料,2003:122.

续　表

届次	标语、口号
第八届	迎接第八届全国民族运动会2007年在广州举行； 团结、强健、奔小康——迎接第八届全国民族运动会； 各民族共同团结奋斗，共同繁荣发展； 发展民族传统体育运动，增强各族人民体质； 共享改革发展成果，共建民族和谐家园； 活力云山珠水，激情民族盛会； 体育的盛会，民族的节日； 处处展现花城美，处处充满民族情； 欢迎您——各民族的兄弟姐妹； 当好东道主，办好全国民族运动会； 拥抱2007，拥抱民族健儿； 展花城文明风貌，迎民族兄弟姐妹； 弘扬中华民族文明，展示民族儿女风采； 弘扬民族传统体育文化，促进民族团结进步繁荣； 高举民族大团结旗帜，共创21世纪新辉煌； 叙民族情谊，谱和谐新篇； 以"优美环境、优良设施、优质服务"迎接第八届全国民族运动会； 办好2007全国民族运动会，支持2008奥运会，迎接2010亚运会； 扎实工作，开拓进取，把我国民族团结进步事业全面推向前进； 为实现全面建设小康社会的宏伟目标，实现各民族共同繁荣发展而努力奋斗①

---

① 第八届全国少数民族传统体育运动会组委会办公室.第八届全国少数民族传统体育运动会的文件资料汇编[Z].内部资料,2008:320-321.

续　表

届次	标语、口号
第九届	各民族共同团结奋斗，共同繁荣发展； 多彩贵州，和谐中华； 多彩贵州迎盛会，爽爽贵阳聚宾客； 增强体质，一生健康； 办好第九届全国民族运动会，树立贵州新形象； 我参与，我奉献，我快乐； 共享民族体育健康快乐，共系民族文化永续传承； 弘扬民族传统体育文化，展示民族健儿竞技风采； 高举民族大团结旗帜，共建和谐大家庭乐园 迎接第九届全国民族运动会2011年在贵州举行； 发展民族体育运动，增强各族人民体质； 共享改革发展成果，共建民族和谐家园； 办好第九届全国民族运动会，人人当好东道主； 展林城文明风貌，迎民族兄弟姐妹； 叙民族情谊，谱和谐新篇[①]

四、邮票邮品

邮票是人类历史的见证、人类文明的象征，也是人类社会发展的缩影。纪念邮票作为宣传手段，是为了纪念重大事件和重要人物专门发行的具有纪念意义的纪念品。2003年第七届全国民族运动会期间，国家邮政局发行"少数民族传统体育运动"特种邮票一套四枚，小全张一枚（图3-1）。这是国家邮政局发行的第一套少数民族传统体育题材邮票，形象地反映了少数民族传统体育文化，充分展示了少数民族健儿强健的体魄、奋发向上的精神。

[①] 贵阳市协办第九届全国少数民族传统体育运动会工作指挥部.贵阳市协办中华人民共和国第九届少数民族传统体育运动会其他资料（备忘）汇编：第1册[Z].内部资料，2012：141.

图3-1　第七届全国民族运动会特种邮票小全张①

第九届全国民族运动会期间，中国邮政集团发行"少数民族传统体育（二）"特种邮票，一套四枚（见图3-2），分别为板鞋竞速（壮族）、独竹漂（苗族）、陀螺（彝族）、高脚竞速（土家族），总体风格着重突出少数民族服饰的特点和运动项目的趣味性、技巧性。在每枚邮票主图背后，以淡彩效果增加了与该项运动相关的少数民族的地域性元素，如项目所属民族特色的房屋、植被和山水等。大会期间举办了第九届全国民族运动会集邮精品展览。贵州省邮政公司为配合第九届全国民族运动会，精心策划、开发了五大系列共36款精美邮品。

图3-2　第九届全国民族运动会邮票②

邮票作为一种文化形式和纸媒时代的大众传媒，既是历史的记载，又是现实的纪念，在文化传播方面发挥着应有作用。其所具备的公共性、纪念性、流通性等特质，使其具有保存传递集体记忆，参与文化认同建构的积极意义。

综上，该时期全国民族运动会平台通过一系列文化符号以及赛事相

---

① 图3-1是笔者于2019年9月调研期间所收集。邮票中所绘图案从左至右分别为：蒙古族摔跤、藏族响箭、维吾尔族赛马、朝鲜族秋千。

② 图3-2是笔者于2020年11月调研期间所收集。邮票中所绘图案从左至右分别为：壮族板鞋竞速、苗族独竹漂、彝族陀螺、土家族高脚竞速。

关的衍生文化活动的符号展演和象征意义的传达，展现了各民族文化的差异性，扩展了民族体育的文化融合路径，拓宽了各民族多元体育文化的交流渠道，开拓了多元民族体育文化之表达方式的多样性和可能性。

第三节　赛事仪式流程

一、组委会

公民的国家认同"在于公民积极地运用民主参与权利和交往权利的实践"[①]。而公民身份变迁实为观念认知、制度体验和政治认同实践三者互动的动态过程[②]。全国民族运动会的赛事治理体系作为我国民族工作微观层面的具体实践，其赛事组织架构和制度保障直观反映了各族人民在赛事进程中个体（公民）与集体（国家）之间的体验与认知。为了更好地统筹协调承办地的各方面资源，充分发挥集中力量办会的优势，这一阶段的全国民族运动会在筹备与举办期间，赛事组织与管理更加细化、规范化与科学化。例如，1995年第五届全国民族运动会成立了昆明市指挥部，同时该届大会组委会还成立了精神文明建设指导部，充分发挥全国民族运动会的大型国家赛事平台功能，服务于社会主义精神文明建设。1998年，国家体育总局、国家民委审定通过了《第六届全国少数民族传统体育运动会竞赛表演项目规则》，次年（1999）第六届大会成立了表演项目委员会，从赛事规则层面进一步规范并完善了表演与竞赛项目齐头并进、并行不悖的办赛特色。

[①] 斯廷博根.公民身份的条件[M].郭台辉,译.长春:吉林出版集团有限责任公司,2007:30.

[②] 郭忠华.变动社会中的公民身份:概念内涵与变迁机制的解析[J].武汉大学学报（哲学社会科学版）,2012,65（1）:59-65.

从第八届赛事开始，成立志愿者工作部。高素质的志愿者队伍和高水平的志愿服务是全国民族运动会成功举办的重要基础和坚实保障。志愿者们承担了信息咨询、便民服务、形象窗口、实践基地、爱心集散平台等志愿工作内容，不仅保障了大会的顺利运行，而且青年志愿者们在志愿服务期间，也加深了对不同民族的文化特征、生活习俗的了解和认知。结束志愿服务后志愿者们则成为传播、弘扬少数民族优秀体育文化的一颗颗种子，有利于成为推动民族文化交融的践行者①。

2011年，第九届全国民族运动会成立了纪律检查委员会，这是全国民族运动会有史以来首次设立赛风赛纪组织领导机构，是赛事领域国家深化改革的直观体现。纪律检查委员会主要工作包括研究制定全国民族运动会进程中有关赛风赛纪的规定和纪律管理办法；对领队、教练员、运动员、裁判员和其他工作人员进行赛风赛纪宣传教育；对参加全国民族运动会的各类人员遵纪守法和执纪情况进行监督检查，并对违纪违规行为进行调查处理；具体负责指导全国民族运动会体育道德风尚奖的评选工作。2011年8月9日，国家民委办公厅、国家体育总局办公厅颁布《关于进一步做好第九届全国少数民族传统体育运动会有关工作的通知》（民办发201178号），为进一步严格规范办会纪律，在第三条中明确要求：

> 所有与会人员都要自觉遵守党和国家的法纪规章，树立文明意识，展示文明形象，严肃竞赛纪律，端正赛场风气，净化竞赛环境，维护竞赛秩序。对于打架斗殴、故意伤人、无故弃权、闹事罢赛、弄虚作假、拒绝领奖、行贿受贿、营私舞弊、暗箱操作、执裁不公、不服裁判、干扰比赛等违法违纪行为，绝不姑息迁就，坚决严肃处理，并取消相关单位和个人体育道德风尚奖的评选资格。情节严重的，将通报批评相关单位、个人及相关责任人；造成恶劣影响的，

---

① 中华人民共和国第十届少数民族传统体育运动会组委会办公室.中华人民共和国第十届少数民族传统体育运动会志[Z].内部资料,2015:212-220.

书面通报相关单位和个人所属的人民政府或上级主管单位。①

该时期在推进改革持续深入的背景下，为确保节俭、廉洁、有序、高效的办赛要求，全国民族运动会从善治良治导向出发制定系列赛事政策治理工具，针对性地设立专业的赛事领导机构和下属机构，全方位保障全国民族运动会成为推进民族团结进步、展示少数民族风采、弘扬民族精神和时代风貌的盛会。通过对该时期全国民族运动会治理体系具体操作过程的微观考察，具体指向赛事场域内个体（公民）对国家政治权力系统及国家制度安排微观层面的体验与认同，有利于赛事场域内个体（公民）对集体（国家）产生政治认同。赛事场域内个体-群体积极、正向的赛事体验能够有效转化为政治、制度认同的心理基础。

二、圣火采集与传递仪式

从1995年第五届全国民族运动会开始，增设火炬传递仪式②，并且逐步发展成为全国民族运动会最具代表性的赛事仪式之一，与开幕式、闭幕式、民族大联欢合称为全国民族运动会的四大赛事仪式活动。其中，大会圣火仪式包括采集仪式、传递仪式和点火仪式。表3-5中列出了第五届至第九届全国民族运动会圣火采集、传递仪式简况。

---

① 中华人民共和国第九届少数民族传统体育运动会组委会办公室.中华人民共和国第九届少数民族传统体育运动会文件资料汇编[Z].内部资料,2012:40-41.

② 笔者在调研史料过程中，发现绝大多数著作、文献记载关于全国民族运动会火炬点火、传递仪式开始于1999年第六届,但据云南民族出版社出版的《盛世盛会——中华人民共和国第五届少数民族传统体育运动会》第23页三张图片记载,第五届全国民族运动会就已经开始了全国民族运动会圣火采集、传递仪式。笔者认为由于当时圣火仪式规模较小,影响力较弱,未被学界关注,而第六届全国民族运动会圣火采集仪式盛大,从珠峰采集民族体育圣火,在故宫天坛圜丘拉开传递仪式的帷幕。相较之下,第五届全国民族运动会的圣火仪式受到的关注无法与第六届全国民族运动会的圣火仪式相提并论。

表3-5　第五届至第九届全国民族运动会圣火采集、传递仪式简况[①]

届次	采集仪式日期	采集地	传递仪式日期	传递仪式路线
第五届	—	南宁市	—	南宁市
第六届	1999年5月27日	珠穆朗玛峰峰顶	—	—
第七届	2003年8月7日	六盘山红军长征纪念亭	2003年8月7日	—
第八届	2007年9月24日	珠江源头	10月9日—11月9日	五个自治区、广州市
第九届	2009年8月24日	遵义会议会址	8月24日—9月10日	贵州省内传递

　　苏珊·布劳内尔认为，我国大型体育赛事的火炬传递从儒家思想的角度来看，寓意着青年一代从革命先辈手中接过象征着将革命进行到底的革命火种[②]。该时期的圣火采集、传递仪式有力彰显了通过体育盛会促进民族团结、祝福祖国的美好愿景。例如，1999年第六届大会中《西藏日报》关于大会圣火的描述："这采自地球之巅、离太阳最近的珠峰顶的最神圣、最纯洁的圣火火种，象征着中国人民在建设有中国特色社会主义的伟大事业中永（勇）往直前，无高不可攀，显示了祖国大家庭具有强大的凝聚力；无坚不可摧，展现了56个民族携手跨入21世纪奔向光辉未来的蓬勃发展的精神风貌。"[③]

　　此外，第六届大会上，五彩的巨型条幅"燃中华民族文明之火，凝中华民族团结之神；筑中华民族昌盛之路，聚中华民族奋进之力"高悬于布达拉宫广场上，表达了对统一的中国和中华民族的祝福，寓意民族团结进步、振兴祖国、早日实现国家繁荣昌盛。火炬终交仪式在北京天坛圜丘举行。中共中央政治局常委、国务院副总理李岚清从中华民族世纪宝鼎里点燃了"中华民族圣火"火炬。国务委员司马义·艾买提在随后的讲话中说道：各族运动健儿将在熊熊圣火的激励下在运动场上角

　　① 表格中"—"表示课题组在现有文献中，未发现相关明确的描述。

　　② BROWNELL S. Training the body for china: sports in the moral order of the people's republic [M].Chicago:University of Chicago Press, 1995:112.

　　③ 田延辉.雪域欢腾迎圣火[J].第六届全国少数民族传统体育运动会拉萨分赛场专刊,1999(1):43.

逐。圣火的采集，象征着中华民族不畏艰险、追求光明的精神；圣火的交接，寓意着北京与拉萨、内地与边疆各族群众心连心、休戚与共的兄弟情谊；圣火的燃烧，象征着民族团结进步、事业兴旺发达，象征着祖国统一、繁荣昌盛[①]。

2003年第七届大会采火仪式在六盘山红军长征纪念亭举行，象征着生生不息的圣火从六盘山红军长征纪念亭开始，传遍黄河两岸，燃遍宁夏山川。2007年第八届大会"民族文明之火"火炬传递活动采用"珠江源采火，珠江流域传递"，火炬传递仪式的口号是"传承民族精神，传载民族颂歌"，圣火采集于珠江源头，充分体现了饮水思源，薪火相传之意。

2011年第九届大会火种采集定于遵义会议会址前举行，火炬传递口号是："弘扬民族文化，振奋民族精神，促进民族团结，构建和谐社会。"其火炬"H（和）"，代表着"和谐、和睦、和顺"，意为"和睦相处、和衷共济、和谐发展"，寓意"团结、进步、发展"。"和"的象征意义暗合构建和谐社会的时代主题。火炬的主色调采用亮银金属至天蓝色的过渡渐变，表面丝印图案为极具贵州民族体育文化特色的图案"骑马、射箭、蹴鞠、赛龙舟"等，呈现出一幅"在蓝蓝的天空下，共襄中华民族体育盛事的场景"。火炬上半部分的进风口，结合贵州文化符号"牛角"样式，六支牛角围绕火炬寓意贵州文化与火炬紧紧相连；火炬顶部九支抽象形态的牛角围绕成两圈，寓意着"第九届全国少数民族传统体育运动会"在贵州举办（见图3-3）。

---

① 中华人民共和国第六届少数民族传统体育运动会组织委员会.中华人民共和国第六届少数民族传统体育运动会总结报告[Z].内部资料,1999:52-53.

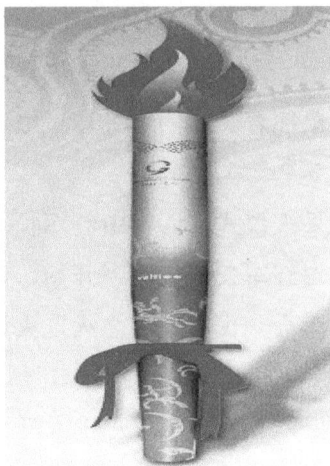

图3-3 第九届大会火炬"和"①

三、开幕式等重要活动

（一）开幕式

20世纪90年代开始，全国民族运动会的开幕式向立体化、多元化和科技化方向演化，程式化和规范化的仪式进程在有限的时间里浓缩了大量的符号、标识的意义信息。具体包括音乐背景下国徽和国旗进场、运动员代表队游行、升国旗和全国民族运动会会旗、奏国歌和会歌（主题曲）、圣火采集、领导致辞、开幕式、运动员和裁判员宣誓、大型体育和文艺演出等。赛事重要活动承载着明喻、转喻抑或隐喻的国家符号、文化标志和身体展演，通过仪式化的程序搬演，实现符号、标志以及身体等仪式结构要素在赛事场域的有序融合，进而凸显了公民身份、民族团结、国家在场的有效并置。表3-6中列出了第五届至第九届全国民族运动会开幕式概况。

① 中华人民共和国第九届少数民族传统体育运动会组委会办公室.中华人民共和国第九届少数民族传统体育运动会文件资料汇编[Z].内部资料,2012:前言4.

表3-6　第五届至第九届全国民族运动会开幕式概况

届次	日期	举办地	竞赛/表演项目数量	运动员人数	代表团人数	开幕式观众
第五届	1995年11月5—12日	昆明	11/130	2342	3282	40000余人[①]
第六届	1999年9月24—30日	北京/拉萨	14/154	2626	3422	6000余人[②]
第七届	2003年9月6—13日	银川	14/125	3799	5237	13000余人[③]
第八届	2007年11月10—18日	广州	15/147	4735	6381	近60000人[④]
第九届	2011年9月10—18日	贵州	16/185	5221	6773	40000余人[⑤]

该时期大型体育赛事的开幕式具有展示"社会变迁"，贮存"集体记忆"，凝聚"群体共识"，传达"国家话语"的功能[⑥]。全国民族运动会开幕式上的大型文体/文艺表演作为赛事核心仪式之一，在有限的时间内展现了各民族的深厚文化底蕴，有力地增强了各民族的文化互鉴与彼此认同，全方位诉说着中华各民族的历史记忆、文化心理、民族精神和家国故事。此外，该时期全国民族运动会赛事场域内的"个体与国家"间的良性互动，将国家时事政治、民族政策与宏观战略等政治认同元素潜移默化地贯穿于演出主题之中，并将有序的仪式有机地嵌入国家意识，串联并反复呈现国家建构历程中的生动场景，强化了国家在场的政治性认同和共同体意识。例如，1995年第五届全国民族运动会文体表演的主题是"共创辉煌"，意指全国56个民族团结奋进、共创美好明天

---

① 第五届全国民运会宣传部.盛世盛会：中华人民共和国第五届少数民族传统体育运动会[M].昆明：云南民族出版社，1996：36.

② 中国少数民族传统体育大全编委会.中国少数民族传统体育大全[M].沈阳：辽宁民族出版社，2017：1241.

③ 中华人民共和国第七届少数民族传统体育运动会组织委员会.中华人民共和国第七届少数民族传统体育运动会总结文集[Z].内部资料，2003：25.

④ 吴文斌.从数字看第八届全国民族运动会盛况[Z].内部资料，中华人民共和国第八届少数民族传统体育运动会会刊，2007-11-20.

⑤ 中华人民共和国第九届少数民族传统体育运动会组委会办公室.中华人民共和国第九届少数民族传统体育运动会文件资料汇编[Z].内部资料，2012：364.

⑥ 牛静.论现代奥运会开幕的历史演进[D].北京：北京体育大学，2007：26.

的坚定意志和共同祈愿。8000余演职人员参与《云岭盛会》《健身之乐》《彩云南现》《共创辉煌》共计四场的盛大文体表演，其中开幕式上响彻主会场的解说词充分体现了国家在场和国家远景战略目标：

> 迎着圣火的光芒，我们踩波踏浪；五环大旗在召唤，我们的目标是更高、更快、更强！
>
> 迎着新世纪的太阳，我们踩波踏浪；带着"九五"计划的宏伟蓝图，怀着对2010年远景目标的热切向往，走向未来，走向小康，走向希望！①

与前文论及的前四届全国民族运动会不同，该时期大型团体操表演不再是大会开幕式上唯一的艺术演出。文艺和体育艺术演出成为该阶段开幕式的核心内容。群体历史记忆和群体文化记忆形成的群体想象共同体是构建国家认同的关键，该时期全国民族运动会仪式中精心设计的文艺表演，包含各民族传统文化元素，如语言文字、器物制度、民族服饰、音乐舞蹈、仪式传统、民俗节庆等，使得多元民族文化在国家赛事的平台上实现了完美结合。这些文艺表演通过共同的生活素材元素、共通的文化因子和共享的历史记忆有效地把数量巨大的受众（运动员、裁判员、演职人员、工作人员、场内外观众等）和全国民族运动会的符号、仪式连接为一体，有利于凝聚群体情感、唤醒集体共鸣、构建国家认同和中华民族认同（见表3-7）。

---

① 第五届全国民运会组委会.中华人民共和国第五届少数民族传统体育运动会文集[M].昆明:云南民族出版社,1997:298-299.

表3-7　第五届—第九届全国民族运动会大型文体/文艺表演

届次	表演主题	篇章/节目名称	参演人数
第五届	"共创辉煌"	《云岭盛会》《健身之乐》《彩云南现》《共创辉煌》	8000余人[①]
第六届	"锦绣中华"	《吉燕衔春》《五彩云霞》《神州欢歌》《世纪鼓声》《走向世纪》	7000余人[②]
第七届	"凤鸣塞上"	《山魂·群山聚会》《水魂·碧水抒情》《人杰·英杰创世》《中华家园》	6000余人[③]
第八届	"永远的和谐"	《东方共破晓》《神州共此时》《花城共灿烂》《永远的和谐》	11500余人[④]
第九届	"天地人和——中华颂"	序曲《爽爽的贵阳欢迎你》上篇《多彩贵州》下篇《锦绣中华》	14000余人[⑤]

　　例如，1999年第六届大会开幕式文艺表演的主题是"锦绣中华"，包括《吉燕衔春》《五彩云霞》《神州欢歌》《世纪鼓声》《走向世纪》五个篇章，参演人数达7000余人，总时长约一个小时。整个文艺表演犹如一幅动人的民族风情画卷，凸显了中华民族厚重的历史积淀和悠久的文化底蕴，展现了中华民族万众一心、同舟共济、团结一致、迈向新世纪的豪迈气概。

　　2003年第七届大会开幕式文体表演的主题是"凤鸣塞上"，分为四个篇章：第一篇章《山魂·群山聚会》，第二篇章《水魄·碧水抒情》，

---

　　① 中国少数民族传统体育大全编委会.中国少数民族传统体育大全[M].沈阳:辽宁民族出版社,2017:1236.

　　② 中国少数民族传统体育大全编委会.中国少数民族传统体育大全[M].沈阳:辽宁民族出版社,2017:1243.

　　③ 中国少数民族传统体育大全编委会.中国少数民族传统体育大全[M].沈阳:辽宁民族出版社,2017:1246.

　　④ 第八届全国少数民族传统体育运动会组委会办公室.第八届全国少数民族传统体育运动会的文件资料汇编[Z].内部资料,2008:177.

　　⑤ 中华人民共和国第九届少数民族传统体育运动会组委会办公室.中华人民共和国第九届少数民族传统体育运动会文件资料汇编[Z].内部资料,2012:364.

第三篇章《人杰·英杰创世》,第四篇章《中华家园》。6000多名演员幻化出飞马、大山、黄河、绿水、白鹤、牡丹花、西气东输管道等,一方面,浓墨重彩地赞颂中华各民族团结进步的时代风貌;另一方面,歌颂承办地宁夏人民政府豪迈的性格、开阔的胸襟和炽热的爱国情怀。

2007年第八届大会开幕式演出的主题是"永远的和谐"。第一篇章:创造生命《东方共破晓》(生命共诞生),以56个民族生命共诞生为主线,呈现了同一块版图上不同民族的起源和延续,彰显生命最初的艰难孕育、千锤百炼的成长和生命群体的强大。第二篇章:创造家园《神州共此时》(生活共依存),以56个民族生活共依存为主线,展现中华民族特有的爱与激情、家与温馨,生动描述了56个民族在同一片土地上共同创造着自己的家园。第三篇章:创造繁荣《花城共灿烂》(繁荣共创造),以56个民族繁荣共创造为主线,着力彰显广州在中国改革开放大潮中的辉煌成就,以及城市建设中所凸显的人与自然、城市与山水的和谐。第四篇章:《永远的和谐》,通过声乐、舞蹈等综合艺术表演形式,表达了各民族同胞在共同的家园里相依相伴、永远和谐的愿景和信念,讴歌了中华民族和谐奋进、昂扬拼搏的时代精神。

2011年第九届大会开幕式文体表演的主题是"天地人和——中华颂"分为三个部分,分别是:序曲《爽爽的贵阳欢迎你》,上篇《多彩贵州》(包括第一章《天籁之声》、第二章《山野之舞》、第三章《梦幻之水》、第四章《多彩贵州》),下篇《锦绣中华》(包括第一章《天高云淡》、第二章《花团锦簇》、第三章《山河秀丽》、第四章《人民幸福》)。整场节目以"和谐、生态、多彩"为主线,围绕着"和之美"的主题,以"真情"为主旋律(祝愿中华民族繁荣昌盛,歌颂各族人民团结进步),以"开放"为主线索(展示各族人民安居乐业,构建和谐家园的幸福生活),以"团结"为主背景(歌颂祖国的大好河山,整合56个民族的文化元素,营造全国各族人民欢聚一堂的氛围,表达全国各族人民在党和政府的领导下创造历史的自信和喜悦),演出主旨是在山光水色中铺展当代中国少数民族的勃勃英姿,以如幻的绮丽呈现自然与生命的和谐之美——人与自然的和谐、人与人的和谐、各民族之间的和谐；同时，聚56个民族特色与贵州少数民族原生态文化为一体，实现了思想性、民族性、艺术性、地域性和时代性的有机统一，突出体现了"和谐中华，多彩贵州，爽爽贵阳"，彰显了民族团结、社会和谐的时代主旨，诠释了各民族与时俱进、昂扬向上的时代精神，将开幕式文艺展演演绎成展现全国各民族共同团结进步、共同繁荣发展、共同创建美好生态家园的民族盛会。

综上，通过对第五届至第九届全国民族运动会文体/文艺表演仪式中各民族文化精彩纷呈的艺术演绎的深入分析，我们发现该时期的文体/文艺表演展现了民族团结、社会和谐、国家欣欣向荣的"集体记忆"和"群体共识"，传递并凸显了各民族的"文化共性"和"心理共鸣"，巩固了民族赛事场域内的政治认同、文化认同以及民族认同。

（二）领导出席、致辞、题词

1. 领导出席

党和国家核心领导层代表出席全国民族运动会，直观展现了全国民族运动会的重要性和影响力。表3-8中列举了出席第五届至第九届全国民族运动会开、闭幕式的重要领导。

表3-8　出席第五届至第九届全国民族运动会开、闭幕式的重要领导

届次	出席开幕式的领导	出席闭幕式的领导
第五届	吴邦国、司马义·艾买提、杨汝岱等	李晋有等
第六届	朱镕基、李瑞环、李岚清、丁关根、贾庆林、帕巴拉·格列朗杰、布赫、铁木尔·达瓦买提、司马义·艾买提、王忠禹、王兆国、阿沛·阿旺晋美、赵南起、白立忱等	李岚清、贾庆林、司马义·艾买提等
第七届	回良玉、白立忱、阿不来提·阿不都热西提等	李志坚、陈建国、马启智等
第八届	回良玉、张德江、司马义·艾买提、阿不来提·阿不都热西提等	丹珠昂奔等
第九届	回良玉、阿不来提·阿不都热西提等	栗战书等

该时期，民族工作受到党和国家极大的重视。全国民族运动会作为规模最大、影响力最强的少数民族传统体育项目的国家平台，加之县、市、省（自治区、直辖市）、国家四级赛事体系不断完善，通过赛事符号的"国家化"、赛事仪式的"国家征用"以及"民间仪式的国家在场"，可以推演出个人、群体、国家三者的"相互在场"，这种微观、中观、宏观层面的循环互动有效参与了公民、民族、国家的互构。

2.领导致辞

上文提及，该时期的全国民族运动会集体育赛事、文化盛宴、节日庆典等多种角色于一身，具备赛事互动、民族交往、文化融通等多种功能，隐约形成了"全国民族运动会引力场或者文化圈"。这种基于赛事产生的"引力"和"文化濡化"受到越来越多人的关注。领导致辞通过主流媒体（包括报纸、广播、电视和互联网等）广泛传播，扩展了共同体的想象空间，进一步实现了传递国家意识、汇聚民族向心力、巩固民族团结进步事业、巩固国家认同意识的积极作用。

1999年第六届全国民族运动会恰逢西藏民主改革40周年，西藏自治区副主席次仁卓嘎在拉萨分会场开幕式倒计时100天的电视讲话中强调在拉萨设立分赛场的重大社会价值和历史意义：

　　　　在拉萨举行全国性民族运动会，它是在党的民族政策指引下，西藏稳定发展和民族团结进步事业取得巨大成就的生动体现。西藏民主改革四十年来，全区社会、经济发生了翻天覆地的变化，特别是中央第三次西藏工作座谈会以来，西藏改革开放和社会主义现代化建设取得了巨大成就。[①]

2007年第八届全国民族运动会是我国举办2008年北京奥运会前最大的综合性体育赛事，开幕式上时任国家民委党组副书记、国家民委副

---

　　① 佚名.第六届全国少数民族传统体育运动会拉萨分赛场开幕式倒计时100天宣传日活动电视讲话[J].第六届全国少数民族传统体育运动会拉萨分赛场专刊,1999(1):18.

主任、大会组委会顾问杨传堂致开幕词并强调本次大会的重大意义：

> 当前，全国上下正在掀起学习贯彻十七大精神的热潮，各族人民正在满怀喜悦地迎接2008年北京奥运会的到来。我们将努力把第八届全国少数民族传统体育运动会办成推进民族团结进步的盛会、展示少数民族风采的盛会、弘扬民族精神和时代精神的盛会……高举中国特色社会主义伟大旗帜，同心同德、求实创新，不断巩固和发展平等、团结、互助、和谐的社会主义民族关系，共同谱写新时期民族大团结的崭新篇章。①

2011年第九届全国民族运动会结束之后，贵州省委书记栗战书在第九届全国民族运动会总结表彰大会上着重强调全国民族运动会体现了以人为本的科学发展观：

> 人民群众是推动社会发展的决定力量。获得运动会主办权后，全省人民发扬集体主义和主人翁精神，大力弘扬"讲文明、重礼仪、团结友善、热情好客"的良好风尚，对运动会倾注巨大热情、给予强大支持，这是运动会成功举办的最重要的依靠……广大人民群众通过不同方式支持运动会、参与运动会、宣传运动会……展现了我省人民健康向上的精神风貌。进一步调动广大人民群众的积极性、主动性、创造性，尊重人民主体地位，发挥人民首创精神，就能为我省经济和社会事业发展凝聚攻无不克、战无不胜的强大力量。②

在全国民族运动会场域内的一系列重要场合，领导公开讲话、致

---

① 李晓东,李寅,李睿劼,等.第八届全国少数民族传统体育运动会在广州隆重开幕[Z].内部资料,中华人民共和国第八届少数民族传统体育运动会会刊,2007-11-11.

② 中华人民共和国第九届少数民族传统体育运动会组委会办公室.中华人民共和国第九届少数民族传统体育运动会文件资料汇编[Z].内部资料,2012:210-211.

辞，直观展现了人民幸福、民族团结、社会和谐的国家目标。通过对史料、文献回顾以及调研访谈的综合分析，我们可以认为该时期的全国民族运动会已经成为具有多重作用的政治-经济-社会系统工程。此外，作为国家级赛事，全国民族运动会集多元民族文化、多样价值内涵、多种体育形态、多重身份认同于一体的内涵特征已初步形成。

3.领导题词

题词是礼仪类应用文体之一，是为给人、物或事留作纪念而题写的文字。国家领导同志的题词作为政治动员、整合社会力量和具有明确指向性的文化符号，是我国民族工作理念和民族治理方针政策的直观体现①。该时期国家、地方领导给全国民族运动会题词的规格之高、数量之多，在同期的全国性大型体育赛事中实属罕见，侧面印证了全国民族运动会的重要意义（见表3-9）。

表3-9 1995年、1999年全国民族运动会领导题词②

届次	题词领导	题词
1995年 （第五届）	江泽民	发展民族体育运动,促进两个文明建设
	李鹏	发展民族体育,建设伟大祖国
	乔石	发展民族体育,建设锦绣中华
	李瑞环	展民族体育风采,促团结文明进步
	李铁映	平等团结,进步繁荣
	布赫	发展民族体育,加强民族团结
	司马义·艾买提	发展民族传统体育,弘扬中华民族文化
	阿沛·阿旺晋美	发展民族体育,振奋民族精神
	赛福鼎·艾则孜	发展民族体育,盛开民族之花
	和志强	民族团结添异彩

① 代红凯,许月.新中国建立后毛泽东题词的政治功能表达及当代价值[J].毛泽东思想研究,2018,35(3):1-7.

② 大型活动部.中华人民共和国第五届少数民族传统体育运动会大型活动文集前言[Z].内部资料,1997:前言1-2.

续　表

届次	题词领导	题词
1995年 （第五届）	伍绍祖	民族体育百朵花,百花齐放是一家; 一家兄弟团结紧,团结起来振中华②
1999年 （第六届）	江泽民	发展民族体育,增强民族体质
	李鹏	发展民族体育,促进全民健身
	李瑞环	开好民族运动会,促进民族大团结
	帕巴拉·格列朗杰	发展民族体育事业,加强民族大团结
	布赫	民族体育繁荣发展,各族人民团结进步
	铁木尔·达瓦买提	发展少数民族体育运动事业,增强全民体质
	阿沛·阿旺晋美	发展民族体育事业,促进全民健康水平
	伍绍祖	民族体育结硕果,民族团结谱新篇①

　　这些高度凝练的领导题词阐明了民族体育工作的宗旨和方向，体现了党和国家对全国民族运动会的亲切关怀和高度重视。笔者认为这是"隐性国家在场"抑或是"隐性国家建构"进程中的治理策略尝试和政治智慧体现。此外，除了领导题词外，社会各界人士还通过创作诗词或书法等方式表示祝贺②。

（三）民族体育之花

　　"民族体育之花"风采展示活动作为该时期全国民族运动会的名片和特色活动之一，肇端于2003年第七届全国民族运动会③。来自各省份

---

　　① 中华人民共和国第六届少数民族传统体育运动会组织委员会.中华人民共和国第六届少数民族传统体育运动会总结报告[Z].内部资料,1999:前言1-7.
　　② 该时期民间赋诗表达对全国民族运动会的祝贺较多,因篇幅所限笔者枚举一例。第七届大会宁夏青年书法家杨东为庆贺全国少数民族运动会隆重举行,赋诗表达对全国民族运动会顺利圆满举行的衷心祝福。其诗题名为《庆祝全国少数民族运动会隆重举行》:"民运英豪策马贺兰,华夏儿女逐鹿塞上;叱咤志士金秋一搏,风流人物今朝再数;各族融合四海争春,神州一统天下归心。"
　　③ "民族体育之花"活动共计举办了三届(2003年,2007年,2011年)。

的56位民族体育之花代表，是经过全国各民族聚居地基层推荐，各地民委遴选，最终由国家民委决策产生的。

"民族体育之花"风采展示活动是为了弘扬少数民族传统体育运动会的特色，增强"五十六个星座，五十六枝花，五十六族兄弟姐妹是一家"的形象宣传，并展示各民族健美向上的精神风貌，进一步突出民族团结的宗旨而举办的一项体现"各民族共同团结奋斗，共同繁荣发展"的大型风采展示活动（何*云，第十一届全国民族运动会湖北队教练，20190912）①。

大会期间，展示和宣传了56个民族的"民族体育之花"。形象健美的"民族体育之花"在全国民族运动会期间出席一系列活动（开幕式、闭幕式、民族大联欢、比赛期间的风采展示和公益活动等），体现了中华各民族之间的和谐与共生，促进了各民族间的了解和团结，有效增进了各民族之间的友谊和情感，积极弘扬了绚丽多姿的多元民族文化②。此外，入选2007年第八届大会的部分"民族体育之花"在2008年北京奥运会上一展风采，向世界展示了我国少数民族健康向上的精神风貌。

（四）民族大联欢

民族大联欢活动是全国民族运动会的重要组成部分，自第二届③开始成为历届全国民族运动会必办活动（见表3-10）。在紧张的竞赛和表演间隙，轻松愉快的民族联欢活动一方面在赛事之余丰富各民族代表的文化生活，另一方面也有利于各族代表交流经验、增进情感，突出了全

---

① 资料来源:访谈材料。访谈对象:何*云,湖北民族大学教师,第十一届全国民族运动会湖北省代表团表演项目《土家吉么列》教练。访谈时间:2019年9月12日。访谈地点:河南省郑州市全季酒店。

② 增林.民族体育之花展示活动为第7届民族运动会添彩[J].中国民族,2003(9):71.

③ 1982年第二届全国民族运动会的民族大联欢是以篝火晚会的形式呈现的。

国民族运动会赛事衍生活动的休闲娱乐性、文化趣味性和广泛参与性等特征，最大限度地让每个代表团及每位运动员都能参与其中。

表3-10 第五届至第九届全国民族运动会民族大联欢

届次	时间/地点	人数	主题
第五届	1995年11月9日/云南民族博物馆、民族村	近7000人[①]	无明确主题
第六届	1999年9月28日/北京中华民族园	6000余人[②]	无明确主题
第七届	2003年9月10日/银川中山公园文化广场	近10000人[③]	无明确主题
第八届	2007年11月15日/广州长隆欢乐世界	约15000人[④]	欢聚岭南民族情
第九届	2011年9月15日/贵阳观山湖公园	约20000人[⑤]	和谐中华·多彩贵州

该时期的民族大联欢作为"国家符号"和各民族多元化的"民间文化符号"的"共同在场"，一方面凸显了中华民族大家庭"喜庆祥和""安定团结""国泰民安"的国家叙事，另一方面给身处其中的各民族代表一种"文化融通""信仰自由""普天同庆"的盛世氛围。民族大联欢活动的"国家征用"以及大联欢进程中生成的"集体欢腾"隐喻着深层的政治、文化和社会价值，有利于身处其中的个体在集体的共同行动中生成对国家的积极认同情感。

---

① 大型活动部.中华人民共和国第五届少数民族传统体育运动会大型活动文集[Z].内部资料,1997:143.

② 中华人民共和国第六届少数民族传统体育运动会组织委员会.中华人民共和国第六届少数民族传统体育运动会总结报告[Z].内部资料,1999:56.

③ 中华人民共和国第七届少数民族传统体育运动会组委会.相聚在宁夏[Z].内部资料,2003:43.

④ 第八届全国少数民族传统体育运动会组委会办公室.第八届全国少数民族传统体育运动会的文件资料汇编[Z].内部资料,2008:210.

⑤ 贵阳市协办第九届全国少数民族传统体育运动会工作指挥部,贵阳市地方志编纂委员会办公室.贵阳市协办中华人民共和国第九届少数民族传统体育运动会工作志[M].贵阳:贵州人民出版社,2012:232.

例如，第五届全国民族运动会民族大联欢暨云南民族博物馆开馆仪式，在昆明市海埂云南民族博物馆和云南民族村举行，总规模近7000人①。国务委员司马义·艾买提等出席联欢活动②。第六届全国民族运动会民族大联欢在北京中华民族园举行，本次联欢活动促进了各族兄弟姐妹相互了解，诉说了"发展民族运动、推进民族团结"的共同心愿。国家民委副主任李晋有、国家体育总局副局长张发强、北京市副市长刘敬民等出席联欢活动③。

第七届全国民族运动会民族大联欢在银川中山公园文化广场举行。本次联欢活动以情景式民族艺术、民俗表演以及音舞诗画为主要内容，《回鹘女》《苗妹摆手舞》《新疆古丽》《欢腾的草原》《梁花扇舞》等节目，将各民族艺术荟萃成瑰丽的花园，呈现累累硕果于金秋塞上④。第八届全国民族运动会民族大联欢在广州番禺长隆欢乐世界举行，围绕着"欢聚闽南民族情"的联欢主题，共有1个表演区，1场主题摄影展，4个联欢区，70种现代游乐设施，55个少数民族的歌舞表演，56个民族兄弟姐妹约15000人欢聚一堂，亲情、乡情、热情、真情融汇在一起。浓郁的民族风格、精彩纷呈的节目充分表达了各民族团结一心、共同繁荣发展的民族情感和民族同庆的主题。

第九届全国民族运动会民族大联欢在贵阳观山湖公园举行，以真山、真水、真情为主线，突出参与性、观赏性和趣味性，展现了丰厚的贵州地域文化和贵州各族人民真挚、淳朴、热情好客的坦荡情怀，是各民族欢聚一堂、尽展风采、乐在其中、团结友爱的祥和盛会。此外，第

---

① 大型活动部.中华人民共和国第五届少数民族传统体育运动会大型活动文集[Z].内部资料,1997:148.

② 中国少数民族传统体育大全编委会.中国少数民族传统体育大全[M].沈阳:辽宁民族出版社,2017:1237.

③ 中华人民共和国第六届少数民族传统体育运动会组委会.相聚北京拉萨[Z].内部资料,1999:138.

④ 中华人民共和国第七届少数民族传统体育运动会组委会.相聚在宁夏[Z].内部资料,2003:43.

九届全国民族运动会民族大联欢在实现"办好一届民族盛会、留下一座文化公园、构建一处城市地标"的核心创意理念下，围绕着"以采撷民族文化元素、荟萃中华文明精华"的设计理念来宣传举办地多彩贵州、爽爽贵阳、魅力金阳，向全国各族人民展示多彩贵州、好客贵州、真情贵州的主题思想。大联欢后江西省民宗局副局长、江西省代表团副团长梅仕灿有感而发，赋诗抒怀：

民族大联欢感赋

梅仕灿

观山湖畔岭苍苍，九域芝兰萃广场。

百样衣冠渐凤锥，千姿舞蹈奋龙骧。

神州际会情难已，竞昫联欢乐未央。

寄语中华好儿女，勿忘黔地起苍黄。[①]

该时期民族大联欢作为全国民族运动会的特色和亮点，围绕"信仰自由""民族团结""社会和谐""国泰民安"等主题展开，正如第八届全国民族运动会民族大联欢开幕式上广州市副市长许瑞生在致辞中所说：

潮平两岸阔，风正一帆悬；国泰民安乐，家和万事兴。在各民族人民组成的大家庭中，团结就是力量，团结就是财富，团结就是胜利。回顾历史，各族兄弟姐妹友谊的累累硕果令人鼓舞；展望未来，中华民族伟大复兴的灿烂前景催人奋进。让我们携起手来，以科学发展观为指导，促进各民族共同团结奋斗、共同繁荣发展，为开创更加美好的明天，为落实科学发展观、建设和谐社会的崇高事

---

① 中华人民共和国第九届少数民族传统体育运动会组委会办公室.中华人民共和国第九届少数民族传统体育运动会文件资料汇编[Z].内部资料,2012:826.

业作出新的更大的贡献！①

　　民族大联欢影响力和辐射力持续增强，渐而成为比肩开幕式的赛事活动，甚至成为历届大会的重要组成部分。民族大联欢以主题联欢的形式，在轻松愉快的互动氛围中，将各民族的日常生活（劳作、饮食、服饰、购物、休闲、游戏）、节庆仪式（民间曲艺、传统婚俗、丰收舞蹈、社火展演、集体协作）、非物质文化遗产（泥塑、剪纸、陶瓷、戏曲、武术、杂技、庙会）一一呈现，在56个民族的共同演绎下，突出了中华民族传统文化的深厚底蕴，凸显了多元民族文化的无穷魅力（见图3-4至3-7）。

图3-4　第五届全国民族运动会民族大联欢②

图3-5　第七届全国民族运动会民族大联欢③

---

　　① 第八届全国少数民族传统体育运动会组委会办公室.第八届全国少数民族传统体育运动会的文件资料汇编[Z].内部资料,2008:214.

　　② 第五届全国民运会宣传部.盛世盛会:中华人民共和国第五届少数民族传统体育运动会[M].昆明:云南民族出版社,1996:133.

　　③ 中华人民共和国第七届少数民族传统体育运动会组委会.相聚在宁夏[Z].内部资料,2003:44.

图3-6　第八届全国民族运动会民族大联欢[1]

图3-7　第九届全国民族运动会民族大联欢[2]

（五）两岸交流

该时期全国民族运动会成为海峡两岸常态化交流的纽带和桥梁之一。从1991年开始的历届大会台湾代表团均有参赛。第五届大会，台湾60名龙舟队员参加了龙舟比赛[3]。第六届大会，台湾少数民族代表团

---

[1] 佚名.各族青年欢聚广州,携手共创美好明天[Z].内部资料,中华人民共和国第八届少数民族传统体育运动会会刊,2007-11-16.

[2] 贵阳市协办第九届全国少数民族传统体育运动会工作指挥部,贵阳市地方志编纂委员会办公室.贵阳市协办中华人民共和国第九届少数民族传统体育运动会工作志[M].贵阳:贵州人民出版社,2012:前言8.

[3] 第五届全国民运会宣传部.盛世盛会:中华人民共和国第五届少数民族传统体育运动[M].昆明:云南民族出版社,1996:50.

在经历了地震灾难后①，克服了种种艰辛来到北京参赛。第八届大会，台湾东森电视台亚洲台、美洲台同步直播了开幕式盛况，开了台湾媒体直播全国民族运动会的先河②。

2011年9月12日，在第九届全国民族运动会期间举办了"第十届海峡两岸各民族中秋联欢晚会"，国家民委主任杨晶在两岸各民族中秋联欢晚会上致辞：

> 情牵两岸，月共一轮。两岸各民族同胞是相亲相爱一家人，中华民族大家庭是和和美美一家亲！大团圆是我们一致的心愿和共同的期盼。在新的形势下，让我们更加紧密地携起手来，抓住难得的历史机遇，共同推进两岸交流与合作，共同推进民族团结进步事业的新发展，共同为实现中华民族伟大复兴而努力奋斗！③

该致辞明确表述了两岸同胞血脉同源、文化同流、家园同根的历史事实。该时期全国民族运动会作为海峡两岸常态化交流的桥梁和纽带之一，持续参与建设两岸民族民俗民间体育交流的长效机制，突出了两岸民间民俗体育项目的同根同源性，强化了两岸文化的共性因素与共通之处。海峡两岸常态化的民间民俗体育交流交往，有利于凝聚两岸历史文化层面的认同与共识。

---

① 台湾9·21大地震，是20世纪末台湾最大的地震，发生时间为1999年9月21日凌晨1：47：12.6，震中在北纬23.87度、东经120.78度，即在日月潭西偏南方9.2千米处，也就是位于台湾南投县集集镇，车笼埔断层上面。台湾代表团克服重重困难参加第六届全国民族运动会，完美诠释了两岸中华儿女血浓于水的民族情感。

② 李寅.港台媒体关注民族运动会[Z].内部资料,中华人民共和国第八届少数民族传统体育运动会会刊,2007-11-15.

③ 中华人民共和国第九届少数民族传统体育运动会组委会办公室.中华人民共和国第九届少数民族传统体育运动会文件资料汇编[Z].内部资料,2012:200.

（六）志愿者活动

体育赛事志愿者是主人（承办地）与客人（运动会宾客）建立情感纽带的重要中介。随着我国承办的大型体育赛事的增多，官方媒体和地方媒体大力宣传赛事志愿者行为，鼓励并动员了更多的青年志愿者参与其中。全国民族运动会赛事组委会也同样动员成千上万的学生和民众参与从事体育志愿服务。例如，第八届全国民族运动会招募了50000名志愿者[①]；第九届全国民族运动会向社会公开招募志愿者，报名人数超10万人，经过选拔，确定了城市志愿者40000人，赛事志愿者15000人[②]。2011年第九届全国民族运动会上，来自贵州民族学院的志愿者胡锦友谈到了作为一名志愿者的体验：

> 首先，作为一个志愿者，要有奉献的精神……其次，一个志愿者团队要有团结、互助的意识和精神……再次，一个志愿者，要服从组织的调配和安排……最后，志愿者精神是一种信仰……志愿服务是奉献社会、服务他人的一种方式，是传递爱心、播种文明的过程。对被服务对象而言，它是感受社会关怀、获得社会认同的一次机会。对社会而言，它是提升社会文明风气、促进社会和谐的一块基石。[③]

从事大型体育赛事志愿活动的青年学生的事迹和照片经常出现在各类媒体的新闻报道中。从某种意义上来说，经由大众媒体的正面宣传，

---

① 吴文斌.从数字看第八届全国民族运动会盛况[Z].内部资料,中华人民共和国第八届少数民族传统体育运动会会刊,2007-11-20.

② 中华人民共和国第九届少数民族传统体育运动会组委会办公室.中华人民共和国第九届少数民族传统体育运动会文件资料汇编[Z].内部资料,2012:283.

③ 第九届全国少数民族传统体育运动会组委会志愿者工作部.志愿者成长记录[M].贵阳:贵州科技出版社,2012:183-185.

大型体育赛事志愿活动承担起了对青年一代进行爱国主义教育的重任，同时也进一步推动了我国社会志愿服务体系的构建与完善。

（七）献礼西藏民主改革40周年、新中国成立50周年

法国社会学家皮埃尔·布迪厄在实践理论中强调日程选择具有重要的社会行动意义①。1999年第六届全国民族运动会恰逢西藏民主改革40周年，赋予了赛事特殊的历史意义。第六届全国民族运动会在拉萨分赛场的成功举行，对西藏自治区的社会稳定、经济发展和固有观念的更新作出了诸多贡献：①展示了新西藏的安定祥和景象；②弘扬了西藏传统文化；③增强了民族团结，促进西藏稳定；④加快了内地援藏工作的步伐；⑤开阔了西藏群众的视野；⑥活跃了拉萨旅游市场等②。第六届全国民族运动会拉萨分赛场从开始申办到登珠峰采集圣火，从隆重开幕到圆满闭幕，成为西藏自治区有史以来参与人数最多、时间最长、规模最大、规格最高的体育盛会，较为充分地凸显了西藏民主改革以来翻天覆地的变化③。

同时，第六届全国民族运动会恰逢新中国成立50周年大庆，北京会场闭幕式结束后遴选了1000名运动员参加10月1日国庆庆典游行，3000名运动员（包括台湾少数民族运动员）、民族体育模范代表、裁判员代表等参加天安门广场的联欢晚会，4000人参加国庆游园活动④。全方位向国人和世界呈现了新中国成立以来我国的发展成果和辉煌成就。

---

① BOURDIEU P. Outline of a theory of practice [M]. Cambridge: Cambridge University Press,1977: 97.

② 第六届全国少数民族传统体育运动会官网.民族运动会对西藏的六大贡献[EB/OL]. (1999-08-25) [2019-06-08]. http://www. cctv. com/specials/minyuhui/news/99825/my2. html.

③ 中国少数民族传统体育大全编委会.中国少数民族传统体育大全[M].沈阳:辽宁民族出版社,2017:1244.

④ 中国少数民族传统体育大全编委会.中国少数民族传统体育大全[M].沈阳:辽宁民族出版社,2017:1241.

在这些庆典中，高度紧密的群体情感网络在充满激情的盛大互动仪式中建立起来，同时借助于公共媒介的宣传和再发酵，全国民族运动会场域内的"集体欢腾"情感与国家建构的关键核心素材（历史记忆和集体意识、个体身份与群体归属、政治仪式与国家庆典）所激荡起的"共同体张力"得以延续并有序嵌入"国家仪式图景"的建构进程中，有力地激发了"共同体成员"一致性的国家认同情感能量。

四、民族体育先进模范集体、先进模范个人表彰会

全国民族运动会期间的相关活动和理论研讨作为扩大赛事社会辐射力、文化影响力以及民族融合力的衍生活动愈发成熟。为贯彻落实《中华人民共和国体育法》（1995），实施《全民健身计划纲要》（1995），赛事期间由国家民委和国家体育总局以及各地民委和体育部门联合表彰为发展民族体育事业作出突出贡献的全国民族体育先进/模范集体和先进/模范个人（表3-11）。

表3-11　全国民族体育先进/模范集体、个人表彰[1]

届次	表彰会举办时间	先进/模范集体	先进/模范个人
第五届	1995年11月6日	56个	35名
第六届	1999年9月25日	55个	35名
第七届	2003年9月7日	49个	35名
第八届	2007年11月11日	46个	35名
第九届	2011年9月11日	44个	36名

五、科学论文报告会

从第七届（2003）到第九届（2011）全国民族运动会，为展示我国

① 中国少数民族传统体育大全编委会.中国少数民族传统体育大全[M].沈阳:辽宁民族出版社,2017:1236-1530.

少数民族体育科研的丰硕成果，更好地保护、继承和发展民族体育文化，进一步推动民族传统体育的科学化、规范化发展，充分发挥体育科研的理论指导、实践探索和决策咨询作用，国家民委、国家体育总局主办了三届全国少数民族传统体育运动会科学论文报告会。会后，经过专家遴选，将优秀论文编辑出版发行（见图3-8），为促进多元民族体育项目和文化的深入发掘、文化传播、创新发展和系统交流作出了积极贡献。

图3-8　第七届（左）、第八届（中）、第九届（右）民族体育论集①

该时期出版发行的相关论文集作者群体多元，包括体育工作者、民族工作者、中小学教师和高等院校的师生。研究主题与论文选题涉及面广、内容丰富，研究方法多样、研究覆盖地域较广，较为科学地总结了在少数民族传统体育的挖掘、整理、推广以及体育教学、运动训练工作中的规律和经验，较为深入地探究了少数民族传统体育在经济社会发展中的作用与价值②。表3-12中列出了第七届至第九届大会期间民族体育科学研究论文征集简况。

---

① 图中所列民族体育论集是笔者在2019年9月—2020年11月调研期间所收集。其中第七届民族体育论集为2019年9月贵州凯里学院老师赠送,第八届民族体育论集是笔者2020年10月在孔夫子旧书网购买,第九届民族体育论文集为2020年11月贵州民族大学老师赠送。

② 国家民委文化宣传司,国家体育总局群众体育司.民族体育论集:第九届全国少数民族传统体育运动会民族体育科学论文评选获奖论文集[M].北京:民族出版社,2011:1.

表3-12　第七届至第九届大会期间民族体育科学论文征集简况

届次	征集时间	作者涵盖民族	征文/获奖数量
第七届	2003年9月6—10日	13个	117/40篇[②]
第八届	2007年11月11日	20个	417/40篇[③]
第九届	2011年9月11日	24个	696/43篇[④]

第四节　全国民族运动会的市场化进程

　　该时期随着我国体育制度的变迁和体育商业化进程的持续推进，国家体委于1995年6月发布了《体育产业发展纲要（1995—2010年）》（下文简称《纲要》）。这是党和政府首次为促进体育产业发展制定的具有针对性的国家层面的政策文件。《纲要》指出，中国体育事业的发展中心应转向如何创造经济效益，而不再是依靠国家财政拨款。并明确指出："争取用15年左右时间，逐步建成适合社会主义市场经济体制、符合现代体育运动规律、门类齐全、结构合理、规范发展的体育产业体系。"《纲要》包括三个部分：一是体育产业发展的指导思想、重点和目标；二是发展体育产业的基本政策；三是发展体育产业的基本措施。《纲要》强调发展体育产业应主要依靠社会各方面的力量，不能过多地依赖国家投资，要坚持"谁投资、谁所有、谁获益"的原则，打破地区、部门和所有制界限，鼓励社会各界投资兴办体育产业，有关体育行政部门要充分提供咨询、服务、优惠政策等条件。

---

　　① 国家民委文化宣传司,国家体育总局群众体育司.民族体育论集:第七届全国少数民族传统体育运动会科学论文报告会获奖论文集[M].北京:民族出版社,2003:前言1-2.

　　② 国家民委文化宣传司,国家体育总局群众体育司.民族体育论集:第八届全国少数民族传统体育运动会民族体育科学论文报告会获奖论文集[M].北京:民族出版社,2007:前言1-2.

　　③ 国家民委文化宣传司,国家体育总局群众体育司.民族体育论集:第九届全国少数民族传统体育运动会民族体育科学论文评选获奖论文集[M].北京:民族出版社,2011:前言1-2.

此外，1995年《中华人民共和国体育法》的颁布，标志着中国体育工作开始进入依法行政、以法治体的新阶段。在逐步开放的自由市场和日趋完善的法治环境下，非政府资助制度对体育领域的资助将日益常态化。比如，国家鼓励企业、事业组织和社会团体自筹资金发展体育事业，鼓励组织和个人对体育事业进行捐赠和赞助①。在此背景下，全国民族运动会积极进行了市场化运营模式的探索与实践，通过市场化、社会化的筹资模式，积极有效地筹集办赛经费，展现了国家制度的优越性。

一、发行彩票

20世纪90年代以后，随着中国特色社会主义市场经济的不断发展，体育领域的商业化和体育赛事职业化之路也加快了发展步伐，体育彩票在中国的体育产业领域发挥着越来越重要的作用。第五届全国民族运动会本着"自觉自愿、量力而行、互惠互利"的原则于1994年8月10日正式发行体育彩票，共计发行5000万元，其中云南发行总额3000万元，委托广西、贵州发行2000万元②。图3-9、3-10为第五届和第六届全国民族运动会发行的体育彩票。

图3-9　第五届体育彩票③　　　　　图3-10　第六届体育彩票

---

① 韩勇.中国体育法学的回顾与前瞻：以问题为导向的研究综述[J].天津体育学院学报，2008，23（4）：320-327.

② 佚名.自觉自愿 量力而行 互惠互利 95'全国民运会将发行彩票五千万元[J].民族工作，1994（9）：3.

③ 图3-9、3-10是课题组成员于2021年3—4月调研期间所收集。

彩票设计上，较多地融入了我国民族民俗的文化元素。例如，第九届大会发行的体育彩票，一种是以少数民族风情作为设计理念的"多彩贵州"，设计元素包括地戏闹春、歌舞映彩霞、娶新娘、赛龙舟、赶集去、春天里的少女等贵州地方代表性文化符号；另一种是以自然风光作为设计理念的"秀甲天下"，设计元素包括威宁草海、赤水丹霞、梵净山蘑菇石、荔波小七孔、黄果树大瀑布、西江苗寨等贵州著名民族地域旅游目的地①。

二、社会捐赠赞助

赞助是社会组织以提供资金、产品、设备、设施和免费服务等形式无偿赞助社会事业或活动的一种公关专题活动。赞助活动是一种对社会作出贡献的信誉投资和感情投资行为，是企业改善社会环境和社会关系最有效的方式之一。诸多国内外企业意识到，借由全国民族运动会的平台来宣传推广其产品，可以实现企业的销售目标，扩大品牌的影响力。这种社会民间力量与国家机制的共谋推动并加速了赛事的市场化进程。

2007年第八届全国民族运动会获得现金类赞助、实物类赞助和服务类赞助等无偿捐赠额度达5000万多元。共有53家单位为运动会提供了赞助。其中广州汽车工业集团为大会提供了400辆接待用车服务，中国移动通信集团广州分公司为大会5个竞赛项目冠名赞助，广州市市长隆夜间动物世界有限公司为民族大联欢活动提供场地和服务支持，中国电信集团广州分公司保质保量完成大会信息服务。此外，太古股份有限公司、广东大哥大集团有限公司、广州市熊猫烟花艺术燃放有限公司、广州金升广告有限公司、广州博仕商贸有限公司、北京奥松文化发展公司、广州市大阳摩托车有限公司、广东回元堂生物科技集团有限公司、广州市长寿村饮品（连锁）有限公司、广州包装印刷集团有限责任公

① 云南体彩."顶呱刮"体彩助兴第九届全国少数民族运动会[EB/OL].（2011-06-17）[2020-11-25].https://www.yntc8.cn/news/201106178900.html.

司、广州市出租汽车协会等单位，为本届运动会的火炬传递、烟花燃放、纪念品制作、服装制作、广告制作、印刷服务、酒水供应、驾驶员保障等提供了赞助[①]。

2011年第九届大会赛事运营与市场化运行管理更加规范，制定了《市场开放总体方案》《资源开发管理办法》《特殊标志保护及使用管理规定》《招商赞助指南》《社会捐赠管理办法》。大会充分利用赛事资源，搭建了赞助和捐赠两个平台，从贵州报业集团、贵州省电视台、贵州省广播电台、贵阳报业集团等多家主流媒体免费获得价值1250万元的宣传版面。2011年7—9月，大会以官方荣誉、VIP服务、开闭幕式门票、赛事冠名、报纸广告、电视宣传、现场广告、指定权益、印制大会各类宣传手册等9种形式对支持企业进行回报[②]。第九届大会共获得234家企业总价值2.49亿元的支持，其中资金1.55亿元，物资和服务近0.94亿元，逐渐探索出一条"政府主导、市场运作、社会参与、共谋双赢"的新路子[③]。

三、纪念商品

为了纪念历届大会的成功举办，该时期发行了一系列特许纪念商品，如纪念香烟、纪念徽章、纪念卡、纪念明信片等。例如，为了纪念第六届全国民族运动会的召开，广西钟山、云南昭通卷烟厂分别出品了"福喜""宇拓桥"烟标。其中"福喜"（西藏赛区特制）印有第六届全国民族运动会拉萨分赛场的吉祥物——牦牛。第七届全国民族运动会由

① 吴文斌.从数字看第八届全国民族运动会盛况[Z].内部资料,中华人民共和国第八届少数民族传统体育运动会会刊,2007-11-20.

② 中华人民共和国第九届少数民族传统体育运动会组委会办公室.中华人民共和国第九届少数民族传统体育运动会文件资料汇编[Z].内部资料,2012:678.

③ 中华人民共和国第九届少数民族传统体育运动会组委会办公室.中华人民共和国第九届少数民族传统体育运动会文件资料汇编[Z].内部资料,2012:672.

大会徽章发行中心监制发行银质纪念徽章，其直径56毫米，质量56克，寓意56个民族的大家庭团结一心。

综上，该时期在国家现代化和经济全球化进程的深刻影响下，全国民族运动会的市场化探索和实践进入了快速发展轨道，并取得了良好的社会效应和经济效益。该时期，全国民族运动会市场化探索和实践的主要措施包括：发行彩票、募集社会赞助与捐赠，制作和发行一系列纪念商品等。在笔者访谈中隐约可以证实，全国民族运动会作为国家层面的大型集体活动，若要形成稳定有序的办赛程序和传承机制，仅仅依靠国家力量的组织保障是不够的，如果说该时期全国民族运动会场域内的国家征用与动员是政治意志的体现，那么社会支持与市场力量的积极参与则是民众对国家行动的支持与肯定。在"民间"与"国家"的持续调适、共同合作下形成了彼此的"相互在场"。这种"相互在场"对民间社会力量而言是将自身主动置于国家仪式中，实现了自身地位的确认、群体行动的参与、国家资源的分享；对于国家来说则通过与民间社会力量的互动传递了政策信号，体现了制度优势，增强了制度层面的认同。

第五节　赛事媒介传播

20世纪90年代以后，卫星电视和互联网的普及彻底改变了受众对全国民族运动会的观赛体验。此后，全球范围移动互联网技术迅猛发展，全国民族运动会不再拘泥于传统纸质媒介传播，而是通过电视、移动设备和互联网等平台，在全球范围内进行跨时空直播与转播，赛事传播空间、影响力、文化认同度乃至观众互动感等均得到较大提升。

一、电视媒介

本尼克特·安德森认为，大众媒介用印刷语言建构了国民对于国家这一"想象共同体"的具体形象，进而通过共同的语言符号、时事共享与文化共享，把国民与国民之间、国民与民族国家之间联系起来，加深了国民对民族国家的归属感与认同感①。自20世纪60年代以来，随着电视媒介的流行，体育赛事与大众媒介的关系日益紧密。媒介表征意义下的体育及体育赛事必然带有某种国家认同建构的符号意义表达。电视媒介对于体育的贡献越来越受到各国重视，其中大型体育赛事作为一种典型的"互动仪式和符号载体"②，能够通过电视或其他传媒工具向受众传达信息，有效聚焦人们对于国家符号的关注，提升对于媒介呈现的国家符号的认同。可见，大众媒介对于调动民众对国家符号的尊崇和国家意识的强化具有重要的作用。

这一时期的全国民族运动会在媒介工具的助力下，积极参与建构56个民族对于国家的集体记忆与群体认同，不断强化各族同胞对于国家的归属感。例如，第九届全国民族运动会期间，中央电视台的相关报道在全国民族运动会的电视媒介报道史上创造了多个第一：（1）中央电视台体育、中文国际、国际纪录三个频道对开幕式进行全程并机直播；（2）2011年9月9日—11日，中央电视台《新闻联播》连续3天推出专题报道，运动会期间《新闻联播》共播出了7条关于第九届民族运动会的相关新闻；（3）中央电视台体育频道连续7天为第九届全国民族运动会提供时长为1个小时左右的赛事播出平台；（4）中央电视台每天在各频道播报第九届全国民族运动会相关新闻达10条以上，整个赛事期间各频道共播出相关新闻496条（次）；（5）第九届全国民族运动会闭幕式结束后仅1个小时，中央电视台就对闭幕式进行了转播；（6）中央电视台对第九届民族运动会开幕式的直播，综合收视率高达1.44%，海内外约1.3亿人次收看，收视率超过了历届全国民族运动会，比上一届提高了3

① ANDERSON B.Imagined communities: reflections on the origin and spread of national-ism[M].London and New York:Verso, 1991:37-46.

② 柯林斯.互动仪式链[M].林聚任,王鹏,宋丽君,译.北京:商务印书馆,2017:98-382.

倍多。

除了中央电视台，2011年贵州电视台《贵州新闻联播》全年对全国民族运动会的报道量达1000多条（次）。贵州人民广播电台共播出2865条相关新闻，宣传片花计15396次，开设专题22期，时长1010分钟，现场直播2场，开幕式6个频率进行了同步转播。此外，贵州卫视在赛事期间专门推出了时长30分钟的《午间看台》（12：00—12：30）特别节目，用于直播赛事[①]。

二、网络媒介

1999年第六届全国民族运动会之后的历届大会，组委会均建立专门的官方网站进行全国民族运动会仪式和赛事相关报道（赛事新闻、赛事历史、赛事成绩、赛事花絮等），通过网络图文强化广大受众对中华民族的集体记忆。新华网、国家民委官网和其他门户网站同样对全国民族运动会进行了及时的报道；境外媒体也积极参与全国民族运动会的现场直播，使海内外华人和观众第一时间获悉全国民族运动会的赛事实况。

据不完全统计，2011年对第九届全国民族运动会的报道中，《人民日报》、新华社、中央电视台、中央人民广播电台、《光明日报》、《经济日报》、《中国日报》等7家中央媒体共刊发各种稿件600余篇，图片1400多幅；香港《大公报》、香港《文汇报》、《香港商报》、《澳门商报》、海峡之声等媒体共刊发各种稿件90余篇；新华网、人民网、腾讯网、新浪网、《新京报》、《京华时报》、《新民晚报》、《南方都市报》、《兰州晨报》、《解放军报》、中国江苏网、荆楚网等特邀媒体共刊发各类稿件1万余篇，图片3万余幅。

此外，此届大会省内媒体的报道也较以往有了大幅增加。例如，赛会期间，《贵州日报》每天用4个整版、最多时达8个整版进行报道，刊

---

① 中华人民共和国第九届少数民族传统体育运动会组委会办公室.中华人民共和国第九届少数民族传统体育运动会文件资料汇编[Z].内部资料,2012:652-653.

发通讯、消息、评论、综述、侧记等各类稿件280余篇，图片300余张。《当代贵州》杂志开设的《当好东道主 办好第九届全国少数民族传统体育运动会》专栏，共刊发27篇专题报道①。另外，在社会宣传方面，本届大会首次借助微博平台，发起线上线下同步传递火炬活动，线上有12万微博用户参与了点亮火炬图标活动。

基于对赛事报道内容的文本与话语分析，笔者发现报道的绝大多数内容肯定了赛事对传播民族文化、传承民族体育的积极作用，同时将民族团结教育贯穿始终。在报道中常出现"民族团结""共同""繁荣""和谐""家园""凝聚人心""传承""振兴""弘扬传统文化"等高频词语，表达了各族人民团结奋进、建设美好家园的共同目标。该时期，受益于媒介工具的快速发展，拓展了中华民族共同体的想象空间，扩大了全国民族运动会场域内"民间-国家"的媒介叙事的影响力。

第六节　阶段特征：固基国家认同

民族地区发展是党和国家发展战略中的重要任务。党和政府制定了一系列民族政策工具，如援疆援藏计划（1990年）、重点扶持民族地区教育（1995年）、兴边富民行动（1999年）、西部大开发（2000年）、非物质文化遗产保护（2005年）等。各族人民物质生活和文化生活发生了翻天覆地的改变。少数民族传统体育事业也得到空前的发展，成为中国特色体育事业和精神文明建设的重要组成部分。1995—2011年共举办了五届全国民族运动会。与前一阶段（1982—1991）相比，这一阶段的全国民族运动会逐步走向科学化、规范化和标准化的运营与管理，并且进行了较为充分的市场化运作模式的探索与实践。管理机制、治理体系更加完善，规范了运动员参赛资格审查制度（1995），出台了竞赛项目立

---

① 中华人民共和国第九届少数民族传统体育运动会组委会办公室.中华人民共和国第九届少数民族传统体育运动会文件资料汇编[Z].内部资料,2012:652-653.

项（2004）与赛事申办办法等（2005），制定了运动员的注册登记制度（2010）与道德风尚奖励办法（2011）；法理层面明确赛事周期固定为四年一次（2005），办会时长 7—13 天①；在大会闭幕式环节公布下届承办地，并举行会旗交接仪式；等等。大部分省、自治区、直辖市逐步建立了省（市）级民族运动会的赛事体系。除此之外，形成了两岸同胞民族民间民俗体育文化常态化交流机制。总体来看，全国民族运动会发展逐渐进入了成熟阶段，从参与国家建构的工具理性视角考察，全国民族运动会作为国家认同建构的重要力量之一，具有与前两个阶段不同的特征内涵。

第一，媒介演化重构了赛事的工具理性，延伸了全国民族运动会的时空场域。基于媒介理论视角，该时期我国正处于迈向全媒体时代的巨大转型之中，受益于全媒体时代带来的传播理念重构，大会举办方积极采取措施，使尽可能多的"想象的共同体"成员透过媒介镜像和媒体叙事深入领略全国民族运动会的魅力。该阶段的赛事筹办期和办赛期，借助各类围绕赛事的媒介报道，数量可观的受众无异于接受了一次生动的民族政策、民族文化、民族体育知识的推广、普及和教育。同时，该时期通过媒介工具大力宣传全国民族运动会成功举办的宝贵经验，通过民族赛事场域大力弘扬伟大的时代精神，例如红军长征精神（2003）、遵义会议精神（2011）。此外，还通过赛事场域内的公民教育积极培育个体-群体的爱国主义精神、艰苦奋斗的奉献精神、勇攀高峰的创新精神以及团结协作的团队精神。

第二，构建多元民族文化互动的引力场。民族团结稳定、社会和谐、经济快速发展为该时期民族体育文化的繁荣兴盛提供了良好的前提条件。例如，该时期历届赛事期间举办了各类民族体育文化的摄影展、书法展、集邮展、民族体育学术研讨会、科学论文报告会以及民族运动会社区欢乐行等活动，扩大了赛事的文化影响力。通过体系完备（县、

---

① 该时期举办赛事的赛期固定在 7—8 天,第六届因设有分赛场,主赛场和分赛场比赛共计 13 天。

市、省、国家）的赛事体系，贯通了微观-中观-宏观层面的赛事文化常态化交流互动机制，形成了以全国民族运动会为中心的"民族体育文化结构之网"，其中全国民族运动会便是这张文化之网的核心引力场域之一。此外，有相当数量的全国民族运动会的竞赛与表演项目入选了首批国家级非物质文化遗产名录（2006）。例如，2007年第八届大会入选的项目有：竞赛项目蒙古族搏克、朝鲜族秋千，表演项目达瓦孜、抖空竹、跳板、秀山花灯、蒙古族安代舞、土家摆手舞、热巴舞、天桥中幡、苗族芦笙舞等。随后历届大会的竞赛和表演项目均有新增入选国家级非物质文化遗产名录的，并且比率逐届升高，这也力证了全国民族运动会在发掘、保护、传承民族传统文化中的重要意义。

第三，赛事仪式和符号的常态化"国家征用"。在特定的日程选择和特殊的赛事仪式设计上，全国民族运动会的"国家征用"成为常态，甚至在某些时刻成为"国家仪式图景"中的一部分。国家与民间的相互在场成为普遍现象。诸多散落的边远性、地方性、民族性的"小传统"主动参与到国家和中华民族"大传统"①的文化进程中，在具体实践中完成了"大小传统"的互动互构，使原本作为族际"边界"的身体活动

---

① 本研究探讨的"大传统"与雷德菲尔德（Robert Redfield）论述的"大传统"（Great Tradition）截然不同。全国民族运动会即传统的发明，相对于多元化、地方性的以及琳琅满目的"小传统"，笔者认为可以称之为新中国成立以来的国家层面的发明"大传统"。这里的"小传统"与雷德菲尔德（Robert Redfield）论述的相似或接近，而"大传统"则完全不是一个概念。雷德菲尔德认为"大传统"是内省地存在于上层人士之中的，属于少数人的传统；而我们这里讨论的"大传统"，笔者认为是存在于个体-民族-国家的相互影响、互相塑造的动态进程中。两者最大的区别是前者所认为的"大传统"是少数人"大传统"，与民间、地方天生存在着疏离，而这种疏离难以克服。笔者这里所谈论的"大传统"是置放于我国的具体情境来讨论，通过现场调研、史料解读以及综合分析，笔者认为全国民族运动会作为发明的"大传统"，更像一只宏观之手，有序地调控着各种"小传统"，推动不同"小传统"之间的互化，实现了"小传统"和"大传统"之间的有机互动，有效预防地方性、区域性、民族性的"小传统认同"意识超越"国家层面"认同的分散力量，形成了地方性认同、民族性认同、区域性认同的方向与"国家认同"或者"中华民族认同"的方向相一致，二者之间互为表里，相辅相成。

成为全民共享的盛会，通过常态化的"大小传统""民间-国家"框架下的仪式互动和符号搬演，实现了多元文化的交互与融合，形成了笔者认为的"互化"（相互认同、互相转化），而不是某一民族的"同化"，更不是狭隘认知的"汉化"。在全球化持续深入的背景下，这种持续性的"互化"超越了地方性文化原本的族际边界，渐渐实现了"小传统"的适应性转换重构与"大传统"的持续性建构。这种葆有地方传统、民族特色同时建构新的"国家传统"的模式，实质上可以被视为我国在现代民族国家进行自我建构过程中的制度探索和治理尝试。显然，这种探索尝试是成功的。

第四，凸显两岸共同的祖源记忆和文化共性，积极消解"结构性失忆"对台湾同胞的负面影响。正如台湾学者王明珂所说："因远离政治、文化与相关社会秩序核心，边疆人群较有能力摆脱各种核心典范的约束，或能在两个或多个政治文化体之典范间作抉择，因此从一政治文化体的核心观点来看，边疆社会是失序、野蛮、混杂与危险的。"①该时期全国民族运动会作为两岸民族民俗民间常态化交流机制中的有机组成（该时期历届赛事台湾代表团均有参与），通过民族赛事搭建两岸民众的互动平台，围绕着共同的中华传统，例如民俗节庆、饮食习惯、传统文化、建筑空间等共性因素的反复强调和凸显，有利于稳固"中华民族认同"的祖源记忆，积极消解"结构性失忆"对台湾同胞的不良影响。

综上，本章基于全球化时代持续深入的背景，较为深入地分析了国内大型民族体育赛事——全国民族运动会（赛事仪式、赛事符号）如何渐渐成为积极参与巩固国家认同建构的有力工具之一，阐释了其在不断巩固国家认同和中华民族国族认同的具体实践中，持续进行着的多元化的策略用功和治理努力，进而使得中国特色社会主义的国家特性和国民身份在国家级民族体育赛事的场域中得以反复确认并得到巩固。

---

① 王明珂.华夏边缘：历史记忆与族群认同[M].上海：上海人民出版社，2020：序言1.

第四章 新时代全国民族运动会的全面深化改革 （2015—2019）

在"中国特色"的话语场内，普世模式的民族国家理论难以解释……迫切需要一种崭新的民族主义。一方面，宣扬主权在民以及保障疆域内不同身份的人民基本平等的原则；另一方面，以前所未有的热情去拥抱和维护统一的多民族国家理念。

——姚大力[1]

第一节 时代背景与政策环境

随着 2012 年 12 月中央八项规定的出台，国家取缔、压缩、合并了很多综合性体育运动会和大型体育赛事，而全国少数民族传统体育运动会作为被完整保留下来的全国性重大运动会之一，其重要程度不言而喻[2]。党的十八大以来我国体育事业蓬勃发展，国家层面的体育政策、法规接连出台，全民健身（2016）、健康中国（2016）和体育强国

---

① 姚大力.追寻"我们"的根源:中国历史上的民族与国家意识[M].北京:生活·读书·新知三联书店,2018:108-110.注:此段文字由笔者概括提炼而成。

② 未进行赛事精简前,我国综合性大型运动会包括全国运动会、全国体育大会、全国城市运动会、全国农民运动会、全国少数民族传统体育运动会、全国残疾人运动会、全国大学生运动会、全国中学生运动会等。

（2019）建设上升为国家战略。民族体育事业和少数民族群众的体质健康作为全民健身的重要组成，以及健康中国和体育强国建设的关键环节，备受党中央重视。该时期发展繁荣民族体育事业的战略意义和重大作用上升到前所未有的高度，民族体育事业不但是健康中国和体育强国建设总体框架中的重要组成，更是凝聚民族合力，实现中华民族伟大复兴的中国梦的题中应有之义。

一、民族体育发展与全民健康保障

"没有全民健康，就没有全面小康。"①经过几十年的长足发展，中国在国民健康方面取得了令世界瞩目的伟大成就，人均预期寿命由35岁上升至77岁（截至2018年）②，经常参加锻炼人数近4亿人，国民体质合格率达90%③；体育场地总数超354.44万个，人均使用面积达2.08m²④。

国民健康水平是衡量国家综合国力的重要维度，也是国家发展的根底。群众体育事业高效发展是提高国民健康水平的重要抓手，同时也是关乎体育强国建成的关键指标，因而群众体育始终处于新时代体育强国建设战略布局的核心方位。少数民族群众作为中华民族共同体的重要构成，是实现全民健身、健康中国、体育强国建设和实现全面建成小康社会伟大进程中的关键组成。在精准扶贫、乡村振兴等国家战略的有序衔接下，充分发挥民族文化资源优势，加大民族体育资源的开发与扶持力度，促进民族体育与健康、休闲、旅游、文化等产业的融合发展，有利

① 许宝健,石伟.没有全民健康,就没有全面小康[N].经济日报,2020-05-13(11).

② 中华人民共和国国务院新闻办公室.《新时代的中国与世界》白皮书[EB/OL].(2019-09-27)[2019-12-15].http://www.scio.gov.cn/ztk/dtzt/39912/41838/index.htm.

③ 刘国永.对新时代群众体育发展的若干思考[J].体育科学,2018,38(1):5.

④ 国家体育总局体育经济司.2019年全国体育场地统计调查数据[EB/OL].(2020-11-02）[2020-11-25].http://www.sport.gov.cn/jjs/n5043/c968164/content.html.

于加快推动民族地区实现跨越式高质量发展。

二、民族体育发展与体育强国建设

"体育强则国强，国运兴则体育兴。"①党的十九大报告明确指出："广泛开展全民健身活动，加快推进体育强国建设"。扎实推进健康中国和体育强国建设，促进全民健身与全民健康的深度融合，是全面建成小康社会的题中应有之义。发展体育运动，增强人民体质，是我国体育工作的根本任务。民族体育具有广泛而深厚的群众基础，是各民族群众健身娱乐的主要方式。要坚持"人民主体论""人民中心论"，积极发挥民族体育的独特优势，因地、因时制宜地开展全民健身运动，不断完善便民利民惠民的健身设施，满足各族群众日益增长的健康生活需求。从体育赛事供给侧结构性改革入手，健全、完善以全国民族运动会为龙头的县—市—省—国家的四级民族体育赛事体系，带动各族群众投身全民健身事业，努力为各族人民提供更多更好的健身产品，不断提高各族人民的健康素养和幸福指数。在体育强国建设背景下，全国民族体育运动会同样着力于持续深化改革，积极助力于新时代中华民族体育软实力建设。

三、民族体育发展与文化自信推进

"文化兴国运兴，文化强民族强。"②我国是统一的多民族国家，民族众多、文化多元是基本国情。各民族在长期历史发展进程中，创造传承了各具特色的灿烂文化，共同绘就了中华文化的精彩画卷。民族体育作为民族文化的重要组成部分和生动表现形式，是各民族宝贵的精神财富和文明遗产，承载着各民族的历史文化，体现出各民族的生活习俗，

---

① 朱虹,张静淇.体育强则国强 国运兴则体育兴[N].人民日报,2017-09-05(23).
② 蔡利民.文化兴国运兴,文化强民族强[N].光明日报,2018-06-07(02).

折射出各民族的精神特质。

以全国民族运动会为龙头的民族体育赛事体系，一方面以社会主义核心价值观为引领，尊重差异、包容多样、增进一体，持续增强各民族对中华文化的认同；另一方面，以繁荣发展民族文化为核心驱动力，互学互鉴、共同繁荣、相互欣赏，共建中华民族共有的精神家园。全国民族运动会赛事体系办赛的核心理念始终秉持平等、团结、拼搏、奋进的精神，这也是社会主义核心价值观、中华民族共同体意识在民族赛事领域的直观体现。历届全国民族运动会赛事主题鲜明，始终以紧扣时代主题、弘扬时代精神、构筑民族精神、展示国家成就、增强文化自信为出发点；在注重提升竞技和表演水平的同时，发掘多元民族文化内涵，凸显人文特色，弘扬体育精神；坚持以文载道、以文化人，持续增强中华民族的凝聚力、影响力、感召力，为推动多元一体中华民族文化的兴盛发挥了积极作用。

四、民族体育政策体系的创新与完善

这一阶段，我国经济社会的整体发展带动了体育事业的全面进步。党和国家对少数民族体育发展给予了更多的政策支持与重视，尤其是把民族体育文化发展纳入中华优秀传统文化复兴的战略中，使我国民族体育政策法规体系得以进一步优化与完善（见表4-1）。例如，2014年10月20日国务院下发了《关于加快发展体育产业促进体育消费的若干意见》，明确提出要"扶持少数民族地区发展少数民族特色体育产业"，从体育政策层面释放了新时代推动民族地区快速高质量发展的积极信号。2016年3月16日十二届全国人大四次会议通过《中华人民共和国国民经济和社会发展第十三个五年规划纲要》，强调"推广全民健身，增强人民体质"。同年10月25日中共中央、国务院印发并实施《"健康中国2030"规划纲要》，从国家战略高度规划部署提高全民健康水平，推进健康中国建设。

2017年，中共中央办公厅、国务院办公厅颁布《关于实施中华优秀传统文化传承发展工程的意见》，明确提出让"子孙后代记得住乡愁"，不断"增强国家认同、民族认同、文化认同"，将对中华优秀传统文化的记忆、认知、保护、传承和弘扬上升到国家战略层面。同时，该意见强调实施中华优秀传统文化传承发展工程"对于传承中华文脉……维护国家文化安全、增强国家文化软实力、推进国家治理体系和治理能力现代化，具有重要意义"。

2018年5月29日国家民委、国家体育总局发布关于印发《全国少数民族传统体育运动会组织管理办法》的通知，进一步明确、规范了全国民族运动会的申办要求、主办单位和承办单位的职责与权力、比赛项目设置、竞赛项目立项以及赛事期间体育文化活动的具体要求。2019年国务院办公厅印发《体育强国建设纲要》，明确要求："挖掘中西部地区独特的体育资源优势……丰富革命老区、民族地区、边疆地区、贫困地区群众的体育生活，做好体育援疆、援藏工作。"

表4-1　2014—2019年有关民族体育政策的意见、办法、纲要

时 间	颁发、通过部门	意见、办法、纲要
2014年	国务院	《关于加快发展体育产业促进体育消费的若干意见》
2016年	十二届全国人大四次会议	《中华人民共和国国民经济和社会发展第十三个五年规划纲要》
2016年	中共中央、国务院	《"健康中国2030"规划纲要》
2017年	中共中央、国务院办公厅	《关于实施中华优秀传统文化传承发展工程的意见》
2018年	国家民委、体育总局	《全国少数民族传统体育运动会组织管理办法》
2019年	国务院办公厅	《体育强国建设纲要》

该时期四年一届的全国民族运动会，是新时代最具影响力的民族团结的大联欢和民族体育事业的大合唱[①]。全国民族运动会进一步弘扬了

---

① 江凌.有一种感动，叫鄂尔多斯：第十届全国少数民族传统体育运动会掠影[J].中国民族,2015(8):22-27.

各族人民共建美好家园、共创美好未来的主旋律，铸牢了团结繁荣的"中华民族共同体"，将新时代民族团结、共同繁荣的民族史诗、鸿篇巨制传遍中华大地。

第二节 全国民族运动会的深化改革

该时期国家取缔、压缩、合并了诸多综合性体育运动会和大型体育赛事，全国民族运动会作为党的十八大以后保留下来的国家级综合性体育赛事之一[①]，为了更好地服务于国家战略和发展目标，其管理架构和治理体系相应地做出了一系列调整。

一、允许汉族运动员参赛

从竞赛人员参与方面看，该时期的竞赛规程中明确把汉族运动员纳入全国民族运动会竞赛体系中。例如，2015年第十届全国民族运动会经过广泛征求意见和反复论证，规定汉族选手可按照一定比例参加竞赛项目中的集体项目以及表演项目（仅限花炮、珍珠球、木球、毽球、龙舟、板鞋竞速、民族健身操和表演项目，其中花炮项目汉族运动员不超过4人，珍珠球项目不超过3人，木球项目不超过2人，毽球项目不超过1人，龙舟项目参加标准龙舟赛不超过7人、小龙舟赛不超过4人，板鞋竞速每队汉族男、女运动员各1人，民族健身操不超过5人，表演项目不能超过上场队员总数的三分之一），该届全国民族运动会成为56个民族运动员首次集齐的民族盛会。此后汉族运动员得以按照规则要

---

①党的十八大之后，保留下来的全国性综合运动会主要有全国运动会、全国民族运动会的全国青年运动会、全国学生运动会、全国残疾人运动会等。

求，名正言顺地参加比赛项目与表演项目①。

规则层面允许汉族运动员参赛在全国民族运动会的历史上具有里程碑意义。首先，消除了汉族运动员参与全国民族运动会的制度藩篱，凸显了中华民族大团结和56个民族是一家的理念；其次，调动了各民族运动员特别是汉族运动员参与全国民族运动会的热情和积极性，扩大了全国民族运动会的影响力，有利于各民族的交往交流交融；最后，在保持少数民族运动员主体构成的前提下允许一定比例的汉族运动员参加竞赛与表演项目，有利于少数民族运动项目的推广和普及，以及保持、传承少数民族传统体育文化的生命力，持续扩大优秀民族传统体育的社会影响力。某种意义上，全国民族运动会这种适应性转变，既体现了宏观层面的策略性应对，同时也是中国特色民族体育赛事发展进程中的客观需要。通过治理层面的努力，形成全国民族运动会新的认同边界，满足了不同群体的认同诉求。随着这种边界互动和改变机制的形成，全国民族运动会场域内的"他者"得以重新定位。例如，从第九届开始，在大会总规程中明确赛事简称为"第九届民族运动会"，从官方文件层面框定了赛事的简化名；从第十届开始，总规程中明确规定一定比例的汉族运动员可以合法合规地参加全国民族运动会，真正意义上践行了民族赛事场域内的中华民族大团结、56个民族是一家的国家理念。

二、调整完善赛事组委会下设机构

赛事组委会是保障历届赛事顺利运营的组织领导机构。随着全国民

---

① 在笔者调研过程中，多位参与多届全国民族运动会的被访者谈论，在第十届全国民族运动会之前，因种种原因，多有汉族运动员参与到竞赛或者表演项目中。在笔者收集的《中华人民共和国第十届少数民族传统体育运动会志》中第286页，国家民委副主任丹珠昂奔在第十届全国少数民族传统体育运动会第一次筹备工作会议上的讲话，明确提及"上届（第九届）运动会的总规程规定不允许汉族运动员参赛，结果在报名时绝大多数代表团被审查出汉族，仅有两个省是合格的"，佐证了多位被访者的表述。

族运动会赛事规模的扩大，赛事组委会也不断地调整与完善其机构设置。例如，第十届大会组委会首次设立了信息档案管理组，主要负责全国民族运动会期间档案资料的收集、整理、移交，文件资料汇编，影像资料图册整理及存档工作①，通过档案方式保存了历史标本，用以传承民族传统文化。随着赛事组织的规范化和运营的科学化水平持续提高，马上项目分赛场的赛程和规模超过往届，为更好地保障分赛场工作的顺利进行，第十一届大会组委会新增马上项目工作部②。

除此之外，鉴于全国民族运动会的重大政治意义和现实意义，该时期对参与人员的资格背景审查、人员管理、责任追究一律从严，对违纪违规行为零容忍。安全保卫部对参赛运动员进行身份核实，严把身份信息审核关；竞赛表演部对裁判员强化职业道德教育，铸牢公平公正执裁理念，加强业务技能培训，最大限度减少误判、漏判、错判；对赛事编排、比赛抽签等一律坚持公开透明；对容易产生争议的表演项目现场亮分，同时，仲裁委员会和纪律检查委员会加强对执裁执纪的监督管理，使赛风赛纪问题明显减少③。

综上，该时期全国民族运动会的治理体系日趋完善，组委会架构的沿革围绕着赛事可持续发展而展开。例如，第十届大会组委会下设信息档案管理组。作为一项典型的记忆实践活动，赛事"档案记忆"的生产与再生产能够发挥其传承历史记忆、参与社会治理、构建文化认同的社会功能，进而作用于整体"社会记忆"的再生产。在这里需要指出的是，笔者通过调研发现，之前的历届全国民族运动会（1953年首届大会除外），在赛事举办地的档案馆、图书馆或者博物馆等或多或少地留存

---

① 中华人民共和国第十届少数民族传统体育运动会组委会办公室.中华人民共和国第十届少数民族传统体育运动会志[Z].内部资料,2015:72.

② 呼和浩特马上项目分赛场筹委会办公室.中华人民共和国第十一届少数民族传统体育运动会呼和浩特马上项目分赛场剪影集[Z].内部资料,2019:前言1.

③ 执委会办公室.中华人民共和国第十一届少数民族传统体育运动会执委会办公室资料汇编(之二:大型活动及重要会议材料)[Z].内部资料,2019:6-7.

了赛事的相关档案。第十届组委会特别设立信息档案管理组，突出了赛事信息档案管理的重要性，为构建赛事记忆档案化、档案记忆社会化的全国民族运动会档案制度开了先河。借助于全国民族运动会档案的"文件连续体"，可以将个体的身份记忆、组织的规范认同和社会及国家的结构体系联通起来。

第三节　赛事文化符号

该时期会徽、吉祥物、歌曲、标语、奖牌等作为赛事重要标志和文化符号，是赛事系列文化符号体系的重要组成部分，具有丰富的文化意涵。正如上一章分析，在民族自觉、文化自信和时代重心转移的影响下，赛事符号的"在地化"调适与重构渐渐成为全国民族运动会文化符号体系构建的努力方向。该时期的会徽、吉祥物、奖牌、火炬以及会歌（主题曲）等系列符号围绕着体现承办地的民族文化精髓，凸显承办地和举办城市的地域形象，在"能指"的意涵上着重传递和表征中华民族文化精神（见表4-2）。

表4-2　第十届、十一届全国民族运动会会徽、吉祥物、歌曲①

届次	会徽	吉祥物	歌曲
第十届 （2015）			《爱我中华》 《欢聚草原》 《圆梦中华》 《我的鄂尔多斯》
第十一届 （2019）			《爱我中华》 《奔跑的梦想》

---

① 表4-2中的会徽、吉祥物来源于笔者2020年4月收集的第十、十一届赛事秩序册的第1-2页。

一、会徽、吉祥物

第十届会徽"腾飞"以阿拉伯数字"10"与飞奔的骏马形象相结合为造型基础，突出了届次和举办地特色。其整体造型特征突出了蒙古族男儿三艺——赛马、射箭和摔跤。"1"字部分的马头造型，灵感来自速度赛马；"0"字部分由弯弓和"将嘎"①组成，整体颜色由蓝色（天空）、红色（祥云）、绿色（草原）和黄色（大地）构成。此外，"0"（阿拉伯数字）和"O"（英文字母）形状相近，"O"为鄂尔多斯英文（Ordos）的第一个字母，形态为圆形，预示着本届运动会在鄂尔多斯圆满成功，突出了"相聚内蒙古　共圆中国梦"的主题。第十届全国民族运动会设计的会旗，以象征尊重和平的白色为底色，中间为第十届民族运动会的会徽，寓意各民族相互学习、互鉴共进，共同建设美好家园。吉祥物是小白马"阿吉内"，"阿吉内"是蒙古语，汉语意为骏马②，代表着纯洁、神圣、好运与吉祥。"阿吉内"通过拟人化的卡通造型设计制作而成，形象可爱、时尚新颖，身着艳丽的传统摔跤服饰，憨态可掬，喜迎八方宾客相聚内蒙古大草原，共享大团结、大联欢的民族体育盛会。

第十一届全国民族运动会会徽主题图形由腾飞向上的龙、凤及两侧色带组成，龙凤形似阿拉伯数字"11"，意为本届民族运动会的届次，又寓有"龙凤呈祥"之意；两侧旋转的橙色与蓝绿色色带分别代表着黄河与长江。会徽轮廓与汉字"中"的轮廓相似，龙凤相依相伴呈腾飞之势，突出了"中华民族一家亲、同心共筑中国梦"的主题。吉祥物是名

---

①"将嘎"是著名摔跤手的脖子上缀有的各色彩条，是摔跤手在比赛时获奖的标志。象征着力量与智慧的"将嘎"并不是谁都能戴，必须在五次大型的搏克比赛中夺冠，才有佩带资格。

②蒙古族是马背民族，在蒙古族传统那达慕比赛中，跑得最快、最有耐力、能赢得最终胜利的蒙古马被称为"阿吉内"。

叫"中中"的龙娃，身穿中国传统服饰，胸前的装饰图案取自郑州出土的商代经典青铜器，体现了举办地郑州深厚的历史文化积淀。"中中"这个名字在河南方言中有特别的意义，"中"作为河南特色方言，表达肯定、鼓励和赞誉等语义，饱含着河南人民对运动会成功举办的衷心祝愿①。

二、主题歌曲

音乐同语言一样，也是用于"表征世界"或者"为世界编码"的文化形式之一。音乐及其文化实践是对世界的"表现"与"再现"，同时还能进一步满足政治需要，巩固文化-政治认同②。作为最具民族性、族群性标识的文化因素，置身于音乐场域能够唤起身体在场"卷入者"的情感共鸣，构建基于语言、血缘、族源、意识形态、历史心性、文化精神的"想象社群空间"，为置身其中的"想象共同体"提供了自我与集体相互融入、荣辱与共的时空背景，有利于召唤人们心灵深处的情感共鸣③。

例如，第十届全国民族运动会上的歌曲《欢聚草原》，以天山脚下、彩云之南、宝岛台湾、林海雪原四个风格迥异的民族地域为背景，展现了伟大祖国的壮美河山和秀丽风景，突出展示了各民族手拉手、肩并肩，从天南海北相聚于内蒙古大草原，载歌载舞、欢聚一堂的和谐盛景，凸显了各民族心连心的血肉情谊、团结互助的精神风貌和共同实现中国梦的崇高理想。除此之外，第十届全国民族运动会开幕式的主题曲

---

① 资料来源于笔者2020年4月所收集的第十一届赛事秩序册第2页。

② 胡斌.现代认同与文化表征中的古琴:以上海古琴文化变迁为个案的音乐人类学研究[D].上海:上海音乐学院,2009:124.

③ 张建会.国际和国内双重维度下大型体育赛事与国家认同研究[M].北京:北京体育大学出版社,2020:141.

《圆梦中华》颇具代表性[①]，歌词大气磅礴地展现了中华民族悠久的历史、灿烂的文化、辉煌的成就，以及各族人民热爱生活、追求幸福的美丽梦想和各民族为实现中华民族伟大复兴齐心协力、共同奋斗的美好愿景。

三、诗词和标语口号

党的十八大以来，文化自信成为促进社会主义文化大发展、大繁荣的核心关键词。国家体育总局为贯彻2017年中共中央办公厅、国务院办公厅下发的《关于实施中华优秀传统文化传承发展工程的意见》的精神，积极挖掘、整理和推广中华优秀民族传统体育项目，保护和开发民族传统体育非物质文化遗产。我国少数民族传统体育项目蕴含着丰富的文化精髓，为献礼中华人民共和国成立70周年和第十一届全国民族运动会的成功举办，由国家体育总局立项的《中国少数民族传统体育项目诗词集萃》于2019年3月出版。

（一）诗词

诗词作为文字延伸的语言艺术和意向符号，语言形象凝练，结构清晰自由，富有节奏韵律，饱含想象，成为表情达意、交流思想的媒介[②]。《中国少数民族传统体育项目诗词集萃》围绕着国家民委文化宣传司于2017年出版的《中国少数民族传统体育大全》中列出的26个竞赛项目和109个日常开展的体育运动项目，收录了144首格律诗词，这是继1993年出版发行《民运会诗词选》后，以我国少数民族传统体育项目为主题的又一经典之作。该举措在讲好民族体育故事，发掘和表现民族体育文化内涵等方面作出了有益探索。此外，诗词集萃阐释总结了少数民

---

① 中华人民共和国第十届少数民族传统体育运动会组委会办公室.中华人民共和国第十届少数民族传统体育运动会志[Z].内部资料,2015:前言7-9.

② 赵宪章.诗歌的图像修辞及其符号表征[J].中国社会科学,2016(1):163-181,207.

族传统体育项目的文化特点，提炼了民族运动项目中特有的精神与文化内涵，有利于形成存储少数民族运动项目独有的文化精神和文化符号。下面图4-1、图4-2所示为书中的诗词节选。

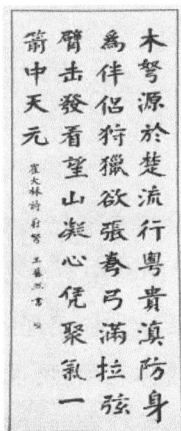

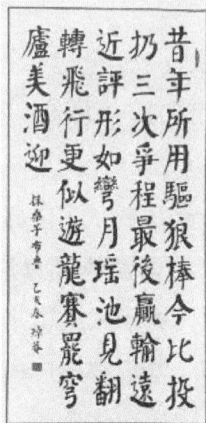

图4-1　《五律·射弩》①　　　　图4-2　《采桑子·布鲁》②

（二）标语口号

标语口号的概括性、思想性、鼓动性、规范性和通俗性使其成为大型活动进行宣传、表达活动主旨的常规手段。大型体育赛事的标语口号以简短的文字表述体现丰富的赛事文化内涵，起到宣传、动员的积极作用③。该时期大赛组委会下设的宣传部门进行标语口号的策划、征集、遴选，通过大型活动（发布会、开闭幕式、民族大联欢、火炬传递等），以横幅、幕墙、电子屏、公共交通工具、社区橱窗等展示形式，将国家意识融入赛事仪式进程以及人们的日常生活环境中，实现突出赛事宗旨、宣传民族政策、固基民族团结、增强民族交流、弘扬民族文化的目

① 田麦久,王钰清.中国少数民族传统体育项目诗词集萃[M].北京:人民体育出版社,2019:19.注:《五律·射弩》由国家体育总局原副局长崔大林创作,由书画家王艺然书写。

② 田麦久,王钰清.中国少数民族传统体育项目诗词集萃[M].北京:人民体育出版社,2019:7.注:《采桑子·布鲁》由河北体育学院原院长张绰庵创作并书写。

③ 孙继龙,石岩.体育标语的溯源及演进研究[J].北京体育大学学报,2010,33(9):38-42.

的（见表4-3）。

表4-3　第十一届全国民族运动会宣传语

届次	宣传标语口号
第十一届 （2019）	不忘初心、牢记使命 高举习近平新时代中国特色社会主义思想伟大旗帜 紧密团结在以习近平同志为核心的党中央周围 促进各民族像石榴籽一样紧紧抱在一起 中华民族一家亲、同心共筑中华梦 中华民族一家亲、携手奋进新时代 铸牢中华民族共同体意识 加强各民族交往交流交融 奋进新时代、中原更出彩 迎民族盛会、庆七十华诞 民族的大团结、你我的运动会 办好民族运动会盛会、建好国家中心城市① 促进各民族交往交流交融 各民族共同团结奋斗、共同繁荣发展 凝聚民族力量、同圆中国梦想 民族团结新时代、体育运动新篇章 盛世盛会盛情、同心同梦同赢 河南"郑"能量、世界共分享 多彩民族风、盛世中原情 心连心竞技河南、手牵手逐梦未来 民族体育大舞台、有你参与更精彩 扮靓郑州、笑迎盛会 人人当好东道主、争做出彩河南人②

四、火炬

随着赛事文化符号体系的持续创新，该时期细腻精巧的火炬、奖杯、奖牌也成为表征传统文化的重要符号之一。通过细节性、微观化的

---

① 执委会办公室.中华人民共和国第十一届少数民族传统体育运动会执委会新闻宣传部资料汇编[Z].内部资料,2019:351.

② 第十一届全国少数民族传统体育运动会宣传标语[EB/OL].(2019-07-02)[2023-01-02].https://www.hnass.com.cn/Article/index/cid/69/lid/70/id/5322.html.

文化实践和艺术探索，这些火炬、奖杯、奖牌富含丰富的爱国主义元素和传统文化精髓，实现了赛事场域内最大化的文化认同建构。

第十一届全国少数民族传统体育运动会的火炬"心向"（见图4-3），通过喜庆的中国红来表达河南人民的热情与激情。"心向"谐音"新象"，寓意新河南、新郑州、新气象。火炬造型取材于郑州市花——月季的花蕊，寓意郑州发展四季红火，本届赛事红红火火。火炬主体上部依次排列着郑州地标建筑，包括二七塔、千禧广场等。下部56条蜿蜒而上的绳索，象征着56个民族一心向党，同呼吸、共命运、心连心。此外，手柄处采用商代青铜器的龙纹，彰显了郑州深厚的文化底蕴。通过火炬元素及其与本届民族运动会会徽元素的有机融合，实现了河南源远流长的千年文明与现代时尚的完美结合。正如火炬的设计者张杰涛所说，"心向"从古至今的设计形式，寓意河南上承千年文化，下启"时尚、快乐、活力"的时代魅力新姿[①]。通过火炬设计者的解读，我们可以领悟火炬"心向"的多重文化意涵，既有隐含古代河南"象"文化的厚重，又表征举办地河南省、郑州市的时代"新气象"，此外还传递着新时代各民族一心向党的坚定信念。

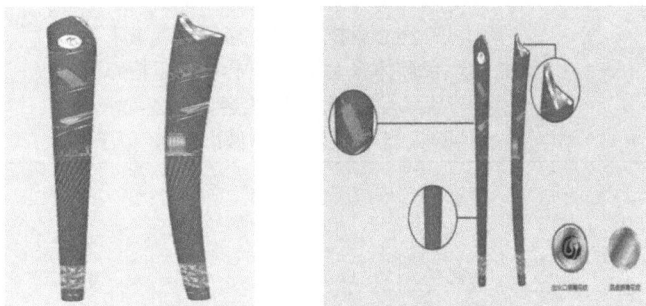

图4-3　2019年第十一届全国民族运动会火炬"心向"[②]

---

① 国家民委.火炬"心向"彰显中原文化底蕴 昭示各民族心连心[EB/OL].（2019-09-06）[2020-11-26].https://www.neac.govcn/seac/c102718/201909/1135798.shtml.

② 国家民委.第十一届全国少数民族运动会火炬"心向"里藏着56个民族的美好祝福！[EB/OL].（2019-05-27）[2020-11-03].https://www.163.com/dy/article/EG6FC6P50514906E.html.注："心向"设计者为张杰涛。

五、奖杯、奖牌

第十一届全国民族运动会的奖杯与奖牌设计融入了较多中华民族传统文化元素。奖杯"龙凤书卷"（图4-4）灵动不失庄重，上端基于会徽核心图形"龙凤"，组成"11"图案，呈现腾飞之势；中间升腾古老的祥云图案，彰显中华文明生生不息的活力。杯身龙凤环绕的结构形成书卷，象征着中华文化是多元民族文化之集大成，隐喻着中华文化认同。杯身上的镂空祥云图案以及青铜器装饰纹样，体现了河南的厚重历史。整体倒置的杯柱形态呈向上绽放之势，呼应了"平等、团结、拼搏、奋进"的全国民族运动会宗旨。奖杯底座由三级台阶组成，与采火点观星台形似，寓意"三个离不开"思想和步步高的美好祝福。整体设计突出了各民族同胞"同心共筑中国梦"的共同目标和铸牢中华民族共同体意识的新时代民族工作主线。

奖牌"民族同心"（图4-5）的设计同样匠心独运，其直径为70毫米，代表中华人民共和国成立70周年；厚5.6毫米，代表中华56个民族。整体造型为古代玉璧形态，奖牌挂钩由会徽中两朵"祥云"构成合掌、拱手的动作，既代表对来自全国各族同胞的尊重，也代表胜出运动员的谦恭。奖牌波浪纹外形源自黄河，恰似各族儿女手拉手、肩并肩围成的花朵形态，内外波浪圆形为同心圆，象征56个民族"紧紧抱在一起"，突出了各民族实现"中华民族一家亲"的共同目标[1]。

---

① 资料来源于笔者于2020年10月所收集整理的中华人民共和国第十一届少数民族传统体育运动会大会指南第11页。

图4-4 奖杯"龙凤书卷" 图4-5 奖牌"民族同心"①

综上，赛事文化符号的"本土化""在地化""中国化"的调试与重构，汉族运动员有条件地、正式地获取参赛资格，火炬、奖杯以及奖牌细微之处的精心设计都成为表征国家认同建构意义的赛事场域内的微观实践。相较于上一时期（1995—2011），该时期可以直观体现国家的主导地位以及赛事国家化实践的持续深化，具体表现为该时期全国民族运动会服务于国家战略（文化自信、民族复兴），表达了国家话语（圆梦中华、铸牢中华民族共同体意识），体现着国家治理导向（国家级综合性体育赛事的精简以及更为严谨的赛事体系和治理策略）。

第四节 赛事仪式流程

一、圣火采集与传递仪式

大型体育赛事圣火采集与传递仪式作为流动性地表达民族主义、国家认同的赛事仪式，扩展了赛事参与群体的范围，扩大了赛事影响力。该时期全国民族运动会圣火的采集、传递和点火仪式作为赛事最受瞩

① 大河客户端.独家揭秘！第十一届全国民族运动会奖杯奖牌竟出自郑州这两位"80后"之手[EB/OL].(2019-09-04)[2020-11-26].https://news.dahe.cn/2019/09-04/532996.html.注:设计者是来自郑州西亚斯学院艺术设计学院的两位"80后"教师,分别是高级工艺美术师、副教授陶宗晓和高级工艺美术师、副教授吴志坚。

目、最具仪式感的环节之一，已经成为象征着民族团结、薪火相传的经典符号。正如出席第十一届赛事火种采集仪式的郑州市市长王新伟所说："这枚即将熊熊燃烧的圣火，是闪耀着历史光辉的传承之火、凝结着磅礴伟力的团结之火、迸发着逐梦奔跑的希望之火。"①

第十届全国民族运动会火炬传递仪式中的时间安排颇具代表性（见表4-4）。圣火火种采集定于2015年6月12日上午10：56举行。10点代表着全国少数民族传统体育运动会迎来了第十届，56分象征着56个兄弟民族的美好期盼和祝愿。采火后开启了为期56天的互联网火炬传递，寓意着56个兄弟民族心心相印、和衷共济②。此外，第十届全国民族运动会火炬传递是民族运动会火炬传递历史上首次借助互联网进行虚拟圣火传递③。在城川延安民族学院旧址成功采集火种后，火种跨越雪域高原，驾临东海之滨，从白山黑水到祖国南疆，走遍祖国山山水水。8月6日，圣火抵达鄂尔多斯，开始了实地传递。到达主会场后，主会场点火仪式令人耳目一新，由56个民族代表的火炬手共同点燃主火炬的同时（见图4-6），主会场唱响主题歌《圆梦中华》，赛场幕墙出现巨幅"圆梦中华"投影（见图4-7），表达了各民族人民共圆中国梦，同心向未来的美好憧憬。著名大型开闭幕式总导演章东新曾用"热烈""隆重""主题鲜明""精神崇高"等关键词概括本届大会的开幕式④。

① 执委会办公室.中华人民共和国第十一届少数民族传统体育运动会执委会办公室资料汇编(之二:大型活动及重要会议材料)[Z].内部资料,2019:173.

② 中华人民共和国第十届少数民族传统体育运动会组委会办公室.中华人民共和国第十届少数民族传统体育运动会志[Z].内部资料,2015:195.

③ 笔者在调研史料的过程中,在《贵阳市协办第九届全国少数民族传统体育运动会资料汇编(之二十二):在贵阳市协办中华人民共和国第九届少数民族传统体育运动会其他资料(备忘)汇编③》第409页发现第九届民族运动会的系列宣传活动包括主题为"祝福民运、传递真情"手机飞信火炬传递活动,但遗憾的是未见有记载手机飞信传递活动的相关数据。

④ 中华人民共和国第十届少数民族传统体育运动会组委会办公室.中华人民共和国第十届少数民族传统体育运动会志[Z].内部资料,2015:208.

表4-4　第十届、十一届全国民族运动会圣火传递仪式

届次	圣火采集时间	采集地	网络传递仪式日期	实地传递仪式日期
第十届	2015年6月12日	延安民族学院旧址	6月12日—8月6日	8月6日—8月9日
第十一届	2019年5月8日	登封观星台	5月8日—9月8日	9月7日—9月8日

图4-6　共同点燃主火炬[1]

图4-7　圆梦中华[2]

二、开幕式文体展演

该时期全国民族运动会的开幕仪式实践作为建构权力话语的象征性活动，使参与者聚焦于有特定意义的思想熏陶和情感渲染，通过仪式庆典、符号表征、媒介传播建构稳定的集体认同情感网络和具有强大政治功能的国家叙事，有利于强化民族认同与国家认同一致性建构的持久性和稳固性。下面表4-5、表4-6所示分别为第十届、十一届全国民族运动会简况及其开幕式文体展演情况。

---

① 中华人民共和国第十届少数民族传统体育运动会组委会宣传部.鄂尔多斯记忆[Z].内部资料,2015:76—77.

② 中华人民共和国第十届少数民族传统体育运动会组委会宣传部.鄂尔多斯记忆[Z].内部资料,2015:36—37.

表4-5　第十届、十一届全国民族运动会简况

届次	日期	举办地	竞赛/表演项目数量	运动员人数	代表团人数	开幕式观众
第十届	2015年8月9—17日	鄂尔多斯	17/178	6239	8231	近60000人①
第十一届	2019年9月10—17日	郑州	17/185	7009	8976	约52000人②

表4-6　第十届、十一届全国民族运动会开幕式文体展演

届次	文体展演主题	篇章节目名称	参演人数
第十届（2015）	汇聚民族情共圆中国梦	第一章《吉祥草原》:《万马奔腾》《鄂尔多斯之约》《豪情八骏赞》第二章《守望家园》:《牧歌抒怀》《热情欢聚》《祝福迎宾》《民族健身操》第三章《中华圆梦》	13000多人③
第十一届（2019）	中华民族一家亲携手奋进新时代	第一章《礼赞中华》:《吉祥欢歌》《多彩瑰宝》《秀美山河》《和谐家园》第二章《出彩河南》:《金色大地》《纵横枢纽》《威武少林》《和合太极》第三章《拥抱梦想》:《石榴花开》《同心向往》《薪火相传》《祖国万岁》	8000多人④

　　第十届全国民族运动会开幕式分为上下两篇。上篇主题为"汇聚民族情"（各代表团入场和开幕仪式）。率先入场的是广西壮族自治区代表队，以脍炙人口的电影《刘三姐》的插曲贯穿30秒的表演，勾起了人们对电影《刘三姐》放映时异常火爆、万人空巷情景的集体回忆。下篇主题为"共圆中国梦"。第一章为《吉祥草原》（包括《万马奔腾》《鄂尔多斯之约》《豪情八骏赞》），第二章为《守望家园》（包括《牧歌抒

　　① 中华人民共和国第十届少数民族传统体育运动会组委会办公室.中华人民共和国第十届少数民族传统体育运动会志[Z].内部资料,2015:374.

　　② 执委会办公室.中华人民共和国第十一届少数民族传统体育运动会执委会办公室资料汇编(之二:大型活动及重要会议材料)[Z].内部资料,2019:249.

　　③ 中华人民共和国第十届少数民族传统体育运动会组委会办公室.中华人民共和国第十届少数民族传统体育运动会志[Z].内部资料,2015:326.

　　④ 国家民委官网.光明日报:第十一届全国民族运动会开幕式总导演点赞河南演职人员[EB/OL].(2019-09-09)[2021-05-20].https://www.neac.gov.cn/seac/c102719/201909/1136162.shtml.

怀》《热情欢聚》《祝福迎宾》《民族健身操》），第三章为《中华圆梦》。最后点燃主火炬。

下篇以《吉祥草原》开篇，场面壮观、气势宏大，曲目具有极强的民族特色。其中《万马奔腾》颇具代表性（见图4-8），高难度的演奏技巧加上快速激昂的曲调，与人工背景板的蓝天、白云一同呈现了无垠的草原、翻滚的绿浪、亮丽的北疆风景线，展现了一片繁荣兴旺的景象①。

图4-8　《万马奔腾》（左②、右③）

德国学者扬·阿斯曼在"文化记忆"理论中阐述，群体对传统文化的长时间记忆，需要借助文字、符号、博物馆、节日、仪式等不断创建与维护，这些传统文化记忆在构建与传承中，能够帮助群体获得身份认同。第十届大会开幕式上精彩的文艺表演，集中展现了中华民族悠久的历史、灿烂的文化和辉煌的成就，以及各民族为实现中华民族伟大复兴齐心协力、共同奋斗的美好愿景；呈现了民族团结进步模范自治区——内蒙古自治区的光辉历程和发展成就；展现了鄂尔多斯各民族团结奋进、朝气蓬勃、走向文明的精神风貌和草原人民喜迎四海宾朋的深情厚谊。从内容分析来看，这一大型民族文化展示表演是从中华56个民族文化中提炼精华，以舞、乐、歌等形式展现民俗生活情境，突出展现草

---

① 中华人民共和国第十届少数民族传统体育运动会组委会办公室.中华人民共和国第十届少数民族传统体育运动会志[Z].内部资料,2015:162.

② 权晨.我国少数民族传统体育运动会开幕式表演中民族文化元素的研究[D].武汉:武汉体育学院,2019:32.

③ 国家民委.第十全国少数民族传统体育运动会开幕式[EB/OL].(2015-08-10)[2021-05-20].https://www.neac.gov.cn/seac/c100575/201508/1093667.shtml.

原风光的自然美、草原人民的心灵美和各民族心手相连、守望相助的和谐美，展示全民健身运动取得的优秀成果，体现各民族热爱生活、追求幸福的美丽梦想[①]。开幕式上精彩绝伦地演绎了盛大的民族文化，在现场观众与媒介延伸场域内共建了受众群体的集体"文化记忆"，召唤了国家认同共鸣。

第十一届全国民族运动会开幕第一章《礼赞中华》礼赞了56个民族共同谱写五千年中华辉煌历史，携手共建新时代幸福家园等内容。第二章《出彩河南》囊括了黄河之水、纵横枢纽、和合太极（见图4-9）、威武少林等元素，展现了新时代中原大地意气风发的崭新姿态。在悠扬的旋律中，第三章《拥抱梦想》缓缓展开，各族同胞手捧家乡水，从四面八方向舞台中央聚拢，共同浇灌中华同根树，浇灌后的中华同根树苗壮成长，枝叶参天，隐喻着各民族同胞像爱护自己的眼睛一样爱护民族团结，各民族同胞像珍惜生命一样珍惜民族团结；该篇章中的《石榴花开》寓意着各民族同胞像石榴籽一样紧紧抱在一起，拥抱着同一个梦想——实现中华民族伟大复兴（见图4-10）[②]。

图4-9　和合太极[③]

图4-10　石榴花开

民族团结这一核心主题除了展现在开幕式文体展演中，也被巧妙地纳入赛事呈现方式上。例如第十一届大会开幕式上30秒的驻停表演、

[①] 内蒙古长安网.相聚内蒙古共圆中国梦：第十届民族运动会开幕式令人期待[EB/OL].(2015-08-07)[2020-01-13].http://www.nmgzf.gov.cn/xwjj/2015-08-07/6460.html.

[②] 韩朝阳.礼赞中华拥抱梦想：第十一届全国少数民族传统体育运动会开幕式侧记[N].科技日报,2019-09-09(04).

[③] 图4-9至4-12是笔者于2019年9月8日观看开、闭幕式直播视频截图制作的。

文体展演，融合了少数民族文化与体育特色带给观众全新的视听体验，展现了在祖国大地上各民族同胞的幸福生活与发展成就。围绕此次运动会开闭幕式所要呈现的主题与内容，以多层次环绕中心悬挂的"同心圆"LED幕成像结构，突显了各民族同胞紧密团结在一个中心，铸牢中华民族共同体意识的概念①。

三、闭幕式文体展演

2019年第十一届全国民族运动会恰逢中华人民共和国成立70周年，其闭幕式文体展演同样突出体现了献礼中华人民共和国成立70周年的主题（见图4-11、4-12）。首先是《新时代·新征程》，青年舞者踏着青春的节拍，舞动新时代的风采，体现中国站上梦想的新起点；其次是《同心共筑中国梦》，体现了时代强音，用56个民族同胞的欢快舞动来表达团结一心、共建美丽家园的决心与信心；最后在《请到天涯海角来》的欢乐歌舞中，表达了海南人民对四海宾朋的欢迎与祝福，并向56个民族的兄弟姐妹发出"永远的邀请"②。

图4-11　汉字"祖国"造型　　　图4-12　为新中国成立70周年献礼③

① 科技日报：制作强大，高科技运用广泛！第十一届民族运动会开幕式惊艳全国[EB/OL].(2019-09-09)[2020-10-18].https://www.neac.gov.cn/seac/c102719/201909/113616 1.shtml.
② 执委会办公室.中华人民共和国第十一届少数民族传统体育运动会执委会办公室资料汇编(之四：各类文件 下册)[Z].内部资料，2019：129.
③ 注：腾讯视频截图.第十一届全国少数民族传统体育运动会开幕式[EB/OL].(2019-09-09)[2020-01-20].http://v.qq.com/x/page/[J]0928wbzx17.html.

本届大会闭幕式通过歌声里的喜悦、盛会上的精彩、发展中的累累硕果，献礼中华人民共和国70周年华诞（见表4-7）。

表4-7　第十一届全国民族运动会闭幕式文体展演

届次	文体展演主题	篇章节目名称	参演/观众人数
第十一届	新时代·新征程	第一章《梦想新起点》： 《青春跃起来》《我们都是追梦人》 第二章《活力新郑州》： 《郑州的一天》 《鼓舞中国》《同心共筑中国梦》 第三章《点赞新时代》	4465人/ 约35000人②

此外，该时期闭幕式最后降旗仪式和交接会旗仪式中主持人的解说词体现了全国民族运动会的核心理念与时代价值，进一步突出了中华民族大团结以及永远跟党走的决心。例如，第十一届大会最后交接会旗时，两位主持人用慷慨激昂的语调陈述："每一次圣火点燃，我们的心腾起同样的火焰。""每一届火炬熄灭，我们的手将火种代代相传。""那是56个民族同胞紧跟中国共产党的逐梦信念之光。""那是四面八方熔共铸中华民族共同体的蓬勃热力。"②

概言之，该时期的全国民族运动会文体展演紧扣时代发展脉搏，通过"舞台化""艺术化""视听化"的国家叙事凸显了民族体育赛事领域"中华民族共同体"，以及共画同心圆、共圆中国梦、筑梦新时代的价值内涵。

四、民族大联欢

该时期的民族大联欢已经成为全国民族运动会最突出的特色文化活

---

① 执委会办公室.中华人民共和国第十一届少数民族传统体育运动会执委会办公室资料汇编(之二:大型活动及重要会议材料)[Z].内部资料,2019:213.

② 执委会办公室.中华人民共和国第十一届少数民族传统体育运动会执委会办公室资料汇编(之四:各类文件 下册)[Z].内部资料,2019:126.

动之一。与上一时期相比，该时期的历届大会均有明确的主题（见表4-8）。2015年第十届大会的民族大联欢活动以"相约鄂尔多斯，共享民族盛会"为主题，来自56个民族的近2万名同胞在鄂尔多斯康巴什区湖区广场共同起舞，富有浓郁民族特色的歌舞展现了56个民族大团结、大联欢的景象。此外，本届大联欢还设置了互动环节，现场观众在观赏歌舞的同时，还能直接参与体验少数民族特色活动项目。广场外则依托博物馆、图书馆和文化艺术中心设立了民族文化展览展示区，体现了多元文化互动的融洽氛围（见图4-13）。

第十一届大会的民族大联欢在黄河南岸的炎黄广场举行。本届大会的民族大联欢分为迎宾仪式、启动仪式、游园活动三个部分，共计一万多名各族同胞参加。民族大联欢的文艺演出紧扣活动主题，分为《郑州欢舞迎客来》《山海欢歌乐交融》《家国欢笑共筑梦》三个篇章。56个民族的兄弟姐妹在母亲河岸边畅叙亲情，唱响了"携手奋进新时代"的民族赞歌，展现了中华民族标志性精神纽带"黄河母亲河"的强大凝聚力（见图4-14）。

表4-8 第十届、十一届全国民族运动会民族大联欢

举办时间	地点	参加人数	主题
2015年8月13日	康巴什区湖区广场	近20000人[1]	相约鄂尔多斯,共享民族盛会
2019年9月12日	炎黄广场	10000余人[2]	民族大联欢,文化大游园

---

① 中华人民共和国第十届少数民族传统体育运动会组委会办公室.中华人民共和国第十届少数民族传统体育运动会志[Z].内部资料,2015:165.

② 韩朝阳,翟濯.欢聚中原叙情谊:第十一届全国少数民族传统体育运动会民族大联欢侧记[N].新华社,2019-09-13.

图4-13 第十届大会民族大联欢①

图4-14 第十一届大会民族大联欢②

五、志愿者活动

对现代民族国家来说，日常生活中的国家认同建构无处不在。志愿者群体是民族运动会圆满成功举办的坚实保障。作为群体中的个体，在国家平台上感受国家力量，实现个体价值，进而通过赛事志愿者的个体叙事，串联汇聚而成国家认同的群体叙事，有利于推动个体-群体国家认同的有效建构。

2015年第十届全国民族运动会共招募赛事志愿者15300人，建立志愿者服务站77个，统称为草原驿站③。同时，为充分发挥志愿者在第十届全国民族运动会安保工作中的作用，进一步提升社会治安防控能力，共计培训各类平安志愿者77014人，其中"城市平安志愿者"47301人、"护村平安志愿者"21088人、"护厂平安志愿者"8625人④。2019年第十一届全国民族运动会共招募了7000名赛会志愿者和40000多名城市志

---

① 中华人民共和国第十届少数民族传统体育运动会组委会办公室.中华人民共和国第十届少数民族传统体育运动会志[Z].内部资料,2015:前言24.

② 韩朝阳,翟濯.欢聚中原叙情谊:第十一届全国少数民族传统体育运动会民族大联欢侧记[N].新华社,2019-09-13.

③ 中华人民共和国第十届少数民族传统体育运动会组委会办公室.中华人民共和国第十届少数民族传统体育运动会志[Z].内部资料,2015:210.

④ 国家民委官方网站.鄂尔多斯市7.7万名平安志愿者培训完成[EB/OL].(2015-08-02)[2020-1-25].https://www.neac.gov.cn/seac/c100564/201508/1093398.shtml.

愿者。在"以志愿服务之名，赴民族盛会之约"的号召下，"小红象""啄木鸟""红绿灯""春雨行动"志愿服务处处可见，"绿城使者"成为赛会一道亮丽的风景线①。

这一时期志愿者活动日趋成熟，志愿者活动也有了属于志愿者群体的专有志愿者昵称、口号（见表4-9）、标志、吉祥物和歌曲。例如，第十届全国民族运动会志愿者口号是"爱我鄂尔多斯，全力服务运动会"；志愿者歌曲是《与你同行》；志愿者吉祥物是一匹白色的骏马，与运动会志愿者的标志相呼应，既体现了蒙古族的特点，同时还象征着充满激情的青年志愿者群体②。

表4-9　第十届、十一届全国民族运动会志愿者口号

届次	志愿者口号
第十届 （2015）	有困难找志愿者,有时间做志愿者 第十届民族运动会,志愿与你同行 志愿同心,你我同行 民族团结心连心,志愿精神暖人心 参与志愿服务,塑造城市形象 互帮互爱手拉手,团结互助心连心 志愿同行,爱心同心,文明同行 让微笑成为良好习惯,让志愿成为青年时尚 一颗志愿服务心,一片好客文明情 用爱心播撒阳光,用高尚践行平凡,志愿者们,走起③

---

① 执委会办公室.中华人民共和国第十一届少数民族传统体育运动会执委会办公室资料汇编(之二:大型活动及重要会议材料)[Z].内部资料,2019:344.

② 马的背部生有一对雏鹰的翅膀，有向着梦想起飞之意，表达出"共圆中国梦"的期盼；周身洁白，隐喻年轻人纯洁至善的心灵；马鬃由蓝、红、黄、绿、橙五种艳丽的色彩组成，与志愿者标志整体设计风格中的色彩相呼应，体现了青春的绚丽多彩。

③ 中华人民共和国第十届少数民族传统体育运动会组委会办公室.中华人民共和国第十届少数民族传统体育运动会志[Z].内部资料,2015:215.

续　表

届次	志愿者口号
第十一届 （2019）	我需要您，一起温暖这座城市 人人都是志愿者，人人都是主人翁 当好东道主，热情迎嘉宾 人人是郑州形象，个个是文明使者 小手拉大手，文明一起走①

第五节　赛事媒介传播

节庆仪式的大众传播具有"想象共同体"的建构功能，节庆仪式通过回答、重现"我们是谁"强调自我身份的认同边界，凸显"我们"与"他者"之间的差异性，并且在差异性的呈现中进一步强化自我群体成员的身份认同。通过大众传媒的持续性构建，"想象共同体"的边界被不断固定，节庆仪式使得集体记忆得到重构，从而为国家认同提供了合理化的途径②。

体育赛事的媒介传播与新闻叙事延展、拓宽了赛事场域的边界和外延，成为强化国家形象、映射"想象共同体"无处不在的隐喻。在现代媒介工具的场域、视角与叙事框架下，全国民族运动会不再仅仅是简单的符号分享库、仪式互动域，它也是实现文化生产与再生产，国家记忆与国家认同建构与再建构的丰富资源和有效方式。

随着各类媒体形式的不断演化和媒介传播方式的嬗变，以及媒体内容、渠道、功能层面的有机融合，该时期的全国民族运动会宣传工作全面进入了全媒体时代，除了常态化的新闻报道之外，还通过微博、微信、抖音等新媒体平台进行宣传推介。此外，设计制作的全国民族运动会官方网站、官方微信号、全国民族运动会APP等，也对赛事历史、赛

---

① 执委会办公室.中华人民共和国第十一届少数民族传统体育运动会执委会新闻宣传部资料汇编[Z].内部资料,2019:351.

② 金玉萍.媒介中的国家认同建构:以春节联欢晚会为例[J].理论界,2010(1):160.

前筹备、赛中实况、赛后反响进行全方位、立体化的全媒体覆盖。

例如，第十届全国民族运动会期间各类网站点击量突破105万次，官方微博、微信粉丝达21.8万，官方网站、微博、微信等共发表图文信息18.9万篇（条），转发转载量31万次，点击阅读量超2.3亿次①。大会期间，6万余人参加赛事活动（运动员、技术官员、媒体记者、工作人员等），参与观众达80余万人次②，接待游客达213.6万人次③。

2019年第十一届全国民族运动会参加开幕式预演和正式活动的观众近20万人，互联网火炬传递访问量超1100万人次，开幕式直播收看观众超8000万，通过网络观看直播人数达到4700万人次，一天内全网曝光量达到22亿次。《人民日报》等120多家媒体、1200多名记者驻会报道，中央电视台播发新闻152条、专题95条、时长365分钟；《新闻联播》7次报道，人民网等50多家网络平台全程直播开幕式、火炬传递、民族大联欢等活动；超300万人参与民族运动会进社区、进学校等宣传活动，赛会发稿577万篇，全网阅读33.6亿次④。

通过全国民族运动会的时空场域，该时期媒介视角下全国民族运动会的赛事报道，呈现的主要内容包括参赛队伍、比赛内容与成绩等，方便广大受众了解赛事信息、发表对赛事的点评与观赛看法等，彰显中华民族传统体育文化的多样性，增强民族体育文化自信。除此之外，人们可以借助赛事话题热点，发表对民族团结和国家统一的歌颂，增强政治意识、大局意识、核心意识、看齐意识。

---

① 中华人民共和国第十届少数民族传统体育运动会组委会办公室.中华人民共和国第十届少数民族传统体育运动会志[Z].内部资料,2015:333.

② 中华人民共和国第十届少数民族传统体育运动会组委会办公室.中华人民共和国第十届少数民族传统体育运动会志[Z].内部资料,2015:356.

③ 中华人民共和国第十届少数民族传统体育运动会组委会办公室.中华人民共和国第十届少数民族传统体育运动会志[Z].内部资料,2015:341.

④ 执委会办公室.中华人民共和国第十一届少数民族传统体育运动会执委会办公室资料汇编(之二:大型活动及重要会议材料)[Z].内部资料,2019:368-369.

"永远忘不了凌晨在体育场与众多代表队队员等待排练的时光，忘不了郑州人民和志愿者的热情，忘不了好喝的胡辣汤，更忘不了最后全场大合唱《我和我的祖国》时的激动"（琪琪的纪录频道）；"参与过的人都会留下难忘的记忆，欢快的民族舞蹈、民族音乐，多元的民族文化，这才是过年，虽然这并不是过年的晚会"（好日子好友）；"我们自家的少数民族才是亲的，共御边疆，共抵外敌，共生共死。我很喜欢这种自家人团聚在一起的感觉。中华文化可多了，一边保护少数民族文化，一边复兴我汉文化，其实不矛盾。因为国家需要主体基石，所以大力发展汉文化没有问题，但少数民族的文化也不能丢啊，那也是中华文化的重要组成。"（陆路陆1029）；"我至今都记得台湾出来的一瞬间，我和身边的领导同事们一起起立大喊，全场仿佛一片欢乐的海洋"（北方的枳子）。①

立体式的媒介传播以及传播技术的革命，使赛事场域中媒介受众的"前台""后台"彼此融合成为潜在的可能选项。媒介技术革命使得最大化地连接中华民族"想象的共同体"成员同构共享国家历史叙事，构建同源同享的集体历史记忆和历史心性成为可能。这种连接历史与当下甚至未来的连续性民族集体叙事，有利于最大限度地唤醒、建构、巩固民族国家共同体同根同源的心理认知和情感认同。随着全媒体时代的到来，立体式的媒介网络广泛参与报道和传播，进一步促进全国民族运动会上的赛事仪式与符号表征蕴含的深层含意传递并辐射到赛场之外，使得全国民族运动会及其衍生场域成为有效传播中华民族命运共同体意识的中心场域之一。正如丹尼尔·戴扬在《媒介事件》中所论及：影响深远且重大的体育竞赛作为国家级的"媒介事件"往往表现出魅力超凡的政治使命。身处其中的个体透过大众传播媒介视域下的中华民族"想象的共同体"，在全国民族运动会盛大的"媒介仪式"中找到了情感、道

---

① 以上评论来自2019年全国民族运动会开幕式网络平台对赛事的热评，笔者于2019年9—10月整理。

德和精神层面的"归宿"，个体的民族和国家的自我身份也得到了再确认和再巩固①。各族人民对民族、文化、国家展开了行之有效的想象，进一步坚定了维护党中央权威和集中统一领导的决心，构建了国民心中的崭新国家形象，从而实现国家认同的再建构。

第六节　阶段特征：强化国家认同

与前面几个阶段的赛事相比，2015年与2019年的两届全国民族运动会，社会关注度显著提高，已经成为各民族群众的热切期盼，成为共庆共享的盛大节日和展示国家经济社会发展成就的重要平台。此外，全国民族运动会作为重大的民族工作，也是增强"四个意识"，坚定"四个自信"，做到"两个维护"，增进"五个认同"，促进各民族交往交流交融，铸牢中华民族共同体意识的重要媒介和国家平台②。具体如下：

第一，赛事仪式、符号国家化实践的持续深化。全国民族运动会赛事的国家化实践持续深化，一方面取决于其潜在的丰富的政治意涵，另一方面则是在奋力实现中华民族伟大复兴的中国梦的进程中，赛事领域内增进民族传统文化价值认同的积极实践。与上一阶段（1995—2011）相比，该时期的全国民族运动会小到赛事文化符号等微观层面的文化认同建构努力，大到赛事宏大仪式进程，国家叙事的持续用功无处不在，"圆梦中华""铸牢中华民族共同体意识"的时代理念主线贯穿于始终。此外，该时期奖杯、奖牌、火炬以及会歌的精心设计，于细微之处凸显了民族文化元素和深厚的历史底蕴，甚至志愿者群体也开始有了自己的专属符号。

---

① 张媛.媒介、地理与认同:中国西南地区少数民族国家认同的形成与变迁[D].杭州:浙江大学,2014:61.

② 张国欣.铸牢中华民族共同体意识:写在第十一届全国少数民族传统体育运动会开幕之际[N].中国民族报,2019-09-10(07).

第二，赛事场域内的"国家符号"积极培育爱国主义精神。与前三个阶段相比，该阶段我国国家认同建构进入了崭新的发展阶段。国家认同是爱国主义的基础，爱国主义则是国家认同的高级形式[①]。随着个体-群体与国家关系的逐步深化，爱国主义教育成为国家建构的核心内容。该阶段民族赛事场域同样成为爱国主义教育的绝佳平台。例如，第十一届大会在黄河岸边的炎黄广场举行民族大联欢活动，56个民族的兄弟姐妹在母亲河岸边畅叙亲情，唱响了"民族相亲、携手奋进"的民族赞歌，展现了中华民族标志性精神纽带"母亲河"的强大凝聚力。从开幕式上全场观众齐声高唱《歌唱祖国》到如意湖畔70架钢琴共同弹奏《我和我的祖国》；从大街小巷无数面国旗迎风飘扬到"二七广场""CBD大玉米"等城市地标一起亮灯向祖国致敬；从会场内外畅谈祖国各地的新变化、新气象到对中华人民共和国成立70周年经济社会发展成就纷纷点赞，这场民族盛会处处充盈着爱国主义情怀，每一位参与者都由衷地为伟大祖国感到自豪和骄傲。正如台湾少数民族运动员代表马文杨所说："在开幕式入场的那一刻，全场欢呼，我眼眶立即就湿了，这是回家的感觉，我更加真切地感受到我和我的祖国，一刻都不能分割。"[②]在此需要说明的是，并不是说其他阶段没有爱国主义教育，而是该阶段爱国主义教育的国家符号和仪式更为明显和突出。

第三，"国家化"的赛事符号、仪式有利于铸牢中华民族共同体意识。加强中华民族大团结，长远和根本的着力点是增强文化认同，建设各民族共有的精神家园。该时期全国民族运动会的文艺展演，呈现着各民族地区特殊的人文地理环境，表征着各民族特有的性格禀赋，展示着每一个民族的优秀文化，诉说着各民族共同缔造辉煌灿烂中华文明的历史史诗。全国民族运动会较为充分地展现了各民族优秀传统体育文化的无穷魅力和勃勃生机，全方位展示了各民族亲如一家、建设共有精神家

---

① 都日晨.民族与国家认同对爱国主义的影响[J].黑龙江民族丛刊,2018(3):50-56.

② 执委会办公室.中华人民共和国第十一届少数民族传统体育运动会执委会办公室资料汇编(之二:大型活动及重要会议材料)[Z].内部资料,2019:354.

园的深情厚谊，立体呈现了新时代民族团结进步事业的崭新格局。置身于全国民族运动会的场域内，有助于个体-群体激发出新时代中华民族文化自信的深沉力量。"国家化"的赛事文化符号、赛事互动仪式的反复浸润，潜移默化地强化了各民族的国家认同情感，有利于铸牢中华民族共同体意识。

综上，该时期全国民族运动会时空场域中的宏大仪式进程和丰富的符号意义表征，通过有机嵌入新时代国家认同建构的崭新题材，将实现伟大复兴中国梦的集体情感能量升华为各民族携手共同构筑中华民族共有精神家园的强大动能，有效地强化了"多元一体"国家认同建构。

小　结

对于现代民族国家来说，历史作为一种知识体系，牢牢地嵌入民族国家的那些制度实践中，与现代民族国家建构的叙事深度相连。全国民族运动会的发展史作为中华人民共和国发展史的有机组成和中华人民共和国体育史的子系统，其"历史化"为我们提供了新的视角，进而让我们得以不断发现深藏其中的知识结构和崭新内容。本部分内容通过历时性视角，以时间为线索，围绕着全国民族运动会的赛事仪式、文化符号、媒介传播等三个核心要素（变量），对其参与国家认同建构的四个阶段性演化特征展开论述，较为清晰地呈现了不同历史时期与民族工作背景下，全国民族运动会与国家认同建构的动态关系（见图4-15）。

第一阶段：全国民族运动会的肇始（1953）——培育国家认同。该时期的全国民族运动会作为新中国成立初期屈指可数的大型体育赛事，依托传统媒介的助力，通过民族赛事领域的宏大仪式、象征符号展现了各民族公民一律平等，积极参与新生社会主义政治认同的培育和认同秩序的重构。

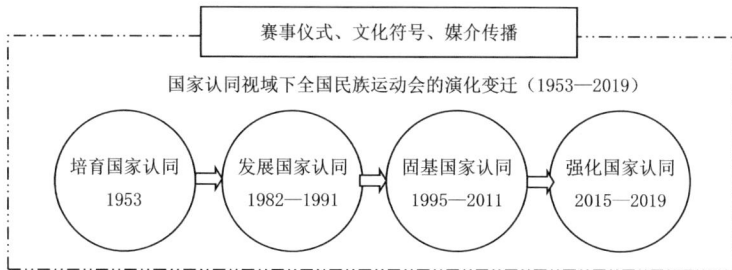

图 4-15　国家认同视域下全国民族运动会的演化变迁

第二阶段：改革开放初期的重建与初兴（1982—1991）——发展国家认同。随着赛事仪式的完善和文化符号体系的丰富，全国民族运动会通过媒介的传播力量，在国际局势相对动荡的背景下展现了我国民族团结、社会稳定的总体形势，呈现了各民族共同发展、共同繁荣的和谐图景，持续推动发展多民族一致性的国家认同情感。

第三阶段：加速演进和变革的成熟期（1995—2011）——固基国家认同。通过仪式、符号的本土化、在地化、中国化，强化了赛事领域的"多元民族文化与历史的群体记忆"，并由此潜移默化地确立并巩固了赛事场域内个体"家国同构"的国民身份，有利于维系"家国一体"的价值观，固基"多元一体"的国家认同建构。

第四阶段：新时代全国民族运动会的全面深化改革（2015—2019）——强化国家认同。进入新时代，随着中国综合国力的不断增强，全国民族运动会成为展示国家发展成就，弘扬社会主义核心价值观，坚定"四个自信"，增进"五个认同"以及助力中国梦的重要平台。此外，全国民族运动会对于促进各民族交往交流交融，铸牢中华民族共同体意识具有积极作用，并作出了应有贡献。

第二编

合法性与共同体建设：全国民族运动会

参与国家认同建构的呈现方式

上一编我们将全国民族运动会的"具象化"实体置于历时性的研究视角，围绕着赛事仪式、文化符号、媒介传播三个核心要素的演化变迁，考察其作为中华人民共和国成立之后的最具影响力的民族赛事以及重要民族工作，在不同的时代背景下如何参与国家认同建构的动态演进历程。本编中笔者将立足于前文，围绕着全国民族运动会的仪式、符号以及赛事运行的相关要素，探讨全国民族运动会参与国家认同建构的呈现方式，聚焦政治合法性和历史文化共同体建设的结构特征展开论证。

第五章 全国民族运动会参与政治合法性建设

就民族国家建构问题而言，主要指共同体成员在长期的交往和沟通过程中，通过记忆、神话、仪式以及象征性符号等方式和手段来培养共同文化、共同心理，进而形成共同的民族认同/国家认同的过程。

——安东尼·史密斯①

合法性（Legitimacy）是"由有关规定所判定的下属据以（或多或少）给予积极支持的社会认可或认可的可能性和适当性"②。卢梭早在两百多年前就已敏锐洞察到，即使是最强者，如果他不把他的强力转化成权利，把服从转化为义务，他就不能强到足以永远当主人③。这就揭示了国家"合法性"危机的本质，即国家（政治）合法性与国民对政治系统发自内心的拥护与支持息息相关。对于像我国这样的统一的多民族国家来说，持续巩固和深化各民族对国家制度、政治权威、治理体系的认同和支持（即政治认同），对于持续建构稳固的政治合法性具有重大意义。

---

① 史密斯.全球化时代的民族与民族主义[M].龚维斌,良警宇,译.北京:中央编译出版社,2002:107.此段文字经笔者概括提炼而成。

② 邓正来.布莱克维尔政治学百科全书[M].北京:中国政法大学出版社,1992:410.

③ Rousseau,JACQUES J. Du contrat social [M]. Netherlands:Amsterdam Press, 1762:10.此段文字经笔者概括提炼而成。

已有研究显示，"成功举办大型体育赛事，实质上是一种成功的政治仪式，可以带来神话一样的效果，实践着阿尔都塞所谓的'意识形态国家机器'的功效"①。大型体育赛事仪式所具有的象征性、表演性、重复性特征，使其作为参与建构现代国家（政治）合法性和历史文化共同体的理性工具，业已成为国家形象塑造的重要手段以及政治认同建构的重要载体。那么，不难理解全国民族运动会作为国家级大型赛事，其赛事仪式与赛事文化符号同样具有国家机器意识形态"具象化"表征的深刻意义。

第一节　赛事仪式符号：政治合法性建设的记录仪和扩音器

前文已经论及全国民族运动会作为新中国成立以来的"发明的传统"，呈现出类似于"国家节日""国家仪式"的强大功能。而"国家节庆""国家仪式"则与国家认同具有逻辑共生的本原属性。通过全国民族运动会这一"具象化"的仪式实体、符号载体，国家认同成为主观见之于客观的实践范畴。具体而言，在客观层面，全国民族运动会的赛事仪式通过符号象征进行意义编码，在特定的场域内形成国家政治符号象征系统；在主观层面，赛事仪式、符号象征系统能够激发生成情感能量，甚至触动内心深处的信仰。历届赛事仪式中，作为国家符号的国旗、国徽、国歌、国家版图等都是赛事中的重要元素，类似的国家符号是一个独立国家用以宣布认同和主权的象征，几乎或隐或显地出现在赛事仪式中的每一环节之中。

这些置于"国家仪式"的器物作为传统"礼器"在现代民族国家建构中或深或浅地发挥着作用，隐含着政治权力的重要特征以及合法性的基本秩序。其中，在全国民族运动会的赛事仪式中最为重要和引人注目

---

① 张建会.国际和国内双重维度下大型体育赛事与国家认同研究[M].北京:北京体育大学出版社,2020:16.

的是大型团体操和高水平文体展演，通过"集体性""艺术化"的方式确认"自我身份"和强化"集体记忆"。此外，赛事仪式中的时间、空间、人员和器物等作为不同的轴线构成了同一个坐标体系，各种元素共同塑造具有一定政治象征意义的宏大仪式。例如，开闭幕式、圣火采集传递仪式、民族大联欢等。

此外，全国民族运动会作为仪式操演和身体展演的时空场域，一方面通过仪式性操演彰显了国家层面的"规训"，另一方面通过身体展演隐含着情感方面的"表达"。无论是开闭幕式还是赛场上的竞技表演，都集中体现了作为个体的身体在整体赛事仪式结构中的"有序化"。与此同时，参与者在赛事仪式、竞赛表演过程中所展现的高超的技术标准备受赞叹，这种赞扬也有意无意地被转化为对秩序的普遍认同，使得赛事场域内身体意义的"规范性"一定意义上被转化为社会结构的合理性和政治合法性的投射。

在笔者对全国民族运动会史料、访谈的整理归总过程中，来自不同时期、不同民族、不同代表团的亲历者（赛事组织者、裁判员、运动员、工作人员、志愿者、观众等），将赛事仪式中的有关民族政策、国家象征的政治符号与赛事仪式的空间、人员以及器物等要素进行有机统合，并将之展现在国人和世界面前（详见表5-1的内容）。在此过程中，赛事被赋予了塑造不同民族一致性的政治认同以及国家公民政治观念的意义。在此意义上，全国民族运动会不单是社会背景和政治环境的记录仪和晴雨表，也是政治合法性建设的扩音器和定位仪[①]。

---

① 王海洲.政治仪式中的权力宣展与合法性建构:中国社会变革与政治发展中的国庆大阅兵(1949—2009)[J].学海,2010(4):140-149.

表5-1　历届赛事参与者有关政治合法性/制度认同的认知体验

举办届次	案例选摘
1953年 （第一届）	案例1：人民政府领导好。连狮子、龙灯也可以参加比赛了。真是新鲜事啊！只有毛主席才对我们农民们这样的关心①。 案例2：西北区运动员代表司的克谈到在国民党反动派统治时期如何受压迫、不许他们表演、被迫流浪的情形，以及新中国成立后人民政府对他们的关怀，鼓励他们发展自己的技艺时，他激动得流下了眼泪②。此外，大会期间运动员代表纷纷表示："中国共产党和人民政府，把反动派要各族人民忘掉的东西又提倡起来。这真是民族形式体育的大翻身！"③
1982年 （第二届）	案例1：苗族运动员杨光富说："芦笙是打开苗家心灵的金钥匙，苗族人民在生活中离不开芦笙。但是，在旧社会，国民党怕芦笙、烧芦笙，不准苗家吹芦笙；'文化大革命'中'四人帮'也要把芦笙烧光，在我们寨子里，大家为了保卫芦笙，就曾经与烧芦笙的人发生过械斗。今年春天，当跳芦笙要来参加全国少数民族传统体育运动会的消息传到隆林（各族自治）县以后，苗家激动万分。县长把我们集中到一个公社，一连跳了三天芦笙。大家说，被埋没了多年的芦笙彻底翻身了，只有党中央能打开苗家的心扉，党中央最知苗家的心。"④ 案例2：1982年贵州省首届民族运动会，来自遵义地区代表团仡佬族的田金海有感而发，赋《民族传统体育放异彩》歌颂党和国家的民族政策：政策落实心放宽，山欢水欢人更欢；传统体育增异彩，造福子孙好开端。造福子孙好开端，锤炼体质勤登攀；铸就钢躯献四化，振兴中华铁肩担⑤。

---

① 佚名.宜兴农民热烈参加民族形式体育大会[N].文汇报,1952-09-10(08).

② 新华社天津讯.出色的西北区体育代表队[N].新华社新闻稿(合订本),1953-11-12.

③ 中华全国体育总会.一九五三年的五次全国运动会[M].北京:人民体育出版社,1954:34.

④ 于德.党中央最知苗家心:苗族运动员杨光富谈芦笙[N].新民晚报,1982-09-11.

⑤ 田金海.民族传统体育放异彩[N].贵州日报,1982-05-17(3).

续　表

举办届次	案例选摘
1986年 （第三届）	案例1：湘西"苗家鼓王"石顺明回忆道："到1986年，我家的生活明显好转。到新疆参加第三届全国民族运动会，我一身轻松，鼓也跳得更欢了。"① 案例2："文革"期间，湖南城步苗族自治县苗拳作为"四旧"被破除掉了。为使这一优秀传统体育项目重放光彩，城步苗族自治县体委干部杨红专跋山涉水，一次又一次地敲开老拳师的家门，终于得到了苗族同胞的理解和支持。在第二届全国少数民族传统体育运动会上，城步苗拳获得表演奖。"打禾鸡"被列为第三届全国少数民族运动会的表演项目②。此外，据不完全统计，第三届赛事举办前夕，全国十多个省、自治区，一百二十多个州和地、市，三百多个县先后举办了民族传统体育运动会③。诸多项目经过发掘、整理在全国少数民族传统体育运动会的舞台上重放光彩。
1991年 （第四届）	案例1：参加第四届大会的新疆64岁的回族老人马鸿俊说，他经历了两种社会制度，新中国成立前民族大家庭从来没有这样的欢聚，也不可能沟通各族之间的感情。只有社会主义制度才能创造这样的条件和土壤，使民族运动会越办越红火。就像小家兴旺一样，祖国大家庭也和睦美满，相亲相敬④。 案例2：64岁彝族同胞龙文才来自云南弥勒，连续参加了四届民族运动会。第一届1953年的天津聚会，他在路上足足花了一个半月时间，那时民族地区的闭塞落后令他刻骨铭心。后面的三届大会，交通越来越通达，老人目睹了彝家儿女走出山门，开始接受商品经济观念的新景象。"这不，从服装上也能看出彝族的变化，过去用麻织布做衣，现在又是毛呢、又是化纤，既好看还耐穿。""不光我们彝族，云南的各族人民都是如此。""这次来南宁，我更深切地体会到，是党的民族政策好，才带来了今天的民族大团结，大发展。"云南回族武术运动员苏自芳说："党的民族政策为我们发挥才干提供广阔天地。"珞巴族代表说："解放前，我们都被赶到深山里居住，不许我们下山，尽管我们开荒种地，还是吃不饱、穿不暖。解放后，我们有了权利，迁到平地居住，生活水平一年比一年好。"⑤

① 邹云.一届更比一届强：访苗家"鼓王"[N].新华社新闻稿（合订本），1991-11-13.

② 邹云."民族体育声光"专栏：民族体育的领头雁[N].新华社新闻稿（合订本），1991-10-26.

③ 贾春光.迎接第三届全国少数民族传统体育运动会[J].中国民族，1986（04）：19.

④ 徐波.捎来故乡一片情[N].新华社新闻稿（合订本），1991-11-08.

⑤ 徐波，胡浩.心迹的倾诉：民族激情大写实[N].新华社新闻稿（合订本），1991-11-16.

续　表

举办届次	案例选摘
1995年 （第五届）	案例1：民族传统体育项目，与现代竞技项目相比，形式、器械较原始、简陋，却带着更多的泥土的芳香。你看，哈尼族姑娘李波英在磨秋边起舞，手中敲打的是双木屐，她说"我们过节都爱转磨秋"。朝鲜族教练朴哲浩说："从前，朝鲜族妇女不能出家门，才有了跳板，好用来窥探墙外的世界。"怒族姑娘李莲花身披"拥夺"（怒族毯）划过溜索，在家乡怒江边她从小就靠溜索翻越山涧沟壑……在党和人民政府的关怀下，数百上千年的岁月，未能冲淡那泥土的芳香，而且这些项目还焕发出了勃勃生机①。 案例2：新疆代表团班吉苏："从乌鲁木齐到昆明将近4500公里，往返将近1万公里，困难再大我们也要把新疆的马拉到昆明来参加比赛。如果能把马匹顺利拉到昆明来参加比赛、出成绩并顺利返回，这就是对第五届民运会的贡献……因为这不仅是一个运动会，更是一个民族团结的盛会。我们正是为着同一个目标而走到一起来的。"②
1999年 （第六届）	案例1：71岁的退休老干部索加谈起民族运动会很兴奋，他说："我知道民族运动会在拉萨举行，同时北京也举行。民族运动会把北京和拉萨联（连）起来，很有意思。过去不是有首老歌唱过吗？一条金色的飘带，把北京和拉萨紧相连。民族运动会就是这条金色的飘带。"个体捐款者说："民族运动会是大家的事，人人都有义务做些力所能及的事。虽然我捐的不多，但人人都捐一点，集中起来肯定会是大收入。有句谚语说得好，众人拾柴火焰高。"③ 案例2：60岁的藏族老人格桑朗杰参加民运会兴奋不已："如今我们在这里比赛，不仅是为了取得好成绩，更重要的是让全国人民看到我们翻身农奴的精神面貌，看到西藏的新气象。"④

① 第五届民运会新闻中心.中华人民共和国第五届少数民族传统体育运动会获奖新闻作品集[M].昆明:云南教育出版社,1996:264.

② 第五届民运会新闻中心.中华人民共和国第五届少数民族传统体育运动会获奖新闻作品集[M].昆明:云南教育出版社,1996:330-331.

③ 佚名.拉萨各界喜谈民运会[J].第六届全国少数民族传统体育运动会拉萨分赛场专刊,1999(1):53.

④ 李京华,逯寒青.昔日农奴今朝欲夺冠[J].第六届全国少数民族传统体育运动会拉萨分赛场专刊,1999(2):41.

续　表

举办届次	案例选摘
2003年 （第七届）	案例1：第七届大会宁夏青年书法家杨东赋诗表达对全国民族运动会顺利圆满举行的衷心祝福。其诗为《庆祝全国少数民族运动会隆重举行》：民运英豪策马贺兰，华夏儿女逐鹿塞上；叱咤志士金秋一搏，风流人物今朝再数；各族融合四海争春，神州一统天下归心①。 案例2：云南省代表团格桑顿珠说："正如体育早已超越单纯的赛场竞技……民族运动会的政治意义远远超越了运动会本身。"②通过民族运动会这样的全国性的重大活动，有益于民族地区和同胞，鼓舞精神，凝聚人心，增强自信心，吸收先进思想和经验，开阔视野，加快发展③。
2007年 （第八届）	案例1：对乌孜别克族运动员沙吾尔来说，除了参加比赛，还有另外一层重要意义——让她有机会走出新疆。"第一次到北京参加运动会时，我的同学非常羡慕我。大家都很想到北京去看看，那个机会给了我。""到目前为止，因为参加全国民族运动会，我有机会到北京、宁夏和广东，其他地方我一处也没去过。"此外，沙吾尔是一名老师，她的学生知道她去广州，都很兴奋。她笑着讲："绝大多数学生都没来过，他们要我多看看广州回去讲给他们听呢！"④ 案例2：广东省代表团陈绿平谈到在广东这样一个相对发达的省份举办全国民族运动会的意义时说："希望把它办成我国民族工作领域一次最大规模的东西部交流，让与会各族同胞在运动会期间亲身感受广东自改革开放以来发生的翻天覆地的变化，开阔视野，坚定各族人民建设和发展中国特色社会主义事业的信心，并由此鼓舞和带动西部少数民族和民族地区加快发展。"⑤

① 该时期民间赋诗表达对全国民族运动会的祝贺诗词较多，因篇幅原因笔者枚举一例。

② 云南省参加第七届全国少数民族传统体育运动会筹委会.云南省参加第七届全国少数民族传统体育运动会文件资料汇编[Z].内部资料,2006:276.

③ 云南省参加第七届全国少数民族传统体育运动会筹委会.云南省参加第七届全国少数民族传统体育运动会文件资料汇编[Z].内部资料,2006:248.

④ 李寅.新疆队第一金获得者：民族运动会让我走出新疆[Z].内部资料,中华人民共和国第八届少数民族传统体育运动会会刊,2007-11-12.

⑤ 李晓东.以民族运动会举办为契机 推动社会主义民族关系发展[Z].内部资料,中华人民共和国第八届少数民族传统体育运动会会刊,2007-11-14.

举办届次	案例选摘
2011年 （第九届）	案例1：宁夏回族代表团刘淑："组委会对少数民族的饮食考虑得非常周到……对少数民族风俗的尊重，就是对少数民族运动员、教练员和工作人员的尊重，从某一方面来说也是对于民族政策的贯彻和执行。"① 案例2：湖北省民宗委副主任胡祥华："（民族运动会上的）很多运动员来自边远山区……有些还是第一次走出山区，他们带着本民族的传统体育和文化，来到了全国民族运动会的现场，有了被外界了解和了解外界的平台。"②
2015年 （第十届）	案例1：台湾押加队领队兼教练秦浩青（排湾族）表示，56个民族的色彩汇聚在一起就是一种很漂亮的颜色。火炬手努尔曼姑·吐尔迪玉素普（维吾尔族）表达了自己的心愿，希望回到新疆后，继续努力做一名民族团结使者，让更多人了解56个民族伟大团结的重要性，同时努力让全国更多人了解新疆③。 案例2：河南代表团副团长万旭在观看第十届全国民族运动会开幕式时在朋友圈分享自己的感动："经历的一切都浓缩为概念，抽象的概念后却有那么深厚的情感。绚烂的服装、纵情的歌声，眼前又是戈壁的星空、草原的月夜。语言不能表达此刻的情感，那是时空阻不断的永恒，永远的心灵故乡……"他说："这是我在开幕式上最深切的感受。第十届民族运动会的开幕式让人们从心灵层面、从精神层面深刻感受到民族团结的温暖，感受到祖国大家庭的温暖，感受到心灵的归宿。"④

---

① 中华人民共和国第九届少数民族传统体育运动会组委会办公室.中华人民共和国第九届少数民族传统体育运动会文件资料汇编[Z].内部资料,2012:835-836.

② 中华人民共和国第九届少数民族传统体育运动会组委会办公室.中华人民共和国第九届少数民族传统体育运动会文件资料汇编[Z].内部资料,2012:828.

③ 中华人民共和国第十届少数民族传统体育运动会组委会办公室.中华人民共和国第十届少数民族传统体育运动会志[Z].内部资料,2015:243-244.

④ 中华人民共和国第十届少数民族传统体育运动会组委会办公室.中华人民共和国第十届少数民族传统体育运动会志[Z].内部资料,2015:242-243.

举办届次	案例选摘
2019年 （第十一届）	案例1：第十一届大会板鞋、高脚竞速裁判员陈*功："现如今，在我们广西原来少数民族低人一等的印象已经发生了根本性的变化。"（陈*功，第十一届全国民族运动会裁判，20190914）河北代表团成员WSX："包括我们民族武术和其他一些少数民族传统体育项目，以前不少是鲜为人知的，现在通过比赛、直播、网络视频等可以更好地传播这些东西，让更多的人了解我们回族，还有满族、维吾尔族等民族还有这样富有特色的项目和文化……我们在开幕式入场的时候，很多人向我们挥手、欢呼、鼓掌，给我的感觉是中华民族一家亲，我们56个民族是一家人。开幕式上有类似于人浪的欢呼，从体育场这边传到那边，完全是自发的没有事先演练的，让人切实感受到一种真实的感染力。"（吴*学，第十一届全国民族运动会运动员，20190914）[1] 案例2：中国民族博物馆副馆长郑茜在第十一届全国民族运动会文物展上说："全国民族运动会上的每一个项目都承载着深刻的民族记忆，其中所承载的体育价值观念和文化心理，构成了传统体育走向世界拥抱未来的意义、出发点和灵感来源，当然也是我们文化自信的源泉之一。"[2]

通过表5-1的内容可知，在全国民族运动会赛事仪式"程序化"操演过程中，参与者（赛事组织者、裁判员、运动员、工作人员、志愿者、观众等）的积极情感投入进一步验证了主导者（国家）的控制能力。换言之，仪式的主导者（国家）和参与者建立起某种统一性。这种主导者和参与者统一性规范的现实情状，使参与者在稳定的、秩序化的国家框架内获得归属感和安全感，双方在这种"稳定性"氛围中彼此支撑相互成就。这无疑能够为国家政治合法性提供稳定而有力的论证。

① 资料来源：访谈材料。访谈对象1：陈*功，国家级裁判，第十一届全国民族运动会高脚竞速、板鞋竞速裁判员；访谈对象2：吴*学，第十一届全国民族运动会运动员。访谈时间：2019年9月14日—16日。访谈地点：河南工业大学莲花街校区图书馆、丰乐园大酒店。

② 牛少杰，孙哲．从历史中走来民族体育在交融中走向繁荣[EB/OL]. (2019-09-13)[2021-08-18].https://www.sohu.com/a/340732059_267106.

第二节 举办地遴选与赛事仪式中的国家版图：培育家国情怀

全国民族运动会自诞生以来，已经在包括天津（第一届）、内蒙古呼和浩特（第二届）、新疆乌鲁木齐（第三届）、广西南宁（第四届）、云南昆明（第五届）、北京-西藏拉萨（第六届）、宁夏银川（第七届）、广东广州（第八届）、贵州贵阳（第九届）、内蒙古鄂尔多斯（第十届）、河南郑州（第十一届）等省、自治区、直辖市依次举办。与其他大型赛事不同的是，全国民族运动会举办地的遴选并不以经济繁荣程度、城市基础建设为核心关键指标，而是更为注重民族性和参与性①。

从举办地域来看，大多数是经济相对欠发达的民族地区，这就决定了很多少数民族运动员代表是首次走出家乡抑或是首次走进其他民族地区。相对落后的民族地区"通过体育竞技这个平台，把全国各个兄弟民族请到自己家里来"②，而相当数量的少数民族同胞和运动员代表则是借运动会的契机走出边远、边陲地区与各族同胞交流互动。这对于少数民族同胞和运动员代表来说意义重大，因为"许多人是第一次出山，第一次到本省的省会，第一次到北京，第一次走这么远的路。他们印象最深的是：祖国辽阔伟大"（刘*峰，第十一届全国民族运动会裁判员，20190915）③。各族同胞代表在走出各自"小家"，与"大家"互动的过

---

① 全国运动会自新中国成立迄今共举办了14届，只在8个省、直辖市举办。其中北京举办五届，上海举办两届，广东举办两届，江苏、山东、辽宁、天津、陕西各举办一届。举办地主要集中在经济发达地区。

② 中华人民共和国第九届少数民族传统体育运动会组委会办公室.中华人民共和国第九届少数民族传统体育运动会文件资料汇编[Z].内部资料,2012:253-254.

③ 资料来源:访谈材料。访谈对象:刘*峰,浙江省丽水学院教师,一级篮球裁判,参加2019年第十一届全国民族运动会珍珠球项目裁判工作,以教练员、裁判员身份连续参加了六届全国民族运动会。访谈时间:2019年9月15日。访谈地点:郑州市中州国际酒店。

程中，无异于一次领土认同的切身体验，这种体验和认知在与其他个体互动中得以反复投射，渐而形成较为稳定的、具体可感的地理认知情感和领土认同力量。

此外，从我国疆域的现实情状考量，我国约2.2万公里的陆地边境线，其中1.9万公里在民族地区。正如《诗经·商颂·玄鸟》所阐述的"邦畿千里，维民所止"。从字面上解释：一个国家疆域广阔，是由广大人民共同开拓的，也是他们生活的地方。放在今日，则寓意着"国民"乃国家根本，国民居住的小家，往往是国家的边界，这也是决定"家-国"利益的共同疆域边界。那么，通过深入的解读，我们可以更好地理解全国民族运动会作为国家级赛事，对赛事举办地的遴选是经过深思熟虑的，也可以说是颇具深意的（韦*康，第十一届全国民族运动会表演项目副总裁判长，20190913）[1]。

领土、疆域等地理空间作为盛放"国家"实体的容器，是国家权力的重要特征之一。换言之，国家权力的正当性和国家实体的合法性，同样需要基于地理空间的有效证成。除此之外，领土对于国家除了建构意义，还兼具象征意义，其作为特定人群共同拥有的物理性质的空间场所，往往被喻为"家/祖国/祖国母亲/祖国大家庭"，是"各族儿女/各族同胞/中华儿女/56个民族兄弟姐妹"的共有家园。在全国民族运动会的历史时空场域中，其赛事仪式和文化符号同样包括诸多与领土认同息息相关的象征意义（见图5-1）。这种"共同在场的情境感"成为连接"公民身份"与"领土认同"的切实体验和认知。某种程度上，囊括领土认同元素的赛事物理空间成为社会整合与系统整合之间的关系场所，为身处其中的赛事参与者（裁判员、运动员、工作人员、志愿者、观众等）和国家提供互动的场景，参与者通过这种互动将自身与领土认同密切联系起来，渐渐形成共同在场的情境感和归属感。

---

① 笔者在2019年9月第十一届全国民族运动会期间访谈表演项目副裁判长、中央民族大学韦*康教授时，韦教授就明确提及赛事举办地遴选的深层意义。

图5-1　全国民族运动会上的国家版图、"祖国"文字造型①

第三节　特定日程安排：赛事仪式有机并置于
国家仪式与传统节日图景

　　法国社会学家皮埃尔·布迪厄在实践理论中强调日程选择具有重要的社会行动意义②。我国台湾学者周俊宇认为，节庆最大目的不在于休闲娱乐，放松身心，而在于创造③。

---

　　① 四幅图均为大会开幕式的文体表演，左上为1982年、右上为1995年、左下为2007年、(4)右下为2019年。图片来源分别为：(1)中华全国体育总会宣传部.中国体育图片社.中国少数民族传统体育运动[Z].内部资料,1983:7.(2)大型活动部.中华人民共和国第五届少数民族传统体育运动会大型活动文集[Z].内部资料,1997:16.(3)刘迪.我国少数民族传统体育运动会开幕式团体操创编的研究[D].呼和浩特：内蒙古师范大学,2021:16.(4)第十一届全国民族运动会开幕式[EB/OL].(2019-09-09) [2020-01-20].http://v.qq.com/x/page/[J]0928wbzx17.html.

　　② BOURDIEU P.Outline of a theory of practice [M].Cambridge: Cambridge University Press, 1977: 97.

　　③ 郭辉.民国国家仪式研究[D].武汉：华中师范大学,2012:5.

1999年第六届全国民族运动会恰逢新中国成立50周年和西藏民主改革40周年，具有特殊的历史意义。第六届赛事在拉萨分赛场的成功举办，对西藏自治区的社会稳定、经济发展和固有观念的更新作出了诸多贡献。拉萨分赛场从开始申办到登珠峰采集圣火，从隆重开幕到圆满闭幕，成为西藏自治区有史以来参与人数最多、时间最长、规模最大、规格最高的体育盛会，较为充分地凸显了西藏民主改革以来翻天覆地的变化①。同时，第六届全国民族运动会恰逢新中国成立50周年庆典，北京会场闭幕式结束后遴选了1000名运动员参加10月1日国庆庆典游行，3000名运动员（包括台湾少数民族运动员）、民族体育模范代表、裁判员代表等参加了天安门广场的联欢晚会，4000人参加了国庆游园活动②。第六届全国民族运动会向国人和世界展现了新中国成立以来我国的发展成果和辉煌成就。

借助于全国民族运动会，高度紧密的群体情感网络在充满激情的盛大互动仪式中被建立起来；借助于公共媒介的进一步宣传和再发酵，全国民族运动会场域内的"集体欢腾"情感与国家建构的关键核心素材（历史记忆和集体意识、个体身份与群体归属、政治仪式与国家庆典）所激荡起的"共同体张力"得以延续，并有序嵌入"国家仪式、传统节日"图景的建构进程中，有力地激发、生成共同体成员一致性的国家认同情感能量。

第四节　维护祖国统一：努力消解台湾同胞的"结构性失忆"（1991—2019）

自1991年的第四届全国民族运动会迄今，台湾少数民族代表团均有

---

① 中国少数民族传统体育大全编委会.中国少数民族传统体育大全[M].沈阳:辽宁民族出版社,2017:1244.

② 中国少数民族传统体育大全编委会.中国少数民族传统体育大全[M].沈阳:辽宁民族出版社,2017:1242.

参加，代表团的人数稳定增长，参加赛事的项目从最初仅限于龙舟项目不断扩展至其他项目（如押加、摔跤与表演项目等）。此外，赛事期间也举办了诸多海峡两岸的交流联谊活动（如欢迎晚宴、中秋联欢、艺术文化交流以及记者招待会等）。借助全国民族运动会的舞台实现了两岸民族体育文化的互动交流，凸显了两岸文化的同根同源性以及两岸同胞一家亲的客观事实。某种意义上可以说全国民族运动会业已成为海峡两岸常态化交流的纽带和桥梁之一。

总体而言，全国民族运动会作为两岸常态化交流机制中的有机环节，具有凸显两岸共同的祖源记忆和文化共性，消解"结构性失忆"对台湾同胞负面影响的积极意义。通过民族赛事搭建两岸民众的互动平台，围绕着对共同的中华传统，如民俗节庆、饮食习惯、传统文化、体育活动等共性因素的反复强调和凸显，一定程度上有利于稳固"中华民族认同"的祖源记忆，积极消解"结构性失忆"对台湾同胞的不良影响。这在台湾代表团自1991年迄今参加赛事的相关文字记载中有着生动的体现（见表5-2）。

表5-2　全国民族运动会努力消解台湾同胞的"结构性失忆"

举办届次	具体内容
1991年 （第四届）	第四届大会,欢迎宴会一开始台湾少数民族歌舞艺术团的同胞就唱起了台湾民歌《我们是一家人》。宴会期间,台湾少数民族歌舞团团长华加志动情地说:"我真为自己是中国人而骄傲! 我为我们中华民族的强大而骄傲!"在海峡两岸同胞联欢会会场的一角,68岁的大陆台胞潘进德和台湾同胞在说悄悄话:"我们在大陆的台籍人多么想回故乡看望亲人啊!"台湾同胞一拍潘进德老人的大腿:"是啊,我们的愿望是一样的。您老有生之年一定会见到祖国统一。"政协副主席杨静仁在筵席上说:"你们这次来大陆参加全国民族运动会,人数虽然不多,但意义深远……56个民族今天能在这里聚会,你们作出了贡献。"①

---

① 朱明.全国政协副主席杨静仁会见并宴请台湾同胞[N].新华社新闻稿(合订本),1991-11-13.

续　表

举办届次	具体内容
1995年 （第五届）	来自台湾龙舟队的叶春英女士身着艳丽的高山族盛装,这位建筑师向记者介绍说,他们的龙舟队有25名女队员,都是几个孩子的妈妈,甚至还有当了奶奶的,这是她们第二次参加民运会。"参加民运会使我们交了许多朋友。"①台湾龙舟队总领队蔡中涵博士深情地告诉记者:"台湾与福建一衣带水,骨肉情深。两岸少数民族同胞能够同在民运盛会上相聚,实属幸事。我们希望能有机会到福建去,也欢迎福建少数民族同胞到台湾来,大家相聚在闽江,相聚在日月潭,同舟竞渡,相互交流,更好地增进两岸少数民族同胞的友谊。"②
1999年 （第六届）	台湾代表团59名成员忍受着刚刚遭受地震的巨大悲痛,克服了重重困难来到了北京参加第六届全国民族运动会,台胞们表示:"适逢中秋佳节开幕的这次民族大团圆盛会,我们作为中华民族成员的台湾少数民族,无论如何不能缺席,要化悲痛为力量如期参加。"家住台湾花莲的潘小姐谈到在北京的感受,手舞足蹈地说:"来北京有回家的感觉,所有人都很和善、亲切。这几天我真的感到'56个民族是一家'这句话不是虚的。我为能有这个大家庭而骄傲。"③
2003年 （第七届）	2003年9月,台湾代表团一行38人,参加了在宁夏回族自治区银川市举办的第七届全国民族运动会④。台湾代表团林照玉说:"这次参加全国民族运动会,大家非常激动。尤其是开幕式那天,看到这么多少数民族的兄弟姐妹聚到一起,台湾代表团里所有人都哭了。"⑤
2007年 （第八届）	台湾代表团高学宗说:"非常高兴能够参加全国少数民族传统体育运动会,沉浸在民族大家庭里很温暖。""太震撼了!那么多个民族汇集在一个大舞台上,不同的民族都在演绎自己的特色,声势如此浩大,真实展现了民族大团结的景象。"⑥

---

① 第五届民运会新闻中心.中华人民共和国第五届少数民族传统体育运动会获奖新闻作品集[M].昆明:云南教育出版社,1996:177.

② 第五届民运会新闻中心.中华人民共和国第五届少数民族传统体育运动会获奖新闻作品集[M].昆明:云南教育出版社,1996:252.

③ 陈俊璁.山海隔不断两岸民族情:记第六届全国少数民族运动会台湾代表团[J].台声,1999(11):46-47.

④ 中国台湾网.2003年两岸关系大事记[EB/OL].(2015-12-08)[2021-08-18].lib.taiwan.cn/Iigxevent/201202/t20120220_2348857_8.htm.

⑤ 陈华.高山族同胞歌声满天下[N].宁夏日报,2003-09-10(05).

⑥ 李寅.沉浸在民族大家庭里很温暖[Z].内部资料,中华人民共和国第八届少数民族传统体育运动会会刊,2007-11-15.

举办届次	具体内容
2011年 (第九届)	台湾代表团团长华加志说:"民族大联欢那天,在观山湖畔,我把从台湾带来的日月潭的水和阿里山的土浇到同心树的根部,我相信任何因素都不能阻止两岸一家亲……全国少数民族传统体育运动会为两岸的互动提供了非常好的平台。"①
2015年 (第十届)	台湾代表团领队秦浩青说:"押加这项运动在台湾开展几乎为零。我是在2011年贵州民族运动会上才接触到这个项目的,当时的押加赛场主任赠送给我一套器材……这次来,好多朋友都在这里。不同民族、不同团体的领队、教练都在这里……我可能会派一些选手到他们那里参加训练或者参加那里的比赛。"对于秦浩青而言,后期的访问交流似乎比如今的比赛更值得期待②。
2019年 (第十一届)	台湾代表团王*梅(高山族)讲:"这次来到大陆,参加这样的盛会,觉得很感动。在参加开幕式、闭幕式还有比赛时,大家真的就像是一家人。"高山族同胞颜*明在表演项目结束后说:"这次对我来说是个完全不同的体验,亲眼见证了56个民族一家亲的欢聚场面,切实感受到了祖国的强盛和进步,回到台湾后要和我的家人与朋友共同分享这段令人难忘的经历。"(王*梅,第十一届全国民族运动会运动员,20190913;颜*明,第十一届全国民族运动会运动员,20190913)③

由表5-2中具体生动的历史记载和访谈材料可知,自1991年开始,全国民族运动会作为两岸交流的桥梁和纽带之一,持续参与建立两岸民族民俗民间体育交流的长效机制,通过赛事的抓手突出了两岸民族民俗民间体育项目的同根同源性,强化了两岸文化的共性因素与共通之处(王*台,体育史专家,20190417)④。通过全国民族运动会进行两岸常态化民族民俗民间体育交流,有利于促进两岸历史文化层面的认同与共识。

---

① 中华人民共和国第九届少数民族传统体育运动会组委会办公室.中华人民共和国第九届少数民族传统体育运动会文件资料汇编[Z].内部资料,2012:838.

② 中华人民共和国第十届少数民族传统体育运动会组委会办公室.中华人民共和国第十届少数民族传统体育运动会志[Z].内部资料,2015:243.

③ 资料来源:访谈材料。访谈对象:台湾代表团表演项目运动员王*梅、颜*明。访谈时间:2019年9月13日。访谈地点:郑州工程技术学院体育馆(第十一届全国民族运动会表演项目比赛场馆)。

④ 资料来源:访谈材料。访谈对象:王*台,台湾树德科技大学教授。访谈时间:2019年4月17日。访谈地点:福建师范大学体育科学学院行政楼。

第六章　全国民族运动会助力共同体建构

第一节　项目设置：推动历史文化共同体建构

一、历史共同体建构

共同的历史记忆和际遇是共同体建构的基础要素。个体和群体对于自己的来源或者本民族的历史往往有着共同的记忆。作为"被发明的传统"的全国民族运动会，同样暗含着某种历史记忆的连续性①。结合史料和今人研究成果，我们能够较为清晰地看到，纳入全国民族运动会场域的竞赛和表演项目均具有或长或短的发展变迁历史，有些项目的起源可以追溯到几千年之前，如蹴球、陀螺、龙舟等；短的则只有十几年的历史，如民族健身操等（详见表6-1）。这种或长或短的历史连续性，有助于弥补民族传统文化演进过程中的记忆真空、历史缺位与文化缺席。毕竟，对多民族国家来说，单个民族的历史文化连续性都是文化认同、国家认同稳定性的重要支撑点。要言之，中华文化的包容性乃至中华民族的完备性仰赖于56个民族的文化支流、历史源流的共同滋养。

---

① 霍布斯鲍姆, 兰格. 传统的发明[M]. 顾杭, 庞冠群, 译. 南京:译林出版社, 2004:2.

表6-1　全国民族运动会部分项目的历史起源[①]

项目	历史起源
蹴球	据考古学证据,蹴球(即踢石球、搓球或搓石球)是一项十分古老的民间体育活动。1955年西安半坡遗址发掘的女童墓葬中,女童脚下放有三个大小不一的小石球。考古学家推论,这很可能是石球从生活生产工具向游戏器具转换的证据。而根据石球摆放的位置,推断是用脚来踢的[②]。半坡遗址距今大约6000—6700年历史。
陀螺	陀螺最早可追溯至新石器时代[③];1973—1978年,河姆渡遗址发掘出土42件陀螺[④]。考古学界认为,那时的陀螺从外形结构上来看,其功能与现在的陀螺基本一致。
龙舟	据现有研究,最早记载龙舟的史料是《穆天子传》一书:"天子乘鸟舟龙浮于大沼。"[⑤]该书记载的周朝天子周穆王,距今约3000年。
民族式摔跤	两千多年前,秦朝就已有摔跤运动。据《史记·李斯传》记载:秦"二世在甘泉,方作角抵俳优之观"(学界普遍认为角抵即摔跤的前身之一)[⑥]。我国著名体育史学者崔乐泉在《中国民族传统体育学》一书中,也曾多次提及我国古代民族传统摔跤活动在史书中关于"角抵"的记载。
秋千	据史料记载,秋千起源于先秦。例如,隋朝《古今艺术图》有云:"秋千,本北方山戎之戏,以习轻趫者。"[⑦]
花炮	清朝光绪年间已有关于花炮的描述。例如,明朝《贵县志》记载:"城厢初二日,众会社前放花炮……"另据《中国少数民族传统体育大全》记载,花炮已有500多年历史[⑧]。
押加	押加又称"藏式拔河""大象拔河",藏语叫"浪波聂孜"(意思是大象颈部竞技),起源于藏族民间,相传已有400多年的历史[⑨]。

① 资料来源:(1)考古书籍;(2)期刊论文;(3)其他史料。

② 袁合.论石球由狩猎工具到游戏器具的嬗变[J].体育文化导论,1993(2):25-27.

③ 郑志林.从河姆渡文化看萌芽状态的体育[J].成都体育学院学报,1990(2):9-11,22.

④ 浙江省文物考古研究所.河姆渡:新石器时代遗址考古发掘报告[M].北京:文物出版社,2003:148-150,253,291,326.

⑤ 崔乐泉.中国古代的龙舟竞渡[J].江汉考古,1990(2):91-96.

⑥ 司马迁.《史记》卷87《李斯传》[M].上海:中华书局,1959:2559.

⑦ 陈洛嵩,陈福刁.秋千考[J].体育文化导刊,2014(4):152.

⑧ 中国少数民族传统体育大全编委会.中国少数民族传统体育大全[M].沈阳:辽宁民族出版社,2017:732.

⑨ 中国少数民族传统体育大全编委会.中国少数民族传统体育大全[M].沈阳:辽宁民族出版社,2017:969.

续　表

项目	历史起源
珍珠球	珍珠球由于历史原因传承至民国就已失传,现在的珍珠球运动是根据史料整理加工而成。具体何时产生,现有的历史文献暂无考究。但在《满族风俗考》中有记载珍珠球起源于满族先人生产劳动[1]。鉴于珍珠球起源于满族先民采珍珠的历史记载,早在金朝女真族就有在古代中国北方采集珍珠的记载(满族源于女真一部)。
板鞋竞速	相传板鞋竞速的原型是壮族女英雄瓦氏夫人在抗击倭寇侵扰时用以提高士兵的纪律性和作战能力所创。担任第十一届全国民族运动会板鞋竞速裁判陈*功在笔者的访谈过程中也提及瓦氏夫人与板鞋竞速的联系。虽然只是传说,但在史料《瓦氏夫人研究》中有记载:"瓦氏是田州岑氏五百年历史上《岑氏兵法》的第一位女传人。"[2]
达瓦孜	"达瓦孜"一词最早见于《突厥语大辞典》(成书于1072—1074年)。1984年维吾尔文版《突厥大词典》第三卷第421页"伊波拉弟"词条下有"走软绳,耍达瓦孜。人走软绳了,即在绳子上面嬉戏了"的名词解释[3]。据此,我们可以推断,至少在11世纪,就有了"走软绳""达瓦孜"的表演。
木球	据马小明的研究,木球发源于宁夏吴忠民间"打篮子",甘肃青海称"打梭棍",距今约有一百年的历史[4]。
民族健身操	新型民族体育健身项目。首次出现在2007年第八届全国运动会的表演项目上,距今仅十几年[5]。

　　沉淀在身体中的习惯记忆,可以更好地保存过去。身体活动作为书写记忆与保存历史的物质载体,承载着个体–集体的历史记忆和文化基因。而历史记忆作为人为建构的概念,由个体组成的群体或者类群体的社会组织常以定期或不定期的共同活动来加强集体记忆。那么,全国民族运动会作为新中国成立以来定期举行的大型体育赛事,其所具有的多

---

① 杨锡春.满族风俗考[M].哈尔滨:黑龙江人民出版社,1991:252.

② 中国少数民族传统体育大全编委会.中国少数民族传统体育大全[M].沈阳:辽宁民族出版社,2017:1010.

③ 新疆维吾尔自治区文化厅.维吾尔族达瓦孜[M].乌鲁木齐:新疆青少年出版社,2012:11-12.

④ 马小明.回族传统体育项目木球的发展及意义[J].青海民族学院学报,1991(3):119-121.

⑤ 第八届全国少数民族传统体育运动会组委会办公室.第八届全国少数民族传统体育运动会的文件资料汇编[Z].内部资料,2008:177.

元民族历史文化的包容性使其具有强化个体-群体的历史记忆以及建构记忆连续共同体的功能。

此外，全国民族运动会的诸多竞赛与表演项目具有同根同源、跨民族和跨区域的文化特征。如表6-2所示，诸多项目已经在全国范围内得到较为广泛的开展，甚至走出了国门，例如龙舟、秋千、民族武术等。其中有部分项目具体的呈现形式因地域、民族而有所差异，但其历史同根、文化同源的共性在身体展演中是无法被遮蔽的。这种较为广泛的历史同根、文化同源的共性是如何形成的呢？也许通过文化地理学中的"迁移型传播"现象可以很好地解释"具有某种体育文化生活的人或集团从一地迁移到另一地，将该运动向外传播"[1]的生产过程。据葛剑雄先生考证，我国历史上跨流域南迁的总人口数至少达800万[2]。外加后来客家南迁、山西洪洞移民、湖广填四川、陕北走西口、山东闯关东等人口迁移，大规模的移民迁徙所承载的历史记忆、社会文化，不可避免地在不同地域间、不同民族间进行着互动与融合。多元体育文化的跨区域/族群传播则在人口迁移、文化互动的族群迁徙中得以实现。

表6-2　全国民族运动会同根同源特征项目（部分竞赛项目选摘）[3]

项目名称	主要流行区域	开展民族
抢花炮	广西、贵州、云南、湖南等	壮族、侗族、仫佬族、土家族等
龙舟	全国范围开展	汉族、壮族、傣族、苗族、白族、土家族等
秋千	全国范围开展	形式多样；大多数民族开展
射弩	云南、贵州、广西、广东、海南等	苗族、彝族、佤族、普米族等十几个民族开展
陀螺	云南、贵州、湖南、广西、福建等	彝族、壮族、佤族、瑶族等近20个民族开展

① 史兵.体育文化空间传播类型研究[J].成都体育学院学报,2007(2):7.

② 葛剑雄.中国移民史(第二卷)[M].福州:福建人民出版社,1993:412.

③ 中国少数民族传统体育大全编委会.中国少数民族传统体育大全(下卷)[M].沈阳:辽宁民族出版社,2017:732-1209.

续　表

项目名称	主要流行区域	开展民族
高脚竞速	湖南、湖北、贵州、云南、广东等	土家族、布依族、哈尼族、壮族、哈尼族等
少数民族武术	全国范围开展	大多数民族开展
速度赛马	内蒙古、新疆、西藏、西南各省等	蒙古族、藏族、维吾尔族等20多个民族开展
走马	新疆、西藏、内蒙古等	维吾尔族、哈萨克族、蒙古族等近10个民族开展
跑马射箭	北方少数民族区域等	哈萨克族、塔吉克族、蒙古族等近10个民族开展

　　另据20世纪90年代和21世纪初的两次大规模普查统计的调查成果《中华民族体育志》和《中国少数民族传统体育大全》所载，统计在册的诸多体育文化形态并非某特定区域所独有、单个民族所独创的，而是在不断吸纳多个地域、不同民族的文化过程中逐渐形成的。这也从另一个角度论证了在"迁移型传播"的扩散机制推动下，包括民族式摔跤、龙舟、秋千、珍珠球、抢花炮、独竹漂等原本的地域性、族群性的体育文化样态逐渐散布至其他区域、民族，甚至成为多个族群共有共享的体育文化实体，在一定范围内形成了较大面积同源性体育文化生活的现实情状①。

　　当下，仍有不少民族体育项目借助于诸如全国民族运动会此类的文化通道和交流平台，正在发生着类似的互动与演化。这种正在发生的互动和演化在完善的科层制赛事体系和定期举办的赛事仪式的共同协助下，传承着同根同源的历史记忆，不断强化着各民族同胞"四海之内皆兄弟也"（《论语·颜渊》）的中华民族共同体意识。换言之，在全国民族运动会的仪式、符号互动场域，凭借中华民族共同体的历史、当下以及未来的连续性认同叙事的书写，不断强化着各族同胞间的文化凝聚力和历史认同感。在程序化的赛事反复互动中，民族身份、区域标识、

---

①陈连朋,杨海晨.凤消龙长:中华竞渡文化渊源流变的历史考略[J].北京体育大学学报,2021,44(2):145-156.

文化差异、语言特征、宗教信仰等原本用来区分"我群"与"他群"的属性得以淡化，相应的"中华民族大家庭""五十六个民族是一家""祖国是各族同胞共有精神家园"等频繁强调"中华民族共同体意识"的话语和声音则得到持续性的增强。这种定期凝聚着历史同根、文化同源、血脉同种的群体性仪式场景的重现与循环，潜移默化地影响着各民族同根同源的认知理性，加深了中华民族多元一体的历史记忆。

二、文化共同体的建构

（一）"小"传统的赓续、演化与发展

传统是人们在岁月流逝过程中保持身份认同的一种手段①，而个体-群体的身份认同往往是通过共同的历史文化记忆得以建构的。因而，"传统"可以被理解为历史文化记忆的现实转化，它既是特定人群历史文化的积淀与传承，也是一种特殊形态的社会运行结构②。在历史的长河中，我国55个少数民族的形成和发展，相应地形成了本民族特有的文化禀赋，而这种独有的民族特性内隐于他们的日常生活之中，常常以日常饮食、服装建筑、节庆风俗、娱乐歌舞等"日常化""生活化"的形态呈现，保存积淀在身体之中。各民族"日常化""生活化"元素依托身体活动及展演成为全国民族运动会赛事文化的核心内容之一，这在赛事场域中俯拾皆是（见表6-3与6-4）。

表6-3　全国民族运动会赛事仪式中部分"日常化"文化元素选摘

服装文化元素	建筑文化元素	节庆文化元素	歌舞文化元素
犄角纹(蒙古族)	麻栏式建筑(壮族)	歌会(壮族)	安代舞(蒙古族)

---

① 方长安,王桂妹,王本朝,等.民族主义与20世纪中国文学(专题讨论)[J].河北学刊,2004,24(2):117-133.

② 杨海晨.族群体育与认同建构:对黑泥屯演武活动的田野考察[M].北京:社会科学文献出版社,2017:176.

续 表

服装文化元素	建筑文化元素	节庆文化元素	歌舞文化元素
赘规(藏族)	蒙古包(蒙古族)	那达慕(蒙古族)	锅庄(藏族)
白帽(回族)	毡房(维吾尔族)	赛马节(藏族)	麦西来甫 (维吾尔族)
银饰(苗族)	伊斯兰式建筑(回族等)	开斋节(回族)	摆手舞(土家族)
风花雪月(白族)	帐篷(藏族)	肉孜节(维吾尔族)	孔雀舞(白族)
素白色服装 (朝鲜族)	吊脚楼(苗族等)	芦笙节(苗族)	长鼓舞(朝鲜族)
对襟唐装(壮族)	彝族(土掌房)	花炮节(侗族)	跳花儿(回族)
紧束型裙装(侗族)	石头房(布依族)	赶年(土家族)	扁担舞(壮族)
旗袍(满族)	三坊一照壁(白族)	彝族(斗牛节)	多耶(侗族)

表6-4 全国民族运动会上部分"生活化"的传统身体活动选摘

节庆活动	爱情友谊	生活情趣	酬神祭祖	生产狩猎
赛马	姑娘追	推杆	划龙舟	羊皮筏子
秋千	背篓球	顶竹杠	竿球	驯牛
沙哈尔地	轮子秋	赛骆驼	打花鼓	踩竹马
抢花炮	阿细跳月	打飞棒	目瑙纵歌	抢粽粑
跳板	丢花包	打尺寸	撒尔嗬	跳八音
赛牦牛	叼羊	陀螺	东巴跳	打猎操
马球	抛绣球	奔牛	上刀山踏火海	射箭
板鞋竞速	踩花山	布朗球	稳凳	射弩
赛龙舟	哆毽	跳竹竿	舞花棍	狩猎
跳芦笙	马上拾银	俄多	打铜鼓	爬滑杆

前文已经论及,全国民族运动会是汇聚了55个少数民族传统体育文化的国家平台,笔者将之称为"大传统",相应的,纳入全国民族运动会场域的竞赛和表演项目则一并归为"小传统"。基于我国多民族构成的现实情状,通过选择或是发明独特的"传统"的方式,一方面为多元民族(民族主义)提供了新的表达方式;另一方面为国家构成的有机单元——民族的互动与融合提供了新的机制。这种机制较为充分地维护并

彰显了少数民族同胞的公民权利。而类似于全国民族运动会这种机制的国家制度安排，通过共同归属并平等参与这一以身体语言为基础的社会文化活动，能够从国家层面宏观调控少数民族的文化弱势地位，持续优化其"认同序列"。当然，这种改观不是一朝一夕就能形成的，而是一个动态的历史推进过程，甚至在某些时期还有反复。

新中国成立后，民族体育在党的倡导下，一度出现兴盛景象。以云南为例，1956年曾举行具有相当规模的民族体育运动会，彝族摔跤曾到北京表演；历尽苦难的苦聪人（1985年被划为拉祜族）曾派代表参观全国运动会；大理三月街的赛马也曾活跃一时。但是，后因为种种原因，一部分民族体育活动处于不景气状态，有的甚至处在湮没边缘①。

由上述内容可知，在特定的历史阶段，地方性的"小传统"和代表国家的"大传统"二者之间进行稳固而持久的良性互动，以此才能达到"国家在民间"和"民间在国家"的平衡状态。这种平衡态形成之后，多元化"小传统"不再是物理边界和文化壁垒的制造工具，而是超越民族和地域界限，成为民间与国家、大传统与小传统互动的桥梁和纽带。笔者认为，这种秩序和机制实质上可以被视为我国在现代国家建构过程中的一种制度探索和治理尝试。

（二）国家"大传统"的持续建构

需要进一步说明的是，本研究探讨的"大传统"与雷德菲尔德论述的"大传统"不同。雷德菲尔德认为"大传统"是内生地存在于上层人士之中的，属于少数人的传统。本研究的"大传统"则是存在于个体-民族-国家的相互影响、互相塑造的动态进程中，两者最大的区别是前者是少数人的"大传统"，与民间、地方天生地存在着疏离，并且这种疏离难以克服。笔者这里所谈论的"大传统"是置于我国具体情境来讨论的。笔者结合田野调查、史料解读以及逻辑推衍综合考量，认为全国民族运动会作为发明的"大传统"，更像一只宏观之手，有序地调控着

---

① 冯维藩,段云星.民族体育需要扶持:二谈民族体育[N].体育报,1982-09-01(02).

各种"小传统",推动不同"小传统"之间的互化,实现了"小传统"和"大传统"之间的有机互动。该发明可以有效预防地方性、区域性、民族性的"小传统认同"意识超越国家层面的"大传统"认同,确保地方性认同、民族性认同、区域性认同的方向与"国家认同"或者"中华民族认同"的方向相一致,二者互为表里,相辅相成。换言之,在各民族、区域性的"小传统"汇聚在国家平台一展身姿的同时,作为国家平台的"大传统"才得以存在。

(三)"大""小"传统的互构

在全国民族运动会的场域,国家与民间的相互在场成为普遍现象,很多原本作为界定本民族边界的身体展演植入了现代民族国家的意义。诸多散落的边远性、地方性、民族性的"小传统"主动参与到国家和中华民族"大传统"的文化进程中,在具体实践中完成了"大小传统"的互动互构,使原本作为族际"边界"的身体活动成为全民共享的体育文化样态,通过常态化的"大小传统""民间—国家"框架下的仪式互动和符号搬演,实现了多元文化的交互与融合,形成了笔者认为的"互化"(相互认同、互相转化),而不是某一民族的"同化",更不是狭隘认知的"汉化"。在全球化持续深入的背景下,这种持续性"互化"的新生力量超越并克服了地方性文化原本族际边界的内隐张力,渐而实现"小传统"的适应性转换重构与"大传统"的持续性有效建构。换言之,这也可以看作在全国民族运动会的平台上不断寻觅民族体育文化最大公约数的不懈努力(详见表6-5内容)。这种葆有地方传统、民族特色,同时建构新的"国家传统"的模式,实质上可以视为我国在国家建构过程中的制度探索和治理尝试。目前来看,这种探索尝试显然是成功的。

表6-5　全国民族运动会领域寻觅民族体育文化最大公约数的努力①

举办届次	具体体现
1953年(第一届)	少数民族同胞首次在国家平台展示本民族特有的体育文化
1982年(第二届)	"文革"后会恢复少数民族传统体育运动会
1986年(第三届)	赛事官方明确要求55个少数民族"一个民族都不能少"
1991年(第四届)	台湾少数民代表团参赛(此后历届赛事均有出席)
1995年(第五届)	解放军、新疆生产建设兵团代表团首次参赛
1999年(第六届)	赛事仪式并入国家仪式图景(新中国成立50周年)
2003年(第七届)	五大自治区分别作为主赛场、分赛场先后举办全国民族运动会
2007年(第八届)	首次在非民族地区举办民族运动会,扩大了区域间的互动
2011年(第九届)	改革奖励体系,扩大了奖励面
2015年(第十届)	开创了汉族运动员有条件地参加比赛的先河
2019年(第十一届)	献礼新中国成立70周年

第二节　赛事组织：凸显中华民族共同体理念

一、一个民族都不能少

威尔·金里卡通过大量事实证明，民族国家建构过程中保障并"承认少数群体权利事实上会加强团结，促进政治稳定"②，同时"贯彻少

---

① 资料来源：(1)《中国少数民族传统体育大全》第1225页；(2)1986年第三届全国民族运动会秩序册,第8页；(3)第五届全国民族运动会总秩序册；(4)第八届赛事文件资料汇编；(5)第九届赛事文件资料汇编；(6)第十届全国民族运动会总秩序册；(7)十一届赛事执委会办公室资料汇编,第88—89页。

② 金里卡.少数的权利:民族主义、多元文化主义和公民[M]. 邓红风,译.上海:上海人民出版社,2005:26.

数群体权利也有助于民族国家构建的合法化"①。对于像我国这样的多民族构成国家，类似于全国民族运动会的制度安排，一方面是中国少数民族充分享有人权的具体体现；另一方面也是保障少数民族权益的重大举措。这在赛事治理方面有着诸多呈现②。据赛事官方秩序册记载，从1986年第三届大会开始，赛事总规程中明确要求55个少数民族都要参加竞赛和表演项目，并反复强调，如有困难也应选派代表观摩。历届赛事官方总规程中要求的内容大同小异，统一的特征是始终坚持的"一个民族都不能少"的办赛准则（见表6-6）。

表6-6　赛事官方秩序册有关少数民族同胞参赛的明确规定

届次	竞赛规程的明确规定
1986年 （第三届）	全国五十五个少数民族都要有代表出席运动会。各地组队时,凡属全国独有的少数民族,应尽可能组织他们参加表演和比赛。如有困难,也应选派代表观摩运动会③。
1991年 （第四届）	全国五十五个少数民族都要有代表出席运动会。各地组队时,凡属全国独有的少数民族,应尽可能组织他们参加表演和比赛。如有困难,也应选派代表观摩运动会④。
1995年 （第五届）	全国五十五个少数民族都要有代表参加。为此,各地组团时,应确保本地独有少数民族有代表参加⑤。
1999年 （第六届）	全国55个少数民族都要有代表参加。为此,各地组团时,应确保有本地区独有少数民族的代表⑥。

① 金里卡.少数的权利:民族主义、多元文化主义和公民[M].邓红风,译.上海:上海人民出版社,2005:3.

② 杨青.民运会是中国少数民族人权的体现:访中国国家体委副主任刘吉[M]//民族之光:第四届全国民族运动会新闻大奖赛获奖新闻作品选编.南宁:广西民族出版社,1992:182-185.

③ 资料来源:1986年第三届全国少数民族传统体育运动会秩序册,第4页。

④ 资料来源:1991年全国第四届少数民族传统体育运动会秩序册,第3页。

⑤ 资料来源:1995年中华人民共和国第五届少数民族传统体育运动会总秩序册,第3页。

⑥ 资料来源:1999年中华人民共和国第六届少数民族传统体育运动会拉萨分赛场总秩序册,第1页。

续　表

届次	竞赛规程的明确规定
2003年 （第七届）	全国55个少数民族都要有代表参加，各地组团要确保有本地区独有少数民族的代表①。
2007年 （第八届）	各地组团要有本地区独有的少数民族代表参加，确保全国55个少数民族都要有代表出席第八届全国少数民族传统体育运动会②。
2011年 （第九届）	各省、自治区、直辖市代表团中要有本地区独有的世居少数民族代表，确保全国55个少数民族都有代表参加本届运动会③。
2015年 （第十届）	各省、自治区、直辖市代表团中要有本地区独有的世居少数民族代表，确保全国55个少数民族都有代表参加本届运动会④。
2019年 （第十一届）	省、自治区、直辖市代表团中要有本地区独有的世居少数民族的运动员⑤。

对任一个体或群体来说，获得外部世界的承认和尊重是一种深层次的需要。反之，外部社会的忽视则会深深地伤害他们的自尊。鉴于不同群体被尊重认同的重要性，多元民族构成的现代国家除了保障一般民权和政治权利之外，应当通过制定针对特定群体或民族的政策，来承认和包容多元民族文化认同特征以及传统习惯⑥，这被证明对维护民族团结和社会稳定是卓有成效的。从包容、尊重、认同多元民族体育文化的角度来看，作为新中国成立以来"被发明的传统"，全国民族运动会无疑是其中的典范。从纳入1953—2019年历届全国民族运动会的竞赛与表演

---

① 资料来源：2003年中华人民共和国第七届少数民族传统体育运动会总秩序册，第2页。

② 资料来源：2007年中华人民共和国第八届少数民族传统体育运动会总秩序册，第2页。

③ 资料来源：2011年中华人民共和国第九届少数民族传统体育运动会总秩序册，第9页。

④ 资料来源：2015年中华人民共和国第九届少数民族传统体育运动会总秩序册，第10页。

⑤ 资料来源：2019年中华人民共和国第九届少数民族传统体育运动会总秩序册，第7页。

⑥ 金里卡.少数的权利：民族主义、多元文化主义和公民[M].邓红风，译.上海：上海人民出版社，2005：11.

项目来看（详见附录四与附录五），总体上赛事正式立项的竞赛与表演项目总量呈稳定增长趋势，如竞赛项目从1953年的5大项（24小项）增长至2019年的17大项（138小项），表演项目从1982年的68项增长至2019年的185项。如果进一步思考县—市—省—国家四级赛事体系的完备性、四年一届办赛循环的稳定性以及不同层级赛事项目的纳入总量，可以认为各民族承载于体育项目中的民族禀赋和文化精髓，或多或少地都已在全国民族运动会赛事体系的平台上有所展现。

《中华民族传统体育志》（1990年出版）记载在册的民族体育项目达977项，其中少数民族体育项目有676项；《中国少数民族传统体育大全》（2017年出版）收录的少数民族体育项目有605项。通过对我国两本少数民族传统体育的权威著作中正式收录的少数民族特有传统体育项目的比对，可以发现历届全国民族运动会上进行展演的竞赛与表演项目总量占少数民族体育项目的比率维持在10%~30%之间，并有逐年升高的趋势。如果进一步考察民族运动会的金字塔形的四级赛事体系所纳入的项目数量，在这样的赛事体系引导下，纳入项目、参与人群、影响范围都会产生几何式的增长（陈*功，第十一届全国民族运动会裁判员，20190914）[1]。可以说，以全国民族运动会为代表的赛事体系，在坚定贯彻"一个民族都不能少"的原则上堪称典范。

二、允许汉族运动员参赛

全国民族运动会发展历程中经历了三次较大改革，2015年第十届赛事无疑是具有里程碑意义的改革节点。该届赛事经过广泛征求意见和反复论证，竞赛规程中明确把汉族运动员纳入全国民族运动会竞赛体系之中。汉族选手可按照一定比例参加竞赛项目中的集体项目以及表演项

---

① 资料来源：访谈材料。访谈对象：陈*功，第十一届全国民族运动会裁判员（国家级裁判员），广西经贸职业技术学院教师。访谈时间：2019年9月14日。访谈地点：河南工业大学莲花街校区图书馆。

目，但仅限花炮、珍珠球、木球、毽球、龙舟、板鞋竞速、民族健身操和表演项目，其中花炮项目汉族运动员不能超过4人，珍珠球项目不能超过3人，木球项目不能超过2人，毽球项目不能超过1人，龙舟项目参加标准龙舟赛不能超过7人、小龙舟赛不能超过4人，板鞋竞速每队汉族男、女运动员各限1人，民族健身操不能超过5人，表演项目不能超过上场队员总数的三分之一。自此，汉族运动员得以按照规则要求，名正言顺地参与到竞赛与表演项目之中，第十届全国民族运动会也成为56个民族运动员首次集齐的民族盛会。

赛事官方规则层面允许汉族运动员参赛，标志着赛事治理进入了崭新的阶段，其作为民族赛事领域铸牢中华民族共同体意识的重要举措，具有深远意义。该举措真正意义上实现了民族赛事场域内的中华民族大团结、五十六个民族是一家、共同构筑共有精神家园的中华民族共同体理念。

第三节　赛事文化符号演化：
铸牢中华民族共同体意识

正如布迪厄所阐释：涂尔干赋予符号象征以社会功能，它们使得对社会生活的共识性理解成为可能，一种从根本上帮助社会秩序进行再生产的共识[①]。全国民族运动会赛事仪式作为规则支配下反复呈现的社会文化生活，通过赛事仪式场域内的象征性文化符号的生产与再生产，有效地把参与者的注意力引向社会秩序整合等治理内容上来，并使之自然而然地合法化（见表6-7）。

---

① BOURDIEU P.Language and symbolic power[M].Cambridge:Polity,1991:166.

表6-7　1953—2019年全国民族运动会的代表性符号①

届次	纪念章/会徽	吉祥物	会歌/主题曲
第一届		—	—
第二届		—	—
第三届		—	—
第四届			《爱我中华》
第五届			《大团结的太阳》
第六届			《爱我中华》/《吉祥颂》
第七届			《爱我中华》
第八届			《矫健大中华》
第九届			《爱我中华》/《手牵着心连着》

① 1953—2019年十一届全国民族运动会代表性符号来源于笔者2018年9月—2020年10月收集整理的纪念章、秩序册等。

续　表

届次	纪念章/会徽	吉祥物	会歌/主题曲
第十届			《爱我中华》
第十一届			《爱我中华》/《奔跑的梦想》

（一）圆形崇拜

通过对历届全国民族运动会会徽的观察，可以发现几何图形在会徽构图中的普遍使用，其中"圆形"运用最为频繁。"圆形"具有柔和、流畅、圆润的特点，在自然界随处可见。例如，太阳、月亮、星辰、花朵、果实、湖泊等。伴随着人类社会的发展演化，"圆"被赋予了众多美好的寓意，逐渐成为人类社会崇尚的象征符号之一[①]。

"圆形"作为中国传统文化的重要元素之一，在国人的内心世界具有特殊的象征意义[②]。从古人天地崇拜的"天圆地方"到和谐均衡的"太极之圆"，从"花好月圆"到"幸福圆满"的美好生活追求，进而到"画出中华民族最大同心圆"的新时代不懈追求，"圆形"作为文化符号的"不变性"和"特殊性"深植于中华民族的潜意识中，渐而由"圆"的外形认知生成"圆形崇拜"的文化审美积淀在国人的内心世界。例如，第十一届大会开幕式中的"和合太极"（和谐均衡）、"石榴花开"（花好月圆）隐喻着丰富的文化内涵和心理认知，类似的例子在全国民族运动会中俯拾皆是，在此不再赘述。

由上可知，"圆形"的传统审美文化心理作为各民族共同的历史记忆，已逐渐渗透至各族同胞生活中的各个方面，包括正统文化、图腾文

① 王兰.铸牢中华民族共同体意识:基于全国民族运动会会徽和吉祥物的研究[J].黑龙江民族丛刊,2020(6):6-14.

② 吴梦颖.符号语义:当代艺术中圆的隐喻[D].南京:南京艺术学院,2020:6.

化和民间文化在内的所有文化中均能找到圆的缩影与印痕。其在全国民族运动会的会徽符号中的广泛运用，象征着中华民族圆满备足、和谐均衡、生生不息的民族特质和审美心理①。

（二）色彩的共同心理认知

色彩具有特殊的文化符号属性。一个群体的色彩偏好，体现了特定的审美取向和认知心理。全国民族运动会赛事文化符号在颜色选用上以红、黄二色为主。《左传·昭公元年》有"发为五色"之说，其中五色就包括红、黄二色。红、黄二色是自然界最为常见的颜色，也是备受各民族同胞崇尚的颜色。例如，壮族抛绣球，绣球颜色以红色居多；维吾尔族婚礼时，红色也多是常见的选择②。中华民族对红色的尊崇可以追溯至原始社会对"太阳""火""凤鸟""血"的朴素认知和图腾崇拜③，经过漫长的文化再生产，尤其是到近代以"红军""五星红旗"为代表的红色文化符号超越了民族、地域成为象征着国家的颜色与符号。

"黄者，中之色，君之服也"（《汉书·律历志》）。自秦以后，黄色作为帝王之色，象征着王权。帝王居住的建筑、使用的物品、穿戴的服饰均大量使用黄色，并与金色、红色搭配，体现了权力与威严④。在各民族同胞的日常生活中，黄色同样具有特殊意义。例如，彝族同胞认为"黄肤色是最美最健康的"；在彝族火把节时用以祭祖的鸡也只能用黄颜色的⑤。此外，"黄河""黄土地""黄皮肤""黄土高坡"等"黄色文化"符号作为中华民族共同的文化元素，蕴含着深厚的民族情感，体现了共通的文化心理。

① 王培娟.从古人圆形崇拜看中国传统审美文化心理[J].山东社会科学,2015(5):62-65.

② 朱贺琴.维吾尔民俗与文化生态研究[M].北京:光明日报出版社,2015:64.

③ 门德来,唐岚.中国传统色彩研究之红色崇拜[J].南方论刊,2010(10):95.

④ 林秀君.汉民族色彩崇拜意识与色彩词的等级观念浅探[J].汕头大学学报,2006(3):39-40.

⑤ 中央民族大学中国少数民族语言文学学院.戴庆夏文集第2卷:藏缅语族语言研究[M].北京:中央民族大学出版社,2012:366.

某种意义上，"崇红尚黄"的集体心理认知，或隐或显、或深或浅地影响着中华民族的文化生活。而以生活为载体的有关颜色的共同历史记忆，逐渐演变为中华民族共同的民族心理认知。在全国民族运动会的赛事文化符号中运用较多的红、黄二色，显然有利于中华民族身份认同的巩固和强化。

（三）吉祥物的符号象征意义

吉祥物作为非语言文化的象征符号，通过物化的视觉符号表达深层的文化内涵和社会意义。从1991年第四届大会开始，历届全国民族运动会均选取具有地域、民族特色以及在全国范围具有较高知名度的动物，并通过"因音借义"的吉祥物命名进一步强化了文化意涵与认同建构效应[1]（详见表6-8）。[2][3]

表6-8　全国民族运动会吉祥物的象征意义

届次	吉祥物的文化内涵和象征意义
1991年（第四届）	第四届大会的吉祥物小象"宁宁"高举火炬、欢快奔跑的拟人化造型，作为文化符号的寓意包括：(1)象征着威武雄壮，和蔼温顺，是力量和品德的化身；(2)第四届大会举办地南宁市自古就有"五象城"之称，彰显举办城市地域特色的同时还突出了"象"作为南宁传统文化符号的社会建构意义，强化了群体的历史文化记忆；(3)从修辞学视角解读，"宁宁"代表着安宁和睦，吉祥幸福，表示全国各族人民为进一步维护国家和社会的稳定，巩固、发展、平等互助、团结合作、共同繁荣的社会主义新型民族关系作出贡献[2]。
1995年（第五届）	吉祥物小象"明明"取举办地昆明的"明"命名。"明明"体态丰腴、聪明可爱，肚兜上标明"1995""昆明"的字样[3]。据查证，大象作为云南各民族共同的集体记忆，与云南民众的日常生活息息相关，具有典型地域文化符号的象征意义。

---

① 王兰.铸牢中华民族共同体意识：基于全国民族运动会会徽和吉祥物的研究[J].黑龙江民族丛刊,2020(6):6-14.

② 第四届全国少数民族传统体育运动会组织委员会办公室编.第四届全国少数民族传统体育运动会文件汇编[M].南宁：广西民族出版社,1992:7.

③ 材料来源于作者2020年9月调研期间所收集的中华人民共和国第五届少数民族传统体育运动会总秩序册。

续　表

届次	吉祥物的文化内涵和象征意义
1999年 (第六届)	主赛区北京吉祥物名为"燕燕",其原型取自"北京雨燕"。拉萨分会场的吉祥物为雪域高原之宝——牦牛。卡通式拟人化的牦牛身着藏装,手捧哈达,跳起锅庄,表现了藏族典型文化认同元素和西藏人民热情、好客、健康、幽默的性格。吉祥物名为"扎西",意为"吉祥"①。
2003年 (第七届)	吉祥物是名为"慧慧"的可爱小羊,羊在中国传统文化中是吉祥的象征,《说文解字》谓"羊"通"祥"。此外,羊又和宁夏回汉各族人民的经济生活和日常生活密切相关,"慧慧"不仅是吉祥的象征,而且寓意着智慧和创新②。
2007年 (第八届)	吉祥物"悦悦",以拟人、夸张、变形的艺术手法,把体现岭南特色的"华南虎"化身成一个矫健、活泼、可爱的少数民族运动员的形象。作品糅合了现代表现手法和传统的、民族的表现元素,色彩鲜明,视觉信息传递直接、明确。取名"悦悦",既有吉祥喜庆的意思,又谐音寓意举办地"南粤"③。
2011年 (第九届)	吉祥物"圆圆",以贵州独有的"贵州龙"化石为造型基础,将贵州少数民族服饰的"旋洛纹"图饰结合时尚化、拟人化的卡通形象设计而成,糅合了现代手法和传统的表现元素。"圆圆"的命名寓意各族人民的大团结、大联欢、大发展。
2015年 (第十届)	吉祥物是小白马"阿吉内","阿吉内"是蒙古语,汉语意为骏马④,代表着纯洁、神圣、好运与吉祥。
2019年 (第十一届)	吉祥物龙娃"中中",身穿中国传统服饰,胸前的装饰图案取自郑州出土的商代经典青铜器,体现举办地郑州深厚的历史文化积淀。"中"作为河南特色方言,表达肯定、鼓励和赞誉等语义,饱含着河南人民对运动会圆满成功的衷心祝愿⑤。

---

① 中华人民共和国第六届少数民族传统体育运动会组织委员会.中华人民共和国第六届少数民族传统体育运动会总结报告[Z].内部资料,1999:16-17.

② 资料来自中华人民共和国第七届少数民族传统体育运动会总秩序册。会徽设计者为民族画报社助理编辑刘晖,吉祥物设计者不详。

③ 会徽介绍[Z].内部资料,中华人民共和国第八届少数民族传统体育运动会会刊,2007-11-10.

④ 蒙古族是马背民族,在蒙古族传统那达慕比赛中,跑得最快、最有耐力、能赢得最终胜利的蒙古马被称为"阿吉内"。

⑤ 资料来源于作者2020年10月所收集的《中华人民共和国第十一届少数民族传统体育运动会大会指南》。

上述这些吉祥物的原型来自五湖四海，不仅具有较为典型的地域特色，还是在全国范围内受到普遍认同的良善动物。内蕴于吉祥物中的"吉祥友善、勤劳勇敢"的寓意与各民族对美好生活的追求相一致。质言之，它们兼具个性与共性于一身，既是地域民族的文化象征，又是赛事主办方精心提炼的国家符号。

（四）音乐语言符号的积极建构意义

自1991年第四届大会开始，历届大会均有遴选会歌或者主题歌曲。笔者根据整理收集的历届大会官方资料，深入分析历届会歌（主题曲）的歌词文本，发现大量的歌词文本涉及民族的概念以及国家的指代。例如，出现频次最高的"中华"，不仅指代着中华民族，也是囊括中华文明上下五千年文化的语义载体。此外，出现频次较高的"爱我中华""五十六""我们""兄弟姐妹""共同"则集中表达了各民族同胞亲如一家、共同进步、共建祖国的爱国情感（见表6-9）。

表6-9　历届全国民族运动会会歌/主题曲词频分析

关键词	中华	爱我中华	五十六	我们	民族	兄弟姐妹	共同
频次	76	54	41	23	16	16	7

其中，尤为值得我们关注的是爱国歌曲《爱我中华》。自从1991年第四届大会被遴选为会歌以后，该歌曲的传唱度越来越高。该歌曲在2001年第六届"康佳杯"中国音乐电视大赛上荣获最受观众喜爱的音乐电视歌曲奖，多次在中央电视台上歌唱，甚至成为春晚舞台上的经典唱段。此外，《爱我中华》还被编入初中生音乐教材，并名列31首被"嫦娥一号"搭载的歌曲之中①。该歌曲还于2011年入选了中宣部推荐的100首爱国歌曲，同年在第九届全国民族运动会上被认定为赛事永久会歌。

　　　　五十六个星座 五十六枝花

---

① 牛志男. 全国民运会：从阿迪力一家到《爱我中华》[J]. 中国民族，2009(Z1)：80-81.

　　五十六族兄弟姐妹是一家

　　五十六种语言汇成一句话

　　爱我中华 爱我中华 爱我中华

　　　　——摘选于《爱我中华》

　　通过对《爱我中华》歌词文本的深入分析，可以发现其歌词文本中充分体现了民族与国家的关系。尽管中华民族在不同的历史时期表达着不同的内涵，但自中华人民共和国成立以及民族识别工作完成后，中华民族即是五十六个民族的统称，五十六个民族皆是构成中华民族的有机组成部分。歌曲通过"五十六个星座""五十六枝花"隐喻着统一的多民族国家的民族，作为组成"中华民族"大家庭的一分子，各民族身份一律平等、团结友爱、亲如一家；"五十六种语言汇成一句话""爱我中华"则体现了各民族一致性的国家认同情感。脍炙人口的歌词结合一领众唱、节奏欢快的民族曲调，有张有弛，不失大气，一气呵成，表达了强烈的民族自豪感以及国家认同感。通过对全国民族运动会会歌/主题曲《爱我中华》《大团结的太阳》《矫健大中华》《手牵着心连着》《欢聚草原》《奔跑的梦想》的歌词文本分析，可以窥见以爱国、团结、欢聚、梦想为主题的音乐语言符号在不同时期积极参与动员民族团结和发挥国家认同建构方面的工具价值。

小　结

　　本编内容借助于系统整体的分析视角，透过全国民族运动会赛事场域的历史时空横切面，发现镶嵌于其中的仪式、符号以及赛事运行的相关要素（项目设置、赛事组织、举办地遴选、特定日程安排、台湾代表团等内容）被赋予了特殊而深刻的意义。全国民族运动会作为新中国成立以来的"被发明的传统"，兼具仪式性和象征性，隐含着对于某一共同体或者是代表、呈现、象征这一共同体的认同，通过不断地重复来灌输特定的价值和行为规范①。在"共时性"的叙事框架下，全国民族运动会被赋予崭新的内涵，使我们得以将赛事场域不同时间轴线中的历史内容转换为可以在一套话语中加以表述的现实②。唯有如此，我们才可能在复杂交错的赛事时空回望中摆脱单一的线性进化逻辑，从而厘清嵌入赛事中的政治合法性和历史文化共同体建设的隐性逻辑结构（见图6-1）。这种内隐结构的具体内容包括：

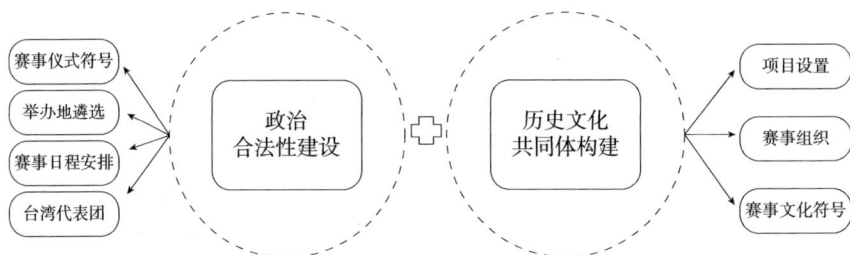

图6-1　全国民族运动会赛事结构要素参与国家认同建构的逻辑结构

（1）通过稳固化的赛事宏大仪式与国家符号的反复浸润濡化、举办地的精心遴选、特定日程的安排以及维护祖国统一（例如台湾代表团的连续性参赛）的治理努力，赛事被赋予了规训塑造、教化引导不同民族同胞一致性的政治认同以及国家公民观念的政治合法性意义。

（2）依托项目设置、赛事组织以及赛事文化符号的历史演变，全国民族运动会一方面连接并承载着中华民族多元一体的历史文化记忆，书写着同根同源同种的集体情感记忆；另一方面在寻觅中华民族最大公约数，凸显中华民族共同体理念，铸牢中华民族共同体意识方面具有独特的作用。

上述内容与第一编全国民族运动会历时性演化与变迁的内容形成互补互证之势，在体现研究方法论的完备性以及分析视角完整性的同时，也为下一章节建构理论模型，深入阐释全国民族运动会参与并推动当代中国国家认同建构的价值内涵奠定了基础。

① 霍布斯鲍姆,兰格.传统的发明[M].顾杭,庞冠群,译.南京:译林出版社,2004:11.
② 汪晖.作为思想对象的二十世纪中国(下):空间革命、横向时间与置换的政治[J].开放时代,2018(6):56-78,7.

第三编

认同建构与社会整合：全国民族运动会

促进国家认同的实现路径

前文（第一编）通过历史演化的视角系统考察了全国民族运动会在不同的发展时期中肩负着不同的历史使命，使我们对全国民族运动会与国家认同的交互关系有了较为清晰的认识和把握。第二编则通过整体性视角探究赛事结构要素参与国家政治合法性建设和历史文化共同体构建的内在逻辑结构。上述内容为我们提供了一个崭新的视角剖析中华人民共和国成立以来，全国民族运动会的工具理性参与国家认同建构的种种努力，有助于理解当代中国的国家建设以及国家认同建构的独特性与复杂性。

　　本编内容试图在前文的基础之上，借助于互动仪式链的理论框架，结合国家认同理论和符号互动理论，深入阐释全国民族运动会在参与国家认同建构的动态历程中所蕴含的独有而深刻的价值，进而厘清其参与并不断推进国家认同建构的实现路径。

第七章　理论模型：作为互动仪式的
全国民族运动会

　　大型体育赛事作为国家层面的重大礼仪活动，成为全球化时代建构国家层面"国家民族"的有力工具和载体；作为一种文化现象，能够将不同阶层的人、不同文化背景的民族紧密地联系在一起，起到社会整合的作用。

——钟秉枢、张建会①

　　本章依托兰德尔·柯林斯的互动仪式链理论对全国民族运动会进行深入的理论解析。全国民族运动会的赛事场域几乎满足了互动仪式链理论的所有结构要素，包括情境、互动、仪式、情感与符号等，因此该理论可以用来剖析全国民族运动会与国家认同的建构的逻辑结构。本章内容立足于互动仪式链的一般模型（见图7-1），进一步推导并呈现全国民族运动会作为典型互动仪式的构成要素、仪式过程与结果（见图7-2），进而建构"作为互动仪式的全国民族运动会理论模型"（见图7-3）。

---

　　① 张建会.国际和国内双重维度下大型体育赛事与国家认同研究[M].北京：北京体育大学出版社,2020:前言1-3.此段内容由笔者概括提炼而成。

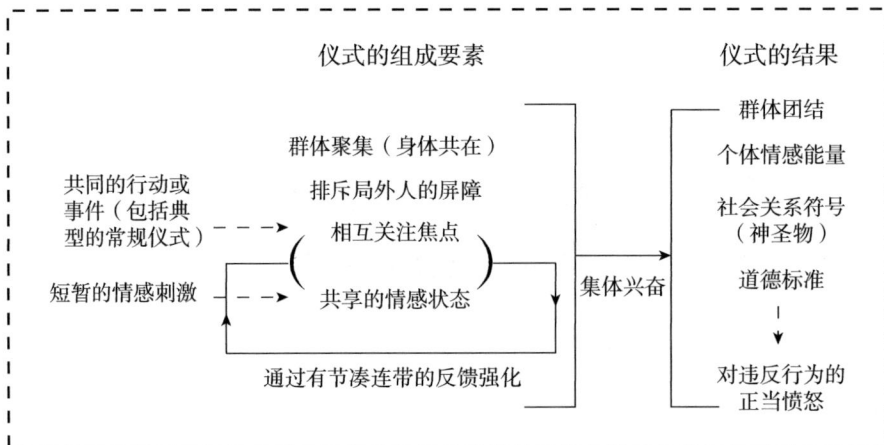

图 7-1　互动仪式链的一般模型

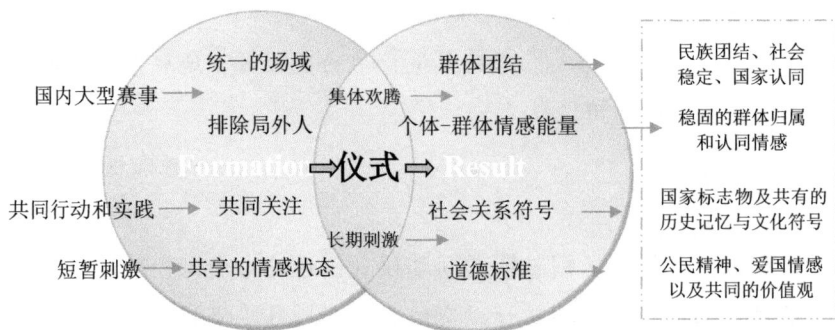

图 7-2　全国民族运动会作为典型互动仪式的构成要素、仪式过程与结果

作为互动仪式的全国民族运动会的构成要素、仪式过程与结果具体包括以下方面：

（1）共同的行动或事件：历届大会赛前、赛中及赛后共有的互动，包括长达几年的赛前准备、赛中的四大仪式活动（圣火采集传递、开幕式、民族大联欢、闭幕式）以及其他赛事结构要素及衍生活动（举办地遴选、举办日期选择、台湾代表团参赛、项目设置、赛事治理与组织以及系列文化活动），构成了共同的行动或事件。

（2）短暂的情感刺激：四年一届的全国性赛事，持续时间为7~13

天①，形成了相对集中的情感刺激。

（3）长期的情感刺激：以全国民族运动会为代表的赛事已经形成较为完备的县—市—省—国家四级赛事体系，已然具备长期的情感刺激链（反馈强化）的闭环特征。

（4）群体聚集：群体聚集的赛事时空场域不仅仅包括身体在场，还囊括了多元文化在场、国家制度在场、权力在场。

（5）群体团结：促进民族团结、推动社会整合及巩固国家认同情感。

（6）个体情感能量：通过短期（单届赛事）-长期（循环的赛事体系）的情感刺激，有助于形成稳定的群体心理归属和国家认同情感。

（7）社会关系符号：包括国旗、国徽等表征国家在场的赛事符号以及赛事仪式、群体记忆、文化符号等共有的群体成员身份符号。

（8）共同遵守的道德标准及对违规行为的正当愤怒：促使个体-群体生成群体团结、爱国情感以及共同遵守的价值观。有利于维护民族团结、社会稳定，进而对推动社会整合，铸牢中华民族共同体意识具有积极意义和重要作用。

---

① 赛事的赛期固定在7~8天,其中若干届赛事因设有分赛场(例如1991年、1999年以及2019年),主赛场和分赛场比赛日程共计13天。

全国民族运动会与国家认同建构（1953—2019）
——基于互动仪式链的理论模型

| 第一阶段
赛事肇始
（1953） | 第二阶段
重建与初兴
（1982—1991） | 第三阶段
演进与变革
（1995—2011） | 第四阶段
全面深化改革
（2015—2019） |

仪式过程（开闭幕式等赛事运行要素）　全国民族运动会的仪式结果

1.政治维度：中华民族共同体意识构建	民族团结、国家在场、意识形态、价值引领、家国情怀
2.文化维度：多元一体文化认同建构	历史记忆、国家平台、群体符号、传统赓续、文化自信
3.社会维度：推动社会整合	团结稳定、繁荣共进、发展创新、和合共赢、价值观转掖

群体团结：国家认同 ｜ 自我价值实现：精英聚会 ｜ 仪式化的赛事符号尊崇 ｜ 集体感与爱国主义道德感

赛事仪式的构建	仪式过程的 国家认同符号	仪式化的 身体狂欢	个体-群体、社会 -国家的互动
1.国家仪式建构 2.权力制度在场 3.历史文化赓续 4.民族符号尊崇 5.国家利益至上 （政治合法性/向心力）	1.国旗国歌国徽 2.开闭幕等仪式 3.集体记忆建构 4.群体文化符号 5.国家/民族标志物 （历史/文化符号共享）	1.精英代表群聚 2.赛事共同参与 3.集体记忆共享 4.多元文化互通 5.个体-群体互动 （广泛交往交流交融）	1.群体身份确认 2.赛事治理优化 3.多元和谐发展 4.贯通认同通道 5.实现国家目标 （社会整合力）
解释维度1	解释维度2	解释维度3	

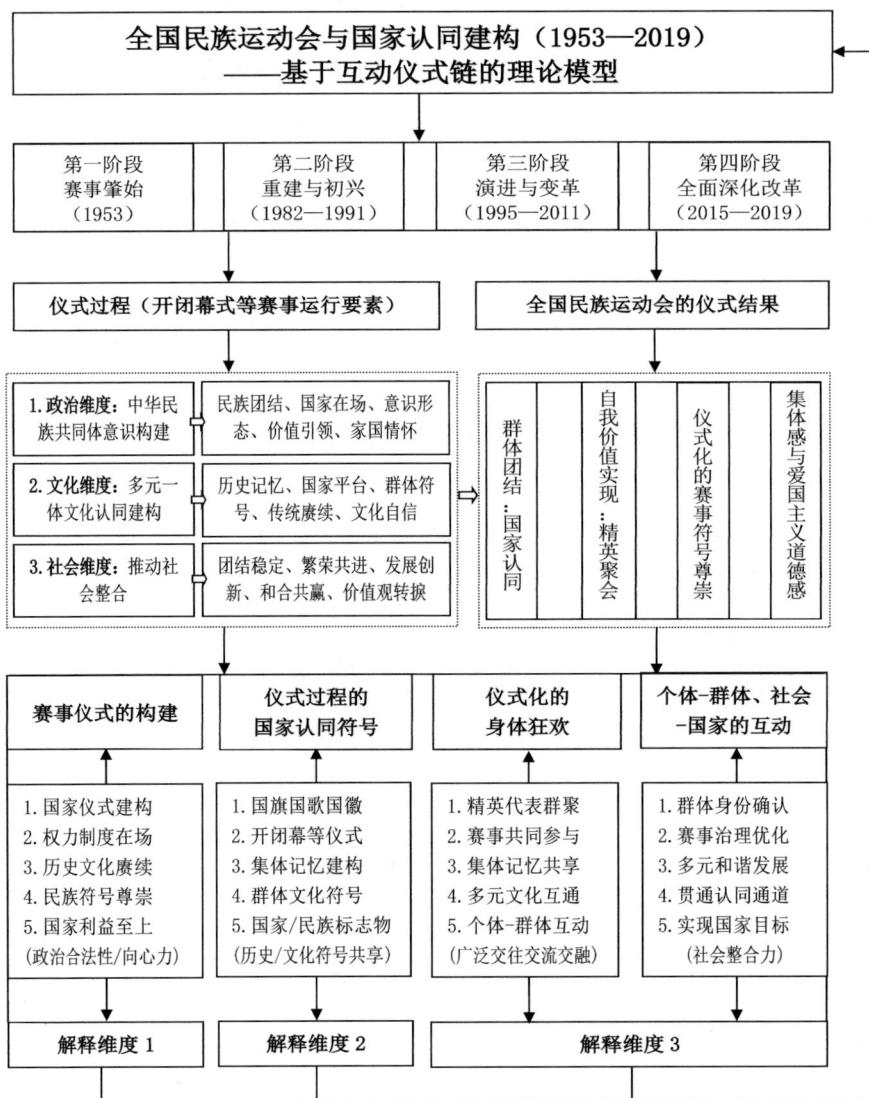

图7-3　作为互动仪式的全国民族运动会理论模型

由上图7-3"作为互动仪式的全国民族运动会理论模型"我们可以清晰推演出全国民族运动会作为"互动仪式"参与国家认同建构的逻辑脉络，围绕着研究题旨进一步推导出全国民族运动会赛事互动仪式过程中有助于推动国家认同建构的具体内容。即全国民族运动会作为价值客体参与推动价值主体（国家）进行国家认同建构的价值功能，主要聚焦于政治、文化及社会价值层面的三个维度（见图7-4）。具体内容包括：（1）政治维度，推进民族团结、体现国家在场、巩固意识形态、引领社会主义核心价值观建设以及厚植家国情怀等；（2）文化维度，传承历史记忆、构筑文化互动的国家平台、孕育群体符号、赓续传统体育文化以及弘扬文化自信等；（3）社会维度，维护团结稳定、推进繁荣共进、持续发展创新、倡导和合共赢、内在呼应社会主流价值观等。

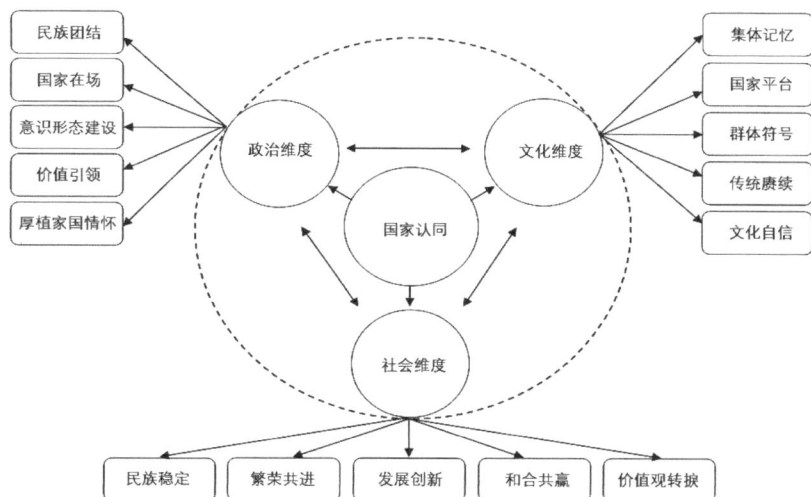

图7-4 全国民族运动会建构国家认同的价值维度

第八章　政治维度：互动仪式视域下中华民族共同体意识建构

体育与政治向来无法做出彻底切割和完全分野[①]。影响日益深远的全国民族运动会作为典型的互动仪式，对内承载着重要的政治任务与使命[②]，借助于国家化、程式化的赛事仪式，通过个体（公民）与社会（国家）的有机互动，持续有效地发挥着以政治认同建构为核心的价值引领作用。此外，全国民族运动会在推进民族团结，体现国家在场，巩固意识形态，引领社会主义核心价值观以及厚植家国情怀等维度发挥着积极作用，具有推进公民身份塑造、国家形象缔造以及中华民族共同体意识建构的显性政治功能[③]。

第一节　民族团结：培育集体主义与爱国主义精神

纵观全国民族运动会的发展史，镶嵌其中的符号表征、仪式进程及

<hr>

① 张建会.国际和国内双重维度下大型体育赛事与国家认同研究[M].北京:北京体育大学出版社,2020:6.

② 国家民委党组书记杨传堂在第九届全国民族运动会第二次筹备工作会议上的讲话.资料来源:《第九届全国民族运动会文件资料汇编》,第193页。

③ 路云亭.教化的权力转移:作为中国进入现代社会典型仪式的大型体育赛事[J].体育与科学,2017,38(1):45-51.

其衍生活动等内容围绕着民族团结、集体主义、爱国主义等叙事结构持续书写着个体（公民身份）、群体（民族/国家认同）的鲜活内容。这在有关赛事文本的历史记忆和亲历者的历史回溯中多处可见（见表8-1）。

表8-1　赛事亲历者关于民族团结、集体主义、爱国主义的历史记忆选摘

举办届次	具体内容
1953年 （第一届）	1953年首届全国民族运动会闭幕式上，时任体育运动委员会秘书长的荣高棠明确指出："这次大会是全国民族形式体育界有史以来的第一次大会师，运动员在整个表演和竞赛中，都表现了亲密团结，互相学习，遵守纪律，服从组织的良好的体育道德作风。"①
1982年 （第二届）	1982年贵州首届民族运动会上，"进行了划龙船、赛马、射弩、摔跤、抢花炮五个项目的比赛和跳芦笙、舞狮子、射背牌、丢花包、打手毽、打篾鸡蛋、跳海马等二十多个项目的表演……在比赛和表演中，各族运动员既勇于拼搏，又互敬互助，体现了各族人民之间的团结和友谊。"②
1995年 （第五届）	进入20世纪末，在全球局势持续动荡的国际背景下，国家体委主任伍绍祖在观看1995年第五届大会开幕式时"激动得流了泪……（他）想到苏联因民族分裂而解体，南斯拉夫因民族问题还在打仗，而中华民族虽然历经艰难，但在中国共产党领导下，团结一致，迎着新世纪的太阳，走向未来，走向小康，走向希望。"③
2011年 （第九届）	2011年第九届全国民族运动会上，来自贵州大学的志愿者李辛通过赛会志愿服务深切体会："第九届全国少数民族传统体育运动会让我们来自全国各地的人民更亲近、更快乐、更和谐。同时也让民族体育精神、民族体育文化得到大力宣传和提升，加深了咱们五十六个民族兄弟姐妹之间的感情，整个社会变得更加和谐……爱国精神和爱国情感是我感受最深刻的。我们中华民族是一个大家庭，五十六个民族的兄弟姐妹同是一家人，我们都一样深爱着自己的祖国。"④

① 佚名.全国民族形式体育大会胜利闭幕[N].福建日报,1953-11-15(04).

② 佚名.推动少数民族传统体育运动蓬勃发展[N].贵州日报,1982-05-23(01).

③ 第五届全国民运会组委会.中华人民共和国第五届少数民族传统体育运动会文集[M].昆明:云南民族出版社,1995:562-563.

④ 第九届全国少数民族传统体育运动会组委会志愿者工作部.志愿者成长记录[M].贵阳:贵州科技出版社,2012:174-175.

续　表

举办届次	具体内容
2015年 （第十届）	2015年第十届全国民族运动会台湾地区押加领队秦浩青赛后感慨："不同民族、不同团体的领队、教练都在这里。56个民族的色彩汇聚在一起就是一种很漂亮的颜色！"①
2019年 （第十一届）	2019年第十一届全国民族运动会开幕式上各族同胞共同浇灌石榴树，喻指56个民族"像石榴籽一样紧紧抱在一起"，寓意"中华民族一家亲，同心共筑中国梦"②的共同心愿。

历史和现实皆已证明，对于像我国这样的多民族构成的现代国家来说，只要能够坚持民族团结，着力培育各族公民的集体主义和爱国主义精神，就能较好地实现内部团结与稳定。"则国安于盘石，寿于旗翼。人皆乱，我独治；人皆危，我独安。"（《荀子·富国》）在全球化浪潮持续而深刻的影响下，如何实现多民族构成的国家内部的民族团结，进而建构稳固的集体主义和爱国主义精神内核成为当下以及未来很长一段时间我国以及其他多民族国家进行国家认同建构的核心内容。通过对上述来自不同历史阶段、不同身份赛事亲历者集体叙事的透视与解读，全国民族运动会这种形式的"国家装置"，显然是促进民族团结、培育集体主义及爱国主义精神的有效措施和有力抓手。

第二节　国家在场：增强各民族同胞公民意识教育

在现代民族国家建构过程中，公民身份具有超越族群、宗教甚至信仰等差异性力量，能够合理调节其与国家认同的关系，抑制民族地区地方性认同对国家认同的冲击②。对于现代民族国家来说，公民教育这种

① 执委会办公室.中华人民共和国第十一届少数民族传统体育运动会执委会办公室资料汇编(之二:大型活动及重要会议材料)[Z].内部资料,2019:213.

② 任勇.公民教育与认同序列重构:以西南地区少数民族的国家认同为研究对象[D].上海:复旦大学,2011:194.

政治社会化的措施手段，能够行之有效地强化内部的族群团结，加快构建"归属性国家认同"①。

新中国成立迄今，我国逐步建立并完善了以宪法为根本，以民族区域自治法为主干，以体育法为保障的民族体育工作法律法规体系和治理框架。全国民族运动会作为国家治理层面的微观实践，同样隐含着作为公民之个体权利的合法性、保障性与国家制度的规约性、威权性。1953年的首届全国民族运动会，在民族体育赛事的具体实践中，明确并强调了各民族同胞一律平等的公民权利。党的十一届三中全会以后，民族团结、平等和共同繁荣上升至关乎国家前途命运的战略高度；发展少数民族传统体育事业被列为民族、体育工作不可或缺的一部分。同时，少数民族体育事业作为精神文明建设的重要载体，得到了党和国家的高度重视。进入21世纪，随着全国民族运动会的制度化、规范化以及科学化运营的持续演化，绝大多数省级行政单位形成了固定办赛的优良传统，部分省、自治区和直辖市还联合举办了少数民族传统体育单项邀请赛②。通过"秩序化"的制度嵌入，"生活化"的文化濡化，"自然化"的公民身份培育，全国民族运动会持续在赛事时空场域输入公民教化与国家规训等具体内容，积极推动少数民族同胞从"原子化"的自然状态转化为"公民化"的社会状态，促使其生成更为清晰的自我定位，进而明确其作为公民的权利和义务、自律和他律等基本政治生活内容。

全国民族运动会及其赛事体系作为全面贯彻党的民族政策的重要举措和体育领域凸显公民权利的国家平台，始终遵循通过制度化治理来确认少数民族同胞作为政治共同体成员的体育、文化和公民权利。具体如下：（1）借助于赛事平台，持续贯彻各民族无论人口多寡、历史长短、世居地域广狭、经济发展繁荣与否、风俗习惯和宗教信仰异同，国家均

① 肖滨.两种公民身份与国家认同的双元结构[J].武汉大学学报(哲学社会科学版)，2010，63(1)：76-83.

② 摘选自伍精华在第四届全国民族运动会筹备会上的讲话内容。资料来源于《第四届全国民族运动会文件汇编》第100页。

以法律的形式，赋予其政治、经济、文化及体育等领域的平等权利；（2）通过全国民族运动会的窗口体现各民族公民共同参与管理国家事务，共享改革发展成果，有力地巩固了"共同团结奋斗、共同繁荣发展"的良好局面①，稳步推动各民族和睦相处、和谐发展；（3）赛事治理法治化进程昭示了民族政策的合理性以及民族区域自治制度是符合中国国情的一项重要政治制度②。概言之，以全国民族运动会为代表的民族体育赛事体系在彰显国家在各族公民身份制度化、政治生活民主化以及赛事治理法治化等方面不懈努力的同时，潜移默化地将公民意识、权利责任等内容有机嵌入赛事仪式之中，具有促生公民意识，强化公民意识教育的功用。

第三节 意识形态建设：坚持中国特色社会主义

从世界范围看，全球正处于并将长期处于民族意识加速觉醒以及民族文化发展融合的时代。身处于民族大交流的时代，对于多民族国家来说应当时刻保持清醒，并理性地认识到这也是一个民族问题大凸显的时代。多元文化主义、世界主义等全球性话语体系给民族国家，尤其是对国家建构尚未完成、社会稳定性不足的发展中国家的内在政治价值、意识形态带来了潜在的，甚至是前所未有的冲击，导致既定的政治思想与文化结构发生演变，进而可能引起民族国家在思想、文化、价值观等层面的剧变。部分国家的原有政治建设和文化认同建构的努力遭受重大打击，民族国家认同建构或强化的进程受到严重干扰和破坏③，甚至最终

---

① 国家民委.闵伟轩：民族平等是我们立国的根本原则[EB/OL].（2014-07-30）[2020-08-12].https://www.neac.gov.cn/seac/xwzx/201407/1007915.shtml.

② 中华人民共和国第七届少数民族传统体育运动会组织委员会.中华人民共和国第七届少数民族传统体育运动会总结文集[Z].内部资料,2003:173-174.

③ 暨爱民.国家认同建构：基于民族视角的考察[M].北京：社会科学文献出版社,2016:210.

导致民族国家的解体①。中国作为一个统一的多民族国家，做好民族工作，解决好民族问题，是维护国家统一与国家安全的必要前提条件。不断加强意识形态领域反分裂斗争，抵御民族分裂主义和宗教极端思想的持续渗透，在各族群众中牢固树立正确的国家观、民族观和价值观始终是我国民族工作的核心内容。

全国民族运动会作为新中国成立以降"中国模式""中国特色"民族工作体系中的重要活动。正如 2007 年第八届赛事筹备期间，时任国家民委副主任周明甫所说："（自）新中国成立以来，在民族工作领域的诸多活动中，民族运动会堪称是最早起步且最具连续性的活动。"②全国民族运动会是实现健康中国目标，建设具有中国特色的社会主义体育事业的重要内容；也是贯彻落实党的民族政策，增强民族团结，繁荣民族文化，建设现代化强国，实现中华民族伟大复兴的中国梦的有机构成环节，具有意识形态引导以及国家战略导向等合法性建设内容的深层意义。

赛事宗旨作为最为直观的意识形态表达（详见附录六），在赛事不同历史时期表述虽略有变化，但其内在实质是一贯的，即始终紧紧围绕着"共同团结奋斗、共同繁荣发展"的民族工作主题，遵循"平等、团结、互助、和谐"的中国特色社会主义民族关系的基本原则，秉承"发展民族体育、增强民族体质、促进民族团结、振奋民族精神"的赛事核心理念。

进一步从赛事的政治意义加以考量，我们仍然可以清晰窥见历届赛事或隐或显地承载着强化政治认同建构的治理努力。例如，赛事在民族自治地区举办（1982 年在内蒙古呼和浩特、1986 年在新疆乌鲁木齐、1991 年在广西南宁、1999 年在西藏分赛场、2003 年在宁夏银川、2015 年在内蒙古鄂尔多斯），凸显了得天独厚的少数民族文化资源禀赋；在

---

① 冯向辉.论全球文化形成中的文化认同与冲突[J].社会科学战线,2007(1):40-43.

② 第八届全国少数民族传统体育运动会组委会办公室.第八届全国少数民族传统体育运动会的文件资料汇编[Z].内部资料,2008:34.

政治文化中心北京举办，恰逢新中国成立50周年庆典和西藏民主改革40周年，为喜迎国家庆典奉献了民族团结的隆重贺礼（1999年北京主会场）；在经济发达的改革开放前沿阵地广州举办，使各民族同胞得以共享改革开放的成果，增进了东西部的交流互鉴（2007年广东广州）；在祖国中部腹地郑州举办，展示了中华民族与中华文明的当代发展成就（2019年河南郑州）。21世纪以来的全国民族运动会及其衍生赛事体系，以赛事活动和民族工作的双重叠加效能，在各族民众之间产生愈加深刻的影响，业已成为：（1）各族人民政治生活社会化的一方缩影；（2）定期展示各民族特色文化的国家平台和维护祖国统一的桥梁纽带；（3）宣传贯彻党和国家民族政策、弘扬中华民族精神和坚持中国特色社会主义意识形态的重要阵地。

第四节　价值引领：践行社会主义核心价值观

价值观是个体-群体在认识各种具体事物价值的基础之上，形成对事物价值的总体看法和根本观点。党的十八大提出了全体中国公民应当共同遵循的社会主义核心价值观，基本内容包括个人、社会以及国家层面的准则、取向和目标。其作为全体中国公民的精神纽带，是国家这一"想象的共同体"所有成员共同的思想道德基础[1]。

汇聚在全国民族运动会平台之上的传统体育项目，生动形象地展现了我国民族传统体育文化的精粹以及少数民族传统体育文化诱人的无穷魅力。例如：（1）不同民族体育活动中攀、爬、跑、跳、游、投、射能力的增强，为人们在与自然搏斗的生活生产实践中提供了获胜的技能；（2）独有的民族体育行为中神形兼备的丰富内涵，为人们的宗教信仰、酬神祭祀提供了适宜阐释的形式；（3）多元民族体育文化形态中超越族

[1] 冯留建.社会主义核心价值观培育的路径探析[J].北京师范大学学报(社会科学版),2013(2):13-18.

界的相互竞赛，为人们增进了解和社交往来提供了便利的中介；（4）多样民族体育文化实体中蕴含的民族自强精神，为促进民族的持续发展提供了文化自信的内在力量[①]。有鉴于少数民族体育文化历史之悠久、内容之广博，加之其在历史的沧桑巨变中得以留存并生生不息，可以进一步推衍出其间必然蕴含着丰厚的精神实质和价值指向，而这些隐伏的深刻内容恰恰是其经久不衰的内生动力。诸如：（1）和而不同、以和为贵的和谐原则；（2）先人后己、先公后私的集体精神；（3）重视人伦、注重道德的责任意识；（4）天人合一、尊重自然的生存观念；（5）与自然和谐共生，生活平衡有度，真挚向往大同世界；等等。稍加思量不难发现，上述潜藏于民族体育文化实体样态中的丰茂资源与社会主义核心价值观的具体内容高度相关（见表8-2）。

表8-2　全国民族运动会项目中内蕴的社会主义核心价值观素材

价值层面	民族传统体育价值观	社会主义核心价值观
个人	重在参与的生活观、不懈奋斗的人生观、各民族项目均衡协调的发展观、团结友爱的价值观	爱国、敬业、诚信、友善
社会	自由平等的民族观、公正诚信的竞赛观、先人后己的社会观	自由、平等、公正、法治
国家	集体至上的爱国观、天人合一的生存观、尊重多元的世界观	富强、民主、文明、和谐

由表8-2的具体内容可知，这一独特的体育文化形态所蕴含的持中守正的价值观与"和合"理念的精神实质，相较于在面对狂热迷恋和一味追求超水平的竞技发挥时所遇到的种种困惑——赛场暴力、贿赂裁判、成绩至上、锦标主义、价值异化、兴奋剂滥用等，中国少数民族体育文化形态所蕴含的精神更为契合当下我国主流价值观构建的内在需求，有益于培育并建构正确的世界观、人生观和价值观[②]。随着中国特

[①] 孙渭.中国56个民族传统体育摄影作品集[M].昆明:云南民族出版社,1996:2.

[②] 郑茜.奥林匹克之外,中国还有自己的体育精神:写在第八届全国少数民族传统体育运动会开幕之际[Z].内部资料,中华人民共和国第八届少数民族传统体育运动会会刊,2007-11-13.

色社会主义伟大事业进入宏图大展的新时代，各民族传统体育文化的独有禀赋和全国民族运动会项目文化中内蕴的有利于构建社会主义核心价值观的丰富素材应当被有效汲取并充分开掘，有机服务于社会主义核心价值观建设，进而凸显全国民族运动会及其赛事体系在实现"立德树人"教育目标中的积极作用，进一步提升民族传统体育的"教化功能"，养正"家国情怀"。

第五节　厚植家国情怀：铸牢中华民族共同体意识

　　随着波澜壮阔、绚丽多彩的中国特色社会主义伟大事业迈入宏图大展的新时代，铸牢中华民族共同体意识，日益成为新时代民族工作的主旋律。全国民族运动会作为海峡两岸、各族同胞、多元民族文化、多样民族体育项目的共同舞台，兼备民族交往、文化融通、教化育人及增进认同的多维功能，其在积极助力推动健康中国、体育强国建设等国家战略的同时，对铸牢中华民族共同体意识同样具有重要意义。具体如下：

　　（1）赛事舞台成为汇聚多元一体中华文化的"教科书"。独具特色的民族传统体育项目实体作为健身方式，既是教育手段，亦是文化载体。《中华民族传统体育志》记载在册的民族体育项目达977项①，这些"项目化"的民族体育文化实体共同承载着中华民族多元一体的历史文化记忆。例如：高脚竞速原名为"高脚马"（竹马），流行于湖南、湖北、贵州、云南、广东等省，原本是土家族、苗族同胞在雨季代步、涉水过浅河的工具，也是京族同胞用来捞虾捞鱼的工具；龙舟作为我国广泛开展的传统项目，壮族、苗族、傣族、白族、土族等诸多南方少数民族均有节日赛龙舟的传统习俗；民族式摔跤项目自1953年首届赛事起就是正式比赛项目，发展至今已包括博克（蒙古族式摔跤）、北嘎（藏

　　① 中国体育博物馆国家体委文史工作委员会.中华民族传统体育志[M].南宁:广西民族出版社,1990:791.

族式摔跤）、且里西（维吾尔族式摔跤）、绊跤（回族式摔跤）、格（彝族式摔跤）、希日木（朝鲜族式摔跤）6个跤种。置身于赛事场域，"如同打开一本中国历史的生动教科书"①。

（2）赛事项目丰厚的文化内涵发挥着"以文化人"的积极功效。进入新时代，各民族传统体育项目成为各族青少年铸牢中华民族共同体意识的有效途径。民族传统体育项目除了强健体魄的功能之外，同时承载着赓续中华传统体育文化，培养青少年了解、传承中国传统体育文化的育人功能，旨在培育青少年加强民族团结、树立现代化强国建设和实现中华民族伟大复兴中国梦的责任意识和奉献精神。各级各类学校开展"一校一品""一校多品"民族体育大课间和课外体育活动，开展校园民族体育运动会或展示活动等，有助于深化文化认同教育，强化青少年国家认同情感②。全国民族运动会以其特有的教育功能，成为以文化人的"推进器"。

（3）赛事体系成为增进"五个认同"的大平台。各民族体育项目所蕴含的多元文化独具魅力，对于增进"五个认同"具有重要作用。自1953年首届赛事举办以来，其作为推进民族团结进步事业的重要抓手，促进各民族交往交流交融的重要平台，保护、传承少数民族传统文化的重要举措，有力地推动了少数民族传统体育项目多元化、发展社会化、赛事常态化的良性发展态势。囊括县、市、省（自治区、直辖市）、国家的四级赛事体系，有效地连接了56个民族的兄弟姐妹；蓬勃发展的区域性民族传统体育运动会和全国民族运动会，积极宣传了民族地区的发展成就；规范化的赛事体系营造了各族同胞维护大局、携手共建和谐社会的良好氛围，为进一步铸牢中华民族共同体意识夯实了基础，日益成为新时代增进"五个认同"的国家平台。

---

① 张国欣.铸牢中华民族共同体意识:写在第十一届全国少数民族传统体育运动会开幕之际[N].中国民族报,2019-09-10(07).

② 董文梅.开展民族体育运动 铸牢中华民族共同体意识[N].中国民族报,2019-12-24(06).

第九章 文化维度：文化互动视野下"多元一体"中华文化认同建构

对于多民族国家来说，由于影响国家认同因素的"多缘"取向和认同序列的"多维"交织，需要把国家的历史、政策、产品等文化的碎片、现实的符号、情感的律动归结成统一的集合象征体①。全国民族运动会作为国家治理在体育领域内的具体实践和国家文化的有机构成单元，具有超地域、跨文化的独特价值功能。全国民族运动会借助于强大的赛事亲和力和文化融合力，通过赛事场域内的多元文化的有机互动，传承历史记忆，构筑国家平台，孕育群体符号，赓续传统文化以及弘扬文化自信，有利于促生并巩固中华民族"多元一体"的文化认同情感。

第一节 集体记忆：传承中华民族传统体育历史与文化

在保存自己的历史上，全球范围视野下的民族与文化无不竭尽全力，使得族群记忆得以鲜活地流传于世，但巨大的社会变迁往往使一般人很难完整保留这类历史数据和文化遗存。而这类集体记忆（历史文化、疆域边界、故土家园等）作为个体和集体共同拥有的过去，在形塑群体的性格、历史、道德、心理与生活方式上，是无可取代的文化建

---

① 张建会.国际和国内双重维度下大型体育赛事与国家认同研究[M].北京:北京体育大学出版社,2019:38.

材，并内化于个人-群体认同中，对现代国家构建来说至关紧要①。

历史悠久、内容丰富的少数民族传统体育作为中华优秀传统文化的重要组成内容，具有如下特征：（1）其蔚为大观的演化脉络与我国少数民族地域分布广泛、生活习俗丰富多彩的现实特点相适应②；（2）其发展源远流长、风格迥异、异彩纷呈，作为集锻炼和娱乐于一体的民族民间民俗身体活动，凝聚着历代劳动人民的生活智慧和文化哲理；（3）综观诸多民族传统体育项目的表现形式，它们的生存、发展、创新依赖于民族文化的广阔背景和民族历史的深厚底蕴，是民族文化象征的综合体现和民族优秀文化形态的荟萃集合。

全国民族运动会作为定期举办的，以少数民族传统体育文化为核心展演内容的国家平台，自赛事诞生之日便设置了竞赛与表演项目两大类。例如，全国民族运动会上的竞赛项目有赛马、赛龙舟、民族式摔跤、抢花炮、蹴球、打陀螺、秋千、独竹漂等（见附录四），具有宗教信仰、节日庆典、风俗传统、历史源流、艺术舞蹈、技术工艺、生活景况、神话传说、民族精神等或单一或复合意涵。鉴于篇幅所限，此处仅以竞赛项目秋千为例证予以说明。秋千作为朝鲜族同胞最具特色的体育活动，其历史源远流长，具有健身育人、娱乐表演等社会功能。每逢重要节日，朝鲜族同胞身着民族特色服饰，聚集于秋千四周争试高低。另据史料记载，早在元朝，朝鲜人李穑③（1328—1396）在《秋千》一诗中记录了古人在寒食节祭祀期间荡秋千的场景："中原寒食好东风，人与秋千在半空。须记三韩端午日，纟衫轻举语声中。"④透过上述史料可

① 伊罗生.群氓之族：群体认同与政治变迁[M].邓伯宸，译.桂林：广西师范大学出版社，2008：103-205.

② 中共中央政治局委员、国务委员李铁映在第四届全国民族运动会开幕式上致辞。资料来源：《第四届全国民族运动会文件汇编》，第93页。

③ 李穑(1328—1396)，字颖叔，号牧隐，谥号文靖。本贯韩山李氏，出身名儒家庭，师承大儒家李齐贤。1349年作为使臣来中国元朝，应科举及格后，在元国子监学习朱熹的学说，三年后回国。曾任成均馆大司成、宰相等要职，是高丽末年"丽末三隐"之一。

④ 朴永焕.韩国端午祭的起源与发展[N].光明日报，2013-2-18(15).

知，秋千作为身体活动在特定的历史时期曾作为祭祀中的仪规进行展演。

再如形式多样、精彩绝伦的表演项目（详见附录五），诸如戛光（傣族）、打歌（彝族）等，具有仪式性、群众性及娱乐性等特点；锅庄（藏族）、安代舞（蒙古族）等成为时下一些城市社区的健身项目。正如民族健身操裁判员LY所说："这些项目既有竞技性、民族性，又有趣味性、娱乐性，集体育、音乐、舞蹈于一身，具有旺盛的文化生命力和极强的文化传播力，是各民族人民群众休闲娱乐、强身健体、沟通情感、美化生活的重要方式。"（柳*，第十一届全国民族运动会民族健身操裁判员，20190911）[①]

全国民族运动会作为赛事仪式互动和文化符号生产与再生产的时空场域，从赛事诞生迄今持续书写着中华民族共同体的历史记忆，述说着文化融通的国家叙事。赛事期间你争我夺、争奇斗艳、异彩纷呈的竞赛和表演项目，生动全面地展现出中华民族体育百花园内花团锦簇的文化景致，以及鲜为人知的少数民族传统文化奇观，积极推动了"多元一体"绚烂民族文化的互动生产与认同整合。这种承载于身体活动、积淀于基因深处的集体历史文化记忆通过全国民族运动会这一程式化的共同活动得以不断巩固。

第二节　国家平台：构筑多元民族文化互动场域

个体-群体往往根据具体情境中客体的定义而采取行动，而不同的生活环境与经验会影响个体-群体定义的方式。因此，需要将事件以及人物置于具体情境之中，才能对个体-群体的认同生成有所了解。通过

---

① 资料来源：访谈材料。访谈对象：柳*，郑州工程技术学院教师，2019年第十一届全国民族运动会民族健身操裁判员。访谈时间：2019年9月11日。访谈地点：河南省郑州市中州皇冠酒店。

前文可知，有别于其他国内大型综合赛事，全国民族运动会具有更为突出的文化禀赋，对各民族文化起到了展示、宣传及推广的作用，呈现了赛事文化意义的多维面向。

首先，历届赛事凸显了多元民族文化"学习、交流、展示、传承"的一贯主题。全国民族运动会通过民族体育赛事这种独特的文化载体，有效地促进了各民族之间的学习交流互动，推动了不同文化的汇集与交融，进而增进多元文化之间的互鉴与融通。在具体的赛事实践中，不断丰富的赛事仪式、文化符号及衍生活动，为多元民族文化交往交流交融构筑了"常态化""制度化"甚至是"理想化"的互动平台。例如，第七届和第十届大会，代表团集中于运动员村，通过赛事生活化的治理实践推动个体–群体互动（赛前、赛间、赛后），益于多元民族文化的互动与再生产（表9-1）。

表9-1　2015年第十届全国民族运动会运动员村概况①

名称	位置	功能	规模
运动员公寓	村内	住宿	4950套公寓,面积约40~60m²
餐饮中心	村内	餐饮服务	约15000 m²
民俗文化步行街	村附近	特色商品、小吃等	约10000 m²
运动员健身中心	村内	运动员体能训练	约1000 m²
会议中心、商务服务中心	村内	会议、商务服务	约6000 m²
图书馆、博物馆	村内	阅读休闲、文化展览	约300 m²
影院、茶吧、酒吧、KTV	村内	休闲娱乐	约1200 m²
洗衣房	村内	便捷洗衣	约200 m²
邮政、快递中心	村内	快递服务	约240 m²
银行	村内	金融服务	约100 m²
超市	村内	日常生活用品	约450 m²
文化广场	村内	赛前训练、文艺演出	约15000 m²
志愿者之家	村内	志愿者服务	约300 m²
医疗保健中心	村内	医疗卫生保健	约600 m²

① 资料来源于《中华人民共和国第十届少数民族传统体育运动会运动员村概况》,笔者于2020年10月调研时收集整理。

其次，历届赛事都突出了多元民族文化的和谐共生。对于个体-群体来说，文化和认同方面的权益至关紧要；对于民族国家构建来说，尊重多元、协调一体在维持各民族文化权利过程中扮演着重要角色。全国民族运动会作为多元文化的互动场域，赛事期间多措并举（表9-2），在充分尊重民族文化差异的同时，积极推动多元文化的互动、共生与融合。例如，2015年第十届全国民族运动会期间举办了少数民族传统体育文化展、少数民族电影展。其中参加电影展活动的共计61支放映队伍，放映影片30部，场次达793场，观影总人数达到51000人次。除此之外，在第十届全国民族运动会期间，鄂尔多斯大剧院每晚都会上演蒙古族著名民歌舞剧《森吉德玛》，为前来参赛与观赛的运动员、教练员与观众等提供了直观体验与深入了解蒙古族文化的多元化途径[1]。2019年第十一届全国民族运动会在郑州国际会展中心举办了中国少数民族传统体育文化展，共计400多套、700多件文物以多媒体视频的形式，分为"源源而来""绵绵相继""洋洋大观""欣欣向荣"四大板块，全方位展示了少数民族体育的"文化渊源""历史贡献""传承发展"与"多样奇观"[2]。

表9-2　历届赛事主要衍生文化活动选摘概览[3]

届次	主要的文化活动
第一届(1953)	赛事过后遴选优秀运动员代表连续进京表演31场
第二届(1982)	举办少数民族传统体育图片展,选派优秀运动员在首都进行汇报演出
第三届(1986)	出版发行《民族体育集锦》,举办全国少数民族传统体育运动摄影展
第四届(1991)	举办中国少数民族传统体育图片展
第五届(1995)	举办少数民族传统体育摄影艺术展和中国民族体育国际学术研讨会

① 搜狐网.新华社就民族运动会专访国家民委副主任丹珠昂奔[EB/OL].(2015-08-18)[2020-06-12].https://www.sohu.com/a/27792193-116198.

② 中国少数民族传统体育文化展:700多件文物烘托盛事[N].中国青年报,2019-09-12(06).

③ 资料来源于1953—2019年十一届赛事有关赛事文化活动记载的纸质材料,包括书籍、文件资料汇编、运动会志、新闻报道以及赛事内部资料。

届次	主要的文化活动
第六届（1999）	主办方举办民族文化节、民族艺术周以及民族题材摄影展
第七届（2003）	发行特种邮票并举办新中国体育成就暨民族传统体育展览
第八届（2007）	举办民族运动会社区欢乐行活动及民族风情"采风万里行"活动
第九届（2011）	发行特种邮票并举行少数民族传统体育运动会集邮精品展
第十届（2015）	举办少数民族传统体育文化展及少数民族电影展演
第十一届（2019）	举办少数民族传统体育文化展

最后，赛事贯通了个人（公民身份认同）-群体（民族国家认同）的文化通道。赛事期间，身处其中的个体（运动员、教练员、裁判员、志愿者、工作人员、观众等）通过赛事平台有效衔接个人感悟与群体记忆，强化了个体身份认同和族群文化认同。例如：通过在公共文化空间设立介绍民族传统体育项目的宣传橱窗等，持续构筑以历史文化为纽带的群体团结，进而增进更为广泛的中华文化认同；赛事期间开展的系列民族体育历史文化叙事，如展映主题体育电影、编写项目明星传记、举办民族体育文化进社区等文化活动，对构建项目文化认同，塑造集体文化记忆大有裨益；在项目发源地等普及区域建立项目文化博物馆、公共展览馆（博物馆、体育馆等），定期举办历史文化展，建立项目文化认同常态化的宣传体系和稳固化的媒介载体，不断完善立体化的项目文化视听传播体系，持续固基多元一体的中华文化认同。

第三节　群体符号：表征中华民族传统体育文化共同体

群体互动中的文化符号作为思想观念、文化生产的重要来源，对现代国家的文化认同建构来说不可或缺。通过前文对全国民族运动会不同发展阶段的系统梳理，可以较为清晰地把握全国民族运动会作为赛事仪式和文化符号发源、生产、传递的时空场域，具备孕育滋养表征群体文化意义符号的功能①。

首先，赛事开幕式积极整合56个民族的经典文化元素，用以凸显中华民族悠久的历史底蕴和丰富多彩的文化资源。全国民族运动会开幕式通过团体操造型、可视化图片、高科技影像传输等呈现形式，将宏大的国家历史叙事依次呈现在赛事舞台中。一幅幅串联历史、当下、未来的画面，通过艺术衔接使得受众产生了类似于穿梭历史时空之感，在复现中华文化悠久历史的同时，展示着新中国成立以来所经历的沧桑巨变以及所取得的伟大成就。全国民族运动会借助于开幕式将中华民族恢宏的历史和博大精深的文化条理化、清晰化、脉络化，进而将中华民族共同的经历凝结整合成整个民族的"历史文化记忆"和"国家叙事"②，使得赛事场域生成的"文化叙事"作为集历史、文化、教育等功能于一体的公共文化空间场域，映射了民族国家文化符号的社会建构意义。此外，大会通过媒介工具广泛宣介群体共同的历史记忆、共通的文化心理、共享的符号图腾，在共同体成员得以想象的时空互动场域促生了成员之间的情感关联与情感共鸣。

其次，共有的文化图腾作为群体的标志，喻指着群体或族群本身，犹如国旗、国徽之于国家的象征意义。在人类社会和文明漫长的发展史中，形成了多种形式的文化符号，具体包括语言、文字及图式等。全国民族运动会仪式象征中有较多民族共有的文化图腾标识，诸如龙、凤、黄河、长江等，通过共有的文化图腾，拉近了各民族彼此的心理距离，凸显了各民族以及海峡两岸同胞根脉同源的文化共性。例如，1991年第四届全国民族运动会上，台湾龙舟队参加龙舟比赛时缺少一名舵手，广西民族学院从自己的优秀选手中挑了一位前去支援，赛后台湾同胞到广西民族学院做客联欢，从此台湾同胞与广西民族学院的师生结下了深厚

① 柯林斯.互动仪式链[M].林聚任,王鹏,宋丽君,译.北京:商务印书馆,2009:80-84.
② 郑珮.网络媒体构建国家认同的基本方式:以人民网国庆报道为例[J].东南传播,2011(8):15-18.

的情谊[①]。第五届全国民族运动会开幕式上，"在雄壮的歌声中，一只巨大的龙舟驶向大海，龙舟上，五位民族体育健儿手持弓弩，射出火箭，点燃了本届民运会圣火"[②]。第十一届全国民族运动会会徽主体图形由腾飞向上的龙、凤及两侧的色带组成，寓有"龙凤呈祥"之意，通过龙凤相依腾飞之势，突出了"中华民族一家亲"的赛事主题。

再次，汇聚在全国民族运动会舞台上的具有文化共性的体育项目实体作为联通群体的具象化文化符号，架起了各族同胞文化交流的桥梁纽带，健全了不同民族地域体育文化交流的长效机制，突出了中华大地、海峡两岸体育文化交流的同根同源性。例如，国内多民族共同开展的龙舟、舞龙舞狮、花炮、射箭、跳绳、秋千、花棍、毽球、高跷、中国式摔跤等体育项目，通过全国民族运动会的舞台得以定期展演，在身体互动和文化互鉴中强化了历史同根、文化同源、血脉同种的文化认同感和心理归属感，进而奠定了共同体构建的心理认知和情感基础。

最后，以全国民族运动会为代表的民族体育赛事体系作为多元文化的物化载体，随着赛事体系文化影响力和赛事参与人员覆盖面的持续扩大，在尽可能地开掘民族体育文化价值内涵的同时最大限度地确立文化认同的公约数。某种意义上，全国民族运动会业已成为民族文化资源宝库的"源发地"以及表征中华民族多元一体文化符号的"生产域"。其自身也在动态发展变迁的历程中，渐渐成长为中华民族传统体育文化共同体的经典符号之一。

---

① 第五届民运会新闻中心.中华人民共和国第五届少数民族传统体育运动会获奖新闻作品集[M].昆明:云南教育出版社,1995:112-113.

② 第五届民运会新闻中心.中华人民共和国第五届少数民族传统体育运动会获奖新闻作品集[M].昆明:云南教育出版社,1995:108.

第四节　传统赓续：再造与重构中华
传统体育文化

　　现代民族国家文化层面建构的意义主要体现在保持本民族的典型文化样式，以符合惯性渐变的人文进化法则；通过主动宣介具有代表性和典型性的民族传统文化，昭示民族秉性中特有的人文创造性以及适应时代进步的文化禀赋，进而完成传统体育的新生和延续[①]。回望历史，"1953年举办的首届大会，是对传统体育自身发展和创新的一种尝试，其结果和意义不仅在于传统体育自身向现代转化的一次摸索，更在于通过国家层面奠定传统体育对于本民族国家的重大意义"（凡*，体育史专家，20181020）[②]。一言蔽之，全国民族运动会作为新中国成立以来历史最为悠久的国家级民族体育赛事和中华传统体育文化生产与传承的有机环节，具有重塑再造中华传统体育文化的现实意义。

　　首先，随着赛事的持续演化，全国民族运动会渐而演进为集体育赛事、文化盛宴、节日庆典等多种角色于一身，兼具赛事互动、民族交往、文化融通等多种功能于一体，隐约形成了笔者所说的"全国民族运动会引力场或者文化圈"。这种基于赛事产生的"文化引力"和国家为主导的"文化濡化"能力受到越来越多的关注，不断推动全国民族运动会成长为民族文化传承与发展的重要载体。

　　其次，透视全国民族运动会70余年的发展史，可以发现赛事在不同的历史发展阶段与国家政策（民族平等、民族区域自治、国家统一等）、

---

　　① 王洪珅,韩玉姬,梁勤超.中国传统体育文化的演进轴线:生态适应[J].武汉体育学院学报,2016,50(4):20-25.

　　② 资料来源:访谈材料。访谈对象:凡*,《国际体育史期刊》与《亚洲体育历史与文化期刊》主编,上海体育学院特聘教授。访谈时间:2018年10月20日。访谈地点:陕西省西安市亚朵轻居酒店(西安大学城店)。笔者通过参加2018年10月19—21日在陕西师范大学举办的以"丝绸之路与东西方体育文化的交流、融汇和发展"为主题的2018国际体育历史与文化学术大会,完成了本书的部分访谈工作。

国家叙事（历史记忆、民族故事、国家愿景等）、国家目标（人民幸福、社会繁荣、国家富强等）之间发生着或隐或显的关联。在动态的历史演进过程中，其作为民族文化和民族体育文化传承和发展的现实载体，积淀了诸多少数民族传统体育文化的智慧成果，承载着丰富的民族体育传统文化基因，而上述内容恰恰是中华传统体育文化得以赓续与重构的内生动力。

最后，随着宏观层面治理体系的逐步完善，国家通过颁布法令来确认其赛事的法定地位，以及通过成立非物质文化保护机构等举措，持续推进传统体育文化的传承、保护与发展。具体到赛事项目治理的微观层面，一方面对于具有广泛开展基础的传统体育项目，如秋千、龙舟、独竹漂等竞赛项目，以设立类似奥运会的竞赛规则对其进行编制，在不改变其核心特征的基础上，融入现代规则以保证其生命力；另一方面设置表演项目并将其进一步细分为竞技类、综合类和技巧类，尽可能保留多民族传统体育文化的原真性。

经过70余年的发展，全国民族运动会业已演变为稳固的"国家叙事"。历届赛事有机交织绘成绚烂多姿、多元一体的中华民族体育文化发展的历史、当下与未来的"连续性叙事"。这种"连续性叙事"的文化图景渐渐成为中华民族多元一体的文化符号象征，已经具备较高的辨识度。除此之外，全国民族运动会的历史演进参与并重构了现代性进程中中华传统体育文化的崭新形象，成为中华优秀传统体育文化发展与保护的驱动力量，有效保障了各民族优秀传统体育文化的赓续。某种意义上，在全球化浪潮的洗礼下，定期举办全国民族运动会及其衍生赛事有助于维护国家文化安全，确保中华传统体育文化和多元民族文化在社会成员的价值观念中占据较高的意义比重，进而在与西方文化的互动中，避免"民族性""原生态"的传统文化形象的分化甚至是悄然消逝。

第五节 文化自信：弘扬中华优秀传统体育文化

文化是民族国家建构的重要建材，也是民族国家的生命力、凝聚力和创造力的重要源泉。全球化视野下，提升民族文化自觉，树立国家文化自信，具备世界眼光和全局思维是每一个现代民族国家进行国家建设的关键环节。正如多次参加全国民族运动会执裁工作的杨*如教授所说："进入21世纪，每一次全国民族运动会的顺利圆满举办，都是一次繁荣民族文化、提升文化自觉、增强文化自信、实现文化自强的民族文化盛典。"（杨*如，第十一届全国民族运动会表演项目裁判员，20190909）①

丰富多彩、绚烂多姿的少数民族体育文化别具一格的呈现方式及其所指向的历史时空的长流不息和奇阔无比，使其深受各族群众青睐，业已成为构建中华民族共同体共有精神家园的文化载体。同时，少数民族体育作为我国体育事业、民族工作的重要组成部分，在丰富各族群众精神文化生活，增强各族人民体质健康水平，传承和弘扬中华优秀传统体育文化等层面日益发挥着重要作用。通过定期举办全国民族运动会，将各民族优秀传统体育项目通过竞赛表演的形式呈现于世，借助于国家平台进行宣介、推广和传播，不仅是我国民族工作的一大创举，也是体育工作服务于国家民族政策、促进民族团结、加强民族交融的有效措施②。此外，仰赖于举办赛事的契机，充分发挥全国民族运动会在弘扬中华传

---

① 资料来源：访谈材料。访谈对象：贵州民族大学杨*如教授，杨*如教授作为2019年第十一届全国民族运动会表演项目的裁判，全程参与第十一届全国民族运动会表演项目的执裁工作。访谈时间：2019年9月9日。访谈地点：河南省郑州市郑州工程职业学院体育馆。

② 内容源于2011年9月10日国家体育总局局长刘鹏在第九届全国民族运动会组委会暨各代表团团长会议上的讲话。资料来源：中华人民共和国第九届少数民族传统体育运动会组委会办公室.中华人民共和国第九届少数民族传统体育运动会文件资料汇编[Z].内部资料,2012:231-238.

统文化方面的积极作用，同样是贯彻落实《中华人民共和国非物质文化遗产法》的题中应有之义。

毋庸置疑，人类非物质文化遗产的传承，对保护世界文化的多样性，确保民族特性和民族精神的世代相传具有重要意义。全国民族运动会作为我国各民族体育非物质文化遗产的"活态博物馆"和集中展示的国家平台，其发掘、传承、弘扬、创新中华优秀传统体育文化和彰显中华文化自信的作用同样不容忽视①。数据显示，截至2020年底，列入《人类非物质文化遗产代表作名录》（以下简称《名录》）的中国非物质文化遗产名录共42项，其中少数民族项目占到三分之一（见表9-3）。

表9-3 《人类非物质文化遗产代表作名录》收录的中国少数民族文化目录

项目名称	增列时间	所属民族
蒙古族长调民歌	2008年	蒙古族
新疆维吾尔木卡姆艺术	2008年	维吾尔族
侗族大歌	2009年	侗族
热贡艺术	2009年	藏族
格萨(斯)尔	2009年	藏族
藏戏	2009年	藏族
《玛纳斯》	2009年	柯尔克孜族
蒙古族呼麦歌唱艺术	2009年	蒙古族
中国朝鲜族农乐舞	2009年	朝鲜族
藏医药浴法	2018年	藏族

据资料记载，全国民族运动会赛事场域内的仪式活动经常会反复呈现收录于《名录》中的少数民族文化遗产相关内容或元素，其中省市级、国家级非物质文化遗产更是不胜枚举。例如，第九届大会开幕式上篇《多彩贵州》的第一章以侗族大歌《蝉之歌》为核心元素展现了黔东

---

① 陈家明.非物质文化遗产保护视野下我国少数民族传统体育发展研究:以第十届全国少数民族传统体育运动会为例[J].浙江体育科学,2016,38(4):47-49.

南的侗乡风情①；第十届全国民族运动会开幕式上的第二章《守望家园》中的第一节《牧歌抒怀》是由鄂尔多斯民族歌舞剧院表演的蒙古族的呼麦②，第二节《热情欢聚》是由乌鲁木齐市艺术学院表演的维吾尔族《木卡姆的春天》。第十一届全国民族运动会开幕式第一章《礼赞中华》，以世界非物质文化遗产《十二木卡姆》为代表之一的文化展演，搭建了优秀民族文化互动共进、互鉴共荣的舞台③。

在全国民族运动会的舞台上，反复搬演少数民族文化的经典之作具有重要意义：一方面，可以满足各族同胞多样化的精神文化需求，推进民族文化的不断创新，促进少数民族文化事业与文化产业的协调发展；另一方面，有利于推动民族文化的对外交流，进一步提高中华文化的国际竞争力和影响力，继而增强全球视野下的民族文化自信。

---

① 中华人民共和国第九届少数民族传统体育运动会组委会办公室.中华人民共和国第九届少数民族传统体育运动会文件资料汇编[Z].内部资料,2012:367.

② 资料来源于笔者2021年3月收集整理的第十届全国民族运动会开幕式节目单。呼麦:又名"浩林·潮尔",作为一种歌咏方法,以喉部发音,是蒙古族复音唱法潮尔的高超演唱形式。

③ 执委会办公室.中华人民共和国第十一届少数民族传统体育运动会执委会办公室资料汇编(之二:大型活动及重要会议材料)[Z].内部资料,2019:213.

第十章 社会维度：社会互动视角下持续提升赛事的整合能力

现代化进程（工业化、城市化、大范围移民等）打破了原有的社会体系和社区之间的文化联系。现代社会需要新的途径团结不同（不同文化、不同民族、不同地域）的多元化人群，构筑由个体"公民"组成的现代民族国家的"想象的共同体"。全国民族运动会作为新中国成立以来的最具连续性的民族工作和大型体育赛事，依托赛事运行的相关要素，通过广泛的跨区域、跨文化、跨民族的交流交往交融，发挥着维护团结稳定、推进繁荣共进、持续发展创新、倡导和合共赢的作用，其中所包含的与主流价值观内在呼应的衍生、延伸内容，使其成为传播民族国家意识，实现社会整合价值目标的理性工具。

第一节 团结稳定：治理体系持续优化推动各民族体育事业的均衡发展

"民齐者强"（《荀子·议兵》），"上下同欲者胜"（《孙子兵法·谋攻》）。鉴于我国多民族构成的基本国情，维护民族团结和社会稳定向来"是我们的事业必定要胜利的基本保证"[①]。中华人民共和国成立以来，民族体育作为我国民族工作的有机组成部分，在国家政策法规的规范引领下，整体呈现出一派善治良治的现实情状。全国民族运动会作

---

① 毛泽东.毛泽东选集:第5卷[M].北京:人民出版社,1977:263.

为重大民族活动和大型民族体育赛事，其治理体系持续优化，也相应地呈现出团结平等、合作互助、均衡发展的良性运行态势。

进入 21 世纪，国家层面统筹部署加快推进少数民族体育事业的发展。2005 年国务院颁布的《国务院实施〈中华人民共和国民族区域自治法〉若干规定》明确规定要"定期举办少数民族传统体育运动会"，自此全国民族运动会正式成为国家法定的体育赛事，法理意义上成为我国规格最高、规模最大的综合性民族体育盛会，确立了赛事制度认同的顶层治理框架。2010 年，国家民委、国家体育总局共同印发了《全国少数民族传统体育示范基地命名办法（暂行）》；2013 年初，首批 12 个"全国少数民族传统体育示范基地"挂牌，国家民委每年定向划拨经费购买民族体育器材，用于支持全国少数民族传统体育示范基地开展活动。此外，部分少数民族传统体育文化项目已纳入市、省、国家级非物质文化遗产保护项目体系中，多层级有效覆盖的政策工具从文化保护和认同层面加强了各民族体育文化遗产的挖掘、整理和保护工作[1]。

不得不提的是，2011 年国务院大规模精简全国综合性体育运动会，经过近两年的调研，国务院正式发文停办取缔、合并压缩部分全国性运动会。全国民族运动会作为被完整保留下来的全国性重大运动会之一，其重要性日益凸显。

一、全国民族运动会的竞赛项目和表演项目均源于各民族生产生活的特有文化，历史久远，形态鲜活，是中华民族优秀文化宝库中的璀璨珍宝；二、全国民族运动会在促进各民族群众的体质健康、快乐生活等方面持续发挥重要作用，具有重要的现实意义；三、全国民族运动会是对少数民族传统体育文化的集中展示，具有其他运动会难以取代的特殊禀赋；四、全国民族运动会已成为各族同胞共同的节日盛典，成为定期展示多元民族特色文化的舞台，也是宣传民族政策、弘

① 苏斌,贾立君,郑直.专访国家民委副主任丹珠昂奔[EB/OL].(2015-08-17)[2020-06-18]. https://www.neac.gov.cn/seac/c100580/201508/1093694.shtml.

扬中华民族精神和维护祖国统一的重要阵地，备受国内国际社会的广
泛关注。（席*宝、王*中，第十一届全国民族运动会领队，20190911、
20190913）①

随着全国民族运动会的持续演进，赛事微观治理体系的持续优化推动
了少数民族体育事业的现代化、科学化、均衡化发展。例如：（1）竞赛项
目持续增长，从1982年第二届的2个大项目增加到2019年第十一届的17
个大项目；（2）参赛队伍显著增长，运动员人数从第一届的410名，增长
到第十一届的7009名；（3）对于人口较少民族，赛事官方明确要求"应
尽可能组织他们参加表演和比赛，如有困难，也应选派代表观摩运动会"②；
（4）竞赛水平得到了长足发展，在提高赛事观赏性的同时，提升了赛事的
吸引力；（5）自2011年第九届大会开始，取消了竞赛项目金牌、银牌、
铜牌的传统奖励体系，扩大了奖励的覆盖面；（6）自2015年第十届开始，
官方层面明确允许汉族运动员参赛，调动了汉族运动员参与民族运动会的
热情，进一步扩大了赛事的影响力。此外，以举办全国民族运动会为契机，
相关省市也相应地开展了援建援助工作③。例如：

第六届大会期间，1999年8月15日，国家投资500万元、西藏配

---

① 资料来源：访谈材料。访谈对象：（1）2019年第十一届全国民族运动会安徽省领
队席*宝；（2）贵州省独竹漂领队王*中。访谈时间：席*宝，2019年9月11日；王*中，2019
年9月13日。访谈地点：席*宝，河南省郑州市银河来旺达酒店（安徽省代表团入住酒
店）；王*中，河南省郑州市紫荆山宾馆（贵州省代表团入住酒店）。

② 资料来源于1986年第三届全国民族运动会秩序册。

③ 在访谈珍珠球裁判刘*峰老师时，他明确表示："据我所知，以前承办全国民族运动
会的省市是会获得援助援建的，比如浙江省人民政府参加全国民族运动会是要向举办地
所在的省区进行钱物或者是其他形式的援助援建的，我知道唯一一届没有援助的是2007
年广州那届，因为广州GDP全国第一。"被访者刘*峰，浙江省丽水学院教师，一级篮球裁
判，参加2019第十一届全国民族运动会珍珠球项目裁判工作，以教练员、裁判员身份连续
参加了六届全国民族运动会。访谈时间：2019年9月15日。访谈地点：郑州市中州国际
酒店。

套投资300万元建设的拉萨航空口岸联检大楼通过验收；江苏省电力局筹资400万元援建的拉萨电力局苏源电力综合楼揭牌。1999年8月16日，江苏省分别投资4000万元、570万元援建的江苏路剪彩通车以及扩建的拉萨江苏中学揭牌。1999年8月17日，湖北省投资1300万元援建的山南地区湖北宾馆在拉萨开工；江苏省投资600万元援建的拉萨市中级人民法院综合楼改扩建工程开工。1999年8月19日，北京市投资3700万元援建的拉萨市广播电视中心开工。运动会期间，时任江苏省省长季允石率领江苏党政代表团与拉萨市签订了10多个援建项目协议，并向拉萨市有关单位捐赠了价值600万元的钱物。①

综上可知，随着赛事宏观-微观层面治理体系的持续优化，赛事组织日趋成熟，在推动各民族体育事业均衡发展的同时，也有效地推动了对口援助援建工作，发挥着类似于国家治理的工具理性作用。全国民族运动会在积极参与国家合法性建设的同时维护了民族团结和社会稳定。

第二节 繁荣共进：推动赛事承办地长足发展，彰显赛事承办地辉煌成就

正如尼科·基尔斯特拉所说："关于经济持续增长的许诺一向是人们接受作为一个更大的政治整体内的一个少数群体这一地位的主要原因。当这种许诺未能兑现时，现代民族国家（the modern nation state）的全部合法性便成为有争议的了。"②对于中国这样的统一的多民族国家来说，经济增长、社会发展作为推动国家发展的重要动力，日益成为其合

---

① 1994年中央第三次西藏工作座谈会做出15个省(市)和国家有关部门"分片负责、对口支援、定期轮换"的重大决策，确定了北京市和江苏省是拉萨市的对口支援单位；1994到1999年，北京市无偿援助拉萨市资金1.09亿元，江苏省无偿援助拉萨市资金1.34亿元，援助项目共计39个。第六届全国民族运动会官网.民族运动会期间拉萨喜事多[EB/OL].(1999-08-20)[2021-04-18].http://sports.cctv.com/special/minyuhui/news/99820/my9.html.

② 基尔斯特拉.社会经济政策与族群性概念[J].世界民族,1997(1):47.

法性建设的重要来源①。此外，发展作为中国共产党执政兴国的第一要务，也是巩固民族团结、推动共同繁荣、实现民族复兴的坚实基础和内在要求。全国民族运动会作为全国范围影响深远的重大活动，在推动赛事承办地社会、经济发展，彰显赛事承办地社会、经济发展成就上同样具有不容忽视的作用（见下表10-1）。

表10-1　赛事赋能举办地发展的具体内容选摘

举办届次	具体内容
1991年（第四届）	据记载,1991年第四届大会期间共接待四方宾客13000多人,其中包括来自美国、英国、法国、日本、波兰、越南、泰国、马来西亚等17个国家的来访人员。为了圆满承办这届大赛,1990年7月以后,广西壮族自治区和南宁市投资7000万多元,对南宁市一批体育场馆、公园景点、交通设施进行改建和扩建,南宁市的面貌焕然一新。赛会期间,广西通过商品交易会,搞活了流通。赛事共耗资约3375万元,但赛会期间举办的商品交易会成交额高达30亿多元。这种"文体搭台,经济唱戏"的模式创举,用文化促经济,经济发展带动文化繁荣,为各民族的团结进步、共同繁荣作出了积极贡献②
2011年（第九届）	进入21世纪,全国民族运动会的带动能力显著提升。例如,2011年第九届赛事筹备会上,贵州省委书记栗战书明确表示:"办好第九届民族运动会……对于推动贵州经济又好又快、更好更快发展,都将产生重大而深远的影响。"第九届全国民族运动会筹备期间,中央分配给贵州地方政府的债券规模达64亿元,其中安排贵阳市重点项目支出10亿元,大力支持贵阳加快城市建设和改造,包括用于第九届全国民族运动会比赛场馆的贵阳奥林匹克中心的改造升级及功能完善。为了给全国民族运动会提供良好的环境,贵阳市大力推进了道路系统的建设、改造和升级,开展了创建国家卫生城市、国家环境保护模范城市、全国文明城市等系列活动,加大了城市环境整治力度,为第九届大会营造了景观优美、文明和谐的人文地理环境③

① 任勇.公民教育与认同序列重构:以西南地区少数民族的国家认同为研究对象[D].上海:复旦大学,2011:134.

② 第四届全国少数民族传统体育运动会组织委员会办公室.第四届全国少数民族传统体育运动会文件汇编[M].南宁:广西民族出版社,1992:183-186.

③ 中华人民共和国第九届少数民族传统体育运动会组委会办公室.中华人民共和国第九届少数民族传统体育运动会文件资料汇编[Z].内部资料,2012:105.

举办届次	具体内容
2015年 （第十届）	第十届全国民族运动会筹备阶段，鄂尔多斯市开展了多项城市治理与升级工程，包括一场两馆工程（体育场、体育馆、游泳馆）惠民工程、河道治理和景观打造工程、交通换乘枢纽工程、环境综合整治工程等，让整个城市得到了一次综合治理，也为城市赢得了新的发展机遇。数据显示，2015年第十届全国民族运动会期间，鄂尔多斯市与往年同期相比，旅游接待人数、收入大幅度提升。例如，2015年8月5日至17日，康巴什新区总计接待游客568311人，其中过夜游客43831人，一日游游客524480人，非鄂尔多斯户籍游客占56.8%，平均日接待量为43716人，乌兰木伦景观湖接待游客达323000人，旅游收入达5271.16万元。8月9日至17日，成陵（成吉思汗陵）旅游区共接待游客56935人次，门票收入近600万元，日均接待量和门票收入均创历史新高。此外，大会期间《鄂尔多斯晚报》报道"外地人来鄂尔多斯，在他们眼中鄂尔多斯的很多传言被颠覆了"，如今"鬼城"确难觅，"新城"园中行①，鄂尔多斯成了"一座来了就不想走的城市"②

由表10-1的具体内容可知，对承办全国民族运动会的省份和城市来说，这一方面是对社会、经济发展总体水平的一次检阅；另一方面也是向全国人民、国际友人以及公众媒介展示城市风貌和人文精神的绝好机会。此外，在国家和社会力量的共同支持下，赛事周期产生的虹吸效应吸引了优势资源要素的集聚与整合，有助于举办城市以及民族区域融入国家整体发展意识，进而强化认同情感。例如：（1）加快了举办城市环境改造和基础设施建设步伐，促进了城市长足发展；（2）提振了民族地区加快发展的步伐和信心；（3）打破了民族地区闭塞落后、民风彪悍的狭隘认知和刻板印象；（4）展现了民族地区的自然与文化资源优势；（5）提升了承办地城市知名度，展示了承办地的发展成就与潜力。

① 2010年4月5日，美国记者看到了还在修建中的康巴什新区，在《时代》周刊报道《中国鄂尔多斯：一座现代鬼城》一文后，引发了读者对鄂尔多斯的误读，引起较为广泛的关注。此后，在相当长的一段时间内，关于鄂尔多斯"鬼城"的话题都会引起媒体的关注。2015年全国民族运动会的圆满举办，颠覆了鄂尔多斯"鬼城"的传言。中华人民共和国第十届少数民族传统体育运动会组委会办公室.中华人民共和国第十届少数民族传统体育运动会志[Z].内部资料,2015:前言1.

② 中华人民共和国第十届少数民族传统体育运动会组委会办公室.中华人民共和国第十届少数民族传统体育运动会志[Z].内部资料,2015:240.

第三节　发展创新：赛事演进见证了我国社会发展的伟大成就

"创新是一个民族进步的灵魂，是一个国家兴旺发达的不竭源泉，也是中华民族最鲜明的民族禀赋。"①纵观全国民族运动会的演进历程，不同时期的赛事发展创新实践围绕着特定的民族工作主线展开，聚焦于"各民族一律平等""两个共同""三个离不开""四个认同""五个维护"以及"铸牢中华民族共同体意识"等核心内容有序铺展（表10-2）。某种意义上，历届赛事如同历史记录仪一般，成为见证我国民族工作发展的一个缩影。

表 10-2　历届全国民族运动会赛事文化活动与仪式创新②

届次	赛事创新
第一届（1953）	赛事诞生,拉开了历史帷幕。来自十三个少数民族的同胞,首次带着本民族的传统体育项目登上了国家舞台,感受中国共产党领导下的社会主义新中国对少数民族同胞的关怀与尊重,这在旧中国是看不到的
第二届（1982）	首创全国少数民族传统体育图片展览、运动员联欢、篝火晚会;首次设计了会徽
第三届（1986）	首次启用了会旗、会标;首次发行了纪念封;首次在大会期间奖励民族地区先进单位和个人;出版了新中国成立以来首部少数民族体育图书《民族体育集锦》
第四届（1991）	首次有了会歌;首次设计了赛事吉祥物;首次设了分赛场;首次进行了赛事市场化运营,发行体育奖券;首次对表演项目设置奖励体系;台湾代表团首次参赛
第五届（1995）	首次进行了火炬传递;首次与中央电视台合作,制作播放了25集少数民族传统体育系列节目;首次运用电子系统统计成绩信息并开通自动查询系统

---

① 中国共产党新闻网.《习近平用典》创新篇[EB/OL].(2015-03-16)[2021-12-14] theory.people.com.cn/n/2015/0316/c394175-26697237.html.

② 资料源于笔者对1953—2019年历届赛事史料与记载的总结。这些史料与记载主要包括书籍、文件资料汇编、总结报告、报纸期刊等。

届次	赛事创新
第六届(1999)	首次登上珠峰采集民族体育圣火;西藏拉萨首次承办国家级体育赛事;首次设计运营赛事官方网站;赛事期间首次举办了民族文化节
第七届(2003)	国家邮政局首次发行了"少数民族传统体育运动"特种邮票;首次在赛事期间举办民族体育科学论文评选以及颁奖活动;首次举办民族体育之花活动;首次完整制定了竞赛裁判法;首次建造了运动员村
第八届(2007)	首次由省政府协办、省会城市政府承办;首次在沿海发达省份举办;首次实现了信息化管理;首次将健身操单列评比
第九届(2011)	首次通过飞信进行虚拟圣火传递;改革奖励办法;正式制定颁发了《全国少数民族传统体育运动会运动员注册与交流管理办法(试行)》,规范了运动员注册与交流管理,严格审查竞赛项目参赛资格
第十届(2015)	开幕式、闭幕式首次在白天举行;圣火点火、传递仪式创新(首次进行互联网火炬传递+实地传递);首次在省会以外城市举办;官方首次明确规定允许汉族运动员按要求参加竞赛项目和表演项目;首次在赛事期间举行国家级少数民族传统体育文化展;首次将代表团所有成员统一安排在运动员村
第十一届(2019)	首次在祖国腹地举办;举办了新中国成立以来最大规模的中国少数民族传统体育文化展;首次命名设计了运动会奖杯"龙凤书卷"、奖牌"民族同心";首次实现网上预约现场观赛的赛事体验

除表10-2的内容之外,赛事的持续演进日益成为衡量我国社会文明发展的重要标志之一。首先,少数民族同胞参赛人数的持续增长,体现了我国民族工作的良性发展态势。下图10-1清晰呈现了1953—2019年第十一届全国民族运动会参赛运动员不断增长的总体情况。作为以少数民族同胞为主体的国家级赛事和重要民族工作平台,历届赛事参与人数呈现持续增长的态势,一方面体现了赛事能够较为充分地调动少数民族同胞参与国家事务的积极性;另一方面则映射了我国民族工作良性运行的总体发展态势。

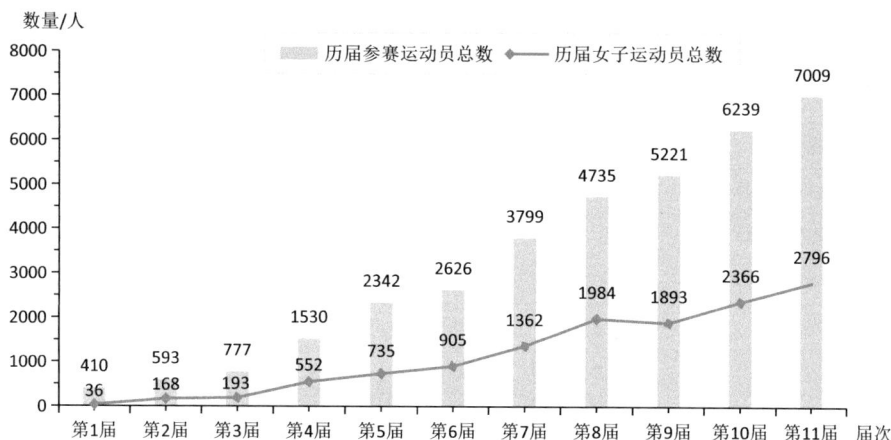

图 10-1　全国民族运动会历届运动员人数与女性运动员增长趋势图

其次，少数民族体育项目的不断增加彰显了尊重多元文化的国家理念（见表10-3）。全国民族运动会及其衍生赛事的定期召开，使诸多原本处于边远地区、鲜为人知的少数民族体育文化实体逐渐进入国家的舞台中心，甚至是走出国门，走向世界，有效改变了少数民族体育活动长期停留在边寨、牧场之中，所涉有限、传之不远的情况。进言之，对于人口较少民族来说，民族传统体育项目作为多元民族文化的物化载体，能够在国家平台得以定期公开展演，意味着本民族文化得到了社会主流的认同。这种主流社会的认同类似于国家层面的文化认同措施和保障机制。如果进一步考虑赛事的连续性和稳定性（1953—2019），无疑这种镶嵌于体育领域持续而有效的国家机制，为少数民族同胞享有国家公民应当享有的一切权利提供了稳定且有力的论证。

表 10-3　历届全国民族运动会概况①

届次	竞赛项目数量（大/小项）	表演项目数量	女性运动员人数/占比	运动员总人数	代表团总人数
第一届(1953)	5/24	375	36/8.8%	410	—
第二届(1982)	2/16	68	168/28.3%	593	863
第三届(1986)	7/28	115	193/24.8%	777	1097

---

① 数据来源:历届赛事秩序册等。

届次	竞赛项目数量（大/小项）	表演项目数量	女性运动员人数/占比	运动员总人数	代表团总人数
第四届（1991）	9/34	121	552/36.1%	1530	2394
第五届（1995）	11/62	130	736/31.4%	2342	3282
第六届（1999）	14/93	154	905/34.5%	2626	3422
第七届（2003）	14/93	125	1362/35.9%	3799	5237
第八届（2007）	15/123	148	1984/41.9%	4735	6381
第九届（2011）	16/129	185	1893/36.3%	5221	6773
第十届（2015）	17/133	178	2366/37.9%	6239	8231
第十一届（2019）	17/138	185	2796/39.9%	7009	8976

最后，少数民族女性同胞的参与比率逐年提高，展示了社会文明发展的长足进步。男女平等是社会文明的基础，也是社会发展的重要标志。自中华人民共和国成立以来，我国向来重视两性平等的问题。1954年颁布的《中华人民共和国宪法》明确指出："中华人民共和国妇女在政治的、经济的、文化的、社会的和家庭的生活各方面享有同男子平等的权利。"在1995年第四次世界妇女大会欢迎仪式上，江泽民提出男女平等是促进中国社会发展的一项基本国策；2012年党的十八大报告中首次将男女平等作为基本国策写入报告①。结合图10-1和表10-3可知，参与全国民族运动会的女性运动员人数从首届的36人增长到2019年第十一届的2796人，增长了近77倍；女性占比从最初的8.8%逐届增长至39.9%。除此之外，女性运动员参与的项目也越来越多。例如，2019年第十一届大会共计17个竞赛项目，女性同胞可以参与的竞赛项目多达14项，包括射弩、毽球、珍珠球、蹴球、民族式摔跤（搏克）、民族健身操、民族武术、马术、龙舟、陀螺、高脚竞速、板鞋竞速、秋千以及独竹漂，其中秋千单列仅限女性选手参加。

全国民族运动会是我国体育领域尊重多元文化和多元民族体育文

---

① 张慧，王康.论男女平等基本国策[J].中国井冈山干部学院学报，2013，6（2）：131–135.

化、保障少数民族同胞权益、贯彻男女平等观念的具体实践。透过赛事的外部形式和表层意义，我们可以清晰洞察中国特色大型民族体育赛事作为非强力手段和柔性治理措施，所发挥的"协调多元、创设一体"的社会整合作用。而上述这些具体内容正是现代文明社会建设与发展的关键指标。从这个角度来理解，全国民族运动会的发展变迁历程，可以说是见证了中华人民共和国成立以来我国民族工作良性运行与社会文明发展程度的缩影。

第四节　和合共赢："和合"办赛理念引领中华民族大团结

中华传统文化基因具备"天人合一"（《荀子·天论》）的和合自然观、"天下为公"（《礼记·礼运》）的和合治理观以及"和而不同"（《论语·子路》）的和合文化观。"和合"理念作为中国传统文化的重要标识之一，在历届全国民族运动会的场域中多有体现。此外，全国民族运动会作为各民族文化和体育文化实体项目集中展示的平台，俨然是各民族文化的"活化石"和"博物馆"，"打开民族体育的花名册，就如同打开了一部民族文化的百科全书"①。这部凝聚着中华民族集体智慧的"百科全书"可以说是深谙中华民族"和合"文化基因的深刻意涵。

改革开放以来，以"更高、更快、更强"为核心特征的西方体育价值理念被国人慢慢接受，这种以竞技为核心的价值取向在初入国门时就显示出了巨大的影响力，对我国体育事业与世界体育接轨作出了积极贡献的同时，也对我国传统体育文化造成了认同困惑甚至是认同危机。在笔者调研过程中，存在着两种声音：一是认为运动会就应该搞比赛，表演不是体育；二是认为民族传统体育的生命和特色就是表演，是一种体育表演，如果把全国民族运动会完全搞成了竞赛，就违背了民族运动会

---

① 韦峭.绿城民族体育蓬勃发展[N].南宁日报，2009-11-17(08).

的价值宗旨，不断趋向西方竞技体育"更高、更快、更强"的价值理念，渐渐失却了东方文化"和合"的价值内涵①。这两种截然相左的意见在学术界、民族地区，乃至国家民委内部均有支持人群。"竞争"与"和合"这一对看似矛盾的价值理念，如何兼而有之、和谐共生是全球化进程中葆有中华民族文化无法绕过的课题②。

　　从当下我国民族工作的理论和实践逻辑出发，结合对全国民族运动会赛事体系现有运行模式的分析，笔者认为两者兼而有之未尝不可。具体如下：在全国民族运动会场域内秉承现代性和在地化的并行不悖；坚持竞赛与展示、竞技与表演的辩证统一；融汇西方竞技体育有益的现代价值理念的同时，葆守民族传统体育文化价值的精神内涵；有机融通"和合"体育精神和奥林匹克精神，推动二者互鉴互补，共同构筑世界体育的文化大厦，进而通过体育实践和身体互动扩展"东方"与"西方"的交流平台和沟通渠道。

　　总览全国民族运动会发展史，可以清晰洞见，和睦相处、和谐发展、合作共进、和合共赢始终是历届全国民族运动会仪式进程和符号表征的核心和主线。这在赛事仪式活动的具体内容设置中多有体现。例如，为祝贺第六届全国民族运动会召开，由文化部和赛事组委会共同主办的文体活动"民族音画——1999"第八章节围绕着"和合"的主题展开，展现了56个民族同心合力面向明天、携手拥抱新世纪、共建伟大祖国、实现中华民族伟大复兴的光明前景③。第九届运动会开幕式文体表演《天地人和——中华颂》以"和谐、生态、多彩"为主线，围绕着"和之美"的主题，以"团结"为主背景，歌颂祖国的大好河山，整合

---

　　① 根据多位被访者的访谈内容总结提炼而成。

　　② 中华人民共和国第九届少数民族传统体育运动会组委会办公室.中华人民共和国第九届少数民族传统体育运动会文件资料汇编[Z].内部资料,2012:231-238.

　　③ 资料来源于文化部社会文化图书馆司、第六届全国少数民族传统体育运动会组委会主办,为庆祝中华人民共和国成立五十周年、祝贺第六届全国民族运动会的召开所制的节目册《民族音画——1999》,1999年9月25—27日,北京世纪剧院.

56个民族的文化元素，展现了各族人民欢聚一堂、共同创造历史的自信和喜悦。此外，第九届大会火炬"和"，主体通过亮银的金属色至天蓝色的过渡渐变，呈现"在蓝蓝的天空下举行民族体育盛事"的和谐画面①。再如，第十一届全国民族运动会开幕式上空中出现一个巨大的"和"字，象征着中原大地的精神气质，彰显着中华民族的古老智慧和对道德的最高追求②。

进入新时代，在"和合"理念的引领下，全国民族运动会的"互动仪式"过程俨然成为铸牢中华民族共同体意识的经典主题民族活动和节日庆典之一，在激烈精彩的竞赛与表演中实现了超越主客对立的天人合一，彰显了东方文化"和合"价值的时代内涵，绘就了中华民族多元一体、有机团结的"和合"图景。

第五节 价值观转捩：从"锦标主义"到 "中华民族一家亲"的价值转向

大型体育赛事从来都不是简单身体活动的集合，还包括仪式、标识等一系列文化符号系统，这些符号最终指向的终极意义，即价值观③。价值观体现了主体关于客体的效用性和意义性的基本观点，包括主体需要和客体属性。价值观主要回答类似"看重什么、追求什么、信仰什么"这样的问题，从而为主体进行选择、取舍、评价提供立足点和最终标准④。全国民族运动会通过高度标识化、符号化的体育文化符号表征

① 中国广播网.第9届民运会火炬在贵阳亮相 主色调为亮银和天蓝[EB/OL]. (2011-08-16)[2020-09-12].http://news.sina.com.cn/c/2011-08-16/105122998693.shtml.

② 国家民委官方网站.共襄团结盛会 共圆复兴梦想——第十一届全国少数民族传统体育运动会开幕式侧记[EB//OL].(2019-09-11)[2021-06-23].https://www.neac.gov.cn/seac/c102840/201909/1136034.shtml.

③ 张新,张萌,岳光宇.中国体育竞赛"锦标"考源[J].体育文化导刊,2013(11):131-133,137.

④ 吴新文.社会主义核心价值观[M].重庆:重庆出版社,2009:5-6.

赛事独有的文化内涵和价值取向，作为连续性的历史文化现象，内蕴其间的价值观具有显著的时代特征。将内置于全国民族运动会的价值观置于历史长程中进行审视，通过爬梳各个时期的文献史料，不难探寻赛事主流价值观的嬗变过程。

改革开放之后，国内大型赛事办赛多采用奥运会模式和理念，加速推进了我国大型体育赛事的现代化治理进程。学界普遍认为，发源于希腊的奥林匹克，核心价值观是胜负和竞争。在全球化的进程中以奥林匹克精神为代表的西方体育文化"瀑布"式地在全球传播、扩张。这对我国处于全球化浪潮（国际影响）和改革开放初期（国内因素）的大型体育赛事产生了前所未有的影响。金牌意识、锦标主义作为体育全球化的附属品，在我国体育领域萌发、兴起，甚至在某个时期成为"主流"。奥林匹克精神强调"更高、更快、更强"的竞争观本无可厚非，而一旦异化为以锦标主义为核心，狂热迷恋超水平的竞技成绩和名次，那么弊病也会随之而来。例如，赛场暴力、兴奋剂滥用、贿赂裁判、成绩至上、金牌主义、价值观异化等。

据相关文献记载，全国民族运动会"金牌至上""锦标主义"的价值观在20世纪末21世纪初到达顶峰。例如，有地区发文明确指出对获得省、国家级少数民族运动会一、二、三等奖的教练员、运动员给予考公升学等奖励①。更有甚者在"锦标主义""金牌至上"的利益驱使下，出现了报名弄虚作假、重金购买"枪手"等失范行为。此外，笔者在文献调研过程中发现，第九届大会总规程中明确要求不允许汉族运动员参赛，结果在报名时绝大多数代表团被审查出有汉族运动员，仅有两个省是完全合格的②。显然，"金牌至上""锦标主义"等严重异化的价值观在某一时期对我国包括全国民族运动会在内的大型体育赛事产生了强烈

---

① 王兰.从"锦标主义"到"中华民族一家亲"：全国民族运动会价值观的嬗变[J].体育学刊,2019,26(4):22-29.

② 中华人民共和国第十届少数民族传统体育运动会组委会办公室.中华人民共和国第十届少数民族传统体育运动会志[Z].内部资料,2015:286.

的冲击，甚至一定程度上动摇了赛事存在的合法性根基。这也成为2012年之后诸多国家级赛事被精简、合并及取缔的主要原因（聂*水，第十一届全国民族运动会裁判员，20190912）[①]。

随着国家改革的持续深入，全国民族运动会的深化改革围绕着淡化"锦标主义""金牌意识"，积极向"本土化""在地化"的价值目标转向和调适。例如：（1）进入21世纪以后，赛事开幕式文艺汇演主要围绕着中华民族一家亲的主题展开，通过赛事仪式主题的渲染和文化符号的"本土化""在地化"价值内涵的转向，重构了民族团结、社会和谐的核心内容，凸显了"中华民族一家亲"的价值导向。（2）火炬传递仪式突出了中国特色。第六届大会在珠穆朗玛峰之巅采集圣火，第七届大会圣火采集于六盘山红军长征纪念亭，第八届大会圣火采集于珠江源，第九届大会圣火采集于遵义会议会址，第十届大会圣火采集于延安民族学院城川纪念馆，第十一届大会圣火采集于我国现存最早的天文观测建筑登封观星台。圣火采集仪式主要围绕中华传统文化遗迹和红色文化遗址展开，突出了全国民族运动会"本土化""在地化"的演变特征。（3）从第九届大会开始，赛事官方明确"第九届民族运动会"的简称，从修辞学角度将"少数民族"融入"中华民族"的国族意识形态之中，弱化了少数民族和汉族之间"互为他者"的认同区隔，积极缝合了少数民族体育与民族传统体育的修辞缝隙，从赛事治理层面强调了国家认同的意识形态表达[②]。（4）允许汉族运动员参赛。从第十届大会开始，规则层面

---

① 笔者在访谈第十一届全国民族运动会国家级陀螺项目裁判员聂*水老师时，他就提到在其参与执裁的现场，曾遇到相关省份的领队或者领导，在比赛的过程中为了激励运动员，直接现场表态拿到第一名给予高额的现金奖励。此外，据他了解在近几届全国民族运动会上获得第一名，不少省份都会给予物质或现金奖励，现金奖励数额一般在10万~30万元。例如，中部某省对于在2015年第十届全国民族运动会上获得一等奖的运动员奖励为10万元，教练员10万元；二等奖分别奖励3万元；三等奖分别奖励1万元。访谈时间：2019年9月12日。访谈地点：郑州朵哈国际酒店。

② 郑顺新.论全国少数民族传统体育运动会向"中华民族传统体育运动会"转型[J].体育学刊,2008(6):11-13.

允许汉族运动员按一定比例参赛，在保留少数民族运动员为绝对参与主体和少数民族项目占绝大多数比例的前提下，适当放宽汉族运动员参与其中，真正意义上实现了56个民族的共同参与，积极消弭了民族赛事场域内"他者"的制度藩篱。

小　结

全国民族运动会作为典型的互动仪式，通过全国民族运动会赛事场域的国家制度嵌入、文化情感内置以及历史记忆重构，在跨越地理、社会以及心理距离的数量可观的陌生人（各族代表）之间形成共同体的新能力，"程序化""自然化"地将赛事场域内的个体（赛事组织者、裁判员、运动员、志愿者以及观众等）与社会、国家整体联系在一起，进而实现个体对整个社会和国家的归属和彼此共情，使得在赛事场域内的国民在个体化的同时也整体化。质言之，各族同胞代表的自我认同（个体）-民族认同（群体）-文化认同（多元文化）-国家认同（国家）在赛事互动仪式的时空场域内得以融合。这种多重认同的有机融通，具体体现在政治、文化以及社会三个维度。需要指出的是，上述内容并不是齐头并进的，更多地是以国际环境的现实背景、国家建设的实际需要为出发点，与不同历史时期国家的实际情况相适应，发挥着政治认同、文化认同建构以及社会整合的作用。

余　论

第一节　结论

　　全国民族运动会作为我国特色本土大型民族体育赛事，也是党和国家的重要民族工作之一，自 1953 年诞生迄今，在大型体育赛事、民族工作领域的诸多活动中，堪称起步最早又最具连续性的活动。全国民族运动会已经超越了单纯的赛事意义范畴，成为具有政治-经济-社会-文化多重功用的系统工程，它集多元民族文化、多样价值内涵、多种体育样态、多重认同构建的多维面向于一体，渐而成为表征中华民族多元一体的代表性文化符号。在国家认同建构的叙事框架下，全国民族运动会的发展史为我们提供了一个独特的视角来剖析当代中国国家认同建构的艰辛历程和不懈努力。此外，全国民族运动会作为一种典型互动仪式的国家发明，随着赛事历史的不断演进，持续生产与再生产、构建并重构各民族优秀文化的经典符号、集体记忆、历史心性，内蕴着丰富的文化内涵和精神实质。这也使其成为理解国家认同内向建构进程中，解构我国本土大型民族体育赛事独有功能价值的重要切入点。

　　纵观全国民族运动会历史进程，透过不同的国际局势（世情）、政治境况和社会发展（国情）阶段镜像，其历史变迁足迹与时空演化特征见证了中华人民共和国这一多元一体"想象的共同体"发轫成长的动态图景。换而言之，囊括国家政治制度内容、各族代表、多元民族文化等具象化实质内容的全国民族运动会的赛事场域，作为参与国家认同建设的平台，是体育领域推动国家认同理性建构的重要途径和实践载体。

本研究以全国民族运动会为研究对象，运用文献资料法、参与式观察法、专家访谈法、半结构式访谈法、历史研究法以及文本分析法，结合国家认同、符号互动、互动仪式链等理论，在国家认同建构的叙事框架下，围绕着全国民族运动会在不同的发展阶段与国家认同建构之间的动态关系、全国民族运动会赛事运作相关要素增进国家认同的呈现方式和逻辑结构、全国民族运动会增进国家认同的实现路径三个核心问题展开理论探索。主要结论如下：

第一，通过赛事仪式、文化符号和媒介工具的历史演化脉络和特征，在国家认同建构视域下，清晰地推演出全国民族运动会发展演进的四个阶段：（1）全国民族运动会的肇始（1953）——培育国家认同（参与新生国家政治认同建构）；（2）全国民族运动会的重建与初兴（1982—1991）——发展国家认同（参与以团结稳定为中心的国家认同建构）；（3）全国民族运动会的加速演进与变革（1995—2011）——固基国家认同（固基多元一体的国家认同）；（4）新时代全国民族运动会的全面深化改革（2015—2019）——强化国家认同（铸牢中华民族共同体意识）。全国民族运动会兼具大型体育赛事与重要民族工作的双重属性，在不同的国际局势（世情）、政治境况和社会发展（国情）的背景之下，具有不同的阶段性特征，以其独有的大型赛事与民族工作的双重叠加效能，在国家认同建构进程中发挥着应有作用。

第二，透过整体性视角，审视全国民族运动会仪式符号演化、举办地遴选、赛事日程安排、项目设置、衍生活动组织等赛事结构要素推动国家政治合法性建设和历史文化共同体构建的隐性逻辑结构。这种内隐结构的具体内容包括：（1）通过稳固化的赛事宏大仪式与国家符号的反复浸润濡化、举办地的精心遴选、特定日程的安排以及维护祖国统一的治理努力，赛事被赋予了教化引导不同民族同胞一致性的政治认同以及国家公民观念的政治合法性意义。（2）依托项目设置、赛事组织以及赛事文化符号的历史演变，一方面连接并承载着中华民族多元一体的历史文化记忆，书写着同根同源同种的集体情感记忆；另一方面对寻求中华民族最大公约数，凸显中华民族共同体理念，铸牢中华民族共同体意识具有独特的作用。

第三，在历时性演绎以及共性结构分析的基础之上，借助于互动仪式链的理论框架，结合国家认同理论和符号互动理论，进一步建构了"作为互动仪式的全国民族运动会的理论模型"，用以阐释归总全国民族运动会参与国家认同建构的三个核心维度：（1）政治维度，推进民族团结、体现国家在场、巩固意识形态、引领社会主义核心价值观以及厚植家国情怀；（2）文化维度，传承历史记忆、构筑文化互动的国家平台、孕育群体符号、赓续传统体育文化以及弘扬文化自信；（3）社会维度，维护团结稳定、推进繁荣共进、持续发展创新、倡导和合共赢、内在呼应社会主流价值观。同时，揭示其参与并不断推进国家认同建构的机制路径。

综上，通过对全国民族运动会（1953—2019）的历史社会学研究，我们得以部分窥见中国社会的变迁历程，揭示其与国家认同建构的动态关系及其所被赋予的独具一格的价值意涵。中华人民共和国成立以来，全国民族运动会作为一种典型互动仪式的国家发明，兼具大型体育赛事与重要民族工作的双重属性。其演化历程见证了新中国成立以来中华民族共同体国家发轫成长固基的动态图景。从新中国成立初期的百废待兴到新时代的崭新姿态，从新中国成立伊始推行贯彻各民族一律平等到新时代铸牢中华民族共同体意识，其贯穿始终的核心理念一直未变，那就是促进民族团结，固基强化多元一体的民族观，铸牢中华民族共同体意识以及不断追寻中华民族伟大复兴之路的深刻内涵。此外，透过全国民族运动会的历史镜像，可以部分窥见体育为何与国家认同紧密相连，以及中国特色大型民族体育赛事如何协助夯实现代民族国家建构历程中的政治向心力、文化融合力和民族凝聚力。

第二节　建议

多民族国家共同体成员国家认同建构的复杂性、长期性以及艰巨性成为多民族国家进行国家认同建构必须面对的问题。如何有效协调处理多民族国家共同体成员多重认同之间的紧张关系，缓解个体、群体、国家等维度上客观存在的潜在认同张力，成为多民族国家建构所面临的重大课题。

全国民族运动会及其金字塔模式的赛事体系（县–市–省–国家），囊括了国家政治制度、多元民族文化、各族代表的赛事本体特征，这些特征决定了其可以从个体自我实现、不同民族的多元文化认同、国家制度认同等层面，持续推动少数民族同胞多重认同结构序列的优化与重构。此外，全国民族运动会的特定物理空间也可以被理解为身处其中的共同体成员进行多重想象的、可兼容多种组成单元的国家制度空间与多元文化空间，这一空间具有宽广的内部自治性以及不同种类彼此平等、和谐共生的高度一致性。从这个意义出发，我们能够透过全国民族运动会，发现潜藏其中作为国家治理工具推进"政治一体""文化多元"国家认同建构的本相内容。

从历史的角度来看，我国仍然处在并将长期处于国家建构的动态进程中，这一过程注定是复杂且漫长的。面对日益复杂的国际环境和多民族构成的现实国情，全国民族运动会也将被赋予新的时代使命，并需要持续展现自身独有的、不同于其他赛事的独特价值。在可预见的未来，如何继续发挥全国民族运动会对提升国家政治认同稳固性、多元民族文化包容性的作用，进而助力实现"贯彻平等、促进团结、尊重多元、包容差异、调适文化、共同发展"的使命和要求，成为未来赛事可持续发展亟须思考的现实问题。

聚焦于全国民族运动会与国家认同的未来创新发展路径，笔者认为：除却深入思考赛事治理的不断优化，以及持续组织搭建高效的赛事结构体系的客观需要（例如赛事利益相关者的博弈，教练员、裁判员、运动员等专业人员水平的系统提升，强化科研支撑，深化制度改革等具体内容）之外，同样应立足于多民族构成的国家建构叙事框架，充分考量其作为大型体育赛事与重要民族工作的双重属性，坚持全国民族运动会在国家认同建构进程中的独特价值，即在政治、文化及社会等具体维度上，不断思考优化赛事的内容与结构，进而发挥其在加强国家认同建构目标进程中的应有作用。

一、目标定位：突出以中华民族认同为核心的认同建构

霍布斯鲍姆指出：国家运用日益强势的政府机器给国民灌输国家意识，要求人民认同国家、国旗，并将一切奉献给国家，甚至经常靠着"发明的传统"乃至"发明的民族"以达成国家整合的目的。进入新时代，以全国民族运动会为龙头的民族体育赛事体系，在实现国家整合的目标中扮演着日益重要的角色，发挥着重要功能。例如，通过赛事平台所蕴含的仪式、符号资源库可以创设绝佳的国家意识形态工作的公共空间；有效践行社会主义核心价值观；弘扬民族精神与时代精神；塑造民族英雄，讴歌民族团结，铸牢中华民族共同体意识；向内传播中国梦，向外彰显国家软实力。

通过审视全国民族运动会现有的赛事发展历史，可以发现其本体属性与少数民族同胞的国家认同建构的内容紧密关联，但又不仅仅限于少数民族，这决定了其在铸牢中华民族共同体意识方面具有一定的现实意义。今天的中国正处于实现中国梦的关键时期，鉴于全国民族运动会在新的历史发展方位中，对于推进和实践国家建设、国家认同建构的独有作用和特殊意义，以中华民族认同建设和铸牢中华民族共同体意识为核心的多元认同建构理应成为全国民族运动会未来一段时间发展应当坚持

的核心要义。

二、夯实基础：厚植青少年国家认同的基础

"青年兴则国家兴，青年强则国家强。"青少年是民族国家的未来和希望，也是国家认同教育的关键群体。近年来，传统体育进校园的环境发生了很大改观，但总体依然存在一定局限性。例如：（1）影响面和辐射力仍然需要加强。部分项目在民族地区和民族院校开展得如火如荼，但出了民族地区和民族院校则影响力大打折扣。（2）项目开展的生态不均衡。有的项目发展迅速（如龙舟、舞龙、舞狮、跳绳、民族武术等），有的项目依然处于尴尬的境地，甚至面临着潜在消亡的危险（如赛骆驼、溜索、刀舞、燕青拳等）。

中华民族传统体育能否普及大众并深入人心，关系到民族传统体育的兴衰和中华民族文化的未来发展前景。全国民族运动会及其赛事体系衍生与延伸的赛事文化项目实体，镶嵌着厚重的历史文化内涵，具有与生俱来的教育功能。借助于全国民族运动会的抓手，不断完善各级校园民族赛事体系或者将民族体育项目增列至各级综合性运动会成为潜在的可行路径。原因如下：在推进民族体育赛事与校园的深度融合进程中，一方面通过组织更多的校园竞赛，得以不断培育与历练民族文化的继承人与传播者；另一方面通过充分挖掘潜藏其中的民族文化与民族体育课程思政素材，使民族体育的有益元素深度融入校园体育课程，形成具有影响力的特色校园文化，进而在实现育人目标的同时，进一步拓展民族体育文化的传承空间与厚植国家认同的心理基础。

三、舆论导向：重视赛事的媒介叙事与国家意识表达

不难理解，现代媒介信息技术的迅速发展为宣传全国民族运动会的赛事仪式和文化符号提供了有利条件。借助快速高效的媒介传播，类似

于全国民族运动会等的重要仪式或盛大事件，能够呈现出具有象征性和表演性的文化实践过程或行为。正如丹尼尔·戴扬等将划时代的政治事件和体育竞赛看作国家级媒介事件，这些国家级媒介事件往往表现出超凡的政治使命。影响深远的大型体育赛事（以奥运会和足球世界杯最具代表性）作为媒介事件和媒介仪式，自觉抑或不自觉地被媒介渲染成为国家认同的代表，呈现了国家意识形态表达的特殊意义。

某种意义上，通过对全国民族运动会盛大仪式庆典的"全息镜像"的媒介直播转播，能够起到凝聚人心、团结群体、整合社会、建构认同的作用，实现增强民族团结、稳固社会秩序、凝聚国家力量的价值内涵。如何更好地借助于媒介工具，通过立体式、全方位的媒介传播，继续扩大全国民族运动会赛事体系的长效影响力，充分展示主办城市的历史文化底蕴与文明演进进程，成为后续体育领域与传播领域的理论工作者需要重视的课题。其中，赛前、赛中及赛后的媒介叙事与国家意识的连续性呈现与表达应当居于核心地位。例如，赛前进行全面的项目文化介绍与展演，赛中突出典型人物、重点事件的深入报道，赛后持续关注相关运动项目与民族文化的发展与推广。

四、产业培育：扩展国家认同建构的公共空间

毋庸置疑，大型体育赛事能够对经济产生巨大的影响力和推动力。进入21世纪，随着全球化的持续深入，国际-国内大型体育赛事迎来了黄金发展期。高水平的体育竞赛以赛事为核心，围绕着赛事组织、项目协会、举办地、运动员、观众等赛事元素形成了赛事产业圈层结构；在不断推动赛事发展的同时提升了赛事的知名度与认可度，进而吸引大量人群的关注，催生可观的商业价值和巨大的利润空间，甚至形成固定的赛事商业经济体。

随着赛事的持续演化，全国民族运动会已然具备大型体育赛事的影响力和辐射力，在推进举办地进行城市规划建设、增强城市品牌建设方

面已经取得一些成就。鉴于种类繁多的民族体育文化实体相对集中在自然资源优势明显的民族地区，可以通过打造旅游目的地，深入开掘民族区域特色文化旅游产品；进而依托"旅游（开阔视野）+体育（强身健体）+休闲（身心自由）+文化（文化认同）"共同推动民族体育文化产品及其衍生文化产业的体系化、产业化建设。例如：（1）民族特色旅游（贵州独竹漂、广西抢花炮等）；（2）民族节庆旅游（蒙古族那达慕、赫哲族乌日贡等）；（3）民族地区红色旅游（鄂尔多斯城川纪念馆、贵州遵义会议遗址等）；（4）民族体育旅游（赛马、狩猎等）。可以借助赛事的短期虹吸效应与长期的衍生效应，为赛事举办地注入持久的经济活力，促进当地居民就业，提高当地居民经济收入，加快民族地区的发展，助力相对发展较慢的民族区域积极融入国家整体发展进程，不断扩展国家认同建构的公共空间场域，进而有利于提升一致性的国家认同情感。

五、品牌树立：强化赛事与国家形象建设的紧密联系

中华民族传统体育特有的共情力、亲和力、兼容性特征决定了其独特的价值内涵。如何深入挖掘蕴含于中华民族优秀传统体育项目实体中的文化资源，树立具有影响力的赛事文化品牌，不断提升赛事的品牌价值，继而充分发挥由内而外的文化影响力，持续为优秀民族体育文化赋能增效，实现在国际社会强化国家形象的目标，已成为一项颇具挑战性和紧迫性的课题。总体来看，龙舟、风筝、木球、舞龙舞狮、达瓦孜、独竹漂、民族武术、花样跳绳、民族摔跤等项目业已走出国门，产生了较大的区域和国际影响力，形成了具有一定国际影响的民族文化品牌，有助于在国际社会强化国家形象建设。

此外，诸多项目尚未形成具有认可度和影响力的赛事品牌。笔者认为，通过借鉴成功的民族赛事品牌培育运营经验，或许可以获得一些有益的启示。例如，西北地区广泛开展的赛马、射箭、布鲁、摔跤、马球

等具有典型游牧民族体育项目特征的文化实体，与吉尔吉斯斯坦、土耳其举办的世界游牧民族运动会上的叼羊、骑马射箭、传统射箭等项目具有诸多共通之处，如何对其进行开发是各界需要关注的问题；广西、云南开展的舞龙舞狮、抢花炮、斗鸡和抛绣球等民族体育运动同样存在于泰国、越南、老挝、柬埔寨等国；西南地区的景颇族目瑙纵歌，傣族、阿昌族、德昂族、佤族等的象脚鼓舞以及哈尼族镲鼓舞、佤族木鼓舞、基诺族太阳鼓舞在东南亚很多国家与地区均有分布。是否可以考虑通过中国-东盟系列民族赛事品牌的开发与培育，进一步增进广西、云南乃至中国与东盟各国间的彼此认同。质言之，中华民族体育文化内涵的世界性特征及其所具有的超越特定民族和国家范围的文化通约性应当被充分理解并加以合理运用。可以跨国家、跨民族的民族品牌赛事的培育建设为抓手，促进不同民族、国家体育文化的融合与沟通、互补与借鉴，进而在彰显中华民族体育文化的价值内涵的同时，推进并实现潜移默化的国家形象建设。

六、内涵建设：传播项目文化精神内涵和文化符号

2015年，国家体育总局下发了《关于进一步做好运动项目文化建设的通知》，明确了项目文化建设的重要性与必要性。要言之，依托项目历史文化的丰厚底蕴，持续构建项目文化独有的文化符号系统，将潜藏于身体活动之中的文化精神内涵社会化。其积极意义主要体现在：一方面在丰富我国民族体育项目文化建设的同时，能够持续巩固民族体育文化的发展成果，不断推进历史文化共同体建设；另一方面，在激发各族民众的民族自豪感的同时，可以提升民族传统体育的教化功能，实现立德树人的长远目标。

全国民族运动会历经70余年的发展，已经实现了由粗放式发展方式向内涵式发展方式的转变。其中内嵌于项目之中的文化精神内涵成为赛事内涵建设的重要资源与现实载体。全国民族运动会的特殊禀赋，决定

了其项目文化精神内涵建设的特殊意义。主要表现如下：（1）得以构建中华民族体育文化共同的文化认同殿堂；（2）通过丰富多元的民族体育文化遗产塑造独特的一致性认同价值意涵。

结合文献回顾与访谈材料，笔者认为，全国民族运动会的内涵建设应当聚焦于下述内容：（1）成立学术组织，系统挖掘各个民族体育项目实体的历史源流、精神风貌和文化魅力，在厘清项目起源、流变的基础之上，规划项目未来的发展建设目标；（2）做好历届赛事运动项目历史资料留存，建立系统化的实体档案库和电子网络数据库；（3）在条件成熟的民族地区、城市社区建立民族体育文化实体博物馆、民族体育名人纪念馆以及网络博物馆；（4）依托项目文化博物馆、名人馆建立爱国主义教育基地或者社区体育活动基地；（5）发挥民族体育文化项目与博物馆、名人堂等实体的思政育人功能，建设民族体育推动思政育人的理论与实践教学案例库。

七、认同序列优化：夯实国家认同在多重认同序列中的首要位置

纵观全国民族运动会历史进程，日趋成熟的金字塔模式赛事体系（县-市-省-国家）及其赛事本体特征决定了其可以从个体自我实现、不同民族的多元文化认同、国家制度认同等层面，持续推动少数民族同胞多重认同结构序列的优化与重构。全国民族运动会作为我国特色大型民族体育赛事，同样也是党和国家的重要民族工作之一，自1953年诞生迄今，在大型体育赛事、民族工作领域的诸多活动中，堪称起步最早又最具连续性的活动。全国民族运动会已经超越了单纯的赛事意义范畴，成为具有政治-经济-社会-文化多重功用的系统工程，集多元民族文化、多样价值内涵、多种体育样态、多重认同构建的多维面向于一体。全国民族运动会作为新中国成立以来兼具大型体育赛事和重要民族工作双重属性的"发明的传统"，在国家认同建构的语境下，未来赛事结构优化应当密切关注各民族传统体育文化演化创新的最新动态和认同

结构要素以及价值巩固的新诉求，尽可能地及时调适其认同张力的动态稳定，科学调适其发展目标，保持与社会发展和国家建设紧密的关联和高度的耦合。要依托赛事积极消解不同维度认同的潜在张力，夯实国家认同在少数民族同胞多重认同序列秩序中的首要位置。

第三节　研究创新与贡献

第一，研究内容的创新与贡献。本研究以中华人民共和国成立以来，堪称起步最早又最具连续性，兼具大型民族体育赛事和重要民族工作双重属性的全国民族运动会为研究对象，研究内容上的创新和贡献主要呈现在文献占有量与第一手资料收集方面。资料收集的起始时间为1953年的首届赛事举办之前，具体的时间跨度为1952年9月—2019年10月。按照时间顺序，整理归类的文献资料包括：报纸、秩序册、竞赛规则、纪念徽章、节目单、纪念封、邮资品、体育奖券、画刊、年画、照片、纪录片、画册、论文集、书籍、内部资料等213小类，共计360件。值得一提的是，上述诸多资料在现有关于全国民族运动会研究中的正文和引文中都是未曾出现的。通过本研究系统整理的赛事材料，不但对本研究来说至关重要，对后续有关全国民族运动会的相关研究来说也具有重要参考价值。

第二，理论运用的创新与贡献。本研究结合国家认同理论、符号互动理论和互动仪式链理论，通过对全国民族运动会的系统梳理（历时性考察+共时性探索）、归总提炼（价值阐释），探究其在建构民族、文化、政治认同等国家认同内容中的贡献，为阐释我国民族体育赛事的政治、文化以及社会价值提供一定的理论参考和现实依据，进一步丰富了有关全国民族运动会研究的理论体系。

第三，视角选择的创新与贡献。在国家认同持续建构的语境下，有助于理解作为中国特色大型民族体育赛事的领头羊——全国民族运动会未来发展应当坚持的核心内容，相应解答了未来一段时间全国民族运动会应当坚持什么、发展什么以及如何发展的问题，进而为全国民族运动会等国内大型体育赛事的创新发展提供一定的理论借鉴和实践指导。具体而言，本研究对同级别的国家级体育赛事的创新发展具有一定的参考价值，对下位同类别的民族运动会赛事（省级、市级以及县级）以及其他衍生民族体育赛事具有指导意义。

第四节　研究的局限与展望

一、研究局限

首先，史学资料的收集、整理与甄别方面的局限。本研究属于历史社会学研究范畴，支撑这项研究的主要资料来源于我国历史档案馆、图书馆、新闻媒介以及相关部门的官方网站。部分材料来源于课题组参与2019年第十一届全国民族运动会期间的参与式观察，以及对体育领域相关专家、全国民族运动会工作者、运动员、裁判员的半结构式访谈。笔者在史料的收集过程中遇到了较多障碍和困难。比如说，前三届大会的资料获取量相对不足，部分历史材料记载不详，甚至不同来源的材料对具体数据的记载有出入，如参与开幕式的观众人数、首次火炬传递仪式的起始时间等；另有部分历史数据在档案馆所藏档案、体育史学书籍和现今国家民委和国家体育总局网站上有所出入。因此，在资料来源的取舍上，笔者综合各类数据采用三角验证法，甄选各类数据后谨慎客观地选择使用，并在引用时均予以说明。

其次，专业背景与学业时间上的局限。由于笔者的知识储备有限，尽管也进行了与本研究有关理论与方法论的学习，但分析和洞察问题的能力仍有待提升。同时，课题组团队成员均为非少数民族成员，笔者以

"他者"与观察型"局外人"的视角进行阐释，虽然为研究提供了足够的分析空间，尽可能地保持研究的中立、客观与公正，但是与少数民族同胞对话时，缺乏足够的"共通性"，难以完全体察他们对全国民族运动会的情感体验与意义建构。这在一定程度上影响了本研究的全面性和深刻性。

最后，因严格遵守疫情防控要求而面临的局限。近年来在疫情防控常态化背景下，原计划采访更多的运动员、教练员与相关领域的专家学者，有部分未能实现现场访谈，而是采用电话、微信方式进行远程访谈；原计划深入少数民族聚集地的田野调查也未能实现，导致本研究缺乏细致到微观层面的案例考察以及对少数民族传统体育文化民族志的"深描"纪实，致使部分研究内容的论证未能深入，部分观点不够客观全面，研究深度和广度上还有待进一步提高。

二、研究展望

首先，国际-国内双重视域下的大型综合性体育赛事参与"国家认同"和"中华民族共同体"建构具有同等重要的意义。如果说国际大型综合性体育赛事更多地着眼于世界意义和全球方略，那么国内大型综合性体育赛事则聚焦人民幸福安康、民族稳定团结、社会繁荣共进的内向层面国家建构的现实意义和中国特色的民族治理。二者虽然并行不悖，但从国家建构层面来看，国家认同和中华民族共同体的内向建构是前提，亦是根底。这也从国家战略部署规划的高度，阐明了本土大型民族体育赛事参与国家认同建构动态过程中的清晰目标和具体内容。

其次，本研究的写作历程与学习感受激起了笔者、课题组成员及所带硕士研究生们对大型体育赛事的浓厚兴趣。后续笔者将进一步关注国际-国内大型体育赛事与民族主义、爱国主义以及国家认同和共同体建构的内在关联，深入思考国际-国内之间是否存在类似中介性质的大型体育赛事，探索在新形势下现代民族国家建构过程中，不同大型体育赛事的有机联系和相对独立的运行机制。

再次，在本研究基础上，希望有更多学者能够持续关注并深入探索中国特色大型体育赛事如何更好地运营，以满足新常态下人民健康、社会发展、民族复兴、国家富强的现实需求。抑或是通过微观层面的"深描"，讲述中华民族共同体内部厚重多元、独具特色的民族体育故事，通过真实生动的民族体育叙事充分展现我国各民族的文化底蕴与民族自信，持续构建并巩固多元一体的中华民族共同体意识。进而为构建富有中国特色的民族体育品牌赛事和本土体育赛事体系提供理论支撑，为进一步推进实现高质量的健康中国、体育强国和全方位的现代化强国建设贡献民族体育力量。

最后，有关未来全国民族运动会的学术关怀和理论关照，笔者略抒几点刍荛之见：

（1）体育作为参与国家认同建构的有力工具和现实载体，逐渐受到学界关注，并日益成长为学术热点，围绕着体育（尤其是影响深远的大型体育赛事）参与建构国家认同的追问与反思在未来相当长的时间内会持续下去。若沿着这个科学问题追问下去，则新中国成立以来最具代表性的大型本土民族体育赛事——全国民族运动会，将可能通过学术共同体的不懈努力而被"问题化"，进而从中提炼出可用来指导实践的相关理论。

（2）在全球化持续深入背景下，后续学术共同体有关全国民族运动会的研究应当积极通过域外的"他者"回望自身、映照自我，避免陷入"中国特殊论"的窠臼。在保持全国民族运动会这一中国特色本土大型民族体育赛事的"独特性"的同时，深入开掘其"普遍性"价值与"普适性"意义。

（3）积极推动全球范围体育活动、体育赛事、民族体育赛事参与国家认同建构的理论与实践的学术性对话；科学提炼有益的实践经验与理论成果，为多民族构成的国家提供民族体育参与建构自我认同、文化认同、国家认同领域的中国经验和理论镜鉴；审视大型本土民族体育赛事在铸牢中华民族共同体意识的有益经验的同时，发掘其助力人类命运共同体构建的潜在可能路径，寻求民族体育赛事参与国家治理与全球治理之间的平衡点与互动域。毕竟，在全球化背景视域下，通过域外的交流互动提升现代民族国家的"自我想象"，是至关重要也是无法绕过的一环。

附　录

一、我国当代体育史分期概览

表1　我国当代体育史分期概览

基本信息	阶段划分
颜绍泸、周西宽 《体育运动史》 1990年 人民体育出版社出版	第一阶段:社会主义体育事业的开创(1949—1956) 第二阶段:曲折的发展历程(1957—1966) 第三阶段:十年挫折(1966—1976) 第四阶段:新的里程(1976年以后)
谭华(主编) 《体育史》 2005年 高等教育出版社出版	第一部分 当代中国体育的曲折发展(1949—1976) 第一阶段:当代中国体育事业的创立(1949—1956) 第二阶段:中国体育的曲折发展(1956—1965) 第三阶段:"文革"时期的中国体育(1966—1976) 第二部分 走向世界的中国体育(1977—2004) 第四阶段:体育战线的三年调整(1977—1980) 第五阶段:体育体制改革的初步尝试(1981—1985) 第六阶段:体育体制的全面改革(1986—1995) 1996年之后未做明确分期
熊晓正、钟秉枢(主编) 《新中国体育60年》 2010年 北京体育大学出版社出版	第一阶段:新中国体育的奠基(1949—1959) 第二阶段:新中国体育的初兴(1960—1965) 第三阶段:新中国体育的挫折(1966—1977) 第四阶段:新中国体育的战略转移(1978—1992) 第五阶段:新中国体育的改革(1993—2000) 第六阶段:新中国体育的机遇(2001—2009)

基本信息	阶段划分
国家体育总局(编) 《新中国体育70年》 2019年 人民出版社出版	第一阶段：起步发展阶段(1949—1955) 第二阶段：曲折发展阶段(1956—1976) 第三阶段：恢复发展阶段(1977—1983) 第四阶段：伴随发展阶段(1984—1994) 第五阶段：协调发展阶段(1995—2012) 第六阶段：快速、可持续发展阶段(2013年至今)

二、访谈笔记三则

访谈笔记（一）

2019年9月14日16：00—17：40（农历八月十六），星期六，阴

被访者吴*伟及其弟子吴*学、张*兴。吴*伟是河北省沧州市孟村回族自治县开门八极拳的第八代传人，作为河北代表队表演项目《八级雄风》的编导和教练员参加了2019年第十一届全国民族运动会。笔者是在进行田野调查过程中，偶然认识了沧州市民宗局的干部王*进，然后通过他认识了吴*伟和其弟子，并在比赛的间隙完成了访谈。

访谈地点：郑州市丰乐园大酒店

访谈时长：64分钟

吴*伟：这是我第一次以河北沧州孟村（回族自治）县开门八极拳传承人的身份参加全国民族运动会。我觉得这次比赛特别盛大，开幕式的大主题围绕着民族大团结展开的。这次比赛无论是接待、组织，还是保障都做得很到位。之前听我儿子和师兄说，他们参加的前几届全国民族运动会都没有这次规模大。如果从保护少数民族传统体育项目和文化角度来说，我个人觉得还有很多东西要做。比如说像竞赛项目武术，讲是民族武术，但参赛选手90%是专业队的，竞技味很浓。比如北京队

的、云南队的，都是体工队的。从参赛身份角度来讲，他们都是少数民族，也都符合赛事规定。但这样一来，我们民族特色的武术，像有些拳种啊，器械啊，改变很大。还有就是所有的运动员都在一起比赛，不分年龄段。例如青海队有个70多岁的老运动员，一招一式功力很深厚，但跟年轻人比技巧（小翻、蹿子等），当然没有优势。

这次来到郑州，跟我们项目接近的同行交流比较多，主要集中在技术上的探讨。以我们这个八极拳来说，全称叫作"开门八极拳"，"开门"就是不闭门，不断把好的东西吸收进来。八极拳有300多年的历史，始终在发展，它的根不变，但从某些方面来说，也是有变化的。比如说观赏性比原来有了很大的提高，不断吸收其他门派的长处，融入了很多其他门派优秀的东西。刚才提到的民族武术，还有好多东西没有充分挖掘出来，其中对抗的东西少，我觉得竞赛项目的设置可以加长兵、短兵这样的具有实用性的东西，它们的观赏性也特别好。从传承保护的角度来讲，民族武术有的保护得特别好，也有急需要保护的，有的项目只有一两个传承人，像我身边就有很多这样的例子。比如，我们沧州有一个拳种叫作燕青拳，20世纪70—80年代，练习的人比较多，现在练习的人越来越少了。也不是说它要失传了，而是以前练的人多，现在没有什么人练了，这就需要国家的扶持也好、引导也好，对类似燕青拳的民族传统武术予以保护。拿我们八极拳来说，刚开始的时候也就是以我们孟村为中心，向周边的村辐射。民国时期，八极拳的老前辈逐渐走了出去，走出孟村，走出沧州，甚至走出河北。我们开门八极拳发展较好，2008年被确立为国家级非物质文化遗产项目，这一方面是因为政府大力支持，另一方面是我们自己做得比较好，再加上八极拳本身较为容易上手（但是要想练好需要很长时间的沉淀）。像我刚刚说的燕青拳，或者劈挂拳，对基本功要求很严格，踢腿、下腰、压肩都需要长时间练习，这对初学者来说可能比较难。八极拳的要求不像燕青拳、劈挂拳，一开始就要撑筋，但是练到一定程度和水平就需要撑筋练习柔韧性，这对技术提高很有好处。这对八极拳来说也是传承上的优势。八极拳没有什么高难度的动作，比如说前靠（贴山靠），动作简单，但是很实用。

吴*学：从运动员的角度来说，这次来到郑州，我对比赛的印象是井井有条，赛事服务非常周到，什么事情都安排得非常好，不用我们运动员操什么心，只需配合志愿者、赛场工作人员、安保人员的安排就行了。整个参赛体验很不错，很合理。在比赛前减少了不必要的心理、身体上的消耗，这样我们就可以把心思全放在比赛上了。我是2016年开始练八极拳的。我觉得全国民族运动会的发展是符合社会发展需要的，我们高中生都知道，毛主席曾说过"欲文明其精神，先自野蛮其体魄"，我们民族武术就与这句话非常符合。包括我们民族武术在内的许多少数民族传统体育项目，以前有不少是鲜为人知的，现在通过比赛、直播、网络视频等可以更好地传播开来，让更多的人了解我们回族，还有满族、维吾尔族等民族还有这样富有特色的项目和文化。这对传播像八极拳等民族体育项目是有很大作用的。开幕式给我的感觉是非常震撼。比如说我们在入场的时候，很多其他民族的同胞向我们挥手、欢呼、鼓掌，让我体会到中华民族一家亲，我们56个民族是一家人的感觉，比如开幕式上有类似于人浪的欢呼，从体育场这边传到那边，完全是自发的、没有事先演练的，让人切实感受到一种真实的感染力。

我们参加全国民族运动会，更多的是代表集体。比如说我们河北队，我们穿上这身衣服，我就不叫吴*学，我就是河北队的一员。就像前几天参加在黄河边上举行的活动（民族大联欢），我们一起吃饭，吃完饭把餐盒规整了一下，志愿者看见了就说这就是素质，为河北代表团点赞。这就是我刚刚说的，我们代表的不是个人，而更多的是代表了一个集体。往大一点说，生在中国，作为中国人我就感觉很骄傲。如果能够在比赛中获奖，第一感觉是没有辜负这几年来的努力训练，能够把自己平时训练的东西在这么大的平台上展示出来已经很幸运了，因为这样的机会不是每个人都有的。不过我们来到这，首先不是为了拿什么奖，只要能够展现自我，展现我们回族，甚至是我们河北孟村，那我们就是成功的。完成了这样的目标才是我们此行最主要的目的，拿奖当然好，但那是次要的。就像其他民族的运动员一样，比如维吾尔族、藏族等，我们是代表这个民族来的，我们是代表河北省的，通过运动员的表现，向全国展示回族很优秀，河北很优秀。如果有机会代表国家，那我们就是代表我们中国。再说我们这个项目《八级雄风》，在赛场上给大家感觉很震撼，这个过程就是对八极拳的推广，也让大家对八极拳有了更多更好的认识。

关于比赛期间的互动，比如说我们河北队，保定市有个民族健身操的队伍，我们比赛前要踩场，踩场的时候他们在我们前面。9号我们比赛，那天我们准备出发，他们刚比完回来，我们就给他们加油，他们也给我们鼓劲，这是我们省内交流的例子。像和外省的运动员，大家认识之后，一起聊聊共同的话题，比如项目特色、民族文化之类，一起吃河南的烩面，这在我们那是吃不到的。有时我们也会向其他代表队介绍我们的八极拳，其他民族和代表队的也会和我们谈他们的项目和文化之类的。这次我们就认识了山东省代表团的运动员，互相留了联系方式。我觉得要通过打比赛认识更多志同道合的人，不仅仅是八极拳或者民族武术，对其他民族的项目也要有所了解，毕竟这样的机会比较难得。再说，我们回族人口较少，我们通过展示自己的东西，比如说礼拜帽，或者民族武术等，可以让更多的人可以了解我们，同时我们也可以了解其他民族的项目和文化。

张*兴：我练八极拳快两年了。本次比赛，我觉得给我留下最深刻的印象是大会处处体现民族团结，包括民族大联欢、开幕式、比赛期间的其他一些活动都有加强民族团结的作用。作为一名高中生，我觉得这个赛事使各民族一起交流，是一个很好的加强民族团结的方式。

我们努力在比赛中争光夺彩，是代表河北队的，就像吴*学说的，如果以后有机会代表国家的话，那更是我们的荣耀。我们会更加努力，将八极拳这个拳种练得更好，让更多的人看到我们的表演。昨天我们去给蒙古族的旋转秋千加油，他们就很高兴，感觉对他们很有帮助。这也是一种互动交流的方式。在其他场合，比如开幕式、民族大联欢，还有赛前适应场地，我们也会给其他民族、其他代表队加油、鼓掌、喝彩，他们肯定也一样会给我们队加油鼓劲。因为咱们这次运动会所有的节目都非常精彩，有时候你会忍不住去和其他代表队进行一些互动。我觉得只要进入比赛场地，大家就都是中国人，就没有什么民族之分了。

这次比赛的主题就是团结，在赛场内，大家表现的都是团结的东西，在细节中展现的很多也是团结的东西。而且，我感觉到的是真正的团结，是发自内心的团结。八极拳的门规中有这么一条，"不可隔岸观火，一方有难，八方支援"。不光是八极拳弟子要互帮互助，同时也要为社会、国家的发展作出应有的贡献。我们在赛场表演的时候背景音乐中有这么一段话："习八极拳要有忠肝义胆，以身做盾，舍身无我，临危当先的精神。"平时我们在习练的时候也没有人专门教这些，耳濡目染下，慢慢地也就把这些精神融入自己的生活中去了。

访谈笔记（二）

2019年9月15日14：30—15：30（农历八月十七），星期日，多云转晴

被访者刘*峰，浙江省丽水学院教师，一级篮球裁判，参加2019年第十一届全国民族运动会珍珠球项目裁判工作，以教练员、裁判员身份连续参加了六届全国民族运动会。笔者通过丽水学院董*利老师引荐认识了刘*峰老师，通过与刘*峰老师预约，在其没有执裁任务的时候在其下榻的宾馆完成了本次访谈。

访谈地点：郑州市中州国际酒店
访谈时长：44分钟

我前后参加了六届全国民族运动会。记得我是从1999年北京那一届开始参加的，那时候我是毽球队的教练。在老教师的带领下，我第一次靠着录像带和有限的材料，参加了全国民族运动会。1999年的那届，全国民族运动会比完了，紧接着是国庆游行，我们是要参加那个游行方阵

的，那一届比赛9月29日就结束了，我们是待到10月2日才回来。2003年我是珍珠球教练，2007年是射弩教练。2009年我到广州学习，发现发球技术革新了，高发球成为主流；还有就是器材的创新，比如毽球的鞋子，鞋头变得很宽，像鸭蹼，导致脚内侧二传技术逐渐向脚背二传变化。

我觉得国家举办全国民族运动会是非常明智的。从政治的角度来说，可以使各民族通过这个比赛和比赛期间的其他活动增加相互的了解，促进民族团结；从文化的角度来看，全国民族运动会上的项目都是我国各民族文化的瑰宝，通过体育赛事可以很好地把各民族的东西挖掘出来，传承下去，这对民族文化的保护具有积极作用。我个人认为，全国民族运动会是一个高规格的群众性运动会，是一个民间精英的大集合。虽然全国民族运动会也重视竞技，但这种竞技与奥运会、全运会还是有着较为明显的区别。进入后奥运时代，奖牌数不再是我们唯一的追求目标，而是向着大众体育、群众体育的方向发展。如果拿奥运会、全运会、民运会比较的话，奥运会更多的是向国际社会展现国家形象和实力，全运会则是奥运战略的练兵，但从2017年开始，全运会也出现了大众项目，表现出大众体育与竞技体育共同发展的趋势，民运会则将各民族的文化和体育项目定期集合在一起，为各民族的交流提供了很好的机会。这三个体育赛事对民族认同和国家认同都是有作用的，但是它们注重的内容，或者说是侧重点不同。

从赛事的角度来看，竞赛项目的裁判规则不是很完善，几乎每届都有改变，最近几届改变的幅度小一些。比如说珍珠球，原则上，持拍的人是不能越过得分线的，但是在实战中，我们的持拍人往往会越过得分线。按照要求，越过得分线是要判罚技术犯规的。但是我们裁判员在实战中，为了保持比赛的流畅性，只要没有导致持网人出现直接的、明显的不利，就不会判罚技术犯规，往往判罚出界或是违例。规则是这么规定的，但我们在执行时是具有灵活性的。这对临场的裁判员来说，他的裁量的尺度比较大，而裁量的尺度越大，往往导致临场的压力也会越大。这样对运动队的技术展现和战术发挥来说也会产生一定影响。还有一个是全国民族运动会的比赛不规律和赛事的稀缺，对裁判员来说会产生一定的生疏感，进一步影响裁判员的临场水平。

我个人认为全国民族运动会变化最大的是安保，安保是一届比一届严格。安保越来越重视，这是好事，但另一方面也导致运动员出门的自由度在一定程度上受限了，观众也更难进来了。第二个变化就是科技含量越来越高，特别是开幕式上，我相信闭幕式上也会出现更多的科技含量，民族大联欢越来越有实质性的内容。

访谈笔记（三）

2019年9月14日12：30—14：00（农历八月十六），星期一，阴

被访者陈*功，广西经贸职业技术学院教师，在读博士研究生，国家级田径裁判，参加2019年第十一届全国民族运动会高脚竞速与板鞋竞速的裁判工作。笔者是通过郭*霞博士引荐，获得陈*功老师的联系方式，事先与陈*功老师预约，在其工作间隙完成了访谈。

访谈地点：河南工业大学莲花街校区图书馆

访谈时长：62分钟

据我了解，除了毽球和龙舟有专门的裁判，其他项目的裁判是临时抽调来的。比如说抢花炮裁判主要是足球裁判，珍珠球裁判主要是篮球裁判，高脚竞速和板鞋竞速的裁判则主要是田径裁判。我来了十来天了，总体来说，全国民族运动会的规格不比全国运动会、青年运动会低，包括赛事组织、安保、接待工作等，都做得非常好。郑州也是举全市之力，保障赛事的顺利圆满举行。

与前几届开幕式相比，这一届全国民族运动会开幕式投入比较大。比如说，我亲历的或者通过视频看到的，从2007年的广州全国民族运动会（第八届）到2011年的贵州全国民族运动会（第九届），再到2015年的鄂尔多斯全国民族运动会（第十届），每一届大会开幕式的规格都是比较高的。另外，从出席开幕式的领导也可以看出，全国民族运动会

的规格是非常高的。2019年第十一届全国民族运动会出席的最高领导是全国政协主席汪洋同志，之前的几届也都有国家重要领导出席，例如第十届大会出席开幕式的是国务院副总理刘延东、全国政协副主席王正伟，第九届是国务院副总理回良玉。从这里就可以看出从国家层面是非常重视全国民族运动会的。还有就是，你可以查询一下，前面几届还有领导题词的，我记得李铁映等领导题过词、做过重要讲话等。

从民族团结这一块来讲，我原来也做过这方面的研究，主要关注民族传统体育和民族政策。从政策这条线梳理，从新民主主义革命时期，抗日战争、解放战争时期，斯大林、列宁、毛主席等对民族思想、民族工作就做过重要论述，同时中国共产党在新中国成立前也制定了很多民族政策。回到全国民族运动会上，从1953年的第一届到1982年的第二届，因历史原因中间断了很多年，其间包括毛主席等党和国家领导人很重视民族团结，这也是后来把1953年认定为首届全国民族运动会的原因之一。全国民族运动会的最主要的作用就是要把各民族的风采、文化、传统以体育的形式呈现出来。现在很多民族的传统生活方式渐渐地发生了改变，有些民族特有的文化慢慢地消失了。像我们广西这种现象比较严重。为了保持各民族本民族的文化和性格，或者说是民族特征也好，国家应当给予他们展示自己的舞台和展示本民族特色的机会，全国民族运动会就是这样的舞台。国家通过体育的形式，将属于各民族特有的文化、特色的舞蹈、与众不同的音乐保留下来，并进行展示。从这角度上说，这也是国家对保护多元文化的努力。就像我们今天谈的民族认同、国家认同，让壮族同胞在类似于全国民族运动会的舞台上向全国人民展示自己民族的东西，对他们来说肯定具有积极作用。

从开幕式上来讲，第一篇章展现的都是各民族的大团结、欣欣向荣的繁荣景象。各个民族都有专门的入场和驻停表演。开幕式强化了各民族对党的政策和国家的认同，同时也通过媒介向全世界展现了我国56个民族的团结、社会的稳定、国家的繁荣昌盛。包括我亲身体验的2015年在鄂尔多斯举办的第十届大会的开幕式以及2009年在贵州举办的第九届大会的开幕式，同样也是凸显了多民族的文化特色，展现了规模宏大的景象，将56个民族特色的东西全展现出来了，特别令人震撼。所以说，从我们今天所谈论的主题来说，开幕式和闭幕式是很有必要的。

河南人民平时也没有机会近距离地感受不同民族的文化和风采，通过2019年的赛事，除了现场之外，可能还有半数的市民会在家里观看开幕式。像你们安徽也很少有这样的机会。全国民族运动会的规模在不断扩大，项目也越来越齐全，越来越正规。这是符合我们现在的国家需要和文化需求的。当然，全国民族运动会也存在着很多问题，从比赛性质来讲，每个省都要参加，但是有些省少数民族很少，就会滋生不同地区的运动员的交流问题。比如我们广西抢花炮、板鞋竞速有好几个队，都很有实力。但是广西只能派一个队，那么另外的队伍是不是能够交流到其他兄弟省，代表其他省参加比赛。当然，这个问题也要一分为二地看，它也可以促进不同地区、不同民族、不同项目的交流。

总体来说，作为体育人，我认为全国民族运动会是要大力发展的，不光是保护民族文化多样性，也是展示各民族的大平台。从政策保障、财力支持来说，也是国家层面的统筹安排，也可以看出国家层面对民族工作的重视，这对民族认同和国家认同的一致性肯定有积极作用。这么说吧，全国民族运动会和奥运会、全国运动会是一样的，都是四年一届；赛事体系也是相同的，都是从塔基到塔尖的形式，比如我们广西，在参加全国赛之前，有省级层面的赛事；赛事项目也是尽量对应国家级赛事项目设立的，省级以下还有低级别的赛事，这样就形成了赛事链，这在其他省份也是差不多的情况。在这样的赛事体系的引导下，参与的人、影响的面、观看的人都会产生几何式的增长，那么它的影响力就大了，当然这种影响力目前很难用定量的方式去论证。从我的亲身感受来说，比如柳州的抢花炮，一个村常年地坚持练习抢花炮，汉族、侗族、瑶族都有队伍，通过常年的练习形成良性循环，吸引游客、参加比赛、形成特色。还有很多项目进入学校，比如河池学院就有板鞋竞速，本次比赛广西板鞋竞速队都是河池学院出去的；广西科技师范学院的板鞋竞速队整体交流到广东代表广东参赛。他们都是通过常年抓一批体育专业的少数民族学生进行板鞋竞速训练，这样就形成了我刚刚说的塔基，这样的基底甚至可以扎根于村级层面。从这个角度去考虑，从塔基到塔尖的体系，影响力就会很大。这样就会有更多的人有机会了解板鞋竞速、抢花炮的历史，例如板鞋竞速是怎么来的，它是瓦氏夫人在带兵抗击倭寇时，为了保持士兵的步调一致而设计的，最后演变为现在的板鞋运动。那么，内蕴其中的文化价值就会起作用，这样的过程在凸显壮族的文化特征和民族特色的同时，对于民族认同、国家认同的作用是不言而喻的。其他民族肯定存在和我们广西板鞋竞速、抢花炮类似的情况，比如贵州独竹漂，很厉害，通过一根竹子就可以过河。据我所知，红军在过赤水河的时候还通过当地的老百姓用独竹漂过河做侦察，当然那时候可能不叫独竹漂。对了，除了这样的结合之外，我认为体育旅游或者说是旅游体育是个很好的方式，将民族的东西融入旅游中，对民族认同、国家认同具有重要作用；还有福建，比如宋江阵、畲族武术也有类似的作用，只不过现在挖掘得深浅不一，有的做得好，有的还处于起步阶段。

说到举办或者是承办全国民族运动会，我记得1999年第六届大会，北京承办的，西藏也想承办，最后折中一下，在西藏拉萨设立了分会场。我们知道现在很多大型赛事取消了，原来有农民运动会、城市运动会等，现在都已经慢慢取消了或者慢慢合并了。现在的全国性赛事主要包括全国运动会、全国民族运动会还有全国青年运动会等。据我了解，很多城市有意向承办大型体育赛事。主要原因包括：其一，国家财政会对承办省、市给予很大的财力支持，包括财政部、国家民委、国家体育总局都会给予支持。其二，承办像全国民族运动会这样的大型赛事，在赛事筹备期国家民委、国家体育总局等筹备组委会的领导、专家都会对承办城市进行考察，对交通、市容等都会有明确的要求。那么对郑州来说，城市交通和基础设施都会进行升级、改造甚至是新建，如果没有赛事的驱动，那么国家的财力也就不会倾斜照顾。比如，这次主会场郑州奥体中心的建设，资金一到位，很快就建好了。其三，成功举办大型赛事对提升城市形象、树立城市品牌具有积极意义。比如说这次郑州办得很好，各省代表、各族同胞一起来了，再加上媒体的报道，对郑州来说是一次很好的曝光机会。此外，对很多运动员来说，可能第一次来到祖国的腹地，借着参加比赛的机会，可以直接感受郑州的风土人情，比如到少林寺转一转，到黄河边走一走。这对各民族、各地区的交流来说，就很有意义。

三、历届赛事简况

表2　1953—2019年全国民族运动会简况①

届 次	承办地	竞赛项目（大项/小项）	表演项目（项）	参赛运动员（人）
第一届（1953）	天津	5/24	375	410
第二届（1982）	内蒙古呼和浩特	2/16	68	593
第三届（1986）	新疆乌鲁木齐	7/28	115	777
第四届（1991）	广西南宁	9/34	120	1530
第五届（1995）	云南昆明	11/62	130	2342
第六届（1999）	北京、拉萨	14/93	154	2626
第七届（2003）	宁夏银川	14/93	125	3799
第八届（2007）	广东广州	15/123	147	4735
第九届（2011）	贵州贵阳	16/129	185	5221
第十届（2015）	内蒙古鄂尔多斯	17/133	178	6239
第十一届（2019）	河南郑州	17/138	185	7009

① 数据来源正文中均有注明。

四、历届竞赛项目

表3　1953—2019年历届大会竞赛项目汇总

届　次	竞赛项目
第一届（5大项/24小项）	举重（杠铃和石锁）①、拳击、步射、摔跤、击剑
第二届（2大项/16小项）	中国式摔跤、射箭
第三届（7大项/28小项）	叼羊、抢花炮、秋千、射弩、摔跤、射箭、速度赛马
第四届（9大项/34小项）	抢花炮、木球、龙舟、珍珠球、秋千、射弩、民族式摔跤、武术、速度赛马（呼和浩特）②
第五届（11大项/62小项）	抢花炮、木球、毽球、珍珠球、秋千、射弩、民族式摔跤、武术、陀螺、龙舟、马上项目

① 部分学者在公开发表的论文中表述第一届大会的竞赛项目为5项，部分公开发表文章则认为是6项，笔者在调研史料的过程中发现，在1954年3月由人民体育出版社发行出版的《一九五三年的五次全国运动会》中，将杠铃举重和石锁举重合并为举重一项，这应该是第一届大会竞赛项目出现分歧的源头。

② 据第四届全国少数民族传统体育运动会秩序册第2页和《第四届全国少数民族传统体育运动会文件汇编》第4页，明确记载了呼和浩特分赛场马上项目和表演项目的具体日程，马上项目于1991年8月委托内蒙古自治区人民政府承办。这是全国民族运动会首次设立分赛区，迄今共有1991年、1996年、2019年三届大会设立分赛区。

续 表

届次	竞赛项目
第六届（14大项/93小项）	抢花炮、木球、毽球、珍珠球、秋千、民族式摔跤、武术、蹴球、龙舟、马上项目、马术（拉萨）、陀螺（拉萨）、射弩（拉萨）、押加（拉萨）①
第七届（14大项/93小项）	抢花炮、木球、毽球、珍珠球、秋千、民族式摔跤、武术、蹴球、龙舟、马术、射弩、押加、陀螺、高脚竞速
第八届（15大项/123小项）	抢花炮、木球、毽球、珍珠球、秋千、民族式摔跤、武术、蹴球、龙舟、马术、射弩、陀螺、押加、高脚竞速、板鞋竞速
第九届（16大项/129小项）	抢花炮、木球、毽球、珍珠球、秋千、蹴球、民族式摔跤、武术、龙舟、马术、射弩、陀螺、押加、高脚竞速、板鞋竞速、独竹漂
第十届（17大项/133小项）	抢花炮、木球、民族健身操、毽球、珍珠球、秋千、蹴球、民族式摔跤、民族武术、龙舟、马术、射弩、陀螺、押加、高脚竞速、板鞋竞速、独竹漂
第十一届（17大项/138小项）	抢花炮、木球、民族健身操、毽球、珍珠球、秋千、蹴球、民族式摔跤、民族武术、龙舟、射弩、陀螺、押加、高脚竞速、板鞋竞速、独竹漂、马术（呼和浩特）

① 公开发表的学术论文、发行的著作多认为第六届全国民族运动会的竞赛项目为13项，将北京赛区和拉萨赛区的马上项目归为一项。笔者认为不应当把两个赛区的马上项目简单地归为一项。原因如下：(1)据史料记载，第六届全国民族运动会秩序册第6页北京赛区马上项目的竞赛规程规定，比赛马匹经大会检验合格并批准使用，同时大会秩序册第8页明确规定分赛场拉萨的马上项目马匹由大会统一提供，两者竞赛马匹的来源不同；(2)北京赛区和拉萨赛区的马上项目速度赛马、走马的距离也不一样，其中北京赛区的速度赛马包括900米、2000米、3200米、5000米、9800米，拉萨赛区的速度赛马则包括1000米、2000米、3000米、5000米，北京赛区的走马包括900米、2000米、5000米，拉萨赛区的走马包括1000米、2000米、3000米；(3)根据第六届大会的成绩册，两个赛区的马上项目获奖人员不一样，并分别对获奖运动员颁发相应奖项(见附录十三)。故笔者认为虽同为马上项目，但两个赛区的马上项目不宜进行简单的合并，从赛事的严谨性和规范性角度考虑应当进行区分。

五、历届表演项目

表4 1953—2019年历届大会表演项目汇总

举办时间/届	表演项目
1953年 第一届 (计375小项)①	特约表演项目(10项):狮子舞、剑舞、马舞、国际击剑、沙袋球、中国杂技团表演、剑术、马球表演、蒙古式摔跤表演 民间体育表演:(21项)葫芦笙舞、踩绳、调吊、弹丸表演、矛盾对打、飞叉、跳板、舞大刀、大铁刀、扯旗、单杠、爬竿、团体武绳、布鲁投远、象脚鼓舞、皮条、马叉、舞石担、马舞、童子功表演、沙袋 马术表演:(9项)马舞步、乘马斩劈表演、乘马障碍表演、轻乘表演比赛、乘马障碍超越表演、轻乘表演、一千六百公尺轻骑表演、女子一百二百公尺轻骑表演、马球表演比赛

---

① 据笔者于2020年10月收集的《1953全国民族形式体育表演及竞赛大会》中关于特约表演项目、民间体育表演、马术表演、武术表演日程表的记载,其中表演从1953年11月8日上午开始,到11月12日上午结束;特约表演10项,民间体育表演21项,马术表演9项,武术表演330项,其中有很多项目是重复的。例如,徒手套路和器械套路表演是重复的。所以,此表统计的徒手套路和器械套路总数并没有达到330项;其中武术套路81项,器械套路148项。附录五表演项目的资料来源于笔者对2020年9月—12月间收集的文献材料整理归类汇总而来。

举办时间/届	表演项目
1953年 第一届 （计375小项）	武术表演（330项）： 徒手套路表演：醉汉擒猴、八仙斗白猿、猴拳对打、醉八仙、醉拳、黑虎拳、燕行拳、八极拳、太极推手、擒拿对打、八卦拳、八卦掌、梅花拳、五禽拳、大红拳、花拳、雪花拳、鸳鸯拳、二路红拳、形意拳、翻拳、劈挂拳、三路飞脚、奇势拳、六合拳、炮拳、功力拳、四门拳、四路华拳、对拳、华拳式、翻子拳、二趟翻拳、练步拳、二掌母子、大练步拳、连环腿、绵拳、开路拳、三路华拳、奇拳、四平拳、臂腿连拳、太极拳、二趟太极拳、五行太极拳、五路查拳、查拳、四路查拳、太祖拳、罗汉拳、燕青拳、武松脱拷、罗汉四路拳、三皇炮拳、韦陀拳、弥祖拳、二郎拳、少林拳、少林红拳、通臂拳、少林五角步、太山拳、团体拳、八仙拳、螳螂拳、鸭形拳、白虎拳、青龙出海拳、猴行拳、白猿拳、行者单拳、豹拳、指武拳、铁九拳、钢拳、小护掩、大字拳、单拳、岔拳、八门心子 器械套路表演：龙凤双剑、青龙双剑、双剑、飞凤双剑、梅花双剑、流星锤、春秋刀、春秋大刀、春秋十八手大刀、大刀、四门大刀、龙锤、线锤、炮锤、霸王锤、小字棍、鸿雁铲、燕翅镗、日月方便铲、方便铲、大铁锹、团体单刀、子午棍、黄金棍、空手夺枪、空手夺刀、空手夺三节棍、大刀群枪、天七棍、对打鞭杆、武当剑、龙形剑、蟠龙剑、龙凤剑、龙凤单剑、行龙剑、七星剑、紫云剑、蟠子剑、八仙剑、提袍剑、椊林剑、太极剑、太极二路剑、玄武剑、玄门剑、峨眉剑、八仙棍、黄荆棍、单棍、五手棍、醉打三门棍、三节棍进枪、三合剑对刺、刺剑、对剑、对刺剑、单刀进枪、双刀进枪、双手带进枪、子云剑、昆吾剑、七门十三剑、六合剑、纯阳剑、行者棒、猿猴棍、燕青棍、红毛桃刀、八卦撒手刀、荷叶刀、步下刀、梅花刀、新形刀、八卦刀、八卦单刀、拔步单刀、步伐刀、二龙刀、六合刀、如燕刀、单刀、六合单刀、八根才刀、八面金刀、通臂刀、拐子进枪、奇形剑、天罡剑、单剑、判剑、子午剑、自然剑、醉棍、八虎棍、少林棍、六合棍、三节棍、罗汉棍、滚趟单刀、滚趟双刀、地趟双刀、八卦双刀、少林双刀、大圣鞭、陆战鞭、单鞭、虎头鞭、太师鞭、七节鞭、九节鞭、连环鞭、定堂鞭、刀里加鞭、连环双刀、六合双刀、双刀、梅花双刀、反手双刀、万胜双刀、九龙刀、峨眉刀、花刀、四门单刀、二十四式单刀、六合枪、六合戟、梅花枪、锁口枪、护手双钩、护手钩、判官笔、殿章双钩、双拐、行钩、双钩、葵花枪、哪吒枪、五虎断门枪、双枪、锁喉枪、子龙枪、花枪、峨眉刺、十八式枪、少林枪、高家枪、断门枪

续　表

举办时间/届	表演项目
1982年 第二届 (计102小项，其中合并后进行展演的为68项)[1]	背篓球、竿球、打尺寸、俄多、格吞、犇牛、跳火绳、蹲斗、推杆、大象拔河、放风筝、秋千、跳板、碧秀、飞马拾银、叼羊、姑娘追、达瓦孜、沙哈尔地、木球、布鲁、打扁担、投绣球、打磨秋、爬坡竿、舞狮、抢花炮、跳芦笙、打陀螺、打铜鼓、跳鼓、打飞棒、哆键、长鼓、射弩、滚芦笙唢呐、霸王鞭、斗牛、波依阔、踢键、内蒙古马术、东巴跳、丢花包、跳竹竿、芦笙拳、芦笙技巧、打花棍、舞铃铛、打猎操、打花鼓、北嘎、朝鲜族摔跤、蒙古式摔跤、彝族哈尼族摔跤、哈萨克族摔跤、查拳、少林拳、洪拳、螳螂拳、六和形意拳、苗拳、罗汉拳、形意拳、勇战拳、四十八式太极拳、穆林拳、八极拳、长拳、自选拳、翻子拳、劈挂、鸡形拳、追风刀、双刀、刀术、大刀、朴刀、样刀、滚堂刀、自选刀、苗刀、柴刀镰刀、剑术、九宫剑、通劈小剑、枪术、五虎缠丝枪、六合枪大枪、棍术、教门条子棍、五尺行者棍、自选棍、苗棍、梢子棍、对练、九节鞭、鹰把单鞭、双锤、炮锤、双钩、月牙铲、档耙

---

① 据笔者于2020年10月收集的《1982全国少数民族传统体育运动会表演项目介绍》记载，大会共计102项表演项目；而课题组调研的绝大多数文献、著作中所表述的是1982年全国民族运动会的表演项目为68项。例如：2017年由中国少数民族传统体育大全编委会编撰，辽宁民族出版社出版的《中国少数民族传统体育大全(上、下卷)》；2020年内蒙古师范大学侯国亮撰写的硕士论文《新中国成立70年以来全国少数民族传统体育运动会发展历程的研究》均明确表述第二届全国民族运动会的表演项目为68项，与1953年的大会相比不同的是，1982年大会表演项目介绍中的102项表演项目并没有项目名称完全一致的现象出现，经与调研专家探讨综合分析认为是进行了项目合并，最终形成了最具代表性的68项表演项目。

举办时间/届	表演项目
1986年 第三届 （计193小项， 其中合并后进 行展演的为 115项）①	女子单狮上金山、男子双狮上金山、同填、瑶拳、投绣球、象步虎掌、同拼、单狮、打磨秋、拉鼓、推竹杠、童狮、板凳龙、采风车、关刀、爬坡竿、打扁担、高空舞狮、马球、火球、蒙古式摔跤、赛骆驼、两枪术、通臂拳、自选长拳、双匕首、初级拳、炮捶拳、木球、马术、碧秀、吉韧、西藏风筝、赛马、射弩、射箭、打木鼓综合表演、阿细跳月、打陀螺、戛光和木脑纵戈综合表演、跳芦笙滚唢呐、打大鼓、轮子秋、乘马点火枪、打麻扎、打缸、民间射箭、八仙棍、木鼓、芦笙芒筒、芦笙刀、芦笙技、板凳操、打猴鼓、四面鼓、铁链械、甩糠包、铜鼓舞、打篾鸡蛋、跳竹竿、查拳、螳螂拳、洪拳、查枪、九节鞭、双戟、双钩、穿林剑、大棍、齐眉棍、三节棍、梢子棍、对练、踢毽子、鹰爪拳、长穗单剑、八极拳、罗汉拳、长拳、枪术、心意拳、八卦拳、杨氏太极拳、秘宗拳、醉拳、大刀、地躺棍、日月轮、二路查钩、青龙双剑、双鞭、小梢子棍、拐杖、拂尘剑、心意排扎、对刺剑、举刀拉弓、风筝、花毽、俄多、格吞、犇牛、蹲斗、磨尔秋、狩猎、跳板、大象拔河、卡格跤、塔石纳特、达日斗来、蹬棍、拔腰、翚扳颈、采珍珠、赛威呼、雪地走、双飞舞跑、顶罐走、中幡技巧、踩跳、三趟带对练、五指刀、盘龙三节棍、青龙拳、自法拳、九华山岔拳、东乡拳、雄剑、五虎刀、单刀进枪、朝鲜式摔跤、二贵摔跤、穆民拳、月牙铲、八卦剑、六合刀、三路查拳、石锁、六合掌、心意六合拳、心意大刀、形意八势、形意四把、虎头双钩、排打功、样刀、堆人山、摔牛、肚顶棍、推八字马步、手顶棍、撒尔嗬、花棍、摇旱船、塔撑腰、扁担劲、滚龙莲箫、跳红灯、肉连响、玩石锁、高脚马、跳鼓、木棒球、哆毽、打禾鸡、打飞棒、射击、撒网、龙尊、牛尊、对棍、畲家拳、打尺寸、舞龙头、舞龙、竿球、竹摔、背篓球、射猎、达瓦孜、帕卜孜、赛走马、赛骆驼、射箭、姑娘追、马上拾银、恰克皮来克、击木、八门拳、天齐棍、红拳、鞭杆、十三太保桩功

① 大会新闻宣传组.第三届全国少数民族传统体育运动会代表团和项目简介[Z].内部资料,1986:8.注:2020年10月笔者收集。据笔者收集的《第三届全国少数民族传统体育运动会代表团和项目简介》记载,表演项目共计193项,在课题组调研的文献、著作、论文中大多数表述为115项。

续　表

举办时间/届	表演项目
1991年 第四届 （共计120项）①	撒尔嗬、打枪担、老巴斗、童狮梅花桩、西容仲孜、板鞋竞技、赛船、霸王鞭、跳板、芦笙长鼓舞、热巴、猴子抢蛋、找对手、跳八音、双狮上金山、花毽、押加、滚灯、猴儿鼓、打扁担、舞龙头、二贵摔跤、大象拔河睪板筋、踩桥、长鼓、三雄夺魁、跳竹竿、狮子上刀山、打禾鸡、抄杠、巴山舞、滚山珠、木脑纵戈、打榔、互射、板凳龙、哆毽、打长鼓、背篓球、硬气功、芦笙芒筒、拔腰带、萨满、女子单狮上金山、踏脚、舞长鼓、发电气功、跳竹杠、虎抓羊、捕绳尾、夏光、格吞、夹包赛、芦笙武术、滚山珠、稳凳、芦笙拉鼓、巴山舞、雪地走、顶罐走、抢粽粑、钱铃双刀、叉草球、斗牛训技、石锁、打红棍、铓鼓刀、双飞舞跑、竹摔、排打功、投绣球、跳大三弦、八宝铜铃锤、双狮滚球、狮子过天桥、打歌、反排木鼓舞、柔连响、打花棍、耍砘子、同顶、竿球、击石球、爬坡杆、高脚马、推竿、狩猎球、跷旱船、高脚球、鹰和鸡、跳木鼓、打磨秋、凼报、跳卡洛、花样大刀、踩跳、刀尖狮技、跳火绳、跳鼓、踩竹马、踩风车、达瓦孜、驯牛、风筝、打陀螺、摔牛、打尺寸、布鲁、碧秀、皮筏、爬滑杆、抢鸭子、奔马射弩、奔马拾花篮、在奔驰的马背上、叼羊、马上角力、马上技巧、马上篮球、赛骆驼

---

① 资料来源：1991年全国第四届少数民族传统体育运动会秩序册。

续 表

举办时间/届	表演项目
1995年 第五届 (共计130项)①	单人双马(内蒙古)、单人单马(内蒙古)、单人双马(西藏)、单人单马(西藏)、达瓦孜、多人多马、马上仰背、民族威风锣鼓、马上敬酒、跳板、阿细跳月、双人双马(西藏)、双人双马(内蒙古)、金狮雄风、上刀杆、女子单狮上金山、抢花灯、花样刀蹲、稳凳、篾弹弓、跳竹竿、石锁、磨秋、功夫拳、马上倒挂、乘马射击、马上角力、阿朋阿龙妮、赛骆驼、上刀梯、过溜索、云南武术、滚灯、竹铃球、顶杆、轮子秋、二贵摔跤、三人布龙、高跷跳竹杆、公鸡啄架、打枪担、板凳龙、倒爬竿、霸王鞭、踏脚、掷沙袋、夹包、帽技、抄竿、健花飞舞、摔牛、摔跤、马背上的格桑雅、卓拉、滚山珠、三人穿板鞋竞技、刀尖狮技、跳火绳、整光幻、抢钥匙、拉滑车、跳鼓、古庙新春、牦牛竞赛、拔腰带、跳骆驼、赛木鼓、跳把式、竿球、独轮车、跳龙门、狮子过天桥、高台舞狮、赶羊跑、六盘鞭杆、花鼓舞、武功绝技、花剑、民族团结接力、布鲁、景颇刀术、三雄夺魁、竹摔、长鼓舞、挫石球、柔连响、狩猎、抖皮条、鼓子秧歌、回族民间串铃操、热巴人、吉韧、舞龙头、热巴、抢花包、猴儿鼓、拔葫芦笑酒、滑竹、双儿布库、赶马攻城、滚铁环50×4接力、康巴旋律、踏脚、滚铁环100米竞赛、大象拔河、绕旱船、阿谐、滚铁环100米障碍、顶竹竿、嘎卓神鞭、查拳、夺腰刀、嘉绒狮舞、打鞋、赛威呼、打尺寸、闹金秋、冬猎、斗兽护羊、舞麻龙、响箭、水上皮筏、滚龙连霄、蹬窝乐、整敏、依马哈卓布固、风筝、背篓球、剽牛、女子搏克

---

① 中国少数民族传统体育大全编委会.中国少数民族传统体育大全[M].沈阳:辽宁民族出版社,2017:1451-1453.注:关于第五届全国民族运动会表演项目,不同的文献表述多有不同,例如:《中国少数民族传统体育大全(下卷)》第1237页记载是129项,同时在1451—1453页记载获奖的表演项目共130项(包括具体信息,如民族、节目名称等);2020年内蒙古师范大学侯国亮撰写的硕士论文《新中国成立70年以来全国少数民族传统体育运动会发展历程的研究》认为是129项。笔者收集的《中华人民共和国第五届少数民族传统体育运动会成绩册》第61—63页记载获奖的表演项目为130项,并有明确的参赛单位、项目名称、民族,因此笔者综合考虑在本书中采用《中华人民共和国第五届少数民族传统体育运动会成绩册》中记载的130项的表述。

举办时间/届	表演项目
1999年 第六届 （共计154项）	赛骆驼、马上斩劈、马上拾花篮、单人单马、多人多马、女子搏克、挡木轮、狩猎、民族风筝、跳板、抖皮条、拧缸、拉滑车、鼓子秧歌、春秋朴刀、踏脚、中国功夫、集体武术表演、达瓦孜、轮子秋、马上角力、夺腰刀、羊响板、拔棍、西夏王刀、独木舟、牛皮筏子、抢鸭子、丰收苗鼓、竹铃球、舞龙头、猎捕、稳凳、喇叭球、跳竹鼓、打枪担、马自灯、杠、诺苏马马灯、高脚马球、吹枪、甩银袍、娶亲乐、弄笼、跳竹竿、爬花杆、盛开的索玛、抄杠、跳三桩、重刀劈四门、磨担秋、雀哈雅米、弓刀舞、三人板鞋接力、景颇刀舞、石锁、黄河鼓韵、赶狗归窝、民族团结健身操、山地欢歌、竿球、狮子巧夺梅花桩、弹弓抢宝、抵杠、斗牛（广西）、斗牛（贵州）、旋、竹球、积打哈、舞麻龙、推铁环、高脚马、芒蒿、肉莲花、雄踞一方、傣雅银铃操、板凳龙、僚球、中幡、赛威呼、美好的日子、鹰和鸡、山海蓝调、踩跳、运石锁、花样跳绳、杠箱、苗岭软棒、蹦蹦跳跳、马上献哈达、赛牦牛、响箭、抱石头、风筝、象帽操、民族接力、五子棋、花毽（北京）、花毽（北京）、中幡（北京）、花毽（天津）、攀藤、吉韧、鹿毛球、鞭术、卓姐东、扁担术、投绣球、粑棒乐、刀沙沙、海斯戈、少年与花鼓、塞上穆林扇、集体刀术、顶杠子、八排刀韵、斗脚、打伞球、花棍舞、抛陀螺、牧羊鞭、腹顶棍、赛竹卜、挤油尖、三雄夺魁、羌家推拉扭、尕加与俄多、狩山、抢枢、绫球、滚铁环、跃鞠、天地球、得栲、旗球、斗凿、雪地走、爬花竿、飞叉、石墩刀铲、春秋朴刀、狮子勇攀十八罗汉桩、推铁环、月牙铲、欢乐的牧民、掷沙袋、海之花、伐竹乐、推花砖、摆手韵律操、月牙翼齿铛、杠箱、夹包、跳竹舞
2003年 第七届 （共计125项）	赛簸箕、叼羊、抢袖子、大刀舞风华、赛驼、叉草球、倒爬楼梯、打瓦、杜烈其、格畅堵、抵杠、狩猎、扎西巴鲁、棉花球、中幡、十字稳凳、花样跳绳（北京）、马上技巧、凤舞龙、达瓦孜、小木匠走梁、采月亮、马术、花样跳绳（陕西）、牧童鞭杆、石锁、二贵摔跤、跳板、佤勐格、裕固独韵、民族舞韵、彩镯响、鞭鼓操、团体武术、生命乐章、布依族竹鼓操、嬉鼓、红披毡韵律操、滚龙莲湘、卡不隆、艾达配、热热沙、曹州神鞭、陈式太极扇、少儿花鼓、打枪弹、跳竹竿、摆手操、狮子舞、女子高跷舞龙、莲花十八响、嘟哒哒、马革球、竹马球、打凤梆、竹铃球、响箭、竞技跳绳、闹秋、蹴石磙、拉滑车、竹连球、板鞋接力、长街宴、高台舞狮、马上角力、踏脚、铁扇神韵、抢喜酒、旗人鼓、牧羊鞭、抛陀螺、象帽舞、赛光、西夏王刀、津门回族大刀、挤油、打浪桥、塞上穆林扇、黄杨扁担、抱石头、抢头巾、赛竹卜、竹筒操、霸王鞭、姑娘追、阿瑟忠乞、花棍乐、夺腰刀、海洋的律动、轮子秋、西夏五行旗、绫球、葫芦球、抢新娘、吹枪、腹顶棍、铁环、尤茨、夹包、抗拐夺龙珠、赛威呼、抄杠、脚马球、擒牛、花毽（天津）、神龙绝技、争流、花毽（北京）、竿球、沙袋、侗族勾林、何家棍、瑶族长鼓、拔棍、弦鼓乐、铃刀操、五寸双刀、舞龙头、康迪丽扎、滚灯、顶杠子、拔腰、锅庄健身操、吉祥

举办时间/届	表演项目
2007年 第八届 （共计148项）	沙哈尔地、彝族乌蒙铃、团体武术、畲武神韵、侗族摔跤、满载而归、花样跳绳、乌蒙鼓、武艺俊彩、木屐、色邛则莫、鱼尾剑、牧童鞭、尔玛古热、踏脚、猎捕舞、跳竹竿、打枪担、八宝铜铃、东乡族拔棍、少年皮筋操、红棉雪莲、金秀瑶族黄泥鼓、布依铁链械、朝鲜族艺术体操、跳动的夕阳鼓、马灯、肉莲响、水上羊皮筏子表演、安代健身操(内蒙古综合类)、秋千下的传说、黎族节日、民族独竹漂、达瓦孜、赤脚斜走大刀、中幡、簸箕宴、抖空竹(河南)、花毽(广东)、马上技巧(内蒙古)、土族轮子秋、马上技巧(西藏)、苗族芦笙技巧、陕西花样跳绳、绳趣、二贵摔跤、跳板、抖空竹(陕西)、叼羊、仡佬族篾鸡蛋、赛驼、竹铃球、抢绣球、庆丰竹幡、跳箩筐、蹴石磉、挑花萝、桐子镖、赛花、摔马跤、跳弦、西部飞扬、瑶山欢歌、民族健身操(青海)、南岭瑶风、羌山肩铃操、骏马奔腾、器械健身操、民族健身操(河北)、高山·杵、热巴鼓韵、天门摆韵、动感韵律、裕固族健身操、民族健身操(西藏)、民族健身操(山西)、歌络、嘎诺傣、滚蹢脚、太阳姑娘、奴根任、活力瑶情、瑶山人龙、康巴格吞、扦担尖尖呀打呀、中国弹弓术、银河耍水、阿贵斗牛、木兰萨满舞、保安族夺腰刀、鼓子秧歌、土家族茅古斯猎、美丽的帕米尔、卡不隆、水族冥炅、西夏拍鼓、津武英豪、丢沙包、新舞飞扬、裕固族顶杠子、草原风、抛泥球、欢、竹表演、石锁表演、唢呐闹灯、打陀螺、绝技之花、马上角力、高脚马团体操、彝寨飞鹰、枪尖上的舞蹈、稳凳、回族飞毽、花毽(北京)、小鸡啄米、抱石头、滚草墩、天地球、春新米、赶野猪、响箭、杜烈其、抄杠、魅力鄂尔多斯、筷子健身操、反排苗鼓木鼓健身操、阿嘎、动感黎山、畲族健身操(福建)、畲族健身操(浙江)、民族健身操(北京)、春的韵律、新疆健身操、舞火狗、武术表演、阿美仙风、美丽的花环、台湾少数民族介绍、华佗五禽戏、秀山花灯、凤凰抢蛋、男女狩猎、竹马球、巴山舞、土家摆手操、滨河回乡韵、安代健身操(内蒙古健身操类)

举办时间/届	表演项目
2011年 第九届 （共计185项）	嘧哒鲁、颂北、编走编跳、叼羊、拓苟、朝鲜族跳板、赶牛、赛席欢、满族弹弓术、瑶族长鼓、闪溜嘎儿、打松球、俄尔杜、谷斯伴、赛秧乐、石磉竞技、高脚对抗、达瓦孜、马术表演、锁舞天下、珍珠柔力球、马上技巧、二贵摔跤、沙哈尔地、独竹漂、飞叉、神话·白族绳技、晨厦竹趣、抖空竹、毽绳飞舞、花样跳绳、回族舞狮、布鲁斯基光古辘撒铛基、蒙待央、土族轮子秋、槟榔树上的小伙子、欢乐茶山、八人秋、打歌、中华武魂、阿尺目刮斗嘎来、少林雄风、跳铃、新疆民族健身操(徒手)、波嗨咚、竹铃响、高脚茅古斯、舞动北狮、提篮簸箕响起来、新疆民族健身操(器械)、椰壳声声、彝苗一家亲·跳踏凳、丰收·阿乐俄、藏东热巴、舞奕方棋、跳动的节奏、尧乡鼓娃、担关、两岸一家亲、壮族而风情舞蹈(迎亲路上)、舞龙、瑶族舞蹈(盖新屋)、武动的响板、花腰摆、竹响畲山、开荒乐、踏脚、民族健身操(青海)、土家板凳龙、羌铃、苗族吊龙、健身安代、登及摘、斗笠下的笑容、土家竹铃球、抢芭、赶鸭滚笼、斗鸡、小尧花鼓、牛角车、布依族抵杠、叉草球、抱蛋、抢头水、启补阿哈、跳大海、抛陀螺、舞高桩、亚鲁王之刀山火海、绝技之花、抱石头、一毽相传、枪尖上的舞蹈、狮子爬龙台、摆多怪、蒙古刀术、祁连欢歌、白虎神鞭赶太阳、摔跤乐、摇马铃、保安族夺腰刀、阿西里西、扎西雪巴、土家族脚盆龙、岜沙斗牛、节节高、背篓球、草把龙、迎宾舞、回族健身操、阿扎猛、赤脚斜走大刀、翻旮旯、撒拉族皮筏子、铃卜情、打飞棒、长白鼓韵、斯格卡、畲寨竹铃、仡佬嘣嘣鼓、旋转秋千、鱼尾剑、耍麒麟、如火的花腰彝、裕固族顶杠子、写字韵律操、搓敢嬉对、但戈沙、马灯舞、台湾阿美之夜、母斗吨、捞鱼乐、喔哟哈哓、波依阔、抢枢、摔马跤、土家天地球、狩猎、优闹里、苗族绝技(多绝合一)、摇锅、临清架鼓、回乡石锁表演、马上角力、响箭、独轮车、龙头迎祖、要的要的、回族武艺、土家健身摆手操、花儿韵律操、长衫龙、邵·杵、哞牟闭、异乡缘、驰骋、东乡族拔棍、摆手舞裸嘎尼、茅古斯·猎、抵斗、仡佬族武术、赛驼、嚎吉古灾格劳、给作拉、白族仗鼓舞、民族健身操(江苏)、骆越欢歌、毛南族打猴鼓、穆童谣、畲族舞蹈(打枪担)、畲山·猎、律动的珍珠、竿球、斗竹、民族健身操(内蒙古)、破竹、高原情、油尖谣、太平鼓、鹰抓鸡、踩花山、姑娘追、鼓乡情韵、融、龙渣瑶拳

举办时间/届	表演项目
2015年 第十届 （共计178项）	打鞭牛、赛楼梯、赛妆、沙力博尔式摔跤、西藏自治区抱石头表演、踢石磙、抢枢(黑龙江)、赶牛、抢枢(内蒙古)、草球乐、驼球(巴彦淖尔)、丢糠包、马球、土家竹铃球、龙腾九霄、鹿毛球、桩、苗族芦笙竞技舞"子咯夫"、鄂尔多斯式摔跤、情芊、驼球(鄂尔多斯)、讴莎腰、哈日靶、羊铃声声嬉毛蛋、阔时赛木轮、布鲁、摔马跤、谷场旱船情、花辫飞扬、满族传统体育比赛《狩猎》、抢天地球、仡佬族鸡舞、西藏自治区响箭表演、赛篦篓、拎笼喂、壮族秋千、台湾少数民族传统弓箭射箭、雷山苗族铜鼓舞、赛筏子、瑶族顶鼓、掷古荣格、合成蒙古围棋、民族团结接力、鹿棋、曲棍球、达瓦孜、西藏自治区马术表演、中幡、叼羊、绳乎其技、沙哈尔地、回族重刀、花样独竹漂、跑马拾牛沙噶、快乐黎山、回乡彩毽、跳烟盒、嗒式、竹竿走蛋、稳凳、龙凤呈祥、二贵摔跤、刀尖狮技、苗族芦笙技巧、布依山龙、鱼跃龙门(绳舞飞扬)、满族中幡、花样跳绳、玩转陀螺、华夏龙韵、抛陀螺、双狮醉酒、马上角力、扁担·扭扭扭、布依毛龙、俄罗斯族竞赛舞、排湾秋千、舞龙表演、姑娘追、杜烈其、满族打花棍儿、花式跳绳、蒙古象棋、射背牌、强军搏克、少年中国梦、勐安木拐、六盘响鞭、板凳乐、舞动津门、板鞋龙、弓、彝海赛船、苗族八面鼓、旋转秋千、拜扣与帕曼、蓝天下的生命律动、春耕乐、塔城热巴、舞动的节奏、乌蒙彝族摔跤、朝鲜族跳板、土家莲香敲起来、斯尔窝登波、土家魂、吧栽谢的竞赛、西藏自治区久河卓舞表演、阿妹的花苗帕、耍拎包、侗族武术、安昭舞、中华五禽操、鼓舞太平、齐鲁武韵、满族单鼓舞、热巴鼓、畲寨嬉锅、顶牛、敲梆、花开回乡别样红、唐晋鼓娃、苗族芦笙竞技舞"给拖裹"、花山壮拳、赛鼓、中国梦·忆鼓、贯斗双龙、回族小径枪、嗷咚呐、哆嘎哆吔、骑草马、击竹踏歌、套羊赛、欢乐的板鞋、顶牦牛、采柿子、花鼓灯健身操、肉连响、舍巴、塞饼、攀高取吉、嬉金秋、舞炭花、竹林刀花、七彩神箭、铃卜情、民族健身操(桃花红杏花白)、山哈藤阵、滚牛皮、邵·杵、情醉瑶山、踏脚、高跷舞龙、苗族健身操、京海情韵、武术表演、保安拃棍、耍竹排嘎·嚓西呔、畲山武韵、回乡环鼓、裕固塔拉赛羊、撒拉族婚礼、苗乡梦、满族八大怪、火红的瑶秀、歌堂长鼓、舞动藏灵、猎花鹿、夯墙乐、鱼家欢歌、东乡族抛嘎少年、拳击球、藏式摔跤、花灯操、舞动的旋律、龙船调、竿球、长阳巴山舞、毽舞

举办时间/届	表演项目
2019年 第十一届 （共计185项）	蹴石磉、黛帕黛咕嬉秋、天津回族重刀、光耀雪域·追梦藏源、竹马球、括哏咀（新年乐）、土家撒叶儿嗬、中幡（北京）、鼓子秧歌、庆丰年、中华射艺、五禽新韵、格、陀螺飞旋、掌曈归、春之梦、火红的日子、背篼龙、民族舞龙、射背牌、鼓舞风雷、赛威呼、彝山花鼓、甘思咪哚、八仙舞、竹韵酒香畲山春、鼓舞太平、山哈嬉情、雪山多吉、长白鼓韵、龙腾瑶都、空竹球比赛、八级雄风、地牯牛、踏桩、土家竹铃球、绳彩飞扬、豫龙腾飞、布依狼牙棒、木尔格的力量、畲家嬉锅、花式跳绳、欢乐收青稞、毽子的魅力、奔腾、畲家糍粑打打乐、龙舟竞渡、土族轮子秋、抢龙宝、六盘牧羊鞭、绳韵、八旗冰嬉、推食爬、福满壮乡彩健飞、翼城花鼓、扡塔扡那戏木鼓、工布响箭、中幡（河北）、锯木头争上游、畲乡趴趴凳、羌族赛竹竿、群猴戏狮、宝岛情、花儿、霸王鞭、畲山竹韵、飞笙踏月、龙腾中华、徽之韵、搭火把、高桩舞狮、愉快的掷栖游戏、山岭悦动竹音来、布鲁光斯基撒铅基、舞动热巴、集体空竹、新兴土家人、五彩神箭、糍乐瑶山、鼎孖、晋风舞韵、满族八旗建鼓、花样跳跳、火彝绳花、陕西非遗花样跳绳、土家铜铃劲逮逮、祈福灵刀、柔力民族情、响山板、毽球操、太阳鼓、打枪担、里补谷达、二魁摔跤、背着铜鼓山过山、壮乡板鞋乐、丰收的布袋、保安腰刀、珠峰起舞、羊逗羊倌、太极神韵、伙别、稻花鱼丰收赛、土家·吉么列、瑶族武术、撒拉尔舞蹈、欢乐的朝鲜族跳板、铿锵阿嘎、抢天地球、回族穆林扇、津门祥翎、稳凳、抛陀螺、黎家大跳柴、井陉拉花、舞动津门、羌族肩铃韵律操、新米节、龙行高跷、闪溜嘎儿、花样陀螺、冰蹴球、壮乡快乐板鞋龙、高山青、美轮畲环、击板起舞、老虎抢猪头、千帆竞发、武韵绳彩、傣族女创拳、阿依踩、茶与心的呼唤、凤之语、千手扇、古乡娜秀、掷幸福球、雪垒、毽子传情、驯牦牛、拜扣帕曼的三月三、采花时节、土家巴地梭、顶牛、山鼓咚咚、吉祥翻越马鞍、畲家婚庆、抄杠、水族斗角、秀山黄杨棍、龙魂至尊、大家一起跳起来、满族传统体育比赛狩猎、挑箕乐、金雷耀世、天地安代、藏棋、二贵摔跤、武魂·少年强、耍竹竿、哐哐镲、打牛角、沙哈尔地、蒙古族游龙鞭、鱼嬉、打胡墼、赶牛、波依阔、潇洒的牧马人、达瓦孜、强杆踏许、竹马球、曲溜球、打鞭牛、瑟宾献猎、响箭、回族打瓦、科力布卡、抢枢、古朵、抱石头、叉草球、锁舞天下·追梦中国、旋转秋千、麦热球、侗族柳叶船

（注：表演项目的资料来源于笔者2019年9月—12月对《1953全国民族形式体育表演及竞赛大会宣传材料》《1982全国少数民族传统体育运动会表演项目介绍》《1986第三届全国少数民族传统体育运动会代表团和项目简介》《1991第四届全国少数民族传统体育运动会秩序册》《1995中华人民共和国第五届少数民族传统体育运动会总秩序册》《1999中华人民共和国第六届少数民族传统体育运动会总秩序册》

《2003 中华人民共和国第七届少数民族传统体育运动会总秩序册》《2007 中华人民共和国第八届少数民族传统体育运动会总秩序册》《2011 中华人民共和国第九届少数民族传统体育运动会总秩序册》《2015 中华人民共和国第十届少数民族传统体育运动会总秩序册》《2019 中华人民共和国第十一届少数民族传统体育运动会总秩序册》等文献材料的整理归类汇总而来。)

六、历届赛事宗旨

表5　历届大会办会宗旨汇总①

届次	办会宗旨
第一届	—
第二届	—
第三届	—
第四届	平等、团结、进步、繁荣
第五届	发展民族体育,增强民族体质,加强民族团结,振奋民族精神, 为社会主义物质文明和社会主义精神文明建设服务
第六届	发展民族体育,增强各族人民体质,加强民族团结,振奋民族精神
第七届	弘扬民族传统体育文化,促进民族团结进步繁荣
第八届	团结、强健、奔小康
第九届	平等、团结、拼搏、奋进
第十届	平等、团结、拼搏、奋进
第十一届	平等、团结、拼搏、奋进

---

① 资料来源于历届大会秩序册等材料,其中前三届未提出明确的赛事宗旨。

七、历届赛事核心文化符号

表6　历届大会核心文化符号资源①

届次	纪念章/会徽	会旗	吉祥物	会歌/主题曲
第一届		—	—	—
第二届		—	—	—
第三届				
第四届				《爱我中华》
第五届				《大团结的太阳》
第六届				《爱我中华》《吉祥颂》
第七届				《爱我中华》

① 从1986年第三届大会开始启用会旗,后成为全国民族运动会永久会旗;第十一届大会启用了第十一届全国民族运动会会旗,规格3:2,底呈白色,中间图案为第十一届大会会徽图案,表中图为永久会旗。第九届大会主办单位决定将《爱我中华》作为永久会歌。

届次	纪念章/会徽	会旗	吉祥物	会歌/主题曲
第八届				《矫健大中华》
第九届				《爱我中华》 《手牵着心连着》
第十届				《爱我中华》
第十一届				《爱我中华》 《奔跑的梦想》

八、历届赛事开幕式团体操/文体表演概况

表7 历届大会开幕式大型团体操/文体表演概况①

届 次	团体操/文体表演主题	参演人数	观众人数
第一届	—	—	—
第二届	民族盛会	5000余人	25000余人
第三届	天山盛会	5000余人	25000余人
第四届	民族之光	12000余人	30000余人
第五届	共创辉煌	8000余人	40000余人
第六届	锦绣中华	7000余人	6000余人
第七届	凤鸣塞上	6000余人	13000余人
第八届	永远的和谐	11500余人	近60000人
第九届	天地人和——中华颂	14000余人	40000余人
第十届	汇聚民族情·共圆中国梦	13000余人	近40000人
第十一届	中华民族一家亲·携手奋进新时代	8000多人	约52000人

① 表格中的数据,在正文中均有标注来源。

九、历届民族大联欢概况

表8　历届大会民族大联欢概况[1]

届次	时间/地点	人数	主题
第一届	—	—	—
第二届	1982年9月4日/呼和浩特大马路体育场	12000余人	无明确主题
第三届	1986年8月15日/乌鲁木齐南山风景区	约4000人	无明确主题
第四届	1991年11月14日/南宁青秀山	5000余人	无明确主题
第五届	1995年11月9日/云南博物馆、民族村	近7000人	无明确主题
第六届	1999年9月28日/北京中华民族园	6000余人	无明确主题
第七届	2003年9月10日/银川中山公园文化广场	近10000人	无明确主题
第八届	2007年11月15日/广州长隆欢乐世界	约15000人	欢聚岭南民族情
第九届	2011年9月15日/贵阳观山湖公园	约20000人	和谐中华·多彩贵州
第十届	2015年8月13日/康巴什新区湖区广场	近20000人	相约鄂尔多斯·共享民族盛会
第十一届	2019年9月12日/郑州炎黄广场	10000余人	民族大联欢·文化大游园

十、历届大会圣火采集传递概况

表9　历届大会圣火采集、传递仪式概况[2]

届次	采集仪式日期/采火地	传递仪式日期	传递路线
第一届	—	—	—
第二届	—	—	—
第三届	—	—	—
第四届	—	—	—

---

① 表格中的数据,在正文中均有标注来源。

② 表格中的信息,在正文中均有标注来源。

届次	采集仪式日期/采火地	传递仪式日期	传递路线
第五届	—/南宁市	—	南宁市
第六届	1999年5月27日/珠穆朗玛峰	—	—
第七届	2003年8月7日/六盘水红军长征纪念亭	2003年8月7日	—
第八届	2007年9月24日/珠江源头	10月9日—11月9日	五个自治区、广州市
第九届	2009年8月24日/遵义会议会址	8月24日—9月10日	贵州省内传递
第十届	2015年6月12日/延安民族学院旧址	6月12日—8月9日	鄂尔多斯市内传递
第十一届	2019年5月8日/登封观星台	5月8日—9月8日	郑州市内传递

十一、1953年首届赛事成绩

表10 第一届全国民族运动会竞赛成绩（前三名）①

竞赛项目（5项）	小项（24项）	第一名	第二名	第三名
拳击	最轻级	华北	中南	—
	轻量级	华东	西南	解放军
	轻中级	东北	华东	西南
	次中级	解放军	东北	华北
	中量级	华北	华东	—
	次重量级	华北	西南	—

---

① 佚名.全国民族形式体育大会胜利闭幕[N].福建日报,1953-11-15(04).注:举重项目有10人打破全国纪录。课题组成员在收集、整理历届全国民族运动会竞赛成绩时,发现由辽宁民族出版社2017年出版的《中国少数民族传统体育大全》已经完整地统计了1982—2015年的竞赛成绩,经过反复比对,与课题组成员收集整理的竞赛成绩仅有极少出入,故笔者在新增的1953年全国首届民族运动会的竞赛成绩和2019年第十一届全国民族运动会成绩的基础上,采用课题组收集、反复甄别与整理的竞赛成绩。另外,本书附录中的竞赛成绩,第一届到第八届为前三名;从第九届大会开始评奖体系改革,扩大了奖励面,附录中的竞赛成绩为一、二、三等奖,其中一等奖1名,二等奖3名,三等奖4名。

竞赛项目（5项）	小项（24项）	第一名	第二名	第三名
步射	女子组	华北	—	—
	男子组	内蒙古	内蒙古	—
摔跤	次轻级	华东	西南	—
	轻量级	华东	中南	东北
	中量级	铁路	华东	内蒙古
	次重量级	内蒙古	华北	中南
	重量级	内蒙古	华北	华东
击剑	—	华北	华北	中南
举重	石锁 轻量级	华北	—	—
	石锁 中量级	铁路	东北	—
	石锁 轻重量级	华北	华东	—
	杠铃 最轻级	华北	中南	中南
	杠铃 次轻级	解放军	华东	中南
	杠铃 轻量级	解放军	华东	东北
	杠铃 中量级	解放军	东北	东北
	杠铃 轻重量级	解放军	解放军	华东
	杠铃 次重量级	华东	华北	东北
	杠铃 重量级	铁路	—	—

十二、1982年第二届赛事成绩

表11　第二届全国民族运动会竞赛成绩（前三名）[①]

竞赛项目（2项）	小项（16项）	第一名	第二名	第三名
中国式摔跤	52公斤级	内蒙古	河南	黑龙江
	62公斤级	内蒙古	河南	青海
	68公斤级	内蒙古	河北	辽宁
	74公斤级	内蒙古	河北	黑龙江

① 中国少数民族传统体育大全编委会.中国少数民族传统体育大全[M].沈阳：辽宁民族出版社,2017:1438.

竞赛项目(2项)	小项(16项)		第一名	第二名	第三名
射箭	女子双轮	30米	新疆	青海	—
		50米	新疆	西藏	—
		60米	新疆	青海	—
		70米	青海	新疆	—
		全能	新疆	新疆	青海
	男子双轮	30米	新疆	内蒙古	—
		50米	新疆	新疆	—
		70米	新疆	内蒙古	—
		90米	新疆	新疆	—
		全能	新疆	新疆	内蒙古
	团体	女子	新疆	西藏	—
		男子	新疆	内蒙古	—

十三、1986年第三届赛事成绩

表12　第三届全国民族运动会竞赛成绩（前三名）[①]

竞赛项目(7项)	小项(28项)		第一名	第二名	第三名
叼羊	—		—	新疆一队	—	—
抢花炮	—		—	广西	湖南	贵州
秋千	—		—	黑龙江	辽宁	河北
射弩	全能		云南	云南	湖南
	20米立射		云南	云南	湖南
	20米跪射		云南	贵州	云南
摔跤	中国式	52公斤级	辽宁	内蒙古	陕西
		62公斤级	河北	新疆	内蒙古
		68公斤级	内蒙古	辽宁	甘肃
		74公斤级	内蒙古	北京	甘肃

---

① 中国少数民族传统体育大全编委会.中国少数民族传统体育大全[M].沈阳:辽宁民族出版社,2017:1440-1441.

竞赛项目(7项)	小项(28项)		第一名	第二名	第三名
摔跤	自由式	52公斤级	云南	新疆	四川
		62公斤级	新疆	内蒙古	安徽
		68公斤级	北京	新疆	四川
		74公斤级	北京	新疆	新疆
射箭	女子	30米	新疆	西藏	—
		50米	新疆	西藏	—
		60米	新疆	新疆	—
		70米	新疆	新疆	—
		全能	新疆	新疆	新疆
	男子	30米	西藏	新疆	—
		50米	新疆	宁夏	—
		70米	西藏	新疆	—
		90米	新疆	宁夏	—
		全能	新疆	新疆	西藏
速度赛马	1000米		新疆	新疆	新疆
	3000米		内蒙古	新疆	新疆
	5000米		内蒙古	内蒙古	新疆
	10000米		新疆	内蒙古	新疆

十四、1991年第四届赛事成绩

表13　第四届全国民族运动会竞赛成绩（前三名）[①]

竞赛项目(9项)	小项(34项)	第一名	第二名	第三名
抢花炮	—	广西一队	广西二队	湖南
木球	—	河北	广西	湖南

---

① 中国少数民族传统体育大全编委会.中国少数民族传统体育大全[M].沈阳:辽宁民族出版社,2017:1442-1444.

竞赛项目(9项)	小项(34项)		第一名	第二名	第三名
龙舟	女子		湖南	广西一队	广西二队
	男子		湖南	贵州	广西二队
珍珠球	女子		辽宁	河北	广西
	男子		广西	辽宁	山东
秋千	团体		吉林	新疆	辽宁
	个人		吉林	吉林	吉林
射弩	女子	立姿	广西	广西	广西
		跪姿	广西	云南	云南
		全能	广西	广西	广西
	男子	立姿	云南	广西	云南
		跪姿	广西	云南	云南
		全能	广西	云南	云南
民族式摔跤	搏克	团体	青海	内蒙古	—
		个人	内蒙古	内蒙古	内蒙古 甘肃(并列)
	且西里	52公斤级	广西	云南	广西
		74公斤以上	新疆	内蒙古	—
	北嘎	52公斤级	黑龙江	云南	新疆
		74公斤级	新疆	黑龙江	广西
		74公斤以上	内蒙古	新疆	天津
	绊跤	52公斤级	辽宁	新疆	陕西
		74公斤级	黑龙江	甘肃	河北
		74公斤以上	黑龙江	内蒙古	山东
	格	52公斤级	西藏	天津	广西
		74公斤级	新疆	四川	四川
		74公斤以上	吉林	吉林	吉林

竞赛项目(9项)	小项(34项)	第一名	第二名	第三名
武术	拳术	云南	河北	河南
	器械	广西	宁夏	安徽
	对练	广西	北京	安徽
速度赛马	1000米	内蒙古	新疆	新疆
	3000米	内蒙古	新疆	内蒙古
	5000米	内蒙古	内蒙古	内蒙古
	10000米	新疆	内蒙古	青海

十五、1995年第五届赛事成绩

表14　第五届全国民族运动会竞赛成绩（前三名）①

竞赛项目(11项)	小项(62项)		第一名	第二名	第三名
抢花炮	—		云南一队	云南二队	广西
木球	—		湖南 安徽(并列)	—	宁夏
毽球	女子		辽宁	湖北	江苏
	男子		辽宁	江苏	吉林
珍珠球	女子		辽宁	广西	云南
	男子		解放军	广西	山西
秋千	团体		新疆	吉林	辽宁
	双人		辽宁	新疆	新疆
	个人		辽宁	吉林	吉林
射弩	女子	立姿	四川	云南	四川
		跪姿	四川	四川	广西
		全能	四川	云南	广西
	男子	立姿	四川	云南	云南
		跪姿	四川	云南	云南
		全能	四川	云南	云南

---

① 资料来源:《中华人民共和国第五届少数民族传统体育运动会成绩册》。

竞赛项目 （11项）	小项（62项）		第一名	第二名	第三名
民族式 摔跤	搏克	团体	内蒙古	青海	解放军
		个人	内蒙古	内蒙古	解放军
	且西里	52公斤级	云南	云南	云南
		57公斤级	云南	黑龙江	广西
		62公斤级	安徽	云南	新疆
		74公斤级	解放军	天津	新疆
		90公斤级	内蒙古	青海	天津
	北嘎	52公斤级	新疆兵团	四川	西藏
		57公斤级	新疆兵团	北京	云南
		62公斤级	新疆兵团	甘肃	新疆兵团
		74公斤级	新疆	新疆兵团	安徽
		90公斤级	江苏	甘肃	新疆兵团
	绊跤	52公斤级	内蒙古	北京	河北
		57公斤级	甘肃	黑龙江	陕西
		62公斤级	河北	安徽	河南
		74公斤级	内蒙古	陕西	甘肃
		90公斤级	安徽	河北	青海
	格	52公斤级	四川	广西	新疆
		57公斤级	四川	云南	安徽
		62公斤级	解放军	四川	广西
		74公斤级	四川	新疆	四川
		90公斤级	吉林	甘肃	吉林
武术	男子	拳术	北京	广西	新疆 河北（并列）
		器械	陕西 辽宁（并列）	—	宁夏 宁夏（并列）
		对练	云南	安徽	山西
	女子	拳术	云南	山东	甘肃
		器械	北京	甘肃	河南
		对练	河南 广西（并列）	—	山西

竞赛项目 （11项）	小项（62项）		第一名	第二名	第三名
打陀螺	女子	团体	云南二队	云南一队	广西
		个人	云南	广西	云南
	男子	团体	云南一队	云南二队	广西
		个人	云南	云南	云南
龙舟	女子	600米直道	云南二队	云南一队	湖南
		800米直道	湖南	云南二队	广西
	男子	600米直道	云南一队	云南二队	解放军
		800米直道	贵州	云南一队	云南二队
马上项目	速度赛马	1000米	内蒙古	新疆	内蒙古
		2000米	内蒙古	内蒙古	内蒙古
		3000米	内蒙古	内蒙古	内蒙古
		5000米	内蒙古	内蒙古	内蒙古
		10000米	新疆	新疆	新疆
	走马	2000米	内蒙古	内蒙古	青海
		5000米	内蒙古	新疆	新疆
		10000米	内蒙古	内蒙古	新疆
	跑马	射击	西藏	四川	内蒙古
		射箭	四川	内蒙古	内蒙古
		拣哈达	云南	西藏	甘肃

十六、1999年第六届赛事成绩

表15　第六届全国民族运动会竞赛成绩（前三名）①

竞赛项目（14项）	小项(93项)		第一名	第二名	第三名
抢花炮	—		云南	解放军	广东
木球	—		天津	河北	湖南
毽球	女子		辽宁	广东	湖北
	男子		辽宁	黑龙江	湖北
珍珠球	女子		北京	广西	四川
	男子		广西	河北	吉林
秋千	双触		吉林	吉林	新疆
	单触		吉林	吉林	新疆
	双高		吉林	吉林	辽宁
	单高		辽宁	吉林	新疆
	团体		吉林	新疆	辽宁
民族式摔跤	搏克	团体	内蒙古	解放军	天津
		个人	解放军	解放军	黑龙江
	且西里	52公斤级	四川	新疆	湖北
		57公斤级	新疆	广西	云南
		62公斤级	天津	解放军	新疆
		74公斤级	解放军	青海	甘肃
		90公斤级	内蒙古	黑龙江	天津
	北嘎	52公斤级	新疆	西藏	四川
		62公斤级	四川	甘肃	广东
		74公斤级	新疆	西藏	解放军
		90公斤级	内蒙古	黑龙江	江苏

① 中华人民共和国第六届少数民族传统体育运动会组织委员会.中华人民共和国第六届少数民族传统体育运动会总结报告[Z].内部资料,1999:32-81.

竞赛项目 (14项)	小项(93项)		第一名	第二名	第三名
民族式摔跤	绊跤	52公斤级	内蒙古	安徽	北京
		57公斤级	陕西	甘肃	安徽
		62公斤级	辽宁	河北	内蒙古
		74公斤级	辽宁	江苏	安徽
		90公斤级	内蒙古	江苏	河南
	格	52公斤级	四川	青海	广西
		57公斤级	四川	云南	广西
		62公斤级	解放军	四川	西藏
		74公斤级	四川	解放军	甘肃
		90公斤级	解放军	吉林	广东
武术	女子	拳术A	北京	河南	湖北 云南 (并列)
		拳术B	山西	北京	北京
		拳术C	甘肃	黑龙江	新疆兵团
		器械A	湖北	河南	陕西
		器械B	北京	广西	吉林
		器械C	云南	北京	四川
		对练	河南	广西	新疆兵团
武术	男子	拳术A	北京 安徽(并列)	—	四川
		拳术B	上海 吉林(并列)	—	陕西
		拳术C	广西	辽宁	云南
		器械A	河北	辽宁 湖北(并列)	—
		器械B	陕西	安徽	陕西
		器械C	宁夏	湖北	甘肃
		对练	辽宁	新疆兵团	广西
蹴球	女	单人	山西	河南	安徽
		双人	重庆	北京	湖北
	男	单人	北京	天津	河南
		双人	湖北	山东	河北
	男女混双		北京	湖南	山西

竞赛项目 （14项）	小项（93项）		第一名	第二名	第三名
龙舟	女子	500米	湖南	广东	云南
		800米	广东	广西	云南
	男子	500米	湖南	广东	宁夏
		800米	广东	湖南	贵州
	混合	500米	广东	湖南	宁夏
		800米	广东	湖南	贵州
马上项目	速度赛马	900米	西藏	内蒙古	内蒙古
		2000米	内蒙古	西藏	内蒙古
		3200米	西藏	内蒙古	内蒙古
		5000米	新疆	内蒙古	西藏
		9800米	内蒙古	内蒙古	新疆
	走马	900米	内蒙古	甘肃	内蒙古
		2000米	新疆	内蒙古	内蒙古
		5000米	内蒙古	内蒙古	内蒙古
	跑马	射击	西藏	西藏	西藏
		射箭	西藏	西藏	西藏
		拾哈达	内蒙古	西藏	西藏
马术 （拉萨）	速度赛马	1000米	内蒙古	贵州	内蒙古
		2000米	内蒙古	内蒙古	西藏
		3000米	贵州	新疆	内蒙古
		5000米	内蒙古	内蒙古	贵州
	走马	1000米	西藏	青海	内蒙古
		2000米	新疆兵团	云南	青海
		3000米	西藏	新疆	青海
	跑马	射击	四川	西藏	西藏
		射箭	西藏	四川	西藏
		拾哈达	西藏	西藏	甘肃

竞赛项目 （14项）	小项（93项）		第一名	第二名	第三名
射弩 （拉萨）	女子	立姿	西藏	西藏	四川
		跪姿	四川	云南	广西
		全能	西藏	西藏	四川
	男子	立姿	云南	四川	宁夏
		跪姿	宁夏	西藏	辽宁
		全能	宁夏	西藏	西藏
打陀螺 （拉萨）	女子	团体	云南	北京	湖北
		个人	湖北	北京	北京
	男子	团体	云南	广西	解放军
		个人	云南	云南	广东
押加 （拉萨）	55公斤级		西藏	湖北	四川
	60公斤级		西藏	解放军	内蒙古
	70公斤级		西藏	内蒙古	青海
	80公斤级		四川	四川	西藏
	80公斤级以上		四川	西藏	内蒙古

十七、2003年第七届赛事成绩

表16　第七届全国民族运动会竞赛成绩（前三名）[①]

竞赛项目 （14项）	小项（93项）	第一名	第二名	第三名
花炮	—	广西	北京	宁夏
木球	—	宁夏	河北	青海
毽球	女子	广东	辽宁	湖北
	男子	湖北	广东	河南

---

① 中华人民共和国第七届少数民族传统体育运动会组织委员会.中华人民共和国第七届少数民族传统体育运动会总结文集[Z].内部资料,2003:89-92.

竞赛项目 (14项)	小项(93项)		第一名	第二名	第三名
珍珠球	女子		北京	四川	河北
	男子		广西	解放军	宁夏
秋千	双触		湖南	新疆	吉林
	单触		吉林	新疆	新疆
	双高		吉林	吉林	新疆
	单高		吉林	辽宁	吉林
	团体		吉林	新疆	宁夏
民族式摔跤	搏克	团体	内蒙古	河南	宁夏
		个人	陕西	内蒙古	内蒙古
	且西里	52公斤级	新疆	四川	西藏
		62公斤级	宁夏	辽宁	四川
		74公斤级	内蒙古	解放军	四川
		90公斤级	解放军	内蒙古	新疆兵团
		90公斤以上	黑龙江	解放军	云南
	格	52公斤级	四川	西藏	四川
		62公斤级	四川	四川	新疆兵团
		74公斤级	宁夏	西藏	天津
		90公斤级	天津	陕西	广东
		90公斤以上	黑龙江	黑龙江	内蒙古
	北嘎	52公斤级	新疆	天津	西藏
		62公斤级	甘肃	广东	新疆
		74公斤级	青海	新疆	广东
		90公斤级	新疆	内蒙古	云南
		90公斤以上	陕西	解放军	河南
	绊跤	52公斤级	陕西	内蒙古	湖北
		62公斤级	内蒙古	陕西	湖北
		74公斤级	天津	山西	宁夏
		90公斤级	内蒙古	河南	宁夏
		90公斤以上	陕西	陕西	内蒙古

竞赛项目 (14项)	小项(93项)		第一名	第二名	第三名
武术	女子	拳术A	天津	广东	云南
		拳术B	湖北	辽宁	山西
		拳术C	甘肃	宁夏	广东
		器械A	北京	辽宁	上海
		器械B	宁夏	北京	辽宁
		器械C	广东	云南	上海
		对练	四川	重庆	河北
	男子	拳术A	上海	天津	广西
		拳术B	吉林	上海	甘肃
		拳术C	上海	福建	甘肃
		器械A	河南	甘肃	天津
		器械B	河北	河南	湖北
		器械C	山西	吉林	辽宁
		对练	辽宁	河北	天津
蹴球	女	女单	湖北	北京	天津
		女双	天津	北京	山西
	男	男单	湖北	宁夏	山西
		男双	河北	四川	宁夏
	男女混双		重庆	宁夏	江苏
龙舟	女子	250米	广东	云南	湖南
		500米	广东	宁夏	广西
		800米	云南	宁夏	湖南
	男子	250米	广东	福建	云南
		500米	广东	福建	贵州
		800米	云南	湖南	宁夏
	混合	250米	广东	湖南	安徽
		500米	云南	广东	宁夏
		800米	云南	宁夏	湖南

竞赛项目 （14项）	小项（93项）		第一名	第二名	第三名
马术	速度 赛马	1000 米	内蒙古	内蒙古	内蒙古
		2000 米	内蒙古	内蒙古	西藏
		3000 米	西藏	内蒙古	内蒙古
		5000 米	内蒙古	新疆	西藏
		10000 米	内蒙古	内蒙古	新疆
	走马	1000 米	内蒙古	内蒙古	青海
		2000 米	内蒙古	内蒙古	内蒙古
		5000 米	内蒙古	新疆	新疆
	马上 三项	射击	云南	西藏	西藏
		射箭	西藏	西藏	西藏
		拾哈达	甘肃	新疆	西藏
射弩	女子	立姿	重庆	宁夏	福建
		跪姿	福建	四川	广西
		全能	福建	重庆	宁夏
	男子	立姿	四川	重庆	重庆
		跪姿	重庆	宁夏	重庆
		全能	重庆	四川	重庆
	混合团体		重庆	四川	宁夏
陀螺	女子	个人	湖北	云南	湖北
		团体	重庆	云南	湖北
	男子	个人	云南	云南	贵州
		团体	云南	广西	贵州
押加	55公斤级		四川	宁夏	内蒙古
	60公斤级		四川	宁夏	广东
	70公斤级		四川	宁夏	甘肃
高脚竞速	女子	200 米	湖北	湖北	河北
		2×200 米	湖北	广东	湖南
	男子	200 米	广东	湖北	湖北
		2×200 米	广东	湖北	河北
	混合4×100 米		湖北	湖南	广东

十八、2007年第八届赛事成绩

表17 第八届全国民族运动会竞赛成绩（前三名）[①]

竞赛项目（15项）	小项（123项）		第一名	第二名	第三名
花炮	—		广西	北京	广东
木球	—		河北	北京	宁夏
毽球	女子		广东	湖北	山西
	男子		广东	湖北	山西
珍珠球	女子		北京	河北	广东
	男子		广东	广西	辽宁
秋千	55公斤级单触		湖南	湖南	吉林
	55公斤以上单触		新疆	新疆	吉林
	55公斤级双触		新疆	湖南	广东
	55公斤以上双触		新疆	云南	广东
	55公斤级单高		湖南	湖南	吉林
	55公斤以上单高		吉林	辽宁	—
	55公斤级双高		吉林	新疆	广东
	55公斤以上双高		吉林	黑龙江	云南
民族式摔跤	搏克	女子个人	北京	内蒙古	陕西
		女子团体	黑龙江	陕西	河南
		男子个人	内蒙古	内蒙古	陕西
		男子团体	内蒙古	广东	山东
	且西里	52公斤级	西藏	四川	四川
		62公斤级	四川	新疆	广东
		74公斤级	甘肃	四川	宁夏
		87公斤级	陕西	广东	西藏
		87公斤以上	广东	陕西	吉林

---

① 资料来源：中华人民共和国第八届少数民族传统体育运动会总成绩册。

竞赛项目 （15项）	小项（123项）		第一名	第二名	第三名
民族式 摔跤	格	52公斤级	安徽	四川	西藏
		62公斤级	安徽	四川	甘肃
		74公斤级	河南	青海	四川
		87公斤级	西藏	陕西	新疆
		87公斤以上	内蒙古	陕西	内蒙古
	北嘎	52公斤级	新疆	西藏	云南
		62公斤级	甘肃	新疆	湖北
		74公斤级	新疆	甘肃	湖北
		87公斤级	四川	新疆	青海
		87公斤以上	内蒙古	陕西	河北
	绊跤	52公斤级	河北	辽宁	内蒙古
		62公斤级	天津	安徽	山西
		74公斤级	北京	天津	西藏
		87公斤级	内蒙古	宁夏	广东
		87公斤以上	广东	河北	西藏
	朝鲜 族式	52公斤级	辽宁	吉林	天津
		62公斤级	内蒙古	西藏	湖北
		74公斤级	吉林	甘肃	山东
		87公斤级	西藏	吉林	内蒙古
		87公斤以上	内蒙古	吉林	河南
武术	女子	拳术A	广东	北京	河南
		拳术B	山西	福建	湖北
		拳术C	甘肃	北京	广西
		器械A	北京	河南	甘肃
		器械B	北京	广东	山东
		器械C	上海	甘肃	广东
		对练	天津	四川	山东

竞赛项目（15项）	小项（123项）		第一名	第二名	第三名
武术	男子	拳术A	福建	陕西	安徽
		拳术B	上海	云南	宁夏
		拳术C	广东	辽宁	上海
		器械A	安徽	河南	陕西
		器械B	湖北	重庆	北京
		器械C	新疆	云南	福建
		对练	宁夏	重庆	湖南
蹴球	女子	女单	湖北	北京	湖北
		女双	陕西	宁夏	湖北
	男子	男单	宁夏	湖北	湖北
		男双	北京	湖北	宁夏
	男女混双		福建	河北	湖北
龙舟	女子	小龙250米	湖南	贵州	安徽
		小龙500米	广东	云南	宁夏
		标龙250米	贵州	湖南	广西
		标龙500米	广东	宁夏	广西
		标龙800米	广东	贵州	湖南
		标龙1000米	广东	贵州	湖南
	男子	小龙250米	安徽	浙江	广西
		小龙500米	贵州	广东	云南
		标龙250米	湖南	广西	海南
		标龙500米	贵州	广东	广西
		标龙800米	贵州	广东	广西
		标龙1000米	贵州	广东	重庆
	男女混合	小龙250米	湖南	安徽	湖北
		小龙500米	贵州	广东	云南
		标龙500米	贵州	广东	安徽
		标龙800米	贵州	广东	云南
		标龙1000米	贵州	广东	云南

竞赛项目 （15项）	小项（123项）		第一名	第二名	第三名
马术	速度 赛马	1000米	西藏	内蒙古	西藏
		2000米	内蒙古	内蒙古	西藏
		3000米	内蒙古	西藏	内蒙古
		5000米	内蒙古	西藏	内蒙古
		10000米	吉林	内蒙古	吉林
	走马	1000米	内蒙古	新疆	内蒙古
		3000米	内蒙古	内蒙古	内蒙古
		5000米	内蒙古	内蒙古	新疆
	跑马	射击	云南	西藏	内蒙古
		射箭	四川	内蒙古	内蒙古
		拾哈达	西藏	西藏	四川
射弩	女子	传统弩立姿	云南	西藏	四川
		传统弩跪姿	云南	四川	重庆
		标准弩立姿	贵州	贵州	重庆
		标准弩跪姿	贵州	湖南	四川
	男子	传统弩立姿	重庆	重庆	云南
		传统弩跪姿	云南	重庆	四川
		标准弩立姿	贵州	重庆	四川
		标准弩跪姿	贵州	云南	重庆
	团体	传统弩混合	云南	重庆	广西
		标准弩混合	重庆	云南	四川
陀螺	女子	个人	北京	广西	湖北
		团体	云南	广西	湖北
	男子	个人	云南	云南	贵州
		团体	贵州	山西	广西
押加		55公斤级	西藏	广东	贵州
		61公斤级	西藏	广东	宁夏
		68公斤级	四川	广东	湖北

续 表

竞赛项目 (15项)	小项(123项)		第一名	第二名	第三名
押加	76公斤级		西藏	四川	西藏
	85公斤级		西藏	四川	河北
	95公斤级		西藏	四川	内蒙古
	95公斤以上		甘肃	河北	黑龙江
高脚竞速	女子	100米	湖北	湖北	湖北
		200米	湖北	湖北	湖北
		2×200米	湖北	广东	湖南
	男子	100米	湖南	湖北	北京
		200米	湖北	广东	湖北
		2×200米	湖北	湖南	广东
	男女混合4×100米		湖北	广东	云南
板鞋竞速	女子	60米	重庆	辽宁	湖北
		100米	重庆	辽宁	湖南
	男子	60米	湖北	广西	福建
		100米	广东	广西	四川
	男女混合2×100米		重庆	湖北	湖南

十九、2011年第九届赛事成绩

表18　第九届全国民族运动会竞赛项目获奖统计表[①]

竞赛项目 (16项)	小项(129项)	一等奖	二等奖	三等奖
抢花炮	—	北京	广西 宁夏 贵州	广东
木球	—	湖南	宁夏 贵州 河北	青海 广东 北京 海南
毽球	(女子)	辽宁	重庆 内蒙古 广西	湖南 宁夏 上海 新疆
	(男子)	辽宁	重庆 内蒙古 广西	河北 宁夏 山东 新疆

①　中华人民共和国第九届少数民族传统体育运动会组委会办公室.中华人民共和国第九届少数民族传统体育运动会文件资料汇编[Z].内部资料,2012:701-774.

竞赛项目（16项）	小项（129项）		一等奖	二等奖	三等奖
珍珠球	（女子）		四川	北京 贵州 辽宁	—
	（男子）		贵州	辽宁 北京 海南	吉林 浙江 四川 重庆
秋千	55公斤级单触		新疆	新疆 云南 贵州	安徽 安徽 重庆
	55公斤以上单触		湖南	新疆 新疆 重庆	云南 浙江
	55公斤级双触		湖南	新疆 吉林 贵州	新疆兵团 广东 内蒙古
	55公斤以上双触		重庆	新疆 吉林 安徽	云南 广东 辽宁 内蒙古
	55公斤级单高		湖南	新疆 安徽 安徽	贵州 云南 重庆
	55公斤以上单高		湖南	新疆兵团 重庆 新疆兵团	云南 浙江
	55公斤级双高		湖南	吉林 新疆兵团 广东	内蒙古
	55公斤以上双高		安徽	吉林 新疆兵团 重庆	广东 内蒙古 辽宁
蹴球	女子	女单	湖北	湖北 海南 山西	云南 四川 云南 北京
		女双	湖北	北京 宁夏 重庆	安徽 湖南 四川 福建
	男子	男单	海南	河北 湖北 重庆	宁夏 云南 宁夏 山西
		男双	湖北	安徽 四川 云南	浙江 北京 湖南 贵州
	男女混双		海南1	贵州2 浙江1 四川2	北京2 湖北1 广东2 湖北2
民族式摔跤	搏克	女子个人	新疆	新疆 新疆 内蒙古	青海 陕西 陕西 广东
		女子团体	新疆	内蒙古 青海 陕西	宁夏 安徽
		男子个人	内蒙古	内蒙古 内蒙古 内蒙古	内蒙古 内蒙古 内蒙古 天津
		男子团体	内蒙古	广东 陕西 山西	甘肃 青海 贵州 河南
	且西里	52公斤级	新疆	西藏 贵州 天津	云南 重庆
		62公斤级	贵州	新疆 云南 四川	贵州 宁夏 天津 甘肃
		74公斤级	安徽	新疆 宁夏 甘肃	贵州 广东 广东 青海
		87公斤级	陕西	新疆 新疆兵团 陕西	—
		87公斤以上	内蒙古	辽宁 安徽 西藏	四川 宁夏
	格	52公斤级	甘肃	云南 新疆兵团 贵州	—
		62公斤级	贵州	安徽 四川 西藏	云南 新疆 青海 安徽

竞赛项目 （16项）	小项（129项）		一等奖	二等奖	三等奖
民族式摔跤	格	74公斤级	内蒙古	贵州 宁夏 广东	四川 重庆 甘肃 河南
		87公斤级	内蒙古	天津 甘肃 安徽	—
		87公斤以上	内蒙古	河南 陕西 广东	—
	北嘎	52公斤级	新疆	云南 贵州 重庆	—
		62公斤级	贵州	四川 新疆 云南	陕西 重庆 贵州 甘肃
		74公斤级	贵州	安徽 西藏 西藏	四川 广东 新疆 湖北
		87公斤级	新疆	青海 新疆兵团 甘肃	青海
		87公斤以上	内蒙古	西藏 重庆	—
	绊跤	52公斤级	天津	河北 青海 山西	—
		62公斤级	内蒙古	宁夏 重庆 天津	山西 青海 山西 青海
		74公斤级	内蒙古	天津 河南 安徽	天津 广东 山西 河北
		87公斤级	内蒙古	辽宁 陕西 山西	台湾 天津 河北 安徽
		87公斤以上	内蒙古	辽宁 重庆 山西	宁夏 黑龙江 山西
	希日木	52公斤级	新疆	吉林 吉林 宁夏	四川 河北 安徽 云南
		62公斤级	贵州	吉林 内蒙古 西藏	吉林 云南 云南 甘肃
		74公斤级	吉林	陕西 天津 河南	云南 宁夏 陕西 甘肃
		87公斤级	黑龙江	内蒙古 吉林 西藏	北京 吉林 新疆 河南
		87公斤以上	吉林	陕西 广东 内蒙古	广东 河南 河北 吉林
武术	女子	拳术A	北京	河南 天津 甘肃	安徽 山东 安徽 内蒙古
		拳术B	北京	河南 广东 吉林	辽宁 广西 内蒙古 山东
		拳术C	宁夏	福建 新疆 黑龙江	福建
		器械A	北京	天津 吉林 山东	内蒙古
		器械B	广东	北京 山东 河南	辽宁 甘肃 广西 天津
		器械C	河南	宁夏 吉林 新疆	广东
		对练	天津	北京 河南 福建	山东
	男子	拳术A	陕西	云南 辽宁 广东	云南 海南 山东 重庆
		拳术B	云南	陕西 北京 吉林	北京 贵州 宁夏 广西

竞赛项目 （16项）	小项（129项）		一等奖	二等奖	三等奖
武术	男子	拳术C	上海 新疆	青海 青海	重庆 云南 广东 福建
		器械A	上海	重庆 湖南 海南	安徽 广西 湖南
		器械B	陕西	吉林 北京 河南	云南 海南 广西 北京
		器械C	贵州	新疆 福建 青海	重庆 广东 陕西 宁夏
		对练	甘肃	重庆 北京 宁夏	辽宁 湖南 海南 广东
龙舟	女子	小龙250米	贵州	湖南 重庆	—
		小龙500米	广东	云南 广西	—
		标龙500米	贵州	湖南 广东 广西	—
		标龙800米	贵州	湖南 广东 广西	—
		标龙 1000米	贵州	湖南 广东 广西	—
		5000米环绕	贵州	广东 湖南 广西	—
	男子	小龙250米	广东	重庆 安徽 湖南	云南 海南
		标龙250米	重庆	湖南 安徽 云南	海南
		标龙500米	贵州	重庆 湖南 安徽	云南 广西 海南
		标龙800米	贵州	湖南 安徽 云南	广西 海南
		标龙 1000米	贵州	重庆 广西	—
		5000米环绕	贵州	湖南 重庆 安徽	云南 广西
	混合	小龙250米	广东	安徽 重庆 湖南	—
		标龙250米	广东	重庆 湖南	—
		标龙500米	贵州	广东 湖南 重庆	广西
		标龙800米	贵州	云南 广东 湖南	重庆 广西
		标龙 1000米	贵州	云南 广西	—

续　表

竞赛项目 （16项）	小项（129项）		一等奖	二等奖	三等奖
马术	民族赛马	1000米	内蒙古	西藏 贵州 新疆	内蒙古 内蒙古 新疆 贵州
		2000米	贵州	西藏 新疆 内蒙古	新疆 新疆 贵州 贵州
		3200米	新疆	新疆 贵州 西藏	贵州 内蒙古 安徽 贵州
		5000米	新疆	云南 内蒙古 内蒙古	内蒙古 内蒙古 吉林 贵州
		8000米	内蒙古	内蒙古 内蒙古 内蒙古	贵州 贵州 内蒙古 内蒙古
	走马	1000米	内蒙古	新疆 新疆 内蒙古	新疆 贵州 内蒙古 云南
		3200米	内蒙古	内蒙古 云南 云南	内蒙古 新疆 内蒙古 云南
		5000米	内蒙古	新疆 云南 云南	新疆 新疆 内蒙古 内蒙古
	跑马	跑马射击	西藏	四川 西藏 云南	四川 西藏 内蒙古 西藏
		跑马射箭	四川	西藏 内蒙古 西藏	云南 四川 云南 云南
		跑马拾哈达	西藏	云南 内蒙古 四川	内蒙古 西藏 西藏 新疆
射弩	女子	传统弩立姿	云南	云南 西藏 四川	重庆 西藏 重庆 西藏
		传统弩跪姿	云南	云南 云南 重庆	湖南 重庆 贵州 西藏
		标准弩立姿	四川	云南 内蒙古 福建	重庆 重庆 宁夏 新疆
		标准弩跪姿	重庆	四川 湖南 云南	福建 福建 云南 重庆
	男子	传统弩立姿	贵州	贵州 重庆 河北	云南 云南 西藏 西藏
		传统弩跪姿	河北	重庆 湖南 云南	重庆 贵州 贵州 贵州
		标准弩立姿	贵州	重庆 云南 内蒙古	四川 贵州 贵州 湖南
		标准弩跪姿	云南	贵州 云南 重庆	内蒙古 湖南 贵州 广西
	团体	传统弩	云南	重庆 河北 西藏	湖南 广西 浙江 海南
		标准弩	云南	重庆 四川 湖南	内蒙古 宁夏 江西 西藏
陀螺	女子	个人	云南	广西 宁夏 湖北	湖南 湖北 云南 湖北
		团体	云南	贵州 湖北 广西	宁夏 河北 湖南 甘肃
	男子	个人	云南	云南 宁夏 云南	贵州 河北 贵州 湖南
		团体	贵州	湖南 广西 云南	海南 宁夏 甘肃 山西

竞赛项目(16项)	小项(129项)		一等奖	二等奖	三等奖
押加	55公斤级		新疆	贵州 西藏 四川	上海 海南 广东 西藏
	61公斤级		贵州	贵州 上海 西藏	广东 上海 海南 四川
	68公斤级		新疆	贵州 宁夏 四川	广东 北京 宁夏 海南
	76公斤级		新疆	贵州 西藏 湖北	四川 内蒙古 海南 广东
	85公斤级		西藏	新疆 湖南 湖北	内蒙古 四川 宁夏 河北
	95公斤级		新疆	西藏 四川 辽宁	广东 内蒙古 青海 安徽
	95公斤以上		内蒙古	新疆兵团 甘肃 新疆兵团	吉林 浙江 山东 内蒙古
高脚竞速	女子	100米	湖北	重庆 湖南 湖南	贵州 贵州 湖北 海南
		200米	湖南	贵州 重庆 贵州	湖南 北京 海南 海南
		2×200米	湖北	海南 北京 四川	浙江 浙江
	男子	100米	湖北	湖北 湖南 湖南	贵州 重庆 贵州 贵州
		200米	湖北	湖北 贵州 重庆	重庆 湖南 贵州 湖南
		2×200米	湖南	重庆 贵州 广西	江西 云南 辽宁 陕西
	男女4×100米		湖南	湖北 贵州 海南	重庆 云南 辽宁 北京
板鞋竞速	女子	60米	重庆	贵州 广西2 海南2	海南 广西 北京 甘肃2
		100米	重庆	贵州 广西2 海南2	海南 北京 广西 青海2
		2×100米	海南	广西 青海	—
	男子	60米	重庆	贵州2 重庆2 贵州	天津 甘肃 北京2 北京
		100米	重庆	贵州2 重庆2 北京	甘肃 辽宁2 浙江2
		2×100米	北京	辽宁 浙江 重庆	江西 新疆
	男女4×100米		新疆	海南 青海	—
独竹漂	女子	60米	贵州	海南 海南 广西	海南 广西 四川 四川
		100米	贵州	广西 海南 海南	海南 四川 广西 四川
	男子	60米	贵州	贵州 湖北 海南	广西 海南 海南 广西
		100米	贵州	贵州 湖北 海南	海南 广西 广西 海南

二十、2015年第十届赛事成绩

表19　第十届全国民族运动会竞赛项目获奖统计表①

竞赛项目 （17项）	小项 （133项）	一等奖	二等奖	三等奖
花炮	—	广西	宁夏 云南 北京	广东 内蒙古
木球	—	内蒙古	湖南 北京 宁夏	河北 河南 重庆 青海
民族健身操	—	北京	内蒙古 云南 西藏	广西 湖北 青海 新疆
毽球	女子	广东	湖北 河北 安徽	山东 内蒙古 辽宁 上海
	男子	广东	河北 安徽 内蒙古	辽宁 湖北 河南 海南
珍珠球	女子	四川	广西 北京 内蒙古	重庆 河南 贵州 河北
	男子	辽宁	内蒙古 浙江 重庆	贵州 吉林 广西 海南
秋千	55公斤级单触	重庆	湖南 新疆 云南	贵州 贵州 浙江
	55公斤以上单触	湖南	重庆 新疆 云南	浙江
	55公斤级双触	湖南	新疆兵团 广东 贵州	吉林 贵州 内蒙古 河北
	55公斤以上双触	重庆	新疆 内蒙古 云南	黑龙江 广东 河北 辽宁
	55公斤级单高	湖南	重庆 新疆 云南	浙江
	55公斤以上单高	吉林	湖南 重庆 新疆	吉林 云南 黑龙江 浙江
	55公斤级双高	湖南	广东 新疆兵团 吉林	内蒙古 河北 浙江
	55公斤以上双高	重庆	吉林 新疆 内蒙古	黑龙江 河北 黑龙江 广东
蹴球	女单	湖北	四川 福建 福建	海南 宁夏 浙江 湖南
	女双	湖北	福建 北京 湖南	河北 重庆 宁夏 辽宁
	男单	重庆	福建 辽宁 河北	山西 上海 福建 北京
	男双	河北	湖北 重庆 贵州	湖南 江西 北京 内蒙古
	混双	湖北	内蒙古 重庆 河北	北京 海南 福建 海南

① 中华人民共和国第十届少数民族传统体育运动会组委会办公室.中华人民共和国第十届少数民族传统体育运动会志[Z].内部资料,2015:539-582.

竞赛项目 （17项）	小项 （133项）		一等奖	二等奖	三等奖
民族式 摔跤	搏 克	女子个人	内蒙古	天津 甘肃 河北	内蒙古 西藏 新疆 内蒙古
		女子团体	内蒙古	新疆 甘肃 河北	辽宁 宁夏 青海 西藏
		男子个人	安徽	天津 河北 辽宁	内蒙古 内蒙古 内蒙古 天津
		男子团体	内蒙古	广东 河南 河北	山西 西藏 宁夏 新疆兵团
	且 西 里	52公斤级	新疆	西藏 云南	—
		62公斤级	山东	云南 四川 宁夏	甘肃 吉林 新疆兵团 新疆
		74公斤级	内蒙古	新疆 西藏 新疆	宁夏 贵州 宁夏 山东
		87公斤级	甘肃	河北 安徽 黑龙江	新疆 广东 宁夏
		87公斤 以上	广东	内蒙古 重庆 重庆	辽宁 河北 河北 新疆兵团
	格	52公斤级	西藏	安徽 新疆兵团 贵州	—
		62公斤级	四川	贵州 新疆 青海	新疆兵团 宁夏 云南 四川
		74公斤级	内蒙古	重庆 陕西 甘肃	重庆 广东 山西 青海
		87公斤级	内蒙古	北京 安徽 陕西	河南 青海 河北 甘肃
		87公斤 以上	内蒙古	重庆 天津 河北	广东 陕西 北京 辽宁
	北 嘎	52公斤级	西藏	云南 青海 山西	湖北 贵州
		62公斤级	新疆	西藏 云南 宁夏	青海 湖北 青海 湖北
		74公斤级	湖北	重庆 云南 新疆	贵州 河北
		87公斤级	西藏	内蒙古 甘肃 新疆	宁夏 黑龙江 辽宁 黑龙江
		87公斤 以上	内蒙古	甘肃 重庆 陕西	贵州 广东 辽宁 西藏
	绊 跤	52公斤级	重庆	青海 陕西	—
		62公斤级	内蒙古	天津 陕西 甘肃	山西 山东 四川 北京
		74公斤级	内蒙古	天津 河南 陕西	山西 山东 北京 新疆兵团
		87公斤级	内蒙古	重庆 河南 河北	四川 广东 山西 山东
		87公斤 以上	内蒙古	天津 河南 重庆	广东 天津 安徽

竞赛项目 （17项）	小项 （133项）	一等奖	二等奖	三等奖
民族式 摔跤	希日木 52公斤级	吉林	西藏 安徽 云南	吉林 陕西 新疆兵团
	62公斤级	重庆	湖北 吉林 吉林	宁夏 云南 新疆兵团 陕西
	74公斤级	吉林	山东 宁夏 重庆	贵州 新疆兵团 吉林 宁夏
	87公斤级	天津	北京 吉林 新疆兵 团	宁夏 广东 吉林 西藏
	87公斤 以上	吉林	辽宁 陕西 广东	内蒙古 河北 湖北 吉林
民族武术	女子 拳术A	广东	宁夏 重庆 天津	山东 安徽 内蒙古 安徽
	拳术B	山东	西藏 黑龙江 天津	广西 内蒙古 天津 河北
	拳术C	宁夏	浙江 新疆 黑龙江	广东 宁夏 吉林 海南
	器械A	重庆	广东 黑龙江 安徽	安徽 内蒙古 广西
	器械B	西藏	山东 广西 宁夏	天津 河北 山东 宁夏
	器械C	内蒙古	吉林 宁夏 海南	浙江 黑龙江 湖北 新疆
	对练	天津	宁夏 山东 广西	福建 广东 重庆
	男子 拳术A	陕西	河南 甘肃 云南	陕西 云南 广东 福建
	拳术B	内蒙古	陕西 云南 上海	北京 江苏 重庆 山东
	拳术C	上海	河北 青海 浙江	甘肃 新疆 海南 西藏
	器械A	上海	重庆 吉林 天津	辽宁 湖北 湖南 青海
	器械B	云南	陕西 河南 湖北	内蒙古 甘肃 安徽 云南
	器械C	湖南	云南 北京 河南	云南 宁夏 新疆 吉林
	对练	甘肃	广西 辽宁 天津	广东 湖北 浙江 湖南
龙舟	女子 小龙250米	重庆	广东 广西 湖南	—
	小龙500米	云南	贵州 内蒙古 江苏	湖北
	标龙250米	重庆	广东 广西 内蒙古	湖南
	标龙500米	广东	贵州 云南 广西	内蒙古
	标龙800米	重庆	广东 云南 贵州	广西 湖南
	标龙 1000米	重庆	云南 贵州 内蒙古	—

竞赛项目（17项）		小项（133项）	一等奖	二等奖	三等奖
龙舟	女子	标龙5000米环绕	云南	贵州 重庆 广东	广西 内蒙古
	男子	小龙250米	重庆	广东 海南 广西	内蒙古
		小龙500米	贵州	吉林 湖南 江苏	云南 湖北
		标龙250米	广东	湖南 广西 内蒙古	—
		标龙500米	重庆	吉林 广东 贵州	广西 江苏 云南 内蒙古
		标龙800米	吉林	贵州 广东 重庆	江苏 湖南 云南 广西
		标龙1000米	重庆	贵州 湖南 江苏	吉林 云南
		标龙5000米环绕	贵州	重庆 吉林 云南	湖南 广东 广西 江苏
	男女混合	标龙250米	广东	湖南 广西 内蒙古	—
		小龙250米	广东	重庆 海南 湖南	湖北 广西
		小龙500米	贵州	云南 江苏	—
		标龙500米	重庆	广东 贵州 云南	广西 江苏 内蒙古
		标龙800米	重庆	贵州 云南 广东	湖南 广西 江苏
		标龙1000米	重庆	贵州 云南 湖南	江苏 内蒙古
马术	民族赛马	1000米	内蒙古	湖北 湖北 新疆	内蒙古 内蒙古 西藏 西藏
		2000米	湖北	新疆 内蒙古 内蒙古	内蒙古 新疆 新疆 内蒙古
		3000米	湖北	内蒙古 内蒙古 新疆	内蒙古 西藏 新疆 新疆
		5000米	内蒙古	新疆 内蒙古 新疆	内蒙古 新疆 新疆 内蒙古
		8000米	内蒙古	新疆 内蒙古 内蒙古	内蒙古 内蒙古 内蒙古 内蒙古
	走马	1000米	内蒙古	内蒙古 新疆 内蒙古	内蒙古 内蒙古 新疆 内蒙古
		3000米	内蒙古	新疆 新疆 内蒙古	内蒙古 内蒙古 新疆 内蒙古
		5000米	新疆	内蒙古 新疆 内蒙古	内蒙古 内蒙古 新疆 内蒙古

续　表

竞赛项目 （17项）	小项 （133项）		一等奖	二等奖	三等奖
马术	跑马	射击	内蒙古	西藏 西藏 内蒙古	内蒙古 内蒙古 内蒙古 西藏
		射箭	内蒙古	内蒙古 内蒙古 内蒙古	内蒙古 内蒙古 西藏 西藏
		拾哈达	内蒙古	西藏 西藏 内蒙古	西藏 西藏 西藏 新疆
射弩	女子	传统弩立姿	内蒙古	云南 河北 云南	内蒙古 云南 浙江 河北
		传统弩跪姿	云南	云南 重庆 内蒙古	重庆 云南 广东 西藏
		标准弩立姿	湖南	云南 重庆 内蒙古	福建 甘肃 内蒙古 四川
		标准弩跪姿	云南	云南 内蒙古 四川	湖南 福建 湖南 西藏
	男子	传统弩立姿	贵州	河北 内蒙古 内蒙古	云南 云南 河北 重庆
		传统弩跪姿	内蒙古	贵州 重庆 云南	云南 河北 内蒙古 贵州
		标准弩立姿	云南	重庆 贵州 贵州	广东 内蒙古 贵州 重庆
		标准弩跪姿	重庆	湖南 贵州 重庆	贵州 重庆 湖南 内蒙古
	混合	传统弩	内蒙古	云南 湖南 重庆	宁夏 西藏 河北 广西
		标准弩	云南	重庆 湖南 内蒙古	四川 广东 贵州 江西
陀螺	女	个人	重庆	云南 云南 贵州	重庆 云南 湖北 安徽
		团体	云南	贵州 湖北 湖南	重庆 河北 安徽 福建
	男	个人	云南	内蒙古 贵州 贵州	山西 湖南 云南 重庆
		团体	云南	广西 重庆 河北	内蒙古 山西 贵州 湖南
押加		55公斤级	新疆	西藏 湖北 贵州	上海 重庆 重庆 湖南
		61公斤级	新疆	贵州 上海 四川	内蒙古 广东 西藏 河南
		68公斤级	新疆	湖北 贵州 四川	河北 内蒙古 辽宁 西藏
		76公斤级	新疆兵团	新疆 湖南 湖北	内蒙古 西藏 贵州 河北

竞赛项目 （17项）	小项 （133项）		一等奖	二等奖	三等奖
押加	85公斤级		西藏	新疆 上海 重庆	黑龙江 内蒙古 吉林 四川
	95公斤级		新疆	内蒙古 吉林 西藏	浙江 北京 四川 宁夏
	95公斤级以上		内蒙古	新疆兵团 黑龙江 四川	新疆兵团 辽宁 重庆 浙江
高脚竞速	女子	100米	湖北	湖北 云南 湖北	湖南 广西 贵州 云南
		200米	湖北	湖北 云南 湖北	广西 北京 贵州 云南
		2×200米	湖北	广西 江苏 安徽	浙江 宁夏 北京 青海
	男子	100米	湖南	湖南 湖北 贵州	贵州 广西 云南 湖北
		200米	湖北	湖南 贵州 贵州	内蒙古 湖南 广西 云南
		2×200米	湖南	广西 内蒙古 重庆	海南 新疆 云南 河北
	男女4×100米		湖北	湖南 贵州 云南	内蒙古 四川 新疆 安徽
板鞋竞速	女子	60米	湖南	重庆 湖南 重庆	贵州 湖北 广西 内蒙古
		100米	湖南	重庆 湖南 重庆	内蒙古 贵州 内蒙古 北京
		2×100米	重庆	内蒙古 贵州 广东	广西 宁夏 海南 辽宁
	男子	60米	广东	重庆 重庆 北京	湖北 湖南 云南 内蒙古
		100米	重庆	重庆 内蒙古 北京	湖南 湖北 湖南 云南
		2×100米	重庆	湖南 湖北 云南	广东 广西 宁夏 北京
	男女4×100米		湖南	内蒙古 贵州 湖北	北京 云南 海南 四川
独竹漂	女子	60米	广西	河北 云南 云南	贵州 广西 贵州 重庆
		100米	广西	贵州 广西 广西	贵州 贵州 河北 湖北
	男子	60米	重庆	贵州 贵州 云南	广西 广西 云南 广西
		100米	贵州	贵州 重庆 云南	云南 广西 广西 重庆

二十一、2019年第十一届赛事成绩

表20　第十一届全国民族运动会竞赛项目获奖统计表①

竞赛项目(17项)	小项(138项)	一等奖	二等奖	三等奖
花炮	—	广西	北京 云南 宁夏	河南 西藏 重庆 广东
木球	—	宁夏	河北 重庆 海南	青海 云南 河南 北京
民族健身操	规定套路	北京	重庆 湖南 云南	吉林 广西 河南 湖北
民族健身操	自选套路	北京	湖南 西藏 新疆	江苏 贵州 辽宁 海南
民族健身操	总成绩	北京	湖南 重庆 西藏	江苏 吉林 云南 河北
毽球	女子三人毽球	广东	湖北 辽宁 安徽	广西 河南 山东 湖南
毽球	男子三人毽球	广东	内蒙古 广西 河南	河北 湖北 上海 湖南
珍珠球	女子	广西	四川 广东 北京	海南 宁夏 山西 贵州
珍珠球	男子	四川	广西 辽宁 贵州	海南 河南 广东 浙江
秋千	55公斤级单触	湖南	广东 云南 吉林	贵州 贵州 辽宁 吉林
秋千	55公斤以上单触	湖南	新疆 云南 新疆	云南 广东 贵州 吉林
秋千	55公斤级双触	湖南	重庆 新疆 河南	贵州 云南 广西 浙江
秋千	55公斤以上双触	重庆	贵州 新疆 云南	河南 广东 河北 江苏
秋千	55公斤级单高	湖南	吉林 广东 辽宁	河北 吉林 内蒙古 江苏
秋千	55公斤以上单高	吉林	湖南 吉林 广东	贵州 浙江 内蒙古
秋千	55公斤级双高	湖南	河南 重庆 新疆	河北 广西 广西 浙江
秋千	55公斤以上双高	重庆	河南 河北 广东	内蒙古 江苏 辽宁 浙江
蹴球	女子 女单	湖南	辽宁 福建 重庆	四川 河南 山西 贵州
蹴球	女子 女双	重庆	湖北 山西 四川	福建 辽宁 湖南 云南
蹴球	男子 男单	贵州	辽宁 广西 山西	河北 福建 湖北 安徽
蹴球	男子 男双	重庆	河南 福建 山西	云南 贵州 河北 湖北
蹴球	男女混双	福建	湖北 贵州 湖南	江西 宁夏 湖南 重庆

---

① 资料来源:中华人民共和国第十一届少数民族传统体育运动会总成绩册。

竞赛项目 （17项）	小项（138项）		一等奖	二等奖	三等奖
民族式 摔跤	搏克	女子个人	甘肃	内蒙古 内蒙古 山东	西藏 宁夏 青海 新疆
		女子团体	内蒙古	西藏 河南 新疆	甘肃 青海 宁夏 山东
		男子个人	内蒙古	西藏 辽宁 内蒙古	辽宁 内蒙古 辽宁 内蒙古
		男子团体	内蒙古	宁夏 安徽 陕西	天津 河北 河南 贵州
	且西里	52公斤级	西藏	云南 新疆兵团 新疆	黑龙江 广东 青海 湖南
		62公斤级	西藏	四川 新疆兵团 广东	湖南 新疆 青海 陕西
		74公斤级	甘肃	甘肃 新疆 山东	重庆 西藏 四川 云南
		87公斤级	广东	河南 河北 河北	新疆兵团 四川 黑龙江 天津
		87公斤 以上	内蒙古	河北 广东 黑龙江	安徽 陕西 河南 辽宁
	格	52公斤级	陕西	西藏 广东 河北	新疆 山西 湖南 云南
		62公斤级	西藏	青海 河北 湖南	新疆 四川 云南 广东
		74公斤级	内蒙古	四川 云南 河南	山东 甘肃 重庆 内蒙古
		87公斤级	内蒙古	辽宁 陕西 天津	安徽 新疆兵团 四川 山东
		87公斤 以上	内蒙古	广东 安徽 天津	陕西 贵州 辽宁 宁夏
	北嘎	52公斤级	四川	新疆 广东 西藏	云南 青海 湖北 重庆
		62公斤级	西藏	河南 新疆 云南	湖北 重庆 四川
		74公斤级	河南	云南 新疆 甘肃	湖北 湖北
		87公斤级	西藏	内蒙古 甘肃 陕西	山西 新疆 西藏 湖南
		87公斤 以上	内蒙古	西藏 河南 河北	安徽 四川 陕西 黑龙江
	绊跤	56公斤级	内蒙古	宁夏 天津 山西	四川
		65公斤级	河北	辽宁 河北 内蒙古	四川 河南 宁夏
		75公斤级	内蒙古	山西 陕西 宁夏	宁夏 贵州 河北 河北
		90公斤级	内蒙古	湖南 天津 贵州	山西 湖南

竞赛项目 （17项）	小项（138项）		一等奖	二等奖	三等奖
民族式 摔跤	绊跤	90公斤 以上	内蒙古	宁夏 宁夏 河南	辽宁 辽宁 河北 安徽
	希 日 木	52公斤级	吉林	吉林 广东 西藏	重庆 新疆 湖南 甘肃
		62公斤级	吉林	山西 广东 吉林	湖北 甘肃 湖北
		74公斤级	吉林	西藏 山东 吉林	重庆 湖北 山东 甘肃
		87公斤级	广东	河南 陕西 吉林	新疆兵团 山西 辽宁 宁夏
		87公斤 以上	天津	贵州 黑龙江 辽宁	山西 吉林 吉林 陕西
民族武术	女 子	传统一类拳	山西	河南 云南 山东	广东 湖南 浙江 北京
		传统二类拳	西藏	上海 宁夏 陕西	辽宁 北京 新疆兵团 内蒙古
		传统三类拳	山东	上海 广东 西藏	广西 重庆 新疆兵团
		传统四类拳	福建	山东 天津 广东	贵州 宁夏 湖北 内蒙古
		其他拳类	河北	广东 湖南 宁夏	新疆兵团 吉林 贵州 内蒙古
		传统单器械	辽宁	西藏 广东 湖南	山东 宁夏 河北 上海
		传统双器械	广东	内蒙古 福建 西藏	河南 湖南 上海 江苏
		传统软器械	宁夏	贵州 广东 天津	重庆 新疆兵团 陕西 湖北
		对练	山东	云南 上海 宁夏	广东 湖南 福建 贵州
	男 子	传统一类拳	云南	北京 陕西 上海	甘肃 宁夏 天津 河北
		传统二类拳	北京	吉林 安徽 广西	湖北 河南 甘肃 重庆
		传统三类拳	贵州	广东 北京 广西	山东 福建 天津 河南
		传统四类拳	河南	云南 广西 浙江	辽宁 湖南 湖北 甘肃 青海
		其他拳类	河南	甘肃 福建 上海	云南 广西 江苏 河北
		传统单器械	上海	辽宁 广东 河南	甘肃 吉林 北京 河北
		传统双器械	天津	陕西 湖北 北京	福建 浙江 甘肃 贵州
		传统软器械	安徽	河南 北京 云南	湖北 重庆 山东 陕西
		对练	甘肃	天津 宁夏 广西	北京 湖北 辽宁 广东

竞赛项目 （17项）	小项（138项）		一等奖	二等奖	三等奖
龙舟	女子	小龙200米	广东	贵州 北京 河南	浙江
		小龙500米	重庆	湖南 云南 广西	海南 上海 吉林 湖北
		标龙200米	广东	贵州 湖南 重庆	海南 湖北 河南 浙江
		标龙500米	广东	贵州 湖南 云南	广西 海南
		标龙800米	广东	重庆 云南 湖南	广西 湖北 江苏 浙江
		标龙 1000米	贵州	重庆 广西 云南	海南 湖北 河南 江苏
	男子	小龙200米	贵州	广东 海南 河南	宁夏 北京 江苏 浙江
		小龙500米	重庆	湖南 吉林 广西	湖北 解放军 上海 云南
		标龙200米	贵州	广东 湖南 重庆	海南 河南 湖北
		标龙500米	贵州	广东 云南 海南	广西 吉林 浙江 解放军
		标龙800米	广东	重庆 湖南 云南	海南 河南 广西 吉林
		标龙 1000米	贵州	湖南 重庆 河南	广西 解放军 浙江 湖北
	混合	小龙200米	湖南	广东 海南 北京	河南 浙江
		小龙500米	贵州	重庆 吉林 云南	广西 上海 江苏 湖北
		标龙200米	贵州	广东 湖南 重庆	海南 河南 北京 浙江
		标龙500米	贵州	广东 湖南 吉林	海南 广西 上海 浙江
		标龙800米	贵州	广东 湖南 重庆	吉林 云南 河南 上海
		标龙 1000米	重庆	吉林 云南 湖南	上海 河南 北京 湖北
马术	民族赛马	1000米	内蒙古	内蒙古 西藏 内蒙古	内蒙古 新疆 内蒙古 内蒙古
		2000米	西藏	山西 河南 内蒙古	内蒙古 云南 内蒙古 新疆兵团
		3000米	内蒙古	内蒙古 山西 山西	云南 云南 内蒙古 西藏
		5000米	内蒙古	内蒙古 云南 内蒙古	内蒙古 内蒙古 新疆 云南
		8000米	内蒙古	河南 内蒙古 内蒙古	云南 河南 河南

续　表

竞赛项目（17项）	小项（138项）		一等奖	二等奖	三等奖
马术	走马	1000 米	内蒙古	云南 内蒙古 内蒙古	内蒙古 云南 内蒙古 西藏
		2000 米	内蒙古	内蒙古 内蒙古 内蒙古	内蒙古 云南 内蒙古 云南
		3000 米	内蒙古	内蒙古 新疆 云南	内蒙古 内蒙古 新疆 新疆
		5000 米	内蒙古	内蒙古 西藏 云南	内蒙古 云南 内蒙古 内蒙古
	跑马	跑马射箭	内蒙古	西藏 内蒙古 内蒙古	内蒙古 西藏 内蒙古 内蒙古
		跑马拾哈达	内蒙古	内蒙古 河南 河北	内蒙古 西藏 内蒙古 河南
射弩	女子	传统弩立姿	云南	内蒙古 云南 四川	西藏 重庆 云南 内蒙古
		传统弩跪姿	云南	云南 湖南 四川	内蒙古 贵州 西藏 云南
		标准弩立姿	云南	云南 湖南 浙江	四川 内蒙古 贵州 重庆
		标准弩跪姿	湖南	贵州 重庆 云南	云南 内蒙古 湖南 贵州
	男子	传统弩立姿	河北	西藏 云南 内蒙古	贵州 重庆 广西 河北
		传统弩跪姿	云南	内蒙古 广西 西藏	河北 重庆 云南 重庆
		标准弩立姿	内蒙古	内蒙古 贵州 重庆	浙江 宁夏 广西 贵州
		标准弩跪姿	内蒙古	江西 云南 重庆	内蒙古 重庆 湖南 贵州
	团体	传统弩混合	云南	内蒙古 四川 重庆	河北 贵州 西藏 北京
		标准弩混合	云南	湖南 内蒙古 贵州	重庆 宁夏 浙江 四川
陀螺	女子	个人	广西	云南 河南 河南	福建 北京 重庆 云南
		团体	云南	广西 贵州 上海	湖北 重庆 西藏 河南
	男子	个人	贵州	西藏 宁夏 上海	云南 海南 湖南 云南
		团体	云南	重庆 广西 上海	湖北 河北 海南 西藏
押加		55公斤级	内蒙古	贵州 新疆 湖北	海南 贵州 广东 湖北
		61公斤级	重庆	四川 新疆 湖北	海南 上海 内蒙古 重庆
		68公斤级	新疆	西藏 四川 安徽	重庆 湖北 贵州 重庆
		76公斤级	西藏	内蒙古 新疆 湖南	北京 甘肃 河北 新疆兵团
		85公斤级	新疆	四川 西藏 上海	内蒙古 台湾 北京 陕西
		95公斤级	新疆	上海 四川 上海	浙江 兵团 海南 吉林

竞赛项目（17项）	小项（138项）		一等奖	二等奖	三等奖
高脚竞速	女子	100米	湖北	湖南 湖南 贵州	云南 云南 贵州 广西
		200米	湖北	贵州 湖南 湖南	湖北 云南 湖北 广西
		2×200米	湖南	云南 广西 河北	安徽 西藏 江西 浙江
	男子	100米	重庆	湖北 湖南 湖北	贵州 贵州 贵州 广西
		200米	湖北	贵州 贵州 湖北	贵州 湖南 湖北 重庆
		2×200米	湖北	贵州 云南 四川	福建 河南 广东 重庆
	男女混合 4×100米		湖北	贵州 广东 广西	陕西 四川 湖南 江西
板鞋竞速	女子	60米	贵州	湖南 海南 重庆	海南 贵州 云南 湖南
		100米	贵州	重庆 湖南 海南	贵州 重庆 云南 广西
		2×100米	贵州	重庆 海南 云南	广西 广东 宁夏 江西
	男子	60米	广东	海南 云南 贵州	湖北 河南 云南 湖南
		100米	重庆	贵州 广东 海南	广西 湖南 海南 云南
		2×100米	湖南	广西 重庆 辽宁	湖北 河南 山西 宁夏
	男女混合4×100米		贵州	湖南 河南 陕西	广东 海南 湖北 山西
独竹漂	女子	60米	重庆	广西 贵州 广西	云南 海南 贵州 贵州
		100米	广西	贵州 重庆 广西	贵州 重庆 贵州 云南
		200米	广西	广西 贵州 贵州	重庆 海南 云南 广西
	男子	60米	广西	贵州 贵州 贵州	云南 安徽 广东 河南
		100米	广西	贵州 云南 广西	贵州 广西 广东 安徽
		200米	广西	广西 贵州 贵州	广西 广东 贵州 河南

二十二、半结构式访谈提纲

一、针对全国民族运动会组织者、具体管理者的问题：

（1）贵省为何要申办全国民族运动会？申办全国民族运动会是基于什么考虑的？动机是什么？目的是什么？您认为本届全国民族运动会的目标是什么？

（2）筹备和举办全国民族运动会过程中政府是否赋予了一些其他的内容，或者政府通过全国民族运动会实现了一些其他的目标？比如文化的目标、认同的目标、政治的目标等？

（3）您觉得全国民族运动会的发展是否符合社会需要？它是否存在一些问题？如果存在，主要是什么问题？

（4）您觉得本届全国民族运动会留给您最深的印象是什么？

（5）您亲历了这届全国民族运动会的管理组织工作，您觉得民族运动会开、闭幕式的作用是什么？

（6）在执行这届全国民族运动会的管理的时候，困扰您的最大问题是什么？

（7）您认为全国民族运动会除了本身的赛事意义之外，是否还具有有别于其他国内大型赛事的价值意义？如果有，您觉得包括哪些具体内容？

二、针对该领域专家、学者的问题：

（1）全国民族运动会的发展是否符合社会需要？它是否存在一些问题？如果存在，主要是什么问题？

（2）您认为全国民族运动会开、闭幕式的作用是什么？

（3）全国民族运动会作为节日庆典之一，是如何建构国家形象、提高文化软实力和文化自信的？

（4）您认为全国民族运动会在不同历史时期/发展阶段对促进多元文化认同、构建多元一体的国家认同具有积极作用吗？如果有积极作用，具体表现在哪些方面？

（5）多数研究体育赛事与国家认同的学者认为体育赛事（仪式）对增进国家认同具有正向性的作用，目前绝大部分学者主要从奥运会(国际赛事）的视角切入进行研究探索；而在新全球化背景下，您认为我国国内民族体育赛事（全国民族运动会）在构建、增进国家认同上主要体现在哪些方面？

（6）全国民族运动会中的媒介传播、赛事文化符号（主题口号、横幅、衍生活动等）在建构国家认同中有作用吗？有的话，是如何实现该目标的？

（7）全国民族运动会除了本身的赛事意义之外，是否还具有有别于其他国内大型赛事的价值意义？如果有，您觉得包括哪些内容？

三、针对社会成员（工作人员、观众等）的问题：

（1）您觉得本届全国民族运动会给您留下最深的印象是什么？

（2）您觉得全国民族运动会对您的生活有什么影响？能否促进您对其他民族文化的了解？

（3）您怎么看本届全国民族运动会的吉祥物，开、闭幕式？

（4）您觉得全国民族运动会的发展是否符合社会需要？它是否存在一些问题？如果存在，主要是什么问题？

（5）如果您的运动水平也达到了全国民族运动会的参赛水平，并给您机会去参加，您会去参加吗？如果会，您参加的目的主要是什么？

（6）您觉得全国民族运动会给您和您周边的朋友带来了什么影响？

（7）您认为全国民族运动会除了本身的赛事意义之外，是否还具有有别于其他国内大型赛事的价值意义？如果有，您觉得包括哪些内容？

四、针对裁判员、教练员、运动员的问题：

（1）您参与的历届全国民族运动会给您留下最深的印象是什么？

（2）您亲历了几届全国民族运动会？您觉得民族运动会开、闭幕式的作用是什么？

（3）从您的角度谈谈全国民族运动会的发展是否符合社会需要，它是否存在一些问题。如果存在，是什么问题？

（4）您参与全国民族运动会比赛的感觉是代表自己还是代表集体，比如您所属的省或您的民族？为什么？

（5）您所带领的队伍、队员/您在全国民族运动会获奖时的感受是什么？

（6）您参与全国民族运动会时会与观众/其他队伍互动吗？如果有互动，主要的内容包括哪些？

（7）您认为全国民族运动会除了本身的赛事意义之外，是否还具有有别于其他国内大型赛事的价值意义？如果有，您觉得包括哪些内容？

主要参考文献

一、课题组收集整理的史料

[1] 佚名.宜兴农民热烈参加民族形式体育大会[N].文汇报,1952-09-10(08).

[2] 佚名.全国铁路田径赛、民族形式体育检阅大会[N].解放日报,1952-10-08(05).

[3] 一九五二年全国铁路田径赛民族形式体育检阅大会程序册[Z].内部资料,1952.

[4] 一九五二年全国铁路田径赛民族形式体育检阅大会快报[Z].内部资料,1952.

[5] 华北体育运动委员会审定.民族形式体育运动竞赛表演暂行规则[Z].内部资料1953.

[6] 一九五三年中南区田径赛体操自行车测验比赛及民族形式体育运动表演大会手册[Z].内部资料,1953.

[7] 重庆市民族形式体育表演大会须知[Z].内部资料,1953.

[8] 重庆市一九五三年民族形式体育表演大会学习资料[Z].内部资料,1953.

[9] 佚名.体育表演及竞赛大会在天津开幕[N].人民日报,1953-11-09(01).

[10] 李械,张力.一九五三年全国民族形式体育表演及竞赛大会[N].人民日报,1953-11-15(05).

[11] 佚名.全国民族形式体育大会胜利闭幕[N].福建日报,1953-11-15(04).

[12] 佚名.全国民族形式体育大会上的精彩节目[N].东北日报,1953-11-17(03).

[13] 大会宣传部.一九五三年全国民族形式体育表演及竞赛大会[Z].内部资料,1953.

[14] 一九五三年全国民族形式体育表演及竞赛大会莅京表演会活动日程表[Z].内部资料,1953.

[15] 西南体育总分会.把民族形式体育引向更健康的人民道路[Z].内部资料,1953.

[16] 中华全国体育总会.一九五三年的五次全国运动会[M].北京:人民体育出版社,1954.

[17] 毛友松,张瑞华,喻惠如(摄).一九五三年全国民族形式体育表演及竞赛大会.新华月报(合刊)[Z].内部资料,1953.

[18] 沈阳市和平体育局.民族形式的医疗体育及其实效的初步总结[M].沈阳:沈阳人民出版社,1960.

[19] 佚名.我省少数民族传统体育运动会隆重开幕[N].贵州日报,1982-05-17(01).

[20] 佚名.让民族体育之花开得更加绚丽多彩:祝贺全省第一届少数民族传统体育运动会开幕[N].贵州日报,1982-05-17(01).

[21] 佚名.推动少数民族传统体育运动蓬勃发展[N].贵州日报,1982-05-23(01).

[22] 1982年第二届全国少数民族传统体育运动会秩序册[Z].内部资

料,1982.

[23] 1982全国少数民族传统体育运动会表演项目介绍[Z].内部资料,1982.

[24] 中华全国体育总会宣传部,中国体育图片社.中国少数民族传统体育运动[Z].内部资料,1983.

[25] 中央民族学院体育教研室.中国少数民族传统体育[Z].内部资料,1984.

[26] 李梦华.体育历史知识丛书:民族体育集锦[M].北京:人民体育出版社,1985.

[27] 1986年第三届全国少数民族传统体育运动会秩序册[Z].内部资料,1986.

[28] 中央新闻纪录电影制片厂.民族体育之花台本(彩色二本)[Z].内部资料,1986.

[29] 全国第三届少数民族传统体育运动会组织委员会.全国第三届少数民族传统体育运动会闭幕式文艺演出节目单[Z].内部资料,1986.

[30] 第三届全国少数民族传统体育运动会开幕式简介[Z].内部资料,1986.

[31] 春事增,刘鸿孝,吉雅,等.天山盛会:第三届全国少数民族传统体育运动会[J].民族画报,1986(12).

[32] 黄谷冰.天山盛会:第三届全国少数民族传统体育运动会[J].人民画报,1986(11).

[33] 大会新闻宣传组.第三届全国少数民族传统体育运动会代表团和项目简介[Z].内部资料,1986.

[34] 胡小明.民族体育集锦[M].成都:四川民族出版社,1989.

[35] 第一、二届全国少数民族运动会简报[Z].内部资料,1989.

[36] 第四届全国少数民族运动会简报(上)[Z].内部资料,1991.

[37] 第四届全国少数民族运动会简报(下)[Z].内部资料,1991.

[38] 1991年第四届全国少数民族传统体育运动会秩序册[Z].内部资料,1991.

[39] 钟家佐.民运会诗词选[M].南宁:广西民族出版社,1993.

[40] 第四届全国少数民族传统体育运动会组委会宣传部.民族体育之光:第四届全国少数民族传统体育运动会[Z].内部资料,1992.

[41] 广西画报社.第四届全国少数民族传统体育运动会专刊[Z].内部资料,1992.

[42] 云南画报社.民族团结的盛会[Z].内部资料,1992.

[43] 民族画报社.邕城盛会:第四届全国少数民族传统体育运动会纪实[Z].内部资料,1992.

[44] 第四届全国少数民族传统体育运动会组委会办公室.第四届全国少数民族传统体育运动会文件汇编[M].南宁:广西民族出版社,1992.

[45] 第四届全国民运会组委会宣传部.民族之光[M].南宁:广西民族出版社,1992.

[46] 中华人民共和国第五届少数民族传统体育运动会组委会大型活动部主办,云南省红河哈尼族彝族自治州歌舞团创作演出.中华人民共和国第五届少数民族传统体育运动会:瑶族大型舞剧——瑶山之火[Z].内部资料,1995.

[47] 第五届全国少数民族传统体育运动会组委会大型活动部.第五届全国少数民族传统体育运动会歌曲[Z].内部资料,1995.

[48] 中华人民共和国第五届少数民族传统体育运动会组织委员会.中华人民共和国第五届少数民族传统体育运动会总秩序册[Z].内部资料,1995.

[49] 中华人民共和国第五届少数民族传统体育运动会成绩册[Z].内部资料,1995.

[50] 中华人民共和国第五届少数民族传统体育运动会广告手册[Z].内部资料,1995.

[51] 中华人民共和国第五届少数民族传统体育运动会《红塔山杯》表演项目解说词[Z].内部资料,1995.

[52] 第五届全国民运会宣传部.盛世盛会——中华人民共和国第五届少数民族传统体育运动会[M].昆明:云南民族出版社,1996.

[53] 第五届全国民运会组委会大型活动部.中国56个民族传统体育摄影作品集[M].昆明:云南民族出版社,1996.

[54] 孙渭.中华人民共和国第五届少数民族传统体育运动会大型活动文集[Z].内部资料,1997.

[55] 第五届全国民运会组委会.中华人民共和国第五届少数民族传统体育运动会文集[M].昆明:云南民族出版社,1997.

[56] 大型活动部.中华人民共和国第五届少数民族传统体育运动会大型活动文集[Z].内部资料,1995.

[57] 第五届民运会新闻中心.中华人民共和国第五届少数民族传统体育运动会获奖新闻作品集[M].昆明:云南教育出版社,1996.

[58] 国家体育总局群众体育赛事、国家民族事务委员会文化宣传司.第六届全国少数民族传统体育运动会竞赛表演项目规则[Z].内部资料,1998.

[59] 中华人民共和国第六届少数民族传统体育运动会组委会.相聚北京拉萨[Z].内部资料,1999.

[60] 第六届全国少数民族传统体育运动会(西藏赛区)筹备工作委员会.1999:56个民族欢聚在圣城拉萨[Z].内部资料,1999.

[61] 中华人民共和国文化部社会文化图书馆司,第六届全国少数民族传统体育运动会组委会.庆祝中华人民共和国成立五十周年、祝贺第六届全国少数民族传统体育运动会召开:民族音画——1999[Z].内部资料,1999.

[62] 中华人民共和国第六届少数民族传统体育运动会拉萨分赛场总秩序册[Z].内部资料,1999.

[63] 中华人民共和国第六届少数民族传统体育运动会组织委员会.中华人民共和国第六届少数民族传统体育运动会竞技类表演项目竞赛规则[Z].内部资料,1999.

[64] 中华人民共和国第六届少数民族传统体育运动会组织委员会.中华人民共和国第六届少数民族传统体育运动会总秩序册[Z].内部资料,1999.

[65] 中华人民共和国第六届少数民族传统体育运动会组织委员会.中华人民共和国第六届少数民族传统体育运动会总结报告[Z].内部资料,1999.

[66] 杨锡春.满族风俗考[M].哈尔滨:黑龙江人民出版社,2001.

[67] 贵州省民宗委文教处,贵州省体育局群体处.贵州省第五届少数民族传统体育运动会资料集[Z].内部资料,2002.

[68] 花海歌潮宁夏川·第七届全国少数民族传统体育运动会特刊[N].宁夏日报,2003-04-11(09).

[69] 花海歌潮宁夏川·第七届全国少数民族传统体育运动会特刊[N].宁夏日报,2003-04-24(09).

[70] 花海歌潮宁夏川·第七届全国少数民族传统体育运动会特刊[N].宁夏日报,2003-05-08(09).

[71] 花海歌潮宁夏川·第七届全国少数民族传统体育运动会特刊[N].宁夏日报,2003-05-22(09).

[72] 花海歌潮宁夏川·第七届全国少数民族传统体育运动会特刊[N].宁夏日报,2003-05-30(09).

[73] 花海歌潮宁夏川·第七届全国少数民族传统体育运动会特刊[N].宁夏日报,2003-06-12(09).

[74] 花海歌潮宁夏川·第七届全国少数民族传统体育运动会特刊[N].宁夏日报,2003-06-26(09).

[75] 花海歌潮宁夏川·第七届全国少数民族传统体育运动会特刊[N].

宁夏日报,2003-07-10(09).

[76]花海歌潮宁夏川·第七届全国少数民族传统体育运动会特刊[N].
宁夏日报,2003-07-17(09).

[77]花海歌潮宁夏川·第七届全国少数民族传统体育运动会特刊[N].
宁夏日报,2003-07-24(09).

[78]花海歌潮宁夏川·第七届全国少数民族传统体育运动会特刊[N].
宁夏日报,2003-08-01(17).

[79]花海歌潮宁夏川·第七届全国少数民族传统体育运动会特刊[N].
宁夏日报,2003-08-07(09).

[80]花海歌潮宁夏川·第七届全国少数民族传统体育运动会特刊[N].
宁夏日报,2003-08-14(09).

[81]花海歌潮宁夏川·第七届全国少数民族传统体育运动会特刊[N].
宁夏日报,2003-08-21(09).

[82]花海歌潮宁夏川·第七届全国少数民族传统体育运动会特刊[N].
宁夏日报,2003-08-28(09).

[83]花海歌潮宁夏川·第七届全国少数民族传统体育运动会特刊[N].
宁夏日报,2003-09-06(05).

[84]花海歌潮宁夏川·第七届全国少数民族传统体育运动会特刊[N].
宁夏日报,2003-09-07(05).

[85]花海歌潮宁夏川·第七届全国少数民族传统体育运动会特刊[N].
宁夏日报,2003-09-08(05).

[86]花海歌潮宁夏川·第七届全国少数民族传统体育运动会特刊[N].
宁夏日报,2003-09-09(05).

[87]花海歌潮宁夏川·第七届全国少数民族传统体育运动会特刊[N].
宁夏日报,2003-09-10(05).

[88]花海歌潮宁夏川·第七届全国少数民族传统体育运动会特刊[N].
宁夏日报,2003-09-11(05).

[89] 花海歌潮宁夏川·第七届全国少数民族传统体育运动会特刊[N].宁夏日报,2003-09-12(05).

[90] 花海歌潮宁夏川·第七届全国少数民族传统体育运动会特刊[N].宁夏日报,2003-09-13(05).

[91] 花海歌潮宁夏川·第七届全国少数民族传统体育运动会特刊[N].宁夏日报,2003-09-14(05).

[92] 中华人民共和国第七届少数民族传统体育运动会组织委员会.中华人民共和国第七届少数民族传统体育运动会总秩序册[Z].内部资料,2003.

[93] 宁夏地方志编审委员会,宁夏地方志协会.第七届全国少数民族传统体育运动会专号:宁夏史志[Z].内部资料,2003.

[94] 第七届全国少数民族传统体育运动会筹委会宣传部.举全区之力办好新世纪首次民族运动会[Z].内部资料,2003.

[95] 第七届少数民族传统体育运动会宣传部.中华人民共和国第七届少数民族传统体育运动会总结文集[Z].内部资料,2003.

[96] 中华人民共和国第七届少数民族传统体育运动会组委会.相聚在宁夏[Z].内部资料,2003.

[97] 云南省参加第七届全国少数民族传统体育运动会筹委会.云南省参加第七届全国少数民族传统体育运动会文件材料汇编[Z].内部资料,2006.

[98] 杨丰陌.辽宁省第六届少数民族传统体育运动会[M].沈阳:辽宁民族出版社,2007.

[99] 中华人民共和国第八届少数民族传统体育运动会总秩序册[Z].内部资料,2007.

[100] 中华人民共和国第八届少数民族传统体育运动会总成绩册[Z].内部资料,2007.

[101] 中华人民共和国第八届少数民族传统体育运动会项目竞赛表演

简介[Z].内部资料,2007.

[102] 王晓玲,陈国.第八届全国少数民族传统体育运动会开幕式、闭幕式、民族大联欢舞美、服装草图画册[Z].内部资料,2007.

[103] 第八届全国少数民族传统体育运动会组委会办公室.第八届全国少数民族传统体育运动会的文件资料汇编[Z].内部资料,2008.

[104] 罗京军.永恒的和谐:中华人民共和国第八届少数民族传统体育运动会录[M].广州:广东人民出版社,2008.

[105] 云南省参加第八届全国少数民族传统体育运动会筹委会.云南省参加第八届全国少数民族传统体育运动会文件材料汇编[Z].内部资料,2011.

[106] 李志清.乡土中国的仪式性少数民族体育[M].北京:中国社会科学出版社,2008.

[107] 中华人民共和国第九届少数民族传统体育运动会"中国石油杯"表演项目比赛成绩册[Z].内部资料,2011.

[108] 中华人民共和国第九届少数民族传统体育运动会总秩序册[Z].内部资料,2012.

[109] 新疆维吾尔自治区文化厅.中国文脉:新疆国家级非物质文化遗产名录项目丛书——维吾尔族达瓦孜[M].乌鲁木齐:新疆青少年出版社,2012.

[110] 中华人民共和国第九届少数民族传统体育运动会组委会办公室.中华人民共和国第九届少数民族传统体育运动会文件资料汇编[Z].内部资料,2012.

[111]第九届全国少数民族传统体育运动会工作指挥部,贵阳市地方志编纂委员会办公室.中华人民共和国第九届少数民族传统体育运动会工作志[Z].内部资料,2012.

[112] 第九届全国少数民族传统体育运动会组委会志愿者工作部.志愿者成长记录[M].贵阳:贵州科技出版社,2012.

[113]第九届全国少数民族传统体育运动会工作指挥部.第九届全国少数民族传统体育运动会资料汇编(之三):中华人民共和国第九届少数民族传统体育运动会闭幕式方案汇编[Z].内部资料,2012.

[114]第九届全国少数民族传统体育运动会工作指挥部.第九届全国少数民族传统体育运动会资料汇编（之五）：中华人民共和国第九届少数民族传统体育运动会开幕式、闭幕式、民族大联欢活动组织实施流程汇编[Z].内部资料，2012.

[115]第九届全国少数民族传统体育运动会工作指挥部.第九届全国少数民族传统体育运动会资料汇编(之七):中华人民共和国第九届少数民族传统体育运动会火炬传递贵阳传递活动资料汇编[Z].内部资料，2012.

[116]第九届全国少数民族传统体育运动会工作指挥部.第九届全国少数民族传统体育运动会资料汇编(之八):中华人民共和国第九届少数民族传统体育运动会开幕倒计时活动资料汇编[Z].内部资料,2012.

[117]第九届全国少数民族传统体育运动会工作指挥部.第九届全国少数民族传统体育运动会资料汇编(之九):中华人民共和国第九届少数民族传统体育运动会文件汇编(上册)[Z].内部资料,2012.

[118]第九届全国少数民族传统体育运动会工作指挥部.第九届全国少数民族传统体育运动会资料汇编(之九):中华人民共和国第九届少数民族传统体育运动会文件汇编(下册)[Z].内部资料,2012.

[119]第九届全国少数民族传统体育运动会工作指挥部.第九届全国少数民族传统体育运动会资料汇编(之十):中华人民共和国第九届少数民族传统体育运动会会议纪要汇编[Z].内部资料,2012.

[120]第九届全国少数民族传统体育运动会工作指挥部.第九届全国少数民族传统体育运动会资料汇编(之十一):中华人民共和国第九届少数民族传统体育运动会工作简报汇编[Z].内部资料,2012.

[121]第九届全国少数民族传统体育运动会工作指挥部.第九届全国

少数民族传统体育运动会资料汇编（之二十）：李忠同志在贵阳市协办中华人民共和国第九届少数民族传统体育运动会工作中言论选录[Z].内部资料,2012.

[122]第九届全国少数民族传统体育运动会工作指挥部.第九届全国少数民族传统体育运动会资料汇编（之二十二）：贵阳市协办中华人民共和国第九届少数民族传统体育运动会其他资料（备忘）汇编[Z].内部资料,2012.

[123] 中华人民共和国第十届少数民族传统体育运动会开幕式"汇聚民族情 共圆中国梦"简介[Z].内部资料,2015.

[124] 中华人民共和国第十届少数民族传统体育运动会运动员村概况[Z].内部资料,2015.

[125] 中华人民共和国第十届少数民族传统体育运动会总秩序册[Z].内部资料,2015.

[126] 中华人民共和国第十届少数民族传统体育运动会组委会办公室.中华人民共和国第十届少数民族传统体育运动会志[Z].内部资料,2015.

[127] 中华人民共和国第十届少数民族传统体育运动会组委会宣传部.鄂尔多斯记忆"相聚内蒙古 共圆中国梦"[Z].内部资料,2015.

[128] 中华人民共和国第十一届少数民族传统体育运动会"中华民族一家亲 同心共筑中国梦"邮票珍藏[Z].内部资料,2019.

[129] 民族画报社.第十一届全国少数民族传统体育运动会专刊[Z].内部资料,2019.

[130] 中华人民共和国第十一届少数民族传统体育运动会总秩序册[Z].内部资料,2019.

[131] 中华人民共和国第十一届少数民族传统体育运动会竞赛日程手册[Z].内部资料,2019.

[132] 中华人民共和国第十一届少数民族传统体育运动会竞赛指南

[Z].内部资料,2019.

[133] 中华人民共和国第十一届少数民族传统体育运动会大会指南[Z].内部资料,2019.

[134] 中华人民共和国第十一届少数民族传统体育运动会民族健身操秩序册[Z].内部资料,2019.

[135] 呼和浩特马上项目分赛场筹委会办公室.中华人民共和国第十一届少数民族传统体育运动会呼和浩特马上项目分赛场工作方案[Z].内部资料,2019.

[136] 呼和浩特马上项目分赛场筹委会办公室.中华人民共和国第十一届少数民族传统体育运动会呼和浩特马上项目分赛场剪影集[Z].内部资料,2019.

[137] 执委会办公室.中华人民共和国第十一届少数民族传统体育运动会执委会规划建设部资料汇编(一)[Z].内部资料,2019.

[138] 执委会办公室.中华人民共和国第十一届少数民族传统体育运动会执委会规划建设部资料汇编(二)[Z].内部资料,2019.

[139] 执委会办公室.中华人民共和国第十一届少数民族传统体育运动会执委会规划建设部资料汇编(三)[Z].内部资料,2019.

[140] 执委会办公室.中华人民共和国第十一届少数民族传统体育运动会执委会规划建设部资料汇编(四)[Z].内部资料,2019.

[141] 执委会办公室.中华人民共和国第十一届少数民族传统体育运动会执委会规划建设部资料汇编(五)[Z].内部资料,2019.

[142] 执委会办公室.中华人民共和国第十一届少数民族传统体育运动会执委会规划建设部资料汇编(六)[[Z].内部资料,2019.

[143] 执委会办公室.中华人民共和国第十一届少数民族传统体育运动会执委会新闻宣传部资料汇编[Z].内部资料,2019.

[144] 执委会办公室.中华人民共和国第十一届少数民族传统体育运动会执委会财务招商部资料汇编[Z].内部资料,2019.

[145] 执委会办公室.中华人民共和国第十一届少数民族传统体育运动会执委会办公室资料汇编(之一:组织架构及大事记)[Z].内部资料,2019.

[146] 执委会办公室.中华人民共和国第十一届少数民族传统体育运动会执委会办公室资料汇编(之二:大型活动及重要会议材料)[Z].内部资料,2019.

[147] 执委会办公室.中华人民共和国第十一届少数民族传统体育运动会执委会办公室资料汇编(之三:会议方案及会议纪要)[Z].内部资料,2019.

[148] 执委会办公室.中华人民共和国第十一届少数民族传统体育运动会执委会办公室资料汇编(之四:各类文件上册)[Z].内部资料,2019.

[149] 执委会办公室.中华人民共和国第十一届少数民族传统体育运动会执委会办公室资料汇编(之四:各类文件下册)[Z].内部资料,2019.

[150] 执委会办公室.中华人民共和国第十一届少数民族传统体育运动会执委会办公室资料汇编(之五:工作简报上册)[Z].内部资料,2019.

[151] 执委会办公室.中华人民共和国第十一届少数民族传统体育运动会执委会办公室资料汇编(之五:工作简报下册)[Z].内部资料,2019.

[152] 执委会办公室.中华人民共和国第十一届少数民族传统体育运动会执委会办公室资料汇编(之六:任务交办清单)[Z].内部资料,2019.

[153] 执委会办公室.中华人民共和国第十一届少数民族传统体育运动会执委会办公室资料汇编(之七:周工作情况通报)[Z].内部资料,2019.

[154] 执委会办公室.中华人民共和国第十一届少数民族传统体育运动会执委会办公室资料汇编(之八:公函)[Z].内部资料,2019.

[155]中华人民共和国第十一届少数民族传统体育运动会总成绩册[Z].内部资料,2019.

二、中英文专著、论文集、报告

[1] 中国少数民族传统体育大全编委会.中国少数民族传统体育大全[M].沈阳:辽宁民族出版社,2017.

[2] 纳日碧力戈.中国各民族的国家认同研究[M].北京:中国社会科学出版社,2020.

[3] 田麦久,王钰清.中国少数民族传统体育项目诗词集萃[M].北京:人民体育出版社,2019.

[4] 张建会.全运会制度变迁中的秩序、认同与利益[M].北京:北京体育大学出版社,2011.

[5] 张建会.国际和国内双重维度下大型体育赛事与国家认同研究[M].北京:北京体育大学出版社,2020.

[6] 中国体育博物馆国家体委文史工作委员会.中华民族传统体育志[M].南宁:广西民族出版社,1990.

[7] 民族文化宫展览馆.民族学博物馆学散论[M].北京:中央民族大学出版社,1994.

[8] 伍绍祖.中华人民共和国体育史(1949—1998)综合卷[M].北京:中国书籍出版社,1999.

[9] 全国少数民族传统体育运动会科学论文报告会.民族体育论集[M].北京:民族出版社,2003.

[10] 国家民委文化宣传司,国家体育总局群众体育司.民族体育论集:第八届全国少数民族传统体育运动会民族体育科学论文报告会获奖论文集[M].北京:民族出版社,2007.

[11] 郭颂,朱国权,刘云,等.少数民族传统体育[M].北京:北京师范大学出版社,2009.

[12] 国家民委文化宣传司,国家体育总局群众体育司.民族体育论文

集：第九届全国少数民族传统体育运动会民族体育科学论文评选获奖论文集[M].北京：民族出版社,2011.

[13] 韩二涛,魏亮,王世军.中国少数民族传统体育运动会研究[M].长春：吉林出版集团股份有限公司,2016.

[14] 刘德琼,胡英清,刘靖南,等.少数民族传统体育[M].桂林：广西师范大学出版社,2000.

[15] 李玲修,周铭共.体育之子荣高棠[M].北京：新华出版社,2002.

[16] 雷振扬.中国特色民族政策的完善与创新研究[M].北京：民族出版社,2009.

[17] 文兵.价值多元与和谐社会[M].北京：中国政法大学出版社,2007.

[18] 王伦光.和谐社会的价值追求研究[M].北京：人民出版社,2011.

[19] 晏辉.现代性语境下的价值与价值观[M].北京：北京师范大学出版社,2009.

[20] 黄凯锋.价值论及其部类研究[M].上海：学林出版社,2005.

[21] 刘旭东,王亚勇.十四种竞技：中国少数民族传统体育运动会竞赛项目赏析[M].银川：宁夏人民出版社,2003.

[22] 雷振扬.中国特色民族政策与民族发展问题探究[M].北京：中国社会科学出版社,2016.

[23] 丁敏.华礼人：文化认同的再思考[M].上海：复旦大学出版社,2019.

[24] 米尔佐夫.身体图景：艺术、现代性与理想形体[M].萧易,译.重庆：重庆大学出版社,2018.

[25] 宋学勤.改革开放40年的中国社会[M].北京：中共党史出版社,2018.

[26] 费边.时间与他者：人类学如何制作其对象[M].马健雄,林珠云,译.北京：北京师范大学出版社,2018.

[27] 翦伯赞.华夏与四裔[M].北京：中国文史出版社,2018.

[28] 巴特利特.符号中的历史[M].范明瑛,王敏雯,译.北京:北京联合出版公司,2016.

[29] 王东杰.历史·声音·学问:近代中国文化的脉延与异变[M].北京:东方出版社,2018.

[30] 张尧均.隐喻的身体[M].杭州:中国美术学院出版社,2006.

[31] 利科.记忆,历史,遗忘[M].李彦岑,陈颖,译.上海:华东师范大学出版社,2018.

[32] 郑晓云.文化认同论[M].北京:中国社会科学出版社,1992.

[33] 于春洋.现代民族国家建构:理论、历史与现实[M].北京:中国社会科学出版社,2016.

[34] 韦诗业.民族认同与国家认同的和谐关系建构研究[M].北京:中央编译出版社,2017.

[35] 暨爱民.国家认同建构:基于民族视角的考察[M].北京:社会科学文献出版社,2016.

[36] 余记.国家建构的一个侧面:"十七年"电影中的边疆叙事与国族认同[M].北京:人民出版社,2016.

[37] 张宝成.民族认同与国家认同[M].北京:人民出版社,2012.

[38] 弗朗西斯·福山.国家构建:21世纪的国家治理与世界秩序[M].黄胜强,许铭原,译.北京:中国社会科学出版社,2007.

[39] 亨廷顿.文明的冲突与世界秩序的重建[M].北京:新华出版社,2010.

[40] 史密斯.民族认同[M].王娟,译.南京:译林出版社,2018.

[41] 史密斯.民族主义:理论,意识形态,历史[M].叶江,译.上海:上海人民出版社,2006.

[42] 安德森.想象的共同体:民族主义的起源与散布[M].吴叡人,译.上海:上海人民出版社,2005.

[43] 范热内普.过渡礼仪[M].张举文,译.北京:商务印书馆,2010.

[44] 布鲁纳.记忆的战略:国家认同建构中的修辞维度[M].蓝胤淇,译.北京:商务印书馆,2016.

[45] 邓洪波.我国高校少数民族学生国家认同教育研究[M].北京:人民出版社,2016.

[46] 伊罗生.群氓之族:群体认同与政治变迁[M].邓伯宸,译.桂林:广西师范大学出版社,2008.

[47] 黄兴涛.重塑中华:近代中国"中华民族"观念研究[M].北京:北京师范大学出版社,2017.

[48] 彭兆荣.边际族群:远离帝国庇佑的客人[M].合肥:黄山书社,2006.

[49] 费孝通.全球化与文化自觉:费孝通晚年文选[M].北京:外语教学与研究出版社,2013.

[50] 费孝通.中华民族多元一体格局(修订本)[M].北京:中央民族大学出版社,1999.

[51] 陈达云.少数民族大学生国家认同教育创新研究[M].北京:民族出版社,2010.

[52] 郑航.国家认同与爱国主义教育[M].广州:中山大学出版社,2016.

[53] 温春来.身份、国家与记忆:西南经验[M].北京:北京师范大学出版社,2018.

[54] 刘浦江.正统与华夷:中国传统政治文化研究[M].北京:中华书局,2017.

[55] 许纪霖.家国天下:现代中国的个人、国家与世界认同[M].上海:上海人民出版社,2017.

[56] 泰勒.现代性中的社会想象[M].林曼红,译.南京:译林出版社,2014.

[57] 霍布斯鲍姆.民族与民族主义[M].李金梅,译.上海:上海人民出版社,2000.

[58] 徐迅.民族主义[M].北京:中国社会科学出版社,1998

[59] 国家民族事务委员会研究室.统一多民族的中国和中华民族的多元一体[M].北京:民族出版社,2009.

[60] 杨祥全.津门武术[M].太原:山西科学技术出版社,2013.

[61] 隋东旭.中国古代东北民族体育文化研究[M].北京:社会科学文献出版社,2021.

[62] 王娟.媒介仪式与社会再现:三十六载除夕舞台的传播学解读[M].北京:光明日报出版社,2019.

[63] 库尔德里.媒介仪式:一种批判的视角[M].崔玺,译.北京:中国人民大学出版社,2016.

[64] ANDERSON B. Imagined Communities: Reflections on the origin and spreadof nationalism[M]. London and New York: Verso,1991.

[65] BLAIN N, BOYLE R, O'Donnell H. Sport and national identity in the european media[M]. UT Back-in-Print Service, 1993.

[66] COLLINS R. Interaction ritual chains [M]. Princeton Studies in Cultural Sociology,2011.

[67] EDENSOR T. National identity, popular culture and everyday life[M]. Oxford and New York: Berg, 2002.

[68] TOMLINSON A, CHRISTOPHER Y. National identity and global sportsevents [M]. New York: State University of New York Press, 2006.

[69] CRONIN M, MAYALL D. Sporting nationalism: identity, ethnicity, immigration and assimilation [M]. London: Frank CASS Publishers, 1998.

[70] ADRIAN S, DILWYN P. Sport and national identity in the post-war world[M]. London and New York: Routledge, 2004.

[71] ANTHONY D, Smith. National identity[M]. London and New York: Penguin Books, 1991.

[72] DENNIS S. The rise of historical sociology[M]. Philadelphia: Temple

University Press, 1991.

[73] ERVING G. The presentation of self in everyday life[M]. Edinburgh: University of Edinburgh, 1956.

[74] SAMUEL P, Huntington. The clash of civilizations and remaking of world order[M]. New York: Simon & Schuster, 1997.

[75] LU Z X, FAN H. Sport and nationalism in China[M]. London and New York: Routledge, 2013.

[76] LIU L, FAN H. The national games and national identity in China: a history[M]. London and New York: Routledge, 2017.

三、中英文期刊论文

[1] 王虹,赵晓玲.全国少数民族传统体育运动会研究[J].体育文化导刊,2009(11):134-136.

[2] 陆晔.媒介使用、社会凝聚力和国家认同:理论关系的经验检视[J].新闻大学,2010(2):14-22,80.

[3] 贺金瑞,燕继荣.论从民族认同到国家认同[J].中央民族大学学报(哲学社会科学版),2008(3):5-12.

[4] 林尚立.现代国家认同建构的政治逻辑[J].中国社会科学,2013(8):22-46,204-205.

[5] 金太军,姚虎.国家认同:全球化视野下的结构性分析[J].中国社会科学,2014(6):4-23,206.

[6] 刘红霞.媒介体育中国家认同的再现与建构[J].体育科学,2006(10):3-14.

[7] 彭兆荣.人类学仪式理论的知识谱系[J].民俗研究,2003(2):5-20.

[8] 赵均.体育与中国国家形象研究[J].北京体育大学学报,2012,35(1):32-36.

[9] 管健,郭倩琳.我国青年国家认同的结构与验证[J].南开学报(哲学社会科学版),2019(6):82-92.

[10] 曹国东.国家认同建构中的媒介逻辑[J].传媒,2019(20):90-93.

[11] 吴玉军,和谐.国家认同视阈下的民族地区精准扶贫问题[J].贵州民族研究,2019,40(9):40-45.

[12] 林红.身份政治与国家认同:经济全球化时代美国的困境及其应对[J].政治学研究,2019(4):30-41,125-126.

[13] 殷冬水,曾水英.塑造现代国家:国家认同的视角——关于国家认同构建价值的政治学阐释与反思[J].南京社会科学,2019(8):88-93.

[14] 黄基凤.中华优秀传统文化与国家认同培育的内在关系[J].学校党建与思想教育,2019(14):22-24.

[15] 李根,高嵘.国家认同与集体记忆:"国球"乒乓的塑造过程及象征意义[J].沈阳体育学院学报,2019,38(4):78-85.

[16] 石亚洲,张方译.多民族国家建构国家认同的关键维度与政策路径[J].中央民族大学学报(哲学社会科学版),2019,46(4):16-26.

[17] 王理万.体育运动与国家认同问题的理论展开和中国语境[J].上海体育学院学报,2019,43(3):46-53,60.

[18] 曾楠.政治仪式建构国家认同的理论诠释与实践图景:以改革开放40周年纪念活动为例[J].探索,2019(3):51-60.

[19] 吴玉军.传承历史记忆:国家认同建构的重要路径[J].人民论坛,2019(3):116-117.

[20] 饶舒琪.全球化背景下的国家认同教育:合法性与应有内涵[J].教育学报,2018,14(6):48-56.

[21] 虎有泽,云中.国家认同视域下中华民族共同体意识[J].贵州民族研究,2018,39(11):1-6.

[22] 张雪琴.国家认同视域中公民身份的内涵检视和生成机制研究[J].河南社会科学,2018,26(10):53-58.

[23] 黄玲.村落在国境上:跨境民族的乡土植根与国家认同——基于广西防城京族巫头村的调查[J].贵州社会科学,2018(10):84-89.

[24] 吴玉军,顾豪迈.国家认同建构中的历史记忆问题[J].中国特色社会主义研究,2018(3):69-76,2.

[25] 丁云亮.媒介化社会国家认同的修辞建构[J].学术界,2018(4):110-120.

[26] 周慧梅.集体仪式与国家认同:以山西省立民众教育馆为考察中心[J].天津师范大学学报(社会科学版),2018(1):57-63.

[27] 李函章.弘扬优秀传统文化 提升公民国家认同[J].人民论坛,2017(33):82-83.

[28] 陈家明,蒋彬.符号学视野下体育与少数民族的国家认同构建[J].民族学刊,2020,11(5):120-126,159-160.

[29] 李成龙,金青云.国家认同视野下朝鲜族传统体育文化价值研究[J].西安体育学院学报,2018,35(5):577-583.

[30] 李荣芝.我国民族传统体育文化的认同危机及传承[J].中国学校体育(高等教育),2018,5(2):70-76.

[31] 王真真,王相飞,延怡冉.大型体育赛事的新媒体话语策略与国家认同构建[J].成都体育学院学报,2021,47(1):101-105.

[32] 郭学松.记忆、认同与共同体:两岸宋江阵演武文化中民族传统体育身体展演与话语叙事[J].体育科学,2020,40(7):79-87.

[33] 孙晨晨,邓星华,宋宗佩.全球化与民族化:中国民族传统体育的文化认同[J].体育学刊,2018,25(5):30-34.

[34] DANIEL L D. International sports events and national identity: the opening ceremony of the taipei universiade[J]. Sport in Society, 2021, 24(7): 1093-1109.

[35] DIEGO B. The effects of the 2016 copa america centenario victory on social trust, self-transcendent aspirations and evaluated subjective well-being:

the role of identity with the national team and collective pride in major sport events[J]. Frontiers in Psychology, 2020, 11(09): 498-591.

[36] ORTON M. Sport and national identities: globalisation and conflict ed. by paddy dolan, john connolly (review)[J]. Journal of Sport History, 2018, 45(3) : 367-368.

[37] MATTHEW L, MCDOWELL.Sport and english national identity in a "disunited kingdom "ed. by tom gibbons and dominic malcolm (review)[J]. Journal of Sport History, 2018, 45(2) : 251-252.

[38] LIU L, FAN H. The national games and national identity in the republic of china, 1910 – 1948[J]. International Journal of the History of Sport, 2015, 32(3) : 440-454.

[39] BALE J. Sport and national identity: a geographical view[J]. International Journal of the History of Sport, 1986, 3(1):18-41.

[40] PATRICK W.C, LAU. The longitudinal changes of national identity in mainland china, hong kong and taiwan before, during and after the 2008 beijing olympics games[J]. The International Journal of the History of Sport, 2012, 29 (9) :1281-1294.

[41] GONG J. Re-imaging an ancient, emergent superpower: 2008 beijing olympic games, public memory, and national identity[J]. Communication & Critical/cultural Studies ,2012, 9(2) : 191-214.

[42] DONG J X. The beijing games, national identity and modernization in china [J]. International Journal of the History of Sport, 2010, 27(16-18):2798-2820.

四、报纸

[1] 范荣.国家认同必然包含对道路制度的认同[N].北京日报,2019-08-23(03).

[2] 陈君.坚持马克思主义国家观 铸牢中华民族共同体意识[N].兵团日报(汉),2019-08-22(06).

[3] 孙向群.从家乡认同到国家认同[N].济南日报,2019-05-03(03).

[4] 高文珺.90后的社会价值观[N].北京日报,2019-01-14(14).

[5] 毕懿晴.文化自觉与民族国家认同[N].中国社会科学报,2018-12-17(08).

[6] 陈延斌.全球化背景下铸牢中华民族共同体意识的路径[N].中国民族报,2018-08-03(05).

[7] 刘庆柱."中和"基因生成中华国家认同[N].中国社会科学报,2018-02-23(04).

[8] 杜兰晓.论国家认同的内在诉求[N].浙江日报,2017-09-04(11).

[9] 李科.强化国家认同 凝聚中国力量[N].中国社会科学报,2017-05-19(01).

[10] 彭卫民.多民族国家应当如何整合民族认同与国家认同[N].中国民族报,2017-03-17(08).

[11] 熊坤新."一体多元"与共建中华民族共有精神家园[N].中国民族报,2017-03-10(05).

[12] 朱丹.回归政治的国家认同[N].中国社会科学报,2017-01-11(07).

[13] 彭卫民.国家认同中的公民道德建设刍议[N].中国民族报,2017-01-06(07).

后　记

　　在撰写《全国少数民族传统体育运动会的历史考察》这一专著的过程中，我们深入探讨了全国少数民族传统体育运动会的历史演变，见证了这一盛会自1953年在天津举行首届全国民族形式体育表演及竞赛大会以来的非凡历程。该赛事不仅承载了中华民族对体育的热爱，更成为促进民族团结、弘扬中华优秀传统文化的重要平台。

　　在资料搜集与整理的过程中，我们深刻感受到了中华民族传统体育文化的丰富多样与独特魅力。从花炮、珍珠球、木球等传统项目，到民族马术、民族健身操等新增项目，每一项运动都蕴含着中华民族深厚的智慧与丰富的文化内涵。通过对这些项目的考察与研究，我们仿佛听到了各民族运动健儿在赛场上的呐喊与欢呼，感受到了他们为荣誉而战的激情与决心。

　　经过数年的深入研究与反复修改，形成了60余万字的书稿，其中沈伟同志撰写了本书超过27万字的内容（绪论、第一章、第二章、第三章、第四章、第五章、第六章、第七章），其余章节内容由刘利同志撰写约40万字内容（第八章、第九章、第十章、余论、附录、参考文献），全书由刘利同志负责统稿。在此，我们衷心感谢前辈和恩师的无私帮助与悉心指导，使我们的研究过程更加顺利；感谢同行们的慷慨分享，为我们提供了宝贵的资料与见解；感谢安徽师范大学出版社的卫和成编辑、何章艳编辑为本书出版付出的辛劳与汗水；还要感谢父母与幼子的理解与陪伴，让我们在繁忙的研究工作中感受到温暖与力量。

　　尽管本书已完成，但由于我们的能力有限，书中难免存在缺点与不足，恳请专家学者给予指导与建议。未来，我们将继续深入研究全国少数民族传统体育运动会，关注赛事的发展动态，深化相关问题的探讨，以期为我国少数民族传统体育文化的传承与发展，以及实现体育强国的目标贡献一份力量。